《煤炭高效洁净燃烧技术丛书》

编 委 会

顾 问：张文鉴

主 编：岑可法

副主编：冯俊凯 陈昌和 高晋生 秦裕琨 骆仲泱

编 委：（按姓氏笔画为序）

马毓义 毛健雄 许晋源 李庆领 吴少华

赵宗让 徐旭常 曹欣玉 章 明

《刑事犯罪办案指引丛书》编委会

主　任：陈国庆

副主任：苗生明　元　明　史卫忠　郑新俭　罗庆东

编　委：（按照姓氏笔画排序）

　　　　王文利　贝金欣　刘　辰　肖先华　劳　娃

　　　　张建忠　周惠永　曹红虹　黄　琳

刑事犯罪办案指引丛书

编委会主任：陈国庆

侵犯财产犯罪办案指引

刘 辰 / 主 编

QINFAN CAICHAN FANZUI
BANAN ZHIYIN

中国检察出版社

《侵犯财产犯罪办案指引》
主编及编写人员

本册主编：刘　辰

编写人员：（按照姓氏笔画排序）

刘　辰　刘　哲　孙寒梅　陈超然

赵　慧　詹文成

序　言

陈国庆[*]

2021年6月,《中共中央关于加强新时代检察机关法律监督工作的意见》印发,这是党的历史上首次就加强检察机关法律监督工作作出明确部署,为新时代检察工作高质量发展提供了根本遵循和科学指南,也为检察工作带来了新的发展机遇。刑事检察是检察机关最基本、最核心的业务,是履行检察机关法律监督职能,发挥检察机关在国家政治、经济、社会生活中保障法律实施作用的最为重要的方式和途径。新时代刑事检察工作应当深入学习贯彻党的十九大和十九届历次全会精神,全面落实习近平法治思想,探索具有中国特色、符合司法规律的创新发展之路。

随着检察工作的发展、司法责任制的落实、内设机构的调整、"捕诉一体"办案机制的确立,刑事检察队伍的结构发生了很大的变化,检察人员的能力素养与新形势下刑事检察工作的需要仍有差距。为加强刑事检察队伍"革命化、正规化、专业化、职业化"建设,努力打造"四个铁一般"的刑事检察铁军,最高人民检察院刑事检察部门有关同志组织编写了《刑事犯罪办案指引丛书》(以下简称丛书)。

---

[*] 陈国庆,最高人民检察院党组成员、副检察长。

丛书突出"专业性、分层次、针对性",集中解决各专业刑事办案领域中常见、多发、热点、新型犯罪的司法实务问题,立足检察机关批捕、起诉、监督工作一体化需要,兼顾法律职业共同体和学界需求,对重要罪名或类罪名,结合典型案例、法律规定,依据法律、政策、学理,进行深入分析、研讨,提示重点,提炼规则,提供有说服力的解决方案。

编写过程中,始终注意贯彻和体现本丛书的编写目的:

第一,立足检察,全面指引。丛书适应刑事检察专业化办案需要,融理论和实务、案例和法律、总则和分则、实体和程序、刑事法律和非刑事法律、定罪和量刑于一体,为办案工作提供全方位、多维度指引、帮助,实现"一卷在手、办案顺手"。

第二,立足办案,有的放矢。丛书紧贴办案工作,紧密结合不同领域、种类犯罪特点和司法实践,对办案工作中的重点、难点、热点问题,充分运用法律、原理、政策进行分析,提出解决方案;对相关的指导性案例、典型案例及相关法律作出梳理,提炼出切实管用的办案指引。

第三,立足实用,繁简得当。丛书摒弃大而全的刑法教科书模式,以问题为导向,打造精简、实用的刑事办案操作指南。对办案中的普遍困惑,结合学理通说给出权威观点,厘清问题,阐述本质;对办案中的争议问题,结合实践提出办案思路和倾向性观点,力求达致言之有理、持之有据,法理情相统一。

第四,立足指导,规范权威。力求以精干的作者团队确保丛书的高质量和指引借鉴价值。丛书由最高人民检察院第一、二、三、四检察厅等刑事检察部门领导、相关办案组主办检察官或高级检察官任分册主编。写作团队以高检院各专业办案组为主要作者,适当邀请地方检察机关司法实践经验丰富、研究能力强的检察官参与写作,经相关部门领导审稿后,由本书编委会审定。

新时代新理念新要求。希望丛书的出版能对刑事检察官的专业培训和自我学习提供有益参考,对检察系统内刑事领域高层次领军人才的培养挖掘提供交流平台,为全面提升法律监督质效,抓实刑事检察工作"质量建设年"起到积极作用。

2022 年 4 月

目 录

第一章 侵犯财产罪概述 ………………………………………… 1

第一节 概 述 ……………………………………………… 3
一、侵犯财产罪保护的法益 ………………………………… 3
二、侵犯财产罪的种类 ……………………………………… 4
三、侵犯财产罪与其他犯罪的关系 ………………………… 6

第二节 侵犯财产罪的发案态势 ………………………… 8
一、财产占有方式变化带来的侵财手段变化 ……………… 8
二、科技发展带来的财产转移方式的变化 ………………… 9
三、经济社会发展带来的侵犯财产罪的变化 …………… 10
四、侵犯财产犯罪团伙化 ………………………………… 10

第三节 侵犯财产罪司法实践重点与难点 …………… 12
一、刑民交织给侵犯财产犯罪认定带来挑战 …………… 12
二、追赃挽损刑事政策对处理侵犯财产犯罪产生影响 … 14
三、大量使用电子证据对案件审查提出更高要求 ……… 15
四、财产数量与财产属性认定的专业性越来越强 ……… 17
五、侵犯财产罪罪数的认定 ……………………………… 18

第二章 盗窃罪办案指引 ……………………………………… 21

第一节 盗窃罪概述 …………………………………… 23
一、盗窃罪的立法沿革 …………………………………… 23
二、盗窃罪的概念和构成特征 …………………………… 25

三、盗窃罪的追诉标准 ……………………………………… 37

第二节　盗窃罪的证据审查 ……………………………………… 43
　　一、犯罪客体证据 ………………………………………… 43
　　二、客观方面证据 ………………………………………… 43
　　三、犯罪主体证据 ………………………………………… 45
　　四、主观方面证据 ………………………………………… 45

第三节　盗窃罪的审查认定与疑难问题处理 …………………… 48
　　一、"多次盗窃"的认定 …………………………………… 48
　　二、"入户"的认定 ………………………………………… 50
　　三、"携带凶器"的认定 …………………………………… 51
　　四、"扒窃"的认定 ………………………………………… 54
　　五、亲属相盗行为的认定 ………………………………… 55
　　六、网络盗窃行为的认定 ………………………………… 57
　　七、共同盗窃行为的认定 ………………………………… 60
　　八、自助购物盗窃行为的认定 …………………………… 61
　　九、盗窃罪与易混淆罪名的区分 ………………………… 62

第四节　盗窃罪的量刑 …………………………………………… 67
　　一、量刑起点及基准刑 …………………………………… 67
　　二、量刑情节的适用 ……………………………………… 68
　　三、量刑中重难点问题处理 ……………………………… 69

第五节　相关案例评析及文书选编 ……………………………… 73
　　一、指导性案例 …………………………………………… 73
　　二、最高人民法院公报案例 ……………………………… 75
　　三、刑事审判参考案例 …………………………………… 77
　　四、其他案例 ……………………………………………… 79
　　五、法律文书选编 ………………………………………… 86

第六节　相关法律规定 …………………………………………… 96
　　一、刑法 …………………………………………………… 96
　　二、司法解释及规范性文件 ……………………………… 96

第三章　诈骗罪办案指引 …… 107

第一节　诈骗罪概述 …… 109
一、诈骗罪的立法沿革 …… 109
二、诈骗罪的发案态势 …… 110
三、诈骗罪的概念和构成特征 …… 113
四、诈骗罪的追诉标准 …… 114

第二节　诈骗罪的证据审查 …… 115
一、诈骗罪的证据要件 …… 115
二、诈骗罪常见证据审查 …… 118
三、电信网络诈骗的证据审查 …… 121

第三节　诈骗罪的审查认定与疑难问题处理 …… 126
一、诈骗犯罪非法占有目的的认定 …… 126
二、被害单位陷入错误认识的认定 …… 127
三、诈骗行为与获取财物间因果关系的认定 …… 128
四、被骗人与被害人分离的"三角诈骗" …… 129
五、骗取他人财物后将财物欺骗性处置的诈骗认定 …… 130
六、诈骗罪中财物的认定 …… 131
七、诈骗金额的认定 …… 132
八、民事欺诈与诈骗犯罪的区分 …… 133
九、诈骗赃款赃物的追缴 …… 134
十、诈骗罪与其他侵财犯罪的区分 …… 135
十一、诈骗罪与其他诈骗类犯罪的关系 …… 137

第四节　电信网络诈骗的审查认定与疑难问题处理 …… 139
一、电信网络诈骗的认定 …… 139
二、电信网络诈骗共同犯罪的认定 …… 140
三、电信网络诈骗犯罪金额的认定 …… 141
四、电信网络诈骗的管辖问题 …… 142
五、帮助信息网络犯罪活动罪与诈骗共犯的区分 …… 144
六、诈骗犯罪中的禁止重复评价 …… 144

第五节　诈骗罪的量刑 …………………………………… 146
　一、量刑起点及基准刑 …………………………………… 146
　二、量刑情节的适用 ……………………………………… 148
　三、诈骗罪的竞合与并罚规则 …………………………… 150

第六节　相关案例评析及文书选编 …………………………… 152
　一、指导性案例 …………………………………………… 152
　二、刑事审判参考案例 …………………………………… 162
　三、其他案例 ……………………………………………… 166
　四、法律文书选编 ………………………………………… 175

第七节　相关法律规定 ………………………………………… 195
　一、刑法 …………………………………………………… 195
　二、立法解释、司法解释及规范性文件 ………………… 195

第四章　职务侵占罪办案指引 …………………………… 209

第一节　职务侵占罪概述 ……………………………………… 211
　一、职务侵占罪的立法沿革 ……………………………… 211
　二、职务侵占罪的发案态势 ……………………………… 212
　三、职务侵占罪的概念和构成特征 ……………………… 212
　四、职务侵占罪的追诉标准 ……………………………… 216

第二节　职务侵占罪的证据审查 ……………………………… 217
　一、犯罪客体证据 ………………………………………… 217
　二、客观方面证据 ………………………………………… 217
　三、犯罪主体证据 ………………………………………… 219
　四、主观方面证据 ………………………………………… 219

第三节　职务侵占罪的审查认定与疑难问题处理 …………… 221
　一、私营企业能否成为本罪的"单位" ………………… 221
　二、个体工商户能否成为本罪的"单位" ……………… 222
　三、个人合伙能否成为本罪的"单位" ………………… 223

四、临时工、实习生、兼职人员等非正式人员能否成为本罪的
　　　　主体 …………………………………………………………… 223
　　五、离职后冒充原单位员工骗取原单位货款行为的认定 ……… 224
　　六、股权能否成为本罪的犯罪对象 ……………………………… 224
　　七、关于股东侵占自己出资公司财产的处理 …………………… 226
　　八、关于一人公司中侵占公司财产行为的处理 ………………… 226
　　九、关于夫妻中的一人转移侵占"夫妻公司"财产的处理 …… 227
　　十、村民小组成员非法侵占土地征用补偿费的认定 …………… 227
　　十一、个人账户与公司账户混同时如何认定 …………………… 228
　　十二、客观行为认定中的疑难问题处理 ………………………… 228
　　十三、主观故意认定中的疑难问题处理 ………………………… 229
　　十四、职务侵占罪与不合规行为的界限 ………………………… 229
　　十五、职务侵占罪与其他犯罪的区分 …………………………… 230

第四节　职务侵占罪的量刑 ……………………………………… 232
　　一、量刑起点及基准刑 …………………………………………… 232
　　二、量刑情节的适用 ……………………………………………… 233

第五节　职务侵占案件与民营企业的保护 ……………………… 234
　　一、落实中央和最高人民检察院保护民营企业合法权益的
　　　　要求 …………………………………………………………… 234
　　二、积极探索推动企业合规制度建设 …………………………… 236
　　三、积极落实少捕慎诉慎押刑事司法政策 ……………………… 238

第六节　相关案例评析 …………………………………………… 240
　　一、刑事审判参考案例 …………………………………………… 240
　　二、其他案例 ……………………………………………………… 243

第七节　相关法律规定 …………………………………………… 244
　　一、刑法 …………………………………………………………… 244
　　二、立法解释、司法解释及规范性文件 ………………………… 244

第五章 挪用资金罪办案指引 …… 251

第一节 挪用资金罪概述 …… 253
一、挪用资金罪的立法沿革 …… 253
二、挪用资金罪的发案态势 …… 255
三、挪用资金罪的概念和构成特征 …… 255
四、挪用资金罪的追诉标准 …… 261

第二节 挪用资金罪的证据审查 …… 262
一、犯罪客体证据 …… 262
二、客观方面证据 …… 262
三、犯罪主体证据 …… 264
四、主观方面证据 …… 265

第三节 挪用资金罪的审查认定与疑难问题处理 …… 266
一、挪用资金数额的计算 …… 266
二、挪用本单位资金给他人使用中共犯的认定 …… 267
三、挪用资金罪的犯罪对象 …… 268
四、挪而不用行为的认定 …… 268
五、股东挪用单位资金行为的认定 …… 269
六、业主委员会成员挪用业主委员会银行账户资金行为的认定 …… 270
七、挪用资金罪与职务侵占罪的区分 …… 271

第四节 相关案例评析 …… 272
一、最高人民法院公报案例 …… 272
二、刑事审判参考案例 …… 272

第五节 相关法律规定 …… 274
一、刑法 …… 274
二、司法解释及规范性文件 …… 275

第六章 敲诈勒索罪办案指引 …… 281

第一节 敲诈勒索罪概述 …… 283
一、敲诈勒索罪的立法沿革 …… 283

二、敲诈勒索罪的发案态势 …………………………………… 284
　　三、敲诈勒索罪的概念和构成特征 …………………………… 285
　　四、敲诈勒索罪的追诉标准 …………………………………… 288

第二节　敲诈勒索罪的证据审查 ………………………………… 291
　　一、敲诈勒索罪的证据要件 …………………………………… 291
　　二、敲诈勒索罪常见证据审查 ………………………………… 294

第三节　敲诈勒索罪的审查认定与疑难问题处理 ……………… 298
　　一、"权利行使型"敲诈勒索案件的处理 …………………… 298
　　二、索要"分手费"行为的认定 ……………………………… 301
　　三、利用信访活动向政府索要财物行为的认定 ……………… 301
　　四、利用信息网络敲诈勒索行为的认定 ……………………… 303
　　五、以黑恶势力名义敲诈勒索行为的认定 …………………… 304
　　六、"碰瓷型"敲诈勒索案件的处理 ………………………… 306
　　七、知假买假维权索赔案件的处理 …………………………… 306
　　八、敲诈勒索罪与易混淆罪名的区分 ………………………… 308

第四节　敲诈勒索罪的量刑 ……………………………………… 311
　　一、量刑起点及基准刑 ………………………………………… 311
　　二、量刑情节的适用 …………………………………………… 316
　　三、禁止重复评价 ……………………………………………… 318

第五节　相关案例评析及文书选编 ……………………………… 320
　　一、最高人民法院公报案例 …………………………………… 320
　　二、刑事审判参考案例 ………………………………………… 320
　　三、其他案例 …………………………………………………… 323
　　四、法律文书选编 ……………………………………………… 328

第六节　相关法律规定 …………………………………………… 332
　　一、刑法 ………………………………………………………… 332
　　二、立法解释、司法解释及规范性文件 ……………………… 332

第七章　拒不支付劳动报酬罪办案指引 ……… 339

第一节　拒不支付劳动报酬罪概述 ……… 341
一、拒不支付劳动报酬罪的立法沿革 ……… 341
二、拒不支付劳动报酬罪的发案态势 ……… 342
三、拒不支付劳动报酬罪的概念和构成特征 ……… 343
四、拒不支付劳动报酬罪的追诉标准 ……… 348

第二节　拒不支付劳动报酬罪的证据审查 ……… 350
一、拒不支付劳动报酬罪的证据要件 ……… 350
二、拒不支付劳动报酬罪常见证据审查 ……… 352

第三节　拒不支付劳动报酬罪的审查认定与疑难问题处理 ……… 355
一、对有关认定要点的理解和把握 ……… 355
二、本罪是否必须以行为人具备支付能力为前提 ……… 361
三、行为人没有逃避支付劳动报酬，但出现未能支付劳动者报酬的结果时如何认定 ……… 363
四、拒不支付劳动报酬罪与其他犯罪的关系 ……… 364
五、刑事责任主体的认定 ……… 365
六、注重做好行政执法与刑事司法的衔接 ……… 367

第四节　拒不支付劳动报酬罪的量刑 ……… 370
一、对行为人从宽处理的把握 ……… 370
二、合理掌握打击范围 ……… 372

第五节　相关案例评析及文书选编 ……… 373
一、指导案例 ……… 373
二、其他案例 ……… 374
三、法律文书选编 ……… 393

第六节　相关法律规定 ……… 396
一、刑法 ……… 396
二、司法解释及规范性文件 ……… 396

第一章

侵犯财产罪概述

第一章

非平衡系统

第一节 概 述

侵犯财产的犯罪行为,是随着财产私有制产生而产生的。在夏朝,就有惩罚侵犯他人财产行为的相关规定,如"昏、墨、贼、杀,皋陶之刑也",其中,昏就是指"恶而掠美为昏",即对他人财产的掠夺属于一种犯罪行为。在唐朝,根据侵害客体的不同,将侵犯财产的犯罪行为区分为"强盗"与"窃盗",其中,"强盗"是指既侵犯他人人身权又侵犯他人财产权的行为,类似于今日之抢劫罪;"窃盗"是指秘密窃取他人财产的行为,类似于今日中盗窃罪。在明朝,根据侵犯财产手段的不同,将侵犯财产的犯罪行为进一步细化为强盗、窃盗、毁坏、诈骗和侵占财物。在清朝,进一步出现了打击抢夺、敲诈勒索等手段侵犯他人财产等行为。

新中国成立后,1979年刑法对于盗窃行为、抢劫行为、诈骗行为、抢夺行为、敲诈勒索行为、贪污行为、故意毁坏财物行为、挪用特定款物行为进行了打击。在随后的《关于惩治贪污罪贿赂罪的补充规定》《关于惩治违反公司法的犯罪的决定》中,增加了对职务侵占行为、挪用公款行为、挪用资金行为的打击。1997年刑法进一步增加对侵占行为、聚众哄抢行为的打击,并对侵犯财产罪的罪名体系进行了调整,将贪污、挪用公款等侵犯公共财产的行为纳入贪污贿赂罪章节。2011年,《中华人民共和国刑法修正案(八)》增加对拒不支付劳动报酬行为的打击。至此,刑法第五章共用14个条文14项罪名对侵犯财产罪予以专门打击。

一、侵犯财产罪保护的法益

侵犯财产罪保护的法益在理论上一直存在不同的意见,有的认为保护的是公私财物的所有权,有的认为保护的是占有的事实状态,有的认为保护的是财产性利益。我国刑法虽然没有直接规定侵犯财产罪的保护法益包括财产性利益，但随着社会经济的发展，财产形态、交易方式的变化日益多样化，"财产"概念的内涵和外延也呈现逐渐扩张的趋势，财产性利益应当纳入刑法规制的范围。比如在贿赂类犯罪案件中，对于贿赂的认识也不仅仅局限于财物，而是将设立债权、无偿提供服务等财物以外可以用金钱计算数额的财产性利益作为贿赂犯罪中的一种财物表现形式。笔者认为，刑法第五章侵犯财产罪中保护的法益，不应仅限于有形的财产，也包括无形的财产性利益，这是平等保护财产权的必然要求，特别是《刑法修正案（八）》在本章增设了拒不支付劳动报酬罪，行为人并未破坏他人财物，而是不履行支付劳动报酬的债务给劳动者造成财产性利益的损失，而作为侵犯财产罪的一种予以打击，反映了将财产性利益纳入财产权保护的立法倾向。实践中，将对财产权的法益保护，从有形的财物扩大到其他形式的财产性利益，是较为一致的共识。比如在习某珠抢劫案中，习某珠在拖欠被害人欠款的情况下，以暴力、威胁手段逼迫被害人书写收条，造成债务灭失的假象，虽然没有直接劫取被害人财物，但是造成被害人无法正常主张债权，财产性利益受损，依然构成侵犯财产类犯罪。又如刘某富伙同他人抢走夫妻共有财产一案中，刘某富指使他人以暴力、威胁手段从其妻子处抢走夫妻共有的现金10万元。虽然刘某富对于被抢的10万元共有所有权，但是其妻子也基于共同同有，对全部共有物不分份额地享有平等的所有权。刘某富未经其他共有人同意处置共有物的行为，侵犯了其妻子的财产性权利，纵然事后其妻子对刘某富的行为予以追认，也不能否认先前行为的违法性。

二、侵犯财产罪的种类

1. 从侵犯客体的种类区分，侵犯财产罪可分为侵犯单一财产权的犯罪和侵犯复合法益的犯罪。侵犯单一财产权的犯罪有盗窃罪、诈骗罪、侵占罪、故意毁坏财物罪等；同时侵犯财产权和职务廉洁性的有职务侵占罪、挪用资金罪等；同时侵犯财产权和人身权的有抢劫罪；同时侵犯财产权和社会经济秩序的有破坏生产经营罪、拒不支付劳动报酬罪等。区分客体单一性和复合性有利于准确评价犯罪行为的社会危害性，以及行为人事后弥补行为的价值。比如破坏生产经营罪的危害性就不仅仅是对机器设备、耕畜毁坏造成的损失，还有造成生产经营不能进行的损失，其事后弥补的行为也就不仅仅是对耕畜、机器设备本身的赔偿。

2.从行为人对所侵犯财产的主观心态区分，侵犯财产罪可分为破坏心态、占有心态、临时占用心态犯罪。对被害人财产持破坏心态的犯罪有故意毁坏财物罪、破坏生产经营罪等；对被害人财产持占有心态的犯罪有抢劫罪、盗窃罪、诈骗罪、侵占罪等；对被害人财产持临时占用心态的犯罪有挪用资金罪、挪用特定款物罪等。区分侵犯财产罪的主观心态有利于准确区分罪与非罪、此罪与彼罪。比如行为人将超市内的商品往超市外扔，如果超市外有同案人、特定第三人捡拾外扔的物品，可以评价为行为人主观上对超市物品是种占有心态，属于占有心态类的侵财犯罪；如果超市外是不特定的第三人捡拾外扔的物品，则行为人没有占有支配并处分超市物品的意图，他仅是一种破坏目的，则属于破坏心态类的侵财犯罪。又如行为人将停在路边的车辆开走，如果仅是临时开走兜风，具有归还意图的，属于临时占用的主观目的，不构成占有心态类犯罪；如果是将车辆据为己有，长期使用，则是具有占有心态，构成占有心态类犯罪。

3.从行为人实施犯罪的手段区分，对于获取他人财产的侵犯财产犯罪行为可以分为违反意思型和利用瑕疵意思型。违反意思型的犯罪是行为人获得被害人财物完全违背被害人的意愿，比如抢劫罪、盗窃罪、抢夺罪等；利用瑕疵意思型的犯罪是行为人利用了被害人处分财物的瑕疵意思获得他人财产，比如敲诈勒索罪、诈骗罪。区分获取财物的手段是违背被害人意思还是利用被害人瑕疵，有利于明确侵犯财产犯罪中的刑民交织的界限。利用瑕疵意思型的侵犯财产犯罪，表面上和瑕疵型的民商事纠纷具有相似性，比如被诈欺、被胁迫或者因重大误解作出的民商事处分行为，从行为人角度看有欺骗、有胁迫，从结果角度看被害人最终产生了损失。界定民商事纠纷与侵犯财产犯罪，不能基于两者的相似性，就认为两者是包含关系，就认为严重的骗取、胁迫，严重的民商事纠纷就是犯罪，或者认为只要能够通过民商事救济的就不是犯罪，而是要在认可被害人存在瑕疵处分行为的前提下，判断行为人是否具有非法占有目的，并根据犯罪构成要件准确认定犯罪。

4.从他人财物是否转移占有区分，侵犯财产罪可以分为占有转移型和占有不转移型。绝大部分侵犯财产犯罪都会伴随着他人财物的占有转移，但侵占犯罪是占有不转移型犯罪。区分这两类犯罪的意义在于，占有不转移型的侵占犯罪在实施犯罪前期具有一个合法的代为保管或是拾取后不当得利的民事法律关系，在法律适用中将不可避免地同时运用刑事法律知识和民事法律知识，且占有不转移型的侵占犯罪是自诉案件，与其他占有转移型犯罪是公诉案件相比，适用不同的刑事诉讼程序。

三、侵犯财产罪与其他犯罪的关系

刑法第五章对侵犯财产罪的基本行为作出了规定，在其他特殊领域和行业中也存在侵犯财产罪的犯罪行为。《刑法》第183条规定，保险公司的工作人员利用职务上的便利，故意编造未曾发生的保险事故进行虚假理赔，骗取保险金归自己所有的，属于职务侵占罪；第185条规定，商业银行、证券交易所、期货交易所、证券公司、期货经纪公司、保险公司或者其他金融机构的工作人员利用职务上的便利，挪用本单位或者客户资金的，属于挪用资金罪；第210条规定，盗窃，或者使用欺骗手段骗取增值税专用发票或者可以用于骗取出口退税、抵扣税款的其他发票的，属于盗窃罪或诈骗罪。

刑法第五章中的侵犯财产罪与其他章节中的部分侵犯财产罪存在法条竞合的关系。我国刑法分则根据各种犯罪所破坏的主要法益不同，划分了10类犯罪，其中将主要侵犯财产权的犯罪纳入第五章侵犯财产罪中；对于侵犯财产权的同时还侵犯了其他更为重要法益的犯罪，则纳入其他章节予以规范。例如，刑法规定的贪污罪、挪用公款罪，行为人在侵犯公共财产的财产权时，还破坏了国家工作人员的职务廉洁性；刑法规定的金融诈骗罪、逃税罪、抗税罪、骗取出口退税罪等罪，行为人在侵犯公私财产权、国家税收权益的同时，还破坏了金融秩序、税收秩序等社会主义经济秩序；刑法规定的盗窃、抢夺枪支、弹药、爆炸物、危险物质罪，盗掘古文化遗址、古墓葬罪，抢夺、盗取国有档案罪，盗伐林木罪等罪，行为人在侵犯公私财产权的同时，还破坏了枪支管理秩序、文物管理秩序、生态资源管理秩序，是特殊的侵犯财产罪；刑法规定的破坏交通工具罪、破坏交通设施罪，行为人在故意毁坏财物、破坏生产经营的同时，还危及了公共安全，是特殊的侵犯财产罪。

行为人在实施刑法第五章规定的侵犯财产罪时，可能同时实施了其他章节中的犯罪行为。如果只有一个犯意，根据主客观相一致原则，只定一罪；如果具有多个犯意，则属于多罪。比如行为人为了劫取财物而故意杀人的，在一个犯意支配下实施了一个犯罪构成行为，只定抢劫罪；如果行为人实施抢劫后，为灭口而故意杀人的，则是在实施抢劫行为后另起犯意实施杀人行为，属于两个犯意支配下的两个犯罪构成行为，应当数罪并罚。对于存在原因和结果，或手段和目的的牵连犯，如果法律有明确规定的，按照法律规定处罚；如果法律未明确规定的，看牵连行为是否具有类型化。类型化的牵连犯采用从一重的处罚方式，不具有类型化的牵连犯采取数罪并罚的处罚方式。比如，根据最高人民法院、最高人民检察院、公安部《关于办理电信网络诈骗等刑事案件适用法律若干问题的意见》规定，行为人为实施电信网络诈骗并使用非法获取的公民个人信息的，予以数罪并罚；又如，利用计算机信息网络实施诈骗，同时构成诈骗罪和非法利用信息网络罪的，从一重论处。

第二节 侵犯财产罪的发案态势

一、财产占有方式变化带来的侵财手段变化

随着经济社会的发展，所有权与其占有、使用、收益、处分的权能逐渐分离，更为充分地发挥财产的价值属性，财产的占有方式也不再限于所有者的占有，这种财产占有方式的变化为侵犯财产的手段带来了新的变化。一是通过第三人参与的侵犯财产罪逐渐增多。财产的转移不再是简单的从被害人处转移至行为人处，更多的是财产先从被害人处转移至第三人处，再从第三人处转移至行为人处。比如三角诈骗中，第三人是对被害人财产具有处分权限的被骗人，财产的占有从被害人转移到第三人环节是合法的转移，他们可能存在委托保管关系、加工承揽关系等民事上的合法法律关系，行为人通过对第三人的欺骗，从第三人处获取被害人的财产是第二次占有转移关系，这次转移是侵犯财产的犯罪行为。二是不作为也有可能构成侵犯财产罪。刑法一般保护的是财产占有的稳定性，而不会介入占有的合法性，占有合法性问题的解决一般可以通过民事程序或者行政管理程序得以实质化解决。这也是盗窃、毁约等手段获得的财产占有权，或者是对毒品、枪支等法律禁止个人所有的财产占有权，刑事均保护其占有的稳定性，对上述财产占有权的破坏均可能构成侵犯财产罪。随着占有所有权的分离，为保护经济发展的活力，保护社会弱势群体，刑法在保护占有稳定性的基础上，有限度地对占有合法性进行实质保护，于是特殊情况下不转移占有的不作为行为也有可能构成侵犯财产罪，如侵占罪、拒不支付劳动报酬罪。

随着信息化的发展，财产占有的电子数据化越来越普遍，被害人通过账户和密码实现对财产的控制占有，而侵犯财产的行为则是通过非法手

段获取账户和密码的电子数据，实现对占有的破坏。比如在窃取虚拟货币财产时，行为人通过黑客技术盗取虚拟货币交易平台后台用户信息，再雇用他人伪造证件冒充受害人补办平台账户所捆绑手机号码，又通过补办的手机号码接收平台登录验证码，最后登录受害人存有虚拟货币的账户转移账户内的虚拟货币。又如行为人为发泄不满，猜出被害人的证券账户密码后，通过证券网络交易系统，将被害人在证券交易所证券账户内的股票全部卖出，同时对于挂牌的其他股票采取高价买进低价卖出的方式进行交易，造成财产损失。不论是转移走账户内的虚拟货币，还是高买低抛账户内的股票，行为人都是通过非法占有被害人的账户密码等电子信息实现对被害人财产占有的破坏，不同的是，转移虚拟货币，同时体现了非法占有目的，而高买低抛股票表面上财产还在被害人的账户内，但财产的价值因人为有意的破坏而减少，体现了毁坏财物的目的。

二、科技发展带来的财产转移方式的变化

随着科技的发展，财产转移的方式也日渐多样化，从传统的使用实物、货币转移财产，到后期使用票据、信用卡等有价票证转移财产。近年来，伴随着互联网科技的成熟，"互联网+"理念贯穿经济生活的各个方面，通过网络支付和移动支付转移财产不断普及。这为日常经济生活中的财产流转提供了便利化和多元化的通道，同时也为实施侵犯财产犯罪提供了新的途径和方式。

新型支付方式，包括网上银行支付、信用卡支付、微信、支付宝等第三方支付等，一般是先通过账号确认财产的身份归属，后通过输入密码、指纹、脸部数据或者使用U盾确定财产占有者对银行财产的转移意识。新的侵犯财产行为围绕着新的支付方式实行，犯罪手段更加隐蔽和复杂。有的利用了技术的漏洞获取他人财产，比如某黑客发现理财公司和第三方支付平台间充值系统的漏洞，可以随意变更开设在平台中账户的资金充值数额，于是利用该漏洞，通过增加账户内资金数额的数据，并绑定的二级银行账户进行套现，侵吞他人的财产。有的是利用老年人等特殊群体的信息不对称获取他人财产，比如利用被害人爱贪小便宜的思想但又对新科技产品不是很熟悉的缺点，诱导他人接受扫码支付，并在扫码时悄悄将

收款二维码变为付款二维码，获取他人钱财等。有的是利用了交易流程的不完善获取他人财产，比如趁商家不注意，替换商家的收款二维码为个人控制的收款二维码，在商家不知情的情况下，将顾客本应支付给商家的钱财据为己有。

三、经济社会发展带来的侵犯财产罪的变化

改革开放以来，经济社会得到长足的发展，为侵犯财产罪带来了新的变化。一是社会流动性的加强滋生了侵犯财产罪的土壤。传统的农耕社会是熟人社会，人情约束更强，且个人财富相对较少，难以产生大量的侵犯财产犯罪。随着经济社会的发展、城镇化的加强，人口流动性也在加强，在城市间熟人社会逐渐瓦解，陌生人间人情约束力较低，盗窃、诈骗等侵犯财产的犯罪也逐渐多发。二是信息化的发展使得侵犯财产犯罪的方法逐渐传播。行为人通过信息网络更易获取犯罪的方法，以及规避司法机关打击的方法。比如从网络上学习现代化的开锁技术，购买开锁的液压千斤顶实施盗窃等。随着对犯罪手段的信息披露，行为人也逐渐学会了不在犯罪地住宿，戴着手套、口罩作案，使用变声器与被害人联系等规避打击的手段。三是贫富差距的拉大以及错误的示范效应使得侵犯财产罪多发。随着物质文化生活水平的提高，部分作案人的动机不再是满足温饱，而是受到贫富分化现象影响，或者出于追求享受的动机，在贪图享乐、利益至上的思想支配下，易对通过某种犯罪手段轻易获得财富的现象形成模仿学习。四是侵犯财产犯罪易与黄赌毒等犯罪相关联。随着经济社会的发展，侵犯财产犯罪与其他犯罪，特别是黄赌毒犯罪间是可以相互联系、相互转化的。许多赌博人员、吸毒人员为了获取赌资、毒资，实施侵犯财产犯罪。侵犯财产犯罪的行为人在非法获取他人财产后，又易于在黄赌毒行业内进行挥霍。

四、侵犯财产犯罪团伙化

近年来，侵犯财产犯罪的团伙化趋势逐渐增强。有的侵财犯罪团伙是松散型的团伙，有些侵财犯罪团伙是组织严密的犯罪集团。尤其需要注

意的是，有些犯罪团伙以同乡、亲戚等关系为纽带，在错误的示范效应下，通过相互传授犯罪方法，形成具有地域特色的犯罪。比如冒充黑社会诈骗的河北省丰宁县、"重金求子"诈骗的江西省余干县、PS图片敲诈的湖南省双峰县、冒充熟人和领导诈骗的广东省茂名市电白区、假冒QQ好友诈骗的广西壮族自治区宾阳县、机票退改签诈骗的海南省儋州市、网络购物诈骗的福建省龙岩市新罗区。侵犯财产犯罪的团伙化还体现为部分侵犯财产犯罪形成了一条龙产业化流水作业，彼此间高度分工又相互独立。比如电信网络诈骗的产业链包括非法获取个人信息产业链、伪基站产业链、办卡办证产业链、网络服务产业链、偷越国边境产业链、取款马仔产业链、洗钱转移赃款产业链，它们与诈骗行为相互衔接、相互配合，共同完成了电信网络诈骗犯罪。又如在盗窃犯罪中，有汽车解码器产业链、开锁工具产业链、传授犯罪方法产业链、二手车辆手机销售产业链、车辆手机的改造销售产业链等，它们与盗窃行为相互衔接，为盗窃的实施、赃物的销售提供配合，实现盗窃犯罪产业化。有些侵财犯罪中，犯罪团伙有意识地利用未成年人、聋哑人等限制责任能力的人员，或者孕妇、艾滋病患者、肺结核患者等不适宜羁押的人员从事具体的侵财犯罪，在无法侦破团伙的幕后指挥者时，易造成打击上的不力。有些犯罪团伙作案前精心准备作案工具，使用专门的作案手机或者对讲机，设计作案路线，绕开天网监控卡口，作案时戴手套避免留下指纹，拆除车辆GPS设备或者车辆使用套牌避免留下轨迹，作案后迅速利用专门账户转款销赃。

第三节　侵犯财产罪司法实践重点与难点

一、刑民交织给侵犯财产犯罪认定带来挑战

随着社会经济活力的不断加强，财产往来日益密切，并具有多样化，民事活动中产生的财产争议与刑事犯罪中的侵犯财产罪的界限日益模糊，产生了一些刑民交叉、似刑似民的案件，为刑事司法实践中准确适用侵犯财产罪带来挑战。

有些侵犯财产犯罪依托民事活动而实施，造成犯罪认定的困难。行为人在侵犯他人财产的犯罪活动中，有些犯罪行为模式比较单一，即通过犯罪行为直接侵犯他人财产权益，比如抢劫、故意毁坏财物等。还有些犯罪行为是发生在民事活动中的，这些民事活动有的是合法的民事活动，有的是表面合法实质违法的民事活动，这为认定侵犯财产权的行为是犯罪还是民事争议带来困难。比如侵占罪，行为人前期具有一个合法的代为保管或是拾取后不当得利的民事法律关系，当行为人拒不归还时，其抗辩的理由可能是合法的民事抗辩，如债务抵免、索要保管对价等，也可能是非法占有目的，直接侵占他人财产。又如实践中多发的"套路贷"犯罪，典型的"套路贷"表面上行为人借款给被害人是一个合法的民间借贷，但实际上行为人并不希望被害人依约履行贷款协议以获取利息收益，而是通过故意制造各种障碍造成被害人违约，或者垒高债务，扩大形式上合法的民事债权，并以此为幌子有预谋地攫取被害人的合法财产。对于不典型的"套路贷"，民间借贷是否客观真实存在，抑或贷款关系只是一个犯罪手段，这就需要结合在案证据、行为人的一贯行为表现、被害人的生活经验等因素进行综合分析，才能得出较为合理的判断。再如公司市场销售人员在销售公司产品时，未考虑公司的生产能力而抢前签下销售协议，获取购方资

金的行为。表面上看行为人与公司具有授权委托的民事法律关系，公司与购方具有货物买卖的民事法律关系，若三方发生纠纷应属于民事争议。如果行为人获取购方资金后私自截留，不交给公司，可能是考虑到公司生产能力有限而带着订单另行寻找生产企业，也可能是基于经手资金的职务便利侵占公司财产，还有可能是无权代理后虚构事实故意骗取购方钱财。因为一些侵犯财产的犯罪与民事活动相互交织，判断是否构成刑事上的侵犯财产罪离不开对民事法律关系的梳理。只有明确了民事法律关系是否存在，民事法律关系的保护对象及救济途径，才能准确界定刑事犯罪中的被害人、涉嫌的具体罪名。比如行为人在预先存有非法占有目的的情况下，将租赁而来的车辆典当不还，从民事法律关系上看，行为人前有租赁行为，后有典当行为。在对民事法律关系进行分析时，典当行为虽然有隐瞒和欺骗行为，但他人如果是善意第三人，有合法的典当手续，其担保物权关系受到法律保护，对车辆的控制占有也受到法律保护。但是车辆出租公司因相信被害人是租赁车辆的假象，导致对车辆丧失控制权，是行为人实施诈骗犯罪的被害人，诈骗的实行行为是对车辆出租公司的欺骗。

有些侵犯财产犯罪的刑民分界标准在不断变化。有些侵犯财产犯罪是从民事法律纠纷中演化而来，刑民的分界是随着行为人的后续行为变化而不断发生变化的。比如拒不支付劳动报酬罪，用人单位不支付劳动者的劳动报酬，本是一个劳动合同纠纷问题。但如果劳动行政部门责令支付，行为人仍然选择不支付的，则从民事法律纠纷演变为刑事犯罪。如果行为人拒不支付劳动报酬行为尚未造成严重后果的，在提起公诉前支付劳动者的劳动报酬，并依法承担相应赔偿责任的，虽然仍然评价为犯罪行为，但可以减轻或者免除处罚，不对行为人追究刑事责任。有些侵犯财产犯罪的刑事打击标准与民事解决的界限在实践实务中存在不同认识，为法律适用带来困惑。比如诈骗类的骗取贷款行为，刑法规定骗取贷款给金融机构造成重大损失或者有其他严重情节的，应当追究刑事责任。最高人民检察院、公安部《关于公安机关管辖的刑事案件立案追诉标准的规定（二）》规定，骗取贷款给金融机构造成损失数额在20万元以上，或者骗取贷款数额在100万元以上，或者多次骗取贷款的，都应予以立案追究。根据此规定，骗取贷款数额在100万元以上或者有多次骗取贷款的行为，已不再是民事纠纷，而属于刑法骗取贷款罪中规定的严重情节，构成犯罪。但同时，最高人民法院《关于被告人陈岩骗取贷款请示一案的批复》认为，虽然行为人采取欺骗手段从银行获取贷款的数额特别巨大，但提供了足额真实抵押，未给银行造成损失，不会危及金融安全，不属于具有严重情节，不构成犯罪。《刑法修正案（十一）》删除了骗取贷款罪中"具有其他严重情节"的表述，意味着骗取贷款罪的刑事打击标准只能是判断是否给银行造成损失，这为以贷款方式侵犯银行财产确定了新的刑民分界标准。

二、追赃挽损刑事政策对处理侵犯财产犯罪产生影响

追赃挽损对于评价行为人侵犯他人财产权行为的社会危害性具有突出的作用。不同于侵犯公民人身权、侵犯国家公职人员职务廉洁性等犯罪，绝大部分侵犯财产权的犯罪破坏的客体较为单一，也具有可恢复性。行为人通过退赃行为实现"追赃"，将被害人的财产归还被害人，通过退赔行为实现"挽损"，将犯罪行为对被害人造成的损害予以填补，最终使得被害人被侵犯的财产权得以恢复原状。行为人也通过退赃退赔行为减轻其主观罪责，降低人身危险性。追赃挽损后从宽处罚是落实宽严相济刑事政策的具体体现，在侵犯财产罪的刑事司法实践与刑事立法中均得到充分的体现。在最高人民法院、最高人民检察院《关于办理盗窃刑事案件适用法律若干问题的解释》《关于办理诈骗刑事案件具体应用法律若干问题的解释》《关于办理敲诈勒索刑事案件适用法律若干问题的解释》等侵犯财产罪的司法解释中，对于退赃退赔的行为人，如果犯罪数额未达到巨大标准，且认罪悔罪的，均可以评价为情节轻微，作出不起诉处理或者免予刑事处罚。《刑法修正案（十一）》对挪用资金罪的修改中，明确在提起公诉前将挪用资金退还的，可以从轻或减轻处罚，犯罪较轻的可以减轻或免除处罚，改变了刑法原来对未退还所挪用资金，造成单位损失的行为进行否定性评价，并从重处罚的思路。特别是可以减轻或免除处罚的规定，是《刑法修正（十一）》第二稿增设的，反映了通过立法加大从宽处罚力度，进一步鼓励行为人及时归还资金，弥补犯罪行为造成的危害，保障企业正常经营发展的目标。

追赃挽损是打击跨境侵犯财产罪的重要一环。电信网络诈骗案件涉案金额大，被害人众多，传统的重刑事责任追究，轻涉案赃款追缴的惯性

一方面无法彻底根除电信网络诈骗集团的经济土壤，造成打击力度不够，犯罪集团易改头换面东山再起；另一方面仅追究行为人的刑事责任，未能挽回被害人财产损失，无法有效化解社会矛盾。特别是随着国内打击力度的加大，许多犯罪集团将犯罪窝点转移至境外，将获得的赃款也转移至境外，影响了国家的经济安全，也为犯罪集团成员的刑事责任追究和赃款赃物的追缴带来了更大的挑战。在办理跨境侵犯财产犯罪案件时，要特别注重定罪与量刑并重，追责与追财并重，对于在案扣押的财产，要及时完善证据体系，加强财产属性的甄别。对于属于被害人的财产及时返还被害人，对于赃款赃物依法提出没收的处理意见，对于有可能判处没收财产附加刑行为人的其他合法财产，及时完善涉案款物扣押冻结手续。对于以金融诈骗方式侵犯他人财产权的，在对赃款赃物进行审查时，要进一步审查赃款赃物流转的方式，符合洗钱罪客观行为特征的，需要考虑是否对洗钱行为另行追究刑事责任。

案发后退赃退赔是认罪认罚的重要内容。认罪认罚从宽制度是2018年刑事诉讼法增设的一项重要诉讼制度，它有利于及时惩罚犯罪，节约司法资源，化解社会矛盾。认罪认罚从宽制度中的"认罚"，考察的是行为人的悔罪态度和悔罪表现，它是结合退赃退赔、赔偿损失、赔礼道歉等因素来考量的，反映行为人不仅是愿意接受刑事责任，还应当愿意承担行政责任、民事责任。行为人实施侵财犯罪后，在承认指控的主要犯罪事实和罪名的基础上，积极退赃退赔，愿意承担刑事、行政、民事责任的，不仅在实体上可以获得从宽的量刑，在程序上也可以获得轻缓的强制措施。

三、大量使用电子证据对案件审查提出更高要求

在电子信息时代，财产的存储和流动离不开信息网络，侵犯财产犯罪的手段也越来越依托信息网络，大量能够证明案件事实的证据以电子数据的形式呈现。针对电子证据的特点，司法机关对电子数据的获取有的是扣押电子数据的原始存储介质，有的是通过网络远程勘验与网络在线提取等方式提取电子数据，有的是采取打印、拍照或者录像等方式固定电子数据，有的是通过电子数据侦查实验获取信息。电子数据的产生与提取专业性强，它的大量使用，为案件审查提出了更高的要求。

对电子数据的客观性审查要求更高。电子数据一方面有客观性、稳定性的特征，另一方面又因其开放性而具有易变性、易篡改的特征。因此，对于电子数据真实性的审查主要从以下几个方面进行：一是是否移送电子证据的原始存储介质，在原始存储介质无法封存、不便移动的情况下，需要对存储介质的提取过程、不能移送的原因进行说明，对存储介质的存放地点进行说明；二是电子数据是否有数字签名、数字证据等特殊标识，有些电子数据具有数字签名或数字证书，需要调取它们确定数据来源的真实性、数据内容的完整性；三是电子数据的收集、提取过程是否可以重现，有些电子数据的收集、提取过程可以重现的，可以通过重现确认证据内容的真实性；四是电子数据如果有增加、删除、修改等情形的，是否附有说明，对于电子数据的修改是为了优化证据的展现效果，并对修改的内容进行说明的，不影响电子数据内容的真实性，对于故意篡改或者保管不当造成了数据修改，无法确定修改内容的，会影响电子数据的内容真实；五是电子数据的完整性是否可以保证，完整的电子数据是没有被破坏过的电子数据，具有合法证明效力，而不完整的电子数据其内容被篡改和破坏的可能性较大，不宜单独作为定案的根据。

对电子数据合法性的审查要求更高。取证程序的合法性是证据内容客观性的有力保障，基于电子证据的特点，对电子证据的取证程序提出了更多要求，其合法性审查内容更多、要求更高。一是收集、提取电子证据是否由两名以上侦查人员进行，取证方法是否符合相关技术标准。二是收集、提取过程是否制作了相关提取笔录和清单，并由在场人员签章确认，电子数据的类别、文件格式是否清楚。三是是否有适格的见证人，是否对相关活动进行了同步录音录像。四是对电子数据检查的，是否使用了写保护设备确保原始数据不被破坏，或者是否有将存储介质内原有的电子数据制作备份。

对电子数据的关联性审查要求更高。电子数据的产生具有匿名性，不受时空环境限制，行为人日常生活中的真实身份与电子数据中的虚拟身份同一性认定，是对关联性审查的一个重点。对于一人使用多个虚拟身份，一个虚拟身份多人使用，多人共享一个上网线路的情形，或者网络服务提供商不保存日志，保存的日志只有IP地址和时间，没有端口号等情形，审查时，需要核查相关IP地址、网络活动记录、上网终端归属、相关证人证言、行为人的供述与辩解，甚至上网终端设备上的指纹、DNA等痕迹物证，监控录像等证据进行综合判断。

对证据客观性、合法性、关联性有欠缺的电子数据依法进行补正或排除。经综合相关证据，可以证明电子数据系篡改、伪造或者无法确定真伪的，应当排除；经综合相关证据，可以确定电子数据有被增加、删除、修改，且影响电子数据真实性的，应当排除；电子数据存储介质未以封存状态移送的，需作出合理解释，不能作出合理解释的，不能作为定案的根据；电子证据获取笔录或者清单上没有侦查人员、电子数据持有人、见证人签名或盖章的，需作出合理解释或补正，不能作出合理解释或补正的，不能作为定案的根据；电子数据的名称、类别、格式等注明不清的，需作出合理解释或补正，不能作出合理解释或补正的，不能作为定案的根据。

四、财产数量与财产属性认定的专业性越来越强

随着侵犯财产犯罪有组织化、科技化、涉众化的变化，准确认定被侵犯财产的价值以及每一个犯罪嫌疑人参与犯罪数额的挑战越来越大。为准确打击侵犯财产犯罪提供专业化支持，部分侦查机关将诸如"电信网络诈骗资金追查专业会计服务"作为专项技术服务工作面向社会招标，提高对涉案财产的甄别能力。

财产种类的不断丰富带来财产价值认定的专业化。在传统的侵犯财产罪中，被侵犯的财产主要是以生活用品、生产用品为主的有体物以及可以直接量化的国内货币，它们一般可以根据有体物的购买价格或者市场价格进行鉴定得出所侵犯财产的价值。当被侵犯的财产是外币、文物等特殊物品时，财产的价值则需要借助外汇管理部门、文物管理部门等相关特定行业主管部门结合汇率、文物等级等专业性问题进行评价，方能鉴定得出所侵犯财产的价值。随着比特币、以太币、游戏币等虚拟货币成为犯罪的对象，它们的价值属性需要更加深入的探讨。在传统的刑事法律框架内，一般更加注重的是虚拟货币的电子数据性，根据最高人民法院、最高人民检察院《关于办理盗窃刑事案件适用法律若干问题的解释》制定背景可知，有观点提出应当对盗窃游戏币等虚拟货币以盗窃罪定罪处罚，但更多意见认为虚拟货币多体现为计算机信息系统数据，通过非法获取计算机信

息系统罪可以有效进行打击,将它们作为财产的一种纳入盗窃罪打击,不仅与传统中的财产概念相差较大,且虚拟货币的价值难以认定。实践中,对于侵犯虚拟货币的案件处理方式各不相同,有的是以非法获取计算机信息系统罪进行处罚,对于被侵犯的虚拟货币可以通过经营公司对电子信息的修改得以弥补;有的是以侵犯财产罪进行处罚,虚拟货币是具有价值和使用价值的财物,其价值可以以交易价值认定。笔者认为,虚拟货币具有双重属性,一方面是记录的电子数据,另一方面是能为当事人带来一定价值的财产。对于虚拟货币,特别是去中心化的、自由交易的虚拟货币,如比特币等,将其作为财产认定不会超出国民的一般认知能力。随着互联网信息产业的高速发展,虚拟财产的种类不断变化,除比特币、以太币外,还有诸如莱特币、火币等各种"币"。它们是具有一定价值的虚拟财产,还是行为人实施诈骗罪、组织领导传销罪等罪的工具,如果是虚拟财产,财产价值如何认定等问题,都需要结合案件的实际情况和专业性的分析得出符合客观实际的判断。

涉众型侵财团伙犯罪需借助专业化财会知识才能确定犯罪的数额及不同成员参与期间的犯罪金额。涉众侵财犯罪中的被害人数量众多,地域分布广,无法对被害人一一核实犯罪的过程及财产损失的价值,且涉众侵财犯罪多为非接触性犯罪,行为人与被害人间难以相互辨认,为准确认定犯罪数额带来挑战。在"套路贷"等侵财犯罪中,行为人与被害人之间可能存在多次资金往来,且存在故意制造交易流水,以新借条替换旧借条,预扣利息等多种方式,造成资金往来的混乱。在认定"套路贷"犯罪数额时,因为对"套路贷"从整体上予以否定性评价,所以"虚高债务"和以"利息""保证金""中介费""服务费""违约金"等名目被行为人非法占有的财物,均计入犯罪数额,但行为人实际给付被害人的本金数额,不计入犯罪数额。如何准确认定上述侵犯财产罪的非法所得数额,需要结合账目、银行流水、借贷书证、当事人言词证据进行综合判断,这离不开会计、审计等行业的专业技术支持。

五、侵犯财产罪罪数的认定

侵犯财产罪是实践中较为多发的犯罪,且在实施犯罪时易同时触犯其他罪名，需要根据罪数的基本理论和法律、司法解释的规定，准确认定罪数。

要注重区分行为人在实施犯罪过程中的另起犯意行为。刑法分则各罪名犯罪构成中的客观行为，可能是单行为，也可能是复合行为。比如盗窃罪就是单独的窃取行为构成犯罪，而抢劫罪则是暴力行为与劫取财物行为的结合。在复合行为的罪名中，不能因客观上存在犯罪构成要素中的多个行为就直接认定构成某罪，而要进一步根据主客观相一致原则分析各行为间的关系，并判断是构成一罪还是另起犯意构成多罪。比如行为人客观上同时实施了伤害行为和劫取他人财物的行为，如果行为人是为了劫取财物的目的而实施伤害行为的，符合抢劫罪的犯罪构成，属于抢劫罪一罪。如果行为人是在实施伤害行为之后临时起意劫取他人财物的，伤害行为并不是劫取财物的目的，不能将其评价为抢劫罪的构成要件要素，而是应将伤害行为径直认定为故意伤害罪或故意杀人罪，后续的临时劫取财物行为属于另起犯意单独评价。在被害人未失去知觉，利用被害人不能反抗、不敢反抗的处境，临时起意劫取他人财物的，构成抢劫罪，并与之前的故意伤害罪或故意杀人罪数罪并罚。在被害人失去知觉或者没有发觉的情形下，以及实施故意杀人犯罪行为之后，临时起意拿走他人财物的，构成盗窃罪，应与此前所实施的故意伤害罪或故意杀人罪数罪并罚。对14~16周岁未成年人实施抢劫行为，根据主客观相一致原则认定行为间的关系则更为重要。虽然未成年人在客观上实施了暴力或暴力威胁行为，以及劫取财物的行为，如果实施暴力或暴力威胁的目的是劫取财物，则构成抢劫罪，应当承担刑事责任；如果是在实施盗窃、诈骗、抢夺罪时为窝藏赃物、抗拒抓捕或者毁灭罪证而当场使用暴力或者以暴力相威胁的，暴力或暴力威胁的目的不是劫取财物，不属于抢劫罪。同时，因为14~16周岁不构成盗窃罪、诈骗罪、抢夺罪，也不符合转化型抢劫罪的构成要件要素，在暴力没有致他人重伤或死亡的情况下，未成年人不承担刑事责任。在判断一罪还是数罪的过程中，还要注意避免对一行为重复评价。比如，在绑架中实施抢劫行为的，行为人客观上实施了暴力或暴力威胁行为，对被害人的直接劫取财物行为，对第三人的勒索行为。行为人在实施暴力或暴力威胁行为时的主观目的是获取他人财物的概括意图，它可能是先从被害人身上劫取财物，后勒索他人，也可能在勒索他人的过程中劫取被害人所有的财物。不论何种情形，根据主客观相一致原则，行为人的暴力或暴力威胁行为同时被评价为绑架罪的构成要件和抢劫罪的构成要件。为避免重复评价之嫌，一般本着有利于被告的原则，择一重罪定罪处罚。如果案件事实能够证明行为人在实施暴力或暴力威胁的时候主观目的是明确的，即从被害人处劫取财物或者从第三人处勒索财物，在后续实施犯罪的过程中，利用控制了被害人的状态，产生了新的犯罪意图，则可以考虑属于另起犯意的新的犯罪，进行数罪并罚。在侵犯财产罪的过程中伴随有其他犯意行为支配下的其他犯罪行为并构成数罪的，刑法分则多处作了提示。比如盗窃、抢夺、抢劫毒品的，构成盗窃罪、抢夺罪或者抢劫罪，之后又实施其他毒品犯罪的，将盗窃罪、抢夺罪、抢劫罪和所犯的具体毒品犯罪分别定罪，依法数罪并罚；组织、利用会道门、邪教组织或者利用迷信蒙骗他人，构成组织、利用会道门、邪教组织、利用迷信致人重伤、死亡罪的，又有诈骗财物等犯罪行为的，依照数罪并罚的规定处罚。

对于行为人实施了前后具有牵连关系的侵犯财产罪犯罪行为，根据法律或者司法解释的规定适用罪数和罪名。有时法律规定进行数罪并罚，比如为实施其他犯罪，偷开机动车作为犯罪工具使用后非法占有车辆，或者将车辆遗弃导致丢失的，虽然以非法占有目的偷开机动车行为与实施其他犯罪行为之间具有牵连关系，仍以盗窃罪和其他犯罪数罪并罚。只有不具有非法占有目的的偷开机动车，如事后将车辆送回的，才不认定盗窃罪。有时法律规定以特殊罪名论处，比如盗窃信用卡并使用的，盗窃信用卡行为与冒用所盗信用卡行为是原因和结果的牵连，但根据法律规定，此种牵连行为以盗窃罪定罪处罚。又如邮政工作人员私自开拆或者隐匿、毁弃邮件、电报的，属于私自开拆、隐匿、毁弃邮件、电报罪，犯此罪而窃取财物的，可能是牵连犯也可能是另起犯意，但根据法律规定，以盗窃罪定罪并从重处罚。有时法律规定从一重处罚，比如为实施诈骗等违法犯罪活动，非法利用信息网络发布信息，情节严重的，同时构成非法利用信息网络罪和诈骗罪的，两者是手段和目的的牵连，根据法律规定，按照处罚较重的规定定罪处罚。但是需要注意的是，如果为实施电信网络诈骗行为，窃取或者以其他方法非法获取公民个人信息，同时构成侵犯公民个人信息罪和诈骗罪的，虽然两者是手段和目的的牵连，根据最高人民法院、最高人民检察院、公安部《关于办理电信网络诈骗等刑事案件适用法律若干问题的意见》的规定，应当依法予以并罚。

第二章

盗窃罪
办案指引

第一节 盗窃罪概述

盗窃罪是纯粹的侵犯财产犯罪,其社会危害程度虽然不如杀人、抢劫等暴力犯罪大,直接同时危及人身及财产的安全,但是"一户被盗,四邻不安",因此盗窃犯罪依然会严重影响社会的治安状况,也是衡量一个社会治安情况和民风的重要标准。中国古代就有以"路不拾遗,夜不闭户"来描绘一个理想的和谐社会的先例。盗窃罪在世界各国都是高发、多发的犯罪类型,也是我国历年来发案率较高的犯罪,预防、打击盗窃犯罪是司法机关历来的重要工作之一。在《刑法修正案(八)》颁布之前,我国刑法对盗窃罪的认定主要采取了"数额"和"次数"标准;修订之后,新增了入户盗窃、携带凶器盗窃以及扒窃三种新型盗窃罪的行为方式。随着信息化的发展,盗窃的财产也不断从实体向虚拟世界延伸,有些根据网络经济的特点还延伸了线上线下新的手段,这些都构成了司法实践中新课题。本章将立足盗窃罪的基本理论和基本法律规范,对盗窃罪的司法实务问题进行系统梳理。

一、盗窃罪的立法沿革

从1949年新中国成立到1979年刑法颁布实施之前的三十年里,因为缺乏正式的法律渊源,我国司法机关处理盗窃案件,主要依据的是当时的一些单行刑法、党的方针政策以及司法机关内部刊发的政策性指导文件。在刑法空缺的这三十年里,实际的盗窃立法活动并非空白。从20世纪50年代起,我国有关部门就开始组织专家对盗窃罪进行理论探讨和立法研究。这一时期,苏联在盗窃罪方面的学界理论和立法活动是我国盗窃罪立法的主要参考和借鉴对象。从1979年新中国第一部刑法规定可见,盗窃罪、侵占罪、诈骗罪和抢夺罪是几个独立的罪名。我国的盗窃罪是狭义上的盗窃罪，不同于苏联的做法。在1979年的刑法中，虽然盗窃、诈骗和抢夺这几个罪名是在同一个条文中规定的，但依旧是独立的三个罪名，而非一个整体。盗窃罪以简单罪状的方式被规定在刑法中，但是对于盗窃罪的具体定义立法者并没有在刑法中作出明确规定。

1979年刑法颁布实施以后，鉴于盗窃公私财物等犯罪活动日益猖獗，其社会危害性不容忽视，第五届全国人民代表大会常务委员会第二十二次会议在1982年3月8日通过了《关于严惩严重破坏经济的罪犯的决定》，对1979年刑法规定的盗窃罪作了补充和修改，规定盗窃罪"情节特别严重的，处十年以上有期徒刑、无期徒刑或者死刑，可以并处没收财产"。在当时的特殊情势下，这部单行刑法以死刑来惩罚犯罪情节特别严重的盗窃犯，旨在加大打击力度，对犯罪人起到有效的威慑作用，从而降低盗窃的发案率，对于更好地保护公私财产，维持社会治安起到了一定程度上的积极作用。但是，盗窃罪毕竟不能等同于杀人、抢劫等暴力型犯罪，其无论从主观恶性还是从社会危害性上来说，都远远小于这些暴力型犯罪。

1997年刑法即现行刑法对盗窃罪作了较大修改：一是明确了盗窃罪的构成条件。1979年刑法将盗窃数额作为盗窃罪唯一的定罪标准，而1997年刑法将盗窃数额和盗窃次数并列，共同作为判断是否构成盗窃罪的标准。使盗窃罪不仅受到盗窃数额的限制，只要是多次盗窃，即使盗窃数额并没有达到较大的也可能构成盗窃罪。二是取消了惯窃罪。1997年刑法将惯窃作为盗窃罪的行为表现之一，而非一个单独罪名。盗窃多次即使没有达到盗窃数额较大这一数量上的要求，也一样有可能构成盗窃罪。这就解决了实践中有些犯罪人长期以来小偷小摸的行为，因为每次数额都不大，达不到"较大"的标准，而只能任其逍遥法外的缺憾。三是修改了盗窃罪的法定刑。1997年刑法在对盗窃罪的处罚上增加罚金刑的同时依旧保留了最高刑死刑，但是限制了死刑的适用。四是1997年刑法明确了以牟利为目的，盗接他人线路、复制他人电信码号或者明知是盗接、复制的电信设备、设施而使用的行为，以盗窃罪定罪处罚。

1998年最高人民法院《关于审理盗窃案件具体应用法律若干问题的

解释》①（以下简称《1998年司法解释》）对盗窃罪的概念、盗窃的数额、多次盗窃、情节等问题作出了进一步的解释和规定。2005年通过的《刑法修正案（五）》对《刑法》第196条（信用卡诈骗罪）进行了修改，作为第196条第3款，即"盗窃信用卡并使用的，依照本法第二百六十四条的规定定罪处罚"。

2011年颁布实施的《刑法修正案（八）》将《刑法》第264条修改为："盗窃公私财物，数额较大的，或者多次盗窃、入户盗窃、携带凶器盗窃、扒窃的，处三年以下有期徒刑、拘役或者管制，并处或者单处罚金；数额巨大或者有其他严重情节的，处三年以上十年以下有期徒刑，并处罚金；数额特别巨大或者有其他特别严重情节的，处十年以上有期徒刑或者无期徒刑，并处罚金或者没收财产。"从中可以看出，这次修改对盗窃罪的规定较之1997年刑法有了较大的不同：一是将盗窃罪的表现形式增加为五种，即盗窃公私财产数额较大、多次盗窃、入户盗窃、携带凶器盗窃以及扒窃。后三种情况并没有盗窃数额和盗窃次数上的限制，即只要实施了入户盗窃、携带凶器盗窃或者扒窃行为之一，就能构成盗窃罪，从一定意义上讲，这种立法其实是降低了盗窃罪的入罪门槛，表明了我国刑法坚决打击盗窃犯罪的鲜明态度。二是《刑法修正案（八）》取消了1997年刑法中对于"盗窃金融机构，数额特别巨大"以及"盗窃珍贵文物，情节特别严重"可以判处死刑的限制性规定，从此在我国刑法中废止了盗窃罪的死刑。

二、盗窃罪的概念和构成特征

盗窃罪，是指以非法占有为目的，窃取他人占有的数额较大的财物，或者多次盗窃、入户盗窃、携带凶器盗窃、扒窃的行为。

（一）犯罪客体

1. 盗窃罪保护的法益。盗窃罪的法益首先是财产所有权及其财产权，其次是需要通过法定程序改变现状（恢复应有状态）的占有。但在非法占

---

① 已失效。——编者注

有的情况下，相对于权利人恢复权利的行为而言，该占有不是盗窃罪的法益。就狭义的财物而言，这里的"财产所有权"可以根据民法确定，即包括财物的占有权、使用权、收益权与处分权；"其他财产权"既包括合法占有财物的权利，也包括债权以及享有其他财产性利益的权利；在合法占有物的情况下，占有者虽然享有占有的权利，却不一定享有其他权利，尤其是不一定享有处分权。①

2. 盗窃罪犯罪对象的界定。盗窃罪的犯罪对象主要是指动产，即可以移动位置转移到行为人手中的财产，包括不动产上可移动的部分。但刑法规定没有将公私财物限定为动产，而且不动产也可以用秘密窃取的方法占为己有。

（1）关于无体物。盗窃罪的犯罪对象一般表现为有体物，但随着社会的发展，一些具有经济价值的无体物也成为行为人的犯罪对象。无体物分为几种常见类型：一是电力、煤气、天然气等能源。众所周知，这些能源具有经济价值，是一种看不见的特殊财物，行为人窃取这些能源的行为也会导致被害人失去对这种特殊财物的控制，从而造成被害人的损失。因此，盗窃电力、煤气、天然气的行为其本质上与盗窃其他有体物的行为没有区别，应以盗窃罪进行处罚。二是长途电话账号或号码。司法实践中，行为人会窃取被害人的电话号码并且利用此号码拨打电话，造成被害人重大的财产损失。因此，根据《刑法》第265条的规定，凡是以牟利为目的盗窃他人电话号码造成他人财产损失的行为应以盗窃罪定罪量刑。三是网络虚拟财产。随着网络的普及，网络虚拟财产失窃案件逐渐增多。网络虚拟财产是指在网络环境下，虚拟现实事物，以数字化形式存在的，既相对独立又具有独占性的信息资源。具体而言，网络虚拟财产即虚拟有形财产，或称虚拟物，是对现实环境中有形物质财富的模拟，包括虚拟金币、虚拟装备等。在实践中，网络虚拟财产可以通过个人劳动或者购买点数获得，还可以通过交易平台进行真实的支付货币交易。在这个过程中，往往需要耗费人们大量的时间、精力与金钱，因此，对于这些网络虚拟财产的拥有者来讲，网络虚拟财产与一般的公私财产一样具有经济价值，对网络虚拟财产的丧失也会造成被害人的经济损失。虚拟财产能够在网络平台交

---

① 张明楷：《刑法学》（第五版），法律出版社2016年版，第942页。

易本身也就说明它具有经济价值。因此,其同一般的公私财产没有本质的区别,可以成为盗窃罪的犯罪对象。

(2)关于亲属财产。亲属财产是否可以作为盗窃罪的对象,《1998年司法解释》第1条第4项规定:"偷拿自己家的财物或者近亲属的财物,一般可不按犯罪处理;对确有追究刑事责任必要的,处理时也应在社会上作案的有所区别。"依据司法解释,亲属财产一般不作为盗窃罪对象。对于"确有追究刑事责任必要"的含义,一般指两种情形:其一,盗窃于家庭中代管的或近亲属保管的公私财物,应以盗窃罪论处。其二,盗窃自家或近亲属财物且情节恶劣,亲属强烈要求追究刑事责任的,也可以按盗窃罪论处。①对于家庭成员勾结外人共同盗窃家庭财产的行为,应以盗窃罪论处,但在处理时对于家庭成员若无其他恶劣情节的,可以酌情考虑从轻处罚。2013年,最高人民法院、最高人民检察院《关于办理盗窃刑事案件适用法律若干问题的解释》(以下简称《2013年司法解释》)第8条规定:"偷拿家庭成员或者近亲属的财物,获得谅解的,一般可以不认为是犯罪;追究刑事责任的,应当酌情从宽。"

(3)关于违禁品。违禁品是指法律禁止的,除得到国家许可外的任何人不得制造、贩卖、运输、持有的特定物品,主要有毒品、淫秽物品、枪支、弹药、爆炸物等。违禁物品应当没收,属于国家,国家对于违禁品拥有所有权,盗窃违禁品所侵犯的客体是国家的财产所有权。②《1998年司法解释》第5条第2款规定:"盗窃违禁品,按盗窃罪处理的,不计数额,根据情节轻重量刑。"《2013年司法解释》在第1条第4款中规定:"盗窃毒品等违禁品,应当按照盗窃罪处理的,根据情节轻重量刑。"这就表明,司法解释肯定了盗窃违禁品可以构成盗窃罪。

(4)关于借条、欠条。司法实践中,一些债务人为了免除自身债务而利用秘密窃取的方式将债权人持有的借条、欠条销毁,使得债权人向其主张权利时没有证据,造成债权人经济上的损失。虽然借条、欠条不像有价证券具有普遍意义上的财物性,但它是债权人实现对债务人财产权的主要凭证。在特定情况下,如债务人以非法消灭债务为目的盗窃欠条的,其

---

① 李果:《盗窃罪的特殊对象问题新探》,载《法学家》1996年第5期。
② 王礼仁:《盗窃罪的定罪与量刑》,人民法院出版社2008年版,第69页。

行为构成盗窃罪。①

（5）关于人体器官。人体器官能否成为盗窃罪的对象，这个问题要一分为二地看待。是否人体的某一部分与人体脱离，便可作为盗窃罪的对象。例如，医院血库存储的血浆或者商店收购的用以出售的人的头发。但若未经当事人同意秘密摘取其身体器官，如将当事人麻醉后未经其同意便实施手术摘取其肾脏或者抽取血液，行为人在实施这种行为时明知自己的行为会导致被害人身体功能的损害，却对这种损害结果持希望或者放任其发生的态度，结合行为人的主客观要素，该行为已经构成故意伤害罪，应以故意伤害罪论处。

（二）客观方面

犯罪的客观方面，是指刑法所规定的、说明行为对刑法所保护的社会关系造成损害的客观外在事实特征，具体表现为危害行为、危害结果以及行为的时间、地点、方法（手段）、对象。盗窃罪的客观方面一般表现为以秘密窃取的方法，将公私财物转移到自己的控制之下并非法占有的行为。秘密窃取是指行为人采用自认为不使他人发觉的方法占有他人财物。只要行为人主观上是意图秘密窃取，即使客观上已被他人发觉或者注视，也不影响盗窃性质的认定。

秘密窃取行为主要有以下几个特点：一是秘密具有主观性，即只要行为人主观上认为是秘密的，客观上是否为他人所知，不影响盗窃罪成立。二是秘密性是针对财物所有人或持有人而言的，不包括其他人，如果行为人在窃取财物时被被害人以外的其他人发觉，仍趁被害人未察觉而将财物取走，其行为仍是盗窃行为。三是窃取行为主要是针对实行行为而言。盗窃行为的窃取并不需要贯穿盗窃犯罪的全过程，即并不是从盗窃预备行为起就是秘密的或不让财产所有人或持有人知晓的。行为人为实施盗窃行为在预备阶段玩弄某种花招，为窃取做准备，而在着手取得财产时是秘密行为的，仍为盗窃。

秘密窃取行为根据窃取对象的不同，主要包括三种表现形式：一是将可移动的财物秘密转移到行为人控制之下，并且脱离财物所有人或持有

---

① 董玉庭：《盗窃罪研究》，中国检察出版社2002年版，第48页。

人的控制范围。二是通过传输系统加以使用和消耗。这种方式主要适用于电力、煤气、天然气等无体物。三是以牟利为目的，盗窃他人通信电路、复制他人电信号码或者明知是盗接、复制的电信设备、设施而使用。①

1. 盗窃公私财物数额较大。根据《1998年司法解释》，个人盗窃公私财物价值500~2000元以上的为"数额较大"。根据《2013年司法解释》，个人盗窃公私财物价值1000~3000元以上，盗窃国有馆藏一般文物1件或者2件的，应当认定为"数额较大"。该解释同时规定，各省、自治区、直辖市高级人民法院、人民检察院可以根据本地区经济发展状况，并考虑社会治安状况，在前述规定的数额幅度内，确定本地区执行的具体数额标准，报最高人民法院、最高人民检察院批准。

2. 多次盗窃。对于"多次盗窃"中的"次"应该如何理解，我国法律、司法解释目前还没有给出明确规定。司法解释中有些行为人会在一个时间段内连续不停地实施多次盗窃行为，对于行为人的此种行为认定为"多次盗窃"是否恰当？根据刑法总则的规定，在判断行为人的某种犯罪行为时应结合主客观因素来定夺，不能片面地强调某一方面，因此对于"次"的理解，不能将其简单地理解为行为人所实施的盗窃行为的次数。"次"是行为人基于一个概括的犯意而完整实施的一系列连贯的盗窃动作。需要注意的是，这里的"连续盗窃"行为不同于刑法中的连续犯。所谓连续犯，是指基于同一或概括的犯罪故意，连续实施性质相同的独立成罪的数个行为，触犯同一罪名的犯罪形态。二者最大的区别在于，连续犯成立的前提条件是行为人实施的数个行为必须均独立成罪，即每个行为都符合犯罪构成要件。"连续盗窃"并不要求行为人每次的盗窃行为独立构成盗窃罪。对于"连续盗窃"行为，可以从两个特点进行把握：(1) 行为人在着手实施一系列盗窃行为之前，具有同一或概括的犯罪故意，即行为人对于即将实行的数个盗窃行为之间的连续关系有所预见并希望数次盗窃行为能够连续发生。(2) 行为人各行为之间存在相对的独立性，如侵害的对象不同，但是从盗窃行为实施的时间、地点等因素分析，又具有连续性，例如行为人甲在一

---

① 高铭暄、马克昌主编：《刑法学》（第三版），北京大学出版社、高等教育出版社2007年版，第567页。

个小时之内连续窃取了同一集市中数个不同摊位的财物。因此，行为人的"连续盗窃"行为在法律上应以"一次盗窃"看待。

根据《1998年司法解释》的规定，"多次盗窃"是指一年内入户盗窃或者在公共场所扒窃三次以上。关于此规定，有学者认为司法解释不应将"多次盗窃"限定为"入户盗窃"与"扒窃"两种行为模式，应当取消对多次盗窃行为类型的限制，赋予司法机关更大的灵活性。相反，有学者认为，司法解释的规定并非是对"多次盗窃"的定义，只是列举了最为常见的盗窃形式，对于"多次盗窃"的理解，还应包括除"入户盗窃""扒窃"之外的其他盗窃行为。随着《刑法修正案（八）》的出台，对于盗窃罪罪状的重新定义实质上否认了"多次盗窃"仅限于"入户盗窃"与"扒窃"的说法。根据《刑法修正案（八）》的规定，盗窃罪的表现形式包括五种类型：盗窃公私财物，数额较大；多次盗窃；携带凶器盗窃；入户盗窃；扒窃。"多次盗窃"与"携带凶器盗窃""入户盗窃""扒窃"属平行关系，后三种盗窃行为并不受"多次盗窃"规定的限制，亦即只要是盗窃行为，不论是一次还是多次，均应以盗窃罪论处。因此根据新修订刑法的规定，"多次盗窃"从法条文义上可以理解行为人在没有携带任何凶器的情况下实施的在非"户内"与"公共场合"的其他地点的多次盗窃行为。《2013年司法解释》第3条第1款规定"二年内盗窃三次以上的，应当认定为'多次盗窃'"，加大了对"多次盗窃"的打击力度。

3. 入户盗窃。入户盗窃，是指以非法占有为目的，进入他人住所，实施的以"和平"手段窃取他人公私财物的行为。这里对于"户"的理解，可参照最高人民法院《关于审理抢劫案件具体应用法律若干问题的解释》对"入户抢劫"中的"户"的解释，即他人生活的与外界相对隔离的住所，包括封闭的院落、牧民的帐篷、渔民作为家庭生活场所的渔船、为生活租用的房屋等。"户"表现为两个特征：供他人家庭生活和与外界相对隔离。前者为"户"的功能特征，后者为"户"的场所特征。对于"入户盗窃"行为的理解，要求行为人在入户前就产生了非法占有他人财物的目的。如果进入他人住宅前并没有窃取财物的目的，而是在入户后临时起意窃取他人财物的，应视为普通的盗窃行为而不是入户盗窃。《刑法修正案（八）》对于"入户盗窃"的规定较之《1998年司法解释》有了较大修改。原来的入户盗窃行为受到盗窃数额和次数的限制，即入户盗窃须达到盗窃数额较大或多次盗窃才构成盗窃罪。修改后的刑法对于入户盗窃行为，规定该行为不再受到盗窃数额和次数的限制，只要行为人实施入户盗窃行为即可构成盗窃罪。这主要是基于"入户盗窃"行为较一般盗窃行为而言具有更大的社会危害性，表现在两个方面：（1）根据全国人大常委会法制工作委员会的解释，入户盗窃不仅侵犯了公民的财产还侵犯了公民的住宅，并对公民人身安全形成严重威胁，应予严厉打击。据此解释，可以理解为一般的盗窃行为侵害的唯一客体就是被害人的财产所有权，而"入户盗窃"行为由"入户"行为与"盗窃"行为两部分组成，前者是方法行为，后者是目的行为。这两个行为侵害的客体也不同。"入户"行为侵害的是公民的住宅安宁权，"盗窃"行为侵害的是公民的财产所有权，因此"入户盗窃"行为侵害的是双重客体，这使得该行为与一般的盗窃行为相比社会危害性更大，需要法律给予更为严厉的处罚。（2）"入户盗窃"是行为人在"户内"实施的犯罪行为，由于"户"所具有的特定的封闭性，行为人的犯罪行为更容易被被害人发现，在这种情况下，行为人为了抗拒抓捕、毁灭证据往往会对被害人采取暴力手段或与暴力程度相当的其他威胁手段，使"入户盗窃"转化为"入户抢劫"，会对被害人的人身安全造成威胁。因此，为了震慑那些企图入户盗窃的不法分子，立法者将"入户盗窃"行为作为盗窃罪的一项罪状。《2013年司法解释》第3条第2款对"入户盗窃"作出了明确界定，即非法进入供他人家庭生活，与外界相对隔离的住所盗窃的，应当认定为"入户盗窃"。

4. 携带凶器盗窃。《1998年司法解释》将"携带凶器盗窃"作为盗窃罪的加重情节。随着刑法的修正，该行为成为盗窃罪的定罪情节。同"入户盗窃"性质类似，"携带凶器盗窃"的社会危害性更大。"携带凶器盗窃"客观表现为，行为人为了给自己"壮胆"或为了恐吓被害人、第三人而携带"凶器"实施盗窃行为。该行为隐含的危害性较高，因为行为人赤手空拳实施盗窃时对被害人所能够造成的危害程度有限。而当行为人携带凶器盗窃时，危险程度提高。因为当行为人携带凶器进行盗窃时，具有随时使用"凶器"的可能性，就会对被害人或者周围第三人的人身安全造成潜在的威胁。

根据常识，凡是能够造成人体伤害的器械均可视为"凶器"。但为了不扩大刑罚打击面，在这里不宜对"凶器"做广义理解。根据最高人民法院《关于审理抢劫案件具体应用法律若干问题的解释》规定，可以将"凶器"理解为枪支、弹药、爆炸物、管制刀具等国家禁止个人携带的器械。当然，对于"凶器"的理解不宜过于死板，在司法实践中，还应当根据行为人携带器具的主观目的和用途进行具体分析。依据刑法主客观相一致原则，如果确有证据证明行为人携带国家管制器械的目的不是实施犯罪，那么此时行为人的行为只能视为一般盗窃行为而非携带凶器盗窃。相反，如果行为人携带扳手、木棒等非国家管制的器械进行盗窃，确有证据证明行为人携带这些器具的目的是便于盗窃行为的实施，那么此时行为人的行为也应视作"携带凶器盗窃"。但如果行为人携带这些器具只是作为盗窃时的辅助使用工具，如行为人在盗窃汽车的过程中为了打开车门而随身携带一把螺丝刀，那么行为人的盗窃行为还是作为一般盗窃行为论处。有学者认为，行为人在盗窃预备阶段的"携带凶器"并不具有针对被害人的潜在危害性，只有在接近被害人之时才对被害人具有潜在危害性，在预备阶段"携带凶器"的危害性与一般盗窃并无太大差异，因此，不宜将其作为"携带凶器盗窃"包含的内容。故只有实行行为开始之后的"携带凶器盗窃"才具有刑事可罚性，包括行为人准备凶器实施盗窃的实行行为，也包括在实施盗窃的实行行为过程中拾得凶器的情形。《2013年司法解释》第3条第3款对"携带凶器盗窃"作出了明确界定，即携带枪支、爆炸物、管制刀具等国家禁止个人携带的器械盗窃，或者为了实施违法犯罪携带其他足以危害他人人身安全的器械盗窃的，应当认定为"携带凶器盗窃"。

5.扒窃。"扒窃"并不是一个十分严格的法律用语，在司法实践中，一般理解为行为人在公共场所或公共交通工具上秘密窃取他人财物的行为。将扒窃作为盗窃罪的定罪情节，主要是基于扒窃行为的自身特点：（1）扒窃发生在公共场所，其对象是不特定的人的财物，扰乱了社会治安，社会危害较大。（2）司法实践中，一些扒窃分子通常表现为惯犯、团伙作案并流窜多地作案，大多数扒窃分子已经养成了好逸恶劳、好吃懒做的恶习，因此对其按照《治安管理处罚法》进行行政处罚释放后，多数人还是会重操旧业，给公民的公私财产安全带来威胁。① 因此，将扒窃作为盗窃罪的定罪情节能够加大刑法对这类特殊盗窃的打击力度，更好地维护社会治安，有利于构建和谐社会。

扒窃行为发生在特定的空间，即公共场所以及公共交通工具上。所谓公共场所，是指公众从事社会生活和满足部分生活需求所使用的一切公用建筑物、场所及其设施的总称。② 从广义上讲，公共场所包括公共交通工具。《公共场所卫生管理条例》对于公共场所的具体范围中也把公共交通工具囊括其中。但基于司法实践的需要，将公共交通工具从公共场所中概念中抽离出来进行单独定义更具有实践操作性。所谓公共交通工具，其定义可参考最高人民法院《关于审理抢劫、抢夺刑事案件具体适用法律若干问题的意见》关于"公共交通工具"的规定，即公共交通工具是指从事旅客运输的各种公共汽车、大中型出租车、火车、船只、飞机等正在运营中的机动公共交通工具。未运营的大中型公共运输工具以及小型出租车不属于"公共交通工具"。③ 关于扒窃行为的认定应当把握以下几个方面：（1）扒窃发生的地点须在公共场所及公共交通工具上。（2）扒窃的对象是被害人随身携带的财物，包括带在被害人身上的财物和带在身边，伸手可及的财物。（3）手段的秘密性不是"扒窃"成立的必要条件。司法实践中，扒窃现象通常呈现惯窃、结伙扒窃，行为人有时甚至会使用小刀等工具辅助其盗窃行为。因此被害人有时即使已经意识到自己的财物正在遭受盗窃，但出于害怕，担心一旦声张或者反抗就会惨遭伤害或者招来杀身之祸而不敢声张与反抗。在这种情况下，扒窃行为实质上已不具有秘密性。但只要行为人认为自己的窃取行为是秘密的，依然构成盗窃罪。④《2013年司法解释》第 2 条第 4 款对"扒窃"作出了明确界定，即在公共场所或者公共交通工具上盗窃他人随身携带的财物的，应当认定为"扒窃"。

---

① 仝其宪、李智利：《关于〈刑法修正案（八）〉盗窃罪的几个问题》，载《唐山师范学院学报》2011 年第 6 期。

② 陈志恒：《盗窃罪司法认定的几个问题——〈刑法修正案（八）的法律适用总结〉》，载《法制与社会》2011 年第 10 期。

③ 高铭暄、马克昌主编：《刑法学》（第三版），北京大学出版社、高等教育出版社 2007 年版，第 564 页。

④ 陈志恒：《盗窃罪司法认定的几个问题——〈刑法修正案（八）的法律适用总结〉》，载《法制与社会》2011 年第 10 期。

(三) 犯罪主体

所谓犯罪主体，是指实施危害社会的行为，依法应当负刑事责任的自然人和单位。根据我国刑法的规定，盗窃罪的主体只能是自然人，且是一般主体，即只有行为人年满16周岁且具有完全刑事责任能力才可以成为盗窃罪的适格主体。但在1979年《刑法》第14条第2款规定，已满14周岁不满16周岁的人，犯惯窃罪或者其他严重破坏社会秩序罪，应当负刑事责任。盗窃不要求行为人具有特殊主体身份，但行为人如果具有特殊主体身份，则有可能对其盗窃行为是否构成犯罪、构成何种犯罪以及量刑的轻重具有一定的影响，体现在两个方面：（1）因特殊身份改变其盗窃行为的性质。如国家工作人员或其他从事公务的人员利用其职务之便实施盗窃行为，该行为构成贪污罪而不是盗窃罪。（2）因特殊身份而减轻行为人行为的社会危害性，从而影响其犯罪构成。如行为人与被害人系近亲属或家庭成员。

司法实践中还存在单位盗窃问题。所谓单位盗窃，是指以非法占有为目的，单位有关人员为谋取单位利益，经单位集体研究决定或由负责人代表单位决定实施的，窃取公私财物数额巨大或者具有其他严重情节的行为。① 关于单位盗窃如何处理的问题，2002年最高人民检察院《关于单位有关人员组织实施盗窃行为如何适用法律问题的批复》明确规定："单位有关人员为谋取单位利益组织实施盗窃行为，情节严重的，应当依照刑法第二百六十四条的规定以盗窃罪追究直接人员的刑事责任。"从刑法本身的规定以及上述批复中可以看出，目前在我国刑罚体系中，单位还不能够作为盗窃罪的主体出现，并且对单位实施的盗窃行为作出了限制性规定，即只有情节严重的才能够构成盗窃罪。对于单位集体盗窃行为构成盗窃罪的处罚上，也只是对直接责任人员依照盗窃罪定罪量刑，对单位则不予追究。

(四) 主观方面

犯罪的主观方面，是指犯罪主体对自己行为及其危害社会的结果所

---

① 高铭暄、马克昌主编：《刑法学》（第三版），北京大学出版社、高等教育出版社2007年版，第93页。

抱的心理态度。它包括罪过（即犯罪的故意或过失）以及犯罪的目的和动机这几种要素。在罪过方面，具体而言，犯罪故意可以分为认识因素与意志因素两部分。所谓认识因素，是指行为人明知自己的行为会发生危害社会的结果；所谓意志因素，是指行为人希望或放任危害结果的发生。对于盗窃罪而言，在认识因素上表现为行为人在实施盗窃行为时明知自己的窃取行为会造成被害人公私财物的损失。关于明知的内容包括：其一，明知所窃对象具有经济价值，即要求行为人认识到所窃取的是具有经济价值的财物。如果行为人没有意识到所窃取的是财物，不成立盗窃罪。从表面上看，刑法分则条文没有对盗窃罪要求"明知是财物"。但这并不意味着盗窃罪的成立不要求行为人明知所窃取的对象是财物。根据刑法总则的规定，任何故意犯罪的成立，都要求行为人认识到犯罪构成要件的要素（包括行为对象）。因此，只要分则没有特别规定，盗窃罪的成立必须以行为人明知其所窃取对象系财物为条件。由于盗窃罪的故意内容首先是财物，如果某种物质没有被规定为财物，那行为人窃取该物质的行为就不构成盗窃罪。[①] 其二，明知所窃取的对象属于他人占有，即行为人必须意识到犯罪对象正处于他人的合法控制之下。因此，行为人窃取自己拥有所有权但在他人合法占有下的财物的，也可以构成盗窃罪。在司法实践中，行为人窃取依法被扣押的财物或者交付他人合法持有或保管的财物，造成保管人或持有人因赔偿而遭受经济损失的，也可以以盗窃罪论处。在意志因素上，盗窃罪只能是直接故意犯罪，而不能是间接故意犯罪。直接故意与间接故意的区分，关键是看行为人的意志因素是积极追求危害结果的发生还是放任危害结果的发生。行为人在实施盗窃行为时是基于概括的故意，希望通过窃取行为非法占有被害人的财物，对于被害人丧失对所窃财物控制的危害结果是积极追求的。在现实生活中，基于客观条件的限制，行为人在实施盗窃行为时一般不可能完全清楚其所窃对象的具体情况，但对犯罪对象的不确定并不影响行为人对于盗窃结果的积极追求。[②] 因此，盗窃罪只能是直接故意犯罪。

犯罪目的，是指犯罪人希望通过实施犯罪行为达到某种危害社会结

[①] 张明楷：《论盗窃故意的认识内容》，载《法学》2004年第11期。
[②] 王礼仁：《盗窃罪的定罪与量刑》，人民法院出版社2008年版，第58页。

果的心理态度，也就是危害结果在犯罪人主观上的表现。盗窃罪的主观必备要件应包括两个，即犯罪故意与犯罪目的。具体来讲，要求行为人不仅要有盗窃他人公私财物的直接故意，而且要有非法占有他人财物的目的。因此，行为人窃取自己享有所有权却被他人非法占有的财物，不构成盗窃罪。同样，拾得遗失物并据为己有的行为也不构成盗窃罪，因为此时行为人缺乏非法占有的目的。

认识错误对盗窃罪定罪量刑的影响。实践中，由于客观条件的限制，行为人在实施盗窃行为时不可能完全知悉其所欲窃取的财物的具体状态、价值，而是根据自己的主观判断决定犯罪对象的价值，这就有可能造成行为人对犯罪对象性质、价值以及盗窃对象物主的判断错误。对于盗窃对象价值的认知错误，根据主客观相一致原则，如果行为人对盗窃财物的价值无认识或者低估其价值，则应当以其认识能力所能够认识的价值为限确定其盗窃财物的价值；如果行为人高估其所盗财物的价值，则构成对象不能犯的未遂，定罪量刑确定的盗窃数额不是其实际取得的数额，而是行为人在实施盗窃行为时主观上追求的数额。在司法实践中，大多数行为人在盗窃时主观上是概括的故意，即抱着能偷多少是多少的心态，在这种情况下，定罪量刑时以其实际所窃得的财物数额作为犯罪数额即可。[①] 对于盗窃对象物主的认识错误，根据不同情况作不同处理：若是将甲的东西误认为是乙的东西盗窃的，这种认识错误不影响对行为人盗窃行为的定罪量刑，因为从犯罪构成要件上讲，无论财物归谁所有，都是刑法所保护的社会关系，行为人的行为都造成了被害人的经济损失，符合犯罪构成的所有要素。若是将自己的财物误认为是他人的财物而盗窃的。根据主客观相一致的定罪原则，行为人有犯罪的故意和行为，应当定罪处罚。若将他人的财物误当成自己的财物取走的，发现后没有非法占有行为的，不应该构成犯罪，因为行为人没有犯罪的故意。

---

① 郑立功：《论盗窃犯罪中价值认识错误》，载《太原师范学院学报（社会科学版）》2004年第1期。

三、盗窃罪的追诉标准

（一）犯罪数额标准的认定

《2013年司法解释》第1条、第2条在综合考虑近年来我国经济社会发展状况和社会治安状况基础上，立足于更好体现宽严相济刑事政策精神，对盗窃犯罪"数额较大""数额巨大""数额特别巨大"的认定标准作出了新的规定。

1. 关于盗窃"数额较大""数额巨大""数额特别巨大"的一般认定标准。《2013年司法解释》第1条第1款、第2款规定，"盗窃公私财物价值一千元至三千元以上、三万元至十万元以上、三十万元至五十万元以上的，应当分别认定为刑法第二百六十四条规定的'数额较大'、'数额巨大'、'数额特别巨大'。各省、自治区、直辖市高级人民法院、人民检察院可以根据本地区经济发展状况，并考虑社会治安状况，在本解释规定的数额幅度内，确定本地区执行的具体数额标准，报最高人民法院、最高人民检察院批准"。

与《1998年司法解释》相比，《2013年司法解释》对"数额较大"的标准作了微幅调整，即由500元至2000元以上提高至1000元至3000元以上，同时对"数额巨大""数额特别巨大"的标准作了较大幅度的提高。主要考虑：其一，盗窃犯罪是侵财性犯罪，其定罪量刑标准应当与经济社会发展状况相适应。据统计，1997年全国城镇居民人均可支配收入5160元，农村居民人均纯收入2090元；2012年全国城镇居民人均可支配收入24565元，农村居民人均纯收入7917元，分别是1997年的4.76倍和3.79倍。其二，近年出台的有关财产犯罪的司法解释均对有关数额认定标准作了相应调整，如2011年最高人民法院、最高人民检察院《关于办理诈骗刑事案件具体应用法律若干问题的解释》，将诈骗"数额较大""数额巨大""数额特别巨大"的认定标准分别由原来规定的2000元以上、3万元以上、20万元以上调整为3000元至1万元以上、3万元至10万元以上、50万元以上，对盗窃罪数额标准的确定，应当与类似犯罪相协调。其三，对盗窃罪数额标准的设定，要综合考虑经济社会发展状况和社会治安状况。当前，盗窃罪仍处于高发态势，为保障人民群众的安全感，对入罪数额标准不宜作大幅提高。为适应近年来我国经济快速发展的实际，适当提高盗窃"数额巨大""数额特别巨大"的认定标准，并拉大幅度空间，则有利于更好地体现罪责刑相适应原则，更好地适应各地经济发展不平衡的实际。

2. 关于盗窃"数额较大"认定标准的特别规定。《2013年司法解释》第2条规定，"盗窃公私财物，具有下列情形之一的，'数额较大'的标准可以按照前条规定标准的百分之五十确定：（一）曾因盗窃受过刑事处罚的；（二）一年内曾因盗窃受过行政处罚的；（三）组织、控制未成年人盗窃的；（四）自然灾害、事故灾害、社会安全事件等突发事件期间，在事件发生地盗窃的；（五）盗窃残疾人、孤寡老人、丧失劳动能力人的财物的；（六）在医院盗窃病人或者其亲友财物的；（七）盗窃救灾、抢险、防汛、优抚、扶贫、移民、救济款物的；（八）因盗窃造成严重后果的"。

规定本条主要是考虑：就盗窃犯罪而言，数额固然是影响定罪量刑的重要情节，但除此之外，行为人的一贯表现、犯罪方式、盗窃对象等也是影响社会危害性的重要因素。在综合考虑有关情节基础上，对盗窃"数额较大"的标准作出特别规定，可以避免"唯数额论"的不足，更好地贯彻罪责刑相适应刑法基本原则和主客观相一致刑法原理。关于本条，需特别说明以下几点：

一是本条第1项、第2项是根据实践中为数不少的盗窃违法犯罪分子有前科的实际，为强化对此类屡教不改者的惩治效果而设置的。起草过程中，对于该两项规定，曾有不同认识。有意见提出，其存在双重评价问题；特别是对曾因盗窃受过刑事处罚同时又符合累犯成立条件的行为人，如一方面降低入罪数额门槛，另一方面又按照累犯从重处罚，有双重从重之嫌。本条是对盗窃"数额较大"所作的特别规定。根据本条，盗窃数额达到《2013年司法解释》第1条规定标准的50%，并具有相应情形的，即属于法律规定的"数额较大"。换言之，本条是在法律规定的框架内，对盗窃"数额较大"明确的另一个具体认定标准，故对根据本条已构成盗窃罪的行为人，如同时符合累犯成立条件的，依法从重处罚，并不存在双重从重问题。对此，有关部门，包括立法机关，都不持异议。当然，由于已将累犯作为定罪情节考虑，体现了对累犯从严惩处的立法精神，因此，在具体量刑时，要掌握好从重处罚的幅度，不宜增加过多的刑罚量，以实现罪责刑相适应。

二是关于本条第1项"曾因盗窃受过刑事处罚的"规定中盗窃的理解。有意见提出，此处的盗窃应理解为符合盗窃罪构成要件的行为，即不仅包括以盗窃罪定罪处罚的行为，也包括因法条竞合等关系虽以其他罪名（如破坏电力设备罪等）定罪处罚，但同时符合盗窃罪构成要件的行为。经进一步研究，对该项规定中的"盗窃"，应理解为仅指盗窃罪。主要考虑：其一，对《2013年司法解释》中"盗窃"一词，应尽可能作同一解释，否则容易造成理解适用上的困惑、混乱。其二，设置本条第1项、第2项的目的在于严惩盗窃惯犯，其数额标准仅为第1条规定标准的一半，故宜适当控制适用范围。其三，理解为符合盗窃罪构成要件的行为，从实现罪刑均衡的角度有一定道理，但符合盗窃罪构成要件的行为包括盗窃特殊物品、因盗窃又构成其他重罪、以盗窃方式实施其他犯罪、盗窃后转化抢劫等多种情形，范围很大，审查判断难度大，且容易引发争议。

三是本条第3项是针对组织、控制未成年人盗窃案件多发、社会危害性更为严重的实际设置的。起草过程中，有意见提出，本项规定不妥，因其与《刑法》第262条之二关于组织未成年人进行违反治安管理活动罪的规定存在竞合。《刑法》第262条之二主要是规制组织未成年人进行违反治安管理活动的行为，而本项规定则是组织、控制未成年人实施盗窃犯罪的处理问题。根据罪责刑相适应原则，显然不可能得出这样的结论，即组织未成年人盗窃的，在任何情况下，均只能以组织未成年人进行违反治安管理活动罪论处，最高只能判7年有期徒刑。规定本项主要是明确：当组织、控制未成年人实施盗窃，依法应以盗窃罪论处时，可以降低定罪量刑的数额标准，即提高定罪量刑的法定刑幅度。

3. 关于在跨地区运行的公共交通工具上盗窃数额标准的适用。考虑到在公共交通工具上盗窃，有时难以查明盗窃地点，而根据《2013年司法解释》规定，针对不同地区所适用的盗窃数额标准可能并不一致，为解决法律适用问题，《2013年司法解释》第1条第3款特别规定："在跨地区运行的公共交通工具上盗窃，盗窃地点无法查证的，盗窃数额是否达到'数额较大''数额巨大''数额特别巨大'，应当根据受理案件所在地省、自治区、直辖市高级人民法院、人民检察院确定的有关数额标准认定。"

适用本款时应当注意：

（1）本款规定的跨地区运行的公共交通工具，包括火车、汽车、船只、航空器等各类交通工具。由于本款已包含在火车上盗窃数额标准确定的问题，《2013年司法解释》施行后，1999年2月4日最高人民法院、最高人民检察院、公安部《关于铁路运输过程中盗窃罪数额认定标准问题的规定》（公发〔1999〕4号）不再适用。本款规定的跨地区，主要是指跨省、自治区、直辖市；部分省、自治区针对辖区内不同市、州经济发展状况的差异设置有区别的盗窃数额标准的，则跨地区也包括跨市、州。

（2）对在跨地区运行的公共交通工具上盗窃的，如盗窃地点能够查明，仍应根据盗窃地高级人民法院、人民检察院确定的数额标准认定，只有盗窃地点无法查证的，才适用本款。

（3）对在跨地区运行的公共交通工具上盗窃，盗窃地点无法查明的案件，应当先根据刑事诉讼法及有关司法解释的规定，确定案件管辖，之后根据本款，确定应当适用的盗窃数额标准。

（4）如是在铁路运输中盗窃的案件，本款所规定的"受理案件所在地省、自治区、直辖市高级人民法院、人民检察院"，应当是指对受理案件的铁路运输检察院、铁路运输法院具有领导或者指导职能的省、自治区、直辖市高级人民法院、人民检察院。如此把握主要是考虑：铁路运输法院的设置与行政区划不完全一致，某基层铁路运输法院设在甲省，对其具有监督指导职能的铁路运输中级法院可能设在乙省，如基层铁路运输法院按照甲省确定的数额标准作出判决后，被告人上诉或者检察机关抗诉，就需按照乙省的标准改判，此将人为影响判决的稳定性。

（二）既遂与未遂

根据《刑法修正案（八）》的规定，行为人只要实施了"入户盗窃""携带凶器盗窃""扒窃"行为之一的即构成盗窃罪。行为人实施了上述盗窃行为之一却没有取得财物或者取得的财物价值与自己预想的价值相差甚远，都可以视为盗窃罪的未遂。因此，对于盗窃罪是否存在未遂的争议主要是围绕"盗窃公私财物，数额较大"展开的。《1998年司法解释》规定："盗窃未遂，情节严重，如以数额巨大的财物或者国家珍贵文物等为盗窃目标的，应当定罪处罚。"该规定明确了盗窃罪加重犯的未遂，却对盗窃罪的基本犯是否存在未遂没有作出规定。虽然盗窃罪的基本犯罪理论上存在未遂状态，但出于防止扩大犯罪打击面的角度考虑，司法实践中对于该行为不作犯罪处理。

《2013年司法解释》明确了其他情节严重的情形也存在盗窃未遂。其第12条第1款规定："盗窃未遂，具有下列情形之一的，应当依法追究刑事责任：（一）以数额巨大的财物为盗窃目标的；（二）以珍贵文物为盗窃目标的；（三）其他情节严重的情形。"该条第2款对既有盗窃既遂又有盗窃未遂的情形如何处罚，作出了规定："盗窃既有既遂，又有未遂，分别达到不同量刑幅度的，依照处罚较重的规定处罚；达到同一量刑幅度的，以盗窃罪既遂处罚。"

关于盗窃罪的既遂标准应当以财物是否脱离被害人的控制并且实际置于行为人的控制为标准。凡所盗窃物业已脱离所有人或占有人的控制，且已为行为人现实控制，即为既遂；财物尚未脱离所有人或持有人之控制，或者财物业已脱离所有人或持有人之控制，但因行为人意志以外之原因，行为人也未能取得对公私财物之现实控制，即为未遂。理由在于，犯罪既遂即犯罪完成。实施盗窃行为的目的是非法占有财物，其实现的标志就是实现对财物的占有，换言之，行为人通过实施盗窃行为，使财物脱离其所有人或持有人的控制，并使公私财物置于行为人自己的现实控制之下。

（三）量刑标准

关于盗窃罪的具体量刑，最高人民法院、最高人民检察院《关于常见犯罪的量刑指导意见（试行）》（以下简称《量刑指导意见》）作了相应规定，即根据"数额较大""数额巨大""数额特别巨大"，在相应的幅度内确定量刑起点，又明确在量刑起点的基础上，可以根据盗窃数额、手段等其他影响犯罪构成的犯罪事实增加刑罚量，确定基准刑。《刑法》第264条在将数额和次数规定为盗窃罪的定罪处罚情节的同时，还将"其他严重情节""其他特别严重情节"作为加重处罚情节予以规定。司法实践中，需要全面、综合考虑行为的起因、数额、次数、手段、退赃退赔等因素。

(四）对不起诉条件的把握

1. 盗窃公私财物数额较大，行为人认罪悔罪，退赃退赔，且有下列情形之一，情节轻微的，可以依法作出相对不起诉决定：（1）具有法定从宽处罚情节的；（2）没有参与分赃或者获赃较少，且不是主犯的；（3）被害人谅解的；（4）其他情节轻微、危害不大的。

2. 已满16周岁不满18周岁的人实施盗窃行为未超过3次，盗窃数额虽已达到"数额较大"标准，但案发后能如实供述全部盗窃事实并积极退赃，且具有下列情形之一的，可以认定为"情节显著轻微危害不大"，不认为是犯罪，作出法定不起诉决定：（1）系又聋又哑的人或者盲人；（2）在共同盗窃中起次要或者辅助作用，或者被胁迫；（3）具有其他轻微情节的。

3. 已满16周岁不满18周岁的人盗窃未遂或者中止的，可不认为是犯罪。已满16周岁不满18周岁的人盗窃自己家庭或者近亲属财物，或者盗窃其他亲属财物但其他亲属要求不予追究的，可不按犯罪处理，可以作出法定不起诉决定。

4. 盗窃文物虽已达到应当追究刑事责任的标准，但行为人系初犯，积极退回或者协助追回文物，未造成文物损毁，并确有悔罪表现的，可以认定为犯罪情节轻微，作出法定不起诉不起诉。

第二节　盗窃罪的证据审查

一、犯罪客体证据

证明本罪客体的主要证据有：(1)证明被害人对所盗财物拥有合法权利及该物价值、购买时间的证据，如被害人陈述、证人证言、购物发票等；(2)证明被盗财物特征的书证、物证、证人证言，如车辆发动机号、车架号的拓印件，行车证，手机入网证明等；(3)追缴被盗财物的追赃笔录、提取笔录、赃物照片等；(4)估价鉴定意见；(5)犯罪嫌疑人、被告人、窝赃人、购赃人对赃物处置情况的供述、证言。通过上述证据证明，犯罪嫌疑人、被告人的盗窃行为侵犯了公私财产所有权。

二、客观方面证据

1.犯罪嫌疑人、被告人的供述与辩解。证实：(1)实施盗窃行为的时间、地点、参与人及现场和周边环境等情况。是否自然灾害、事故灾害、社会安全事故等突发事件期间，在事件发生地盗窃；(2)采取何种方法、手段，重点说明是否入户盗窃、携带凶器盗窃、扒窃，具体还可细分为如翻窗、撬锁、剪包等；(3)盗窃次数，具体、详细的犯罪经过；(4)作案工具的来源、数量、特征、下落；(5)所盗财物的形式，是现金、支票、有价证券，还是实物，以及实物的特征，包括外部形态、种类(品种)、颜色、数量等；(6)共同犯罪的分工、配合情况，同案犯各自使用何种作案工具及使用结果，以及在共同犯罪中的地位和作用；(7)参与犯罪的行为人和被害人的身体特征，包括面部特征、身高、体态，以及当时的衣着情况等详细特征；(8)赃款赃物的处理情况，如分赃、出售、自用、赠与等；（9）犯罪后的表现情况，如是否赔偿了被害人的经济损失。

2. 被害人陈述。证实内容同上。

3. 证人证言。（1）收购、销售被盗物品的证人证言，证实：①收购、销售赃物的时间、地点；②出售赃物的人的详细特征，包括面部特征、身高、体态以及当时的衣着情况等；③被收购、销售的赃物的特征，包括外部形态、种类（品种）、颜色、重量等；④收购、销售赃物的价格以及是否明显低于正常市场价格；⑤被收购、销售的赃物的去向。（2）抓获人、扭送人证言，证实：①如何获知犯罪和犯罪嫌疑人、被告人情况，以及犯罪嫌疑人、被告人被抓获时的身体特征、衣着情况的描述；②抓获犯罪嫌疑人、被告人的时间、地点、过程，以证实犯罪嫌疑人、被告人是否有投案、坦白、立功等情节。（3）现场发现人证言，证实其何时、何地、如何发现犯罪现场以及犯罪现场的有关情况。（4）其他知情人的证言。

4. 物证、书证。（1）在案发现场或从犯罪嫌疑人、被告人住所、身上、指认处提取的物证，如作案工具、指纹、鞋印、撬痕、烟蒂等；（2）赃款赃物；（3）书信、日记等，证实行为人实施盗窃行为的时间、地点及经过等情况；（4）电信部门提供的（固定、移动）电话通话记录、短信息记录；（5）股票、债券、汇票、本票、支票、存折等有价证券，证实被盗财物特征及去向；（6）信用卡、增值税专用发票等可以与用骗取出口退税、抵扣税款的其他发票；（7）有关部门出具的证明材料，证实被盗对象、物品是否具有特殊性（如是不是文物、军用物资或抢险、救灾、救济物资）；（8）民事赔偿调解协议（笔录）等，佐证犯罪嫌疑人、被告人认罪、悔罪、赔偿以及是否获得被害人谅解情况。

5. 鉴定意见。（1）痕迹鉴定意见，对上述指纹、脚印等进行鉴定，证实是不是犯罪嫌疑人、被告人或被害人遗留的；（2）文检鉴定意见，证实是不是犯罪嫌疑人、被告人或被害人的笔迹等。

6. 现场勘查笔录、照片，包括盗窃现场、犯罪工具准备、丢弃的现场、提取物证现场等。

7. 视听资料、电子数据，包括录音带、录像带、资料等。

8. 其他证明材料。（1）被害人、目击证人辨认犯罪嫌疑人或物证的笔录；（2）犯罪嫌疑人、被告人和被害人、证人指认盗窃现场、犯罪工具准备、丢弃的现场笔录；（3）搜查笔录、扣押物品清单及照片，证实查获的作案工具及调取的相关物证;(4)报案登记、立案决定书及破案经过等书证,证实案件来源、侦破经过以及犯罪嫌疑人是否有自首情节等。

通过上述证据的收集和固定,证明犯罪嫌疑人、被告人采用秘密手段,实施了窃取数额较大的公私财物或者多次窃取公私财物、入户盗窃、携带凶器盗窃、扒窃的行为。

三、犯罪主体证据

盗窃罪的主体为一般主体,且只有自然人才能成为本罪的犯罪主体,即犯罪嫌疑人、被告人必须是年满16周岁、具有刑事责任能力的自然人。根据《刑法》第253条规定,邮政工作人员私自开拆邮件盗窃财物的,作为从重处罚情节,还需证明其特殊身份。具体证据参见自然人的有关规定。

四、主观方面证据

1.犯罪嫌疑人、被告人的供述和辩解。包括盗窃的具体方式,如何使用这种方式实施盗窃的;盗窃的具体时间,盗窃物品的名称、数量、去向等;工作经历、收入情况、家庭情况;盗窃动机;到案经过,包括被查获过程;报警情况,对他人报警是否明知,得知他人报警后的行为,是否配合公安机关执法等。证实:(1)参与作案的动机、目的,对后果的认识程度、主动程度。(2)犯罪起意的过程,有无策划、策划的具体内容。(3)对行为对象的性质、功用等特征是否存在明确认识。如以文物、枪支、弹药、爆炸物等特殊场所、物品为盗窃目标,行为人是否明知行为对象的特殊性质,将直接影响到此罪与彼罪、罪轻与罪重的区分,对此应认真查明。(4)对《刑法》第265条规定的盗接他人通信线路、复制他人电信号码或者明知是盗接、复制的电信设备、设施而使用的行为,应重点讯问行为人是否具有牟利目的,即具有出售、出租、自用、转让等谋取经济利益的目的,无此目的则不能成立本罪。(5)对事先通谋、事后销赃的行为人,应查明通谋的具体内容,即何时开始商议,在何处商议,约定在哪里销赃,成交价格如何等。(6)对共同犯罪案件要讯问策划、分工的时间、地点、内容以及在策划下各个人相对应的犯罪行为,并注意查明:①事先有无预谋策划,有无事先或事中达成默契,或者曾多次结伙作案的犯罪集团、犯罪团伙成员之间,每次作案前都通过他们之间特定语言、表情、手势等达成默契,形成内容明确的共同盗窃故意;②有无持不同意见或反对意见者,以及未表示反对或同意意见者要重点讯问其在案发前、案发时、案发后的语言、行为;③分赃情况和赃物去向如何,以此判明各犯罪嫌疑人、被告人的主观目的。(7)是否明知被害人是残疾人、孤寡老人或丧失劳动能力的人等。

2. 被害人陈述。证实:(1)其与行为人是否认识、是否属家庭成员或者近亲属,是否与各行为人有过节、纠纷等;(2)有无对实施盗窃行为的行为人进行抓捕等。

3. 证人证言。收集现场工作人员的证人证言,具体包括详细说明如何发现犯罪嫌疑人的情况,如通过监控比对发现、现场将犯罪嫌疑人抓获等;详细说明如何确定犯罪嫌疑人盗窃物品的情况;详细说明监控录像在哪个时刻能反映出盗窃行为,盗窃的物品名称、数量、价格;调取被害人家属证人证言,详细说明赔偿谅解的情况及具体金额;调取工作人员证人证言,详细说明赔偿谅解的情况及具体金额,是否出具收据和谅解书。询问其他在场且了解情况的人员。

4. 视听资料。收集犯罪嫌疑人盗窃现场监控录像,证明犯罪嫌疑人实际盗窃的物品种类及数量;该监控录像需要反映出犯罪嫌疑人的体貌特征,犯罪嫌疑人盗窃的物品特征及数量。收集的监控录像应当标明犯罪具体时间,与犯罪嫌疑人供述能相互印证。

5. 为进一步印证或推定行为人的主观故意,应收集以下间接证据:(1)事先进行了踩点,选定了作案目标、作案工具的,应制作相关场所的现场勘查笔录,提取鞋印、指纹、作案工具等有关物证;(2)有明确的策划时间、地点的,应收集犯罪嫌疑人、被告人到达策划地点的车、船、飞机票、住宿登记等证明;(3)犯罪嫌疑人、被告人以自己的名义将赃物出让、出借、典当的借据、当票等书证,受让人、借人人、典当行营业人员等证人的证言,以及从上述证人处提取的赃物,可以侧面证明犯罪嫌疑人、被告人具有非法占有他人财物的目的;(4)收集犯罪嫌疑人、被告人前科劣迹、社会生活经验、履历方面的证据，对证明其盗窃故意亦有一定的辅助作用。

通过上述证据并结合客观方面的有关证据，证明行为人主观上明知系他人所有的财物而秘密窃取，存在直接故意，并且具有非法占有的目的，其中在个别情形下还具有牟利目的。

第三节　盗窃罪的审查认定与疑难问题处理

一、"多次盗窃"的认定

(一) 次数认定

对多次盗窃的次数认定应进行实质的判断。刑法中有处断的一罪，就是行为人在统一犯意下连续实施数个相同行为，但在刑法上将其作为一个整体行为进行评价，即连续犯。在上述盗窃案例中，行为人基于统一或者概括的故意（非法占有的目的）连续实施盗窃行为，行为人进入宿舍并盗取其中的财物的目的，不论这些财物是从哪个房间取走的或者是从几个房间取走的，在上述犯意支配下实施了一系列的盗窃行为，应将上述盗窃行为作为一个行为整体进行评价。

(二) 时间限定

对多次盗窃中的次数认定应有时间的限定。多次盗窃的立法本意是打击所谓的"惯窃"，一定时间内实施违法行为的次数达到多次，可以作为行为人主观恶性及人身危害性之认定。具体时间限定，司法解释中已予以明确。根据《2013年司法解释》第3条规定，二年内盗窃三次以上的，应当认定为"多次盗窃"。即多次盗窃的认定应限定于二年内的多次盗窃。

(三) 认识限制

根据刑法主客观相一致原则，要求行为人对自己客观实施的行为具有主观认识。多次盗窃中的"多次"当然是构成要件的客观要素，但是，不应当要求行为人认识到"多次"这一要素。在此不是摒弃对主观认识的要求，而是对主观认识内容作准确界定，只能要求行为人认识到自己在实施盗窃行为，具有秘密窃取他人财物的故意，而不能要求行为人认识到自己是在实施"第几次"盗窃行为，否则将会出现记忆力的强弱影响多次盗窃的认定，记得自己实施过三次及以上盗窃行为的犯罪嫌疑人以具有"主观认识"构成盗窃罪，反之，则不能成立盗窃罪。行为人也将以"对盗窃次数无认识"为由为自己的罪行开脱，这种情况显然不合情理。

（四）受过行政处罚的盗窃应纳入盗窃次数范围

在法理上，将受过行政处罚的盗窃行为计算在多次盗窃的次数之内，并不违反重复评价原则。首先，禁止重复评价原则作为刑法特有原则，评价的主体应该是刑法。社会关系的复杂性和部门法的协调性，使某一领域的法律现象并不绝对排斥其他法律评价，在本领域法律所调整的不能有效评价的情况下，才引入其他法律调整。盗窃行为经行政处罚后依然未改过，显然该行为已经超越行政法调整的有效评价，该行为所表现的对法益的侵害和人身危险性需要性质更加严重的刑法评价才能有效评价。其次，重复评价原则仅适用于刑事责任类型范围内，行政处罚与刑罚处罚是不同性质的处罚类型，因此将受过行政处罚的盗窃行为作为认定多次盗窃的依据并没有违反禁止重复评价的原则。

在法律上，将已受过行政处罚的盗窃行为计算在多次盗窃的次数之内也有法律依据。首先，刑法将多次盗窃作为与盗窃数额较大、入户盗窃和扒窃并列的盗窃罪的定罪根据，对盗窃行为是否已经受到过行政处罚并没有做排除规定。其次，多次盗窃的处罚根据在于通过多次盗窃行为所体现的主观恶性和人身危险性，受到过行政处罚的行为人再次实施盗窃行为足以体现其"屡教不改"的主观恶性，与刑法上从重处罚累犯的做法是完全契合的。最后，多次盗窃的规定是将"几次"盗窃行为作为一个法律上的整体行为进行评价，每次未达到盗窃罪认定标准的盗窃行为作为这一整体行为的一部分进行评价，如果排除受到过行政处罚的盗窃行为的次数计算即否定了这种整体评价，那么每次未达到定罪标准的盗窃行为只能通过行政处罚的方式进行处理，多次盗窃的规定也将形同虚设。因此，受过行政处罚的盗窃行为应在多次盗窃的次数计算范围内。

二、"入户"的认定

（一）准确把握"户"的范围

最高人民法院在《全国法院维护农村稳定刑事审判工作座谈会纪要》中对"入户盗窃"的"户"解释为：家庭及其成员与外界相对隔离的生活场所，包括封闭的院落、为家庭生活租用的房屋、牧民的帐篷以及渔民作为家庭生活场所的渔船等。对于行为人而言，此住宅到底有无人居住并不要求其有着明确的认知，只要其对此住宅是供人居住的场所这一性质是明知的即可。无人居住的住宅仍然具有"户"的生活性、封闭性特征，并不会因为有无人居住而改变，仍应视为"户"。

（二）行为人实施了入"户"行为

"入户"主要有如下几种方式：一是翻窗（墙）而入。这是比较传统的盗窃犯所采用的入户形式。二是溜门撬锁而入。这也属于比较传统的入户形式，不过通常要求行为人具有相应的开锁本领。三是欺骗手段而入。例如行为人通过冒充军警、推销员或者是维修人员等，获得被害人的信任进入户内。四是以伸入方式入户。即行为人部分身体进入户内或者身体没有进入户内，而是借助某种工具窃取户内财物的行为。如行为人借助一些绳子、竹杆、钩子等，从户内窃取财物。

（三）行为人"入户"的目的是实施盗窃

如何区分入户盗窃和入户后临起意盗窃？可以结合以下几点综合考虑：一是入户的时间。行为人入户的时间对于判断入户的非法性起着非常重要的作用。"夜入民宅，非奸即盗"等民谚均是历代防盗经验的总结。行为人深夜潜入被害人家中，其入户目的的正当性减弱，其实盗窃犯罪行为的盖然性相对增高。二是行为人与被害人之间的关系。如果行为人与被害人平时互不往来，甚至彼此不认识，则行为人入户目的的非法性增强。三是行为人供述的入户目的合理程度。依据常识及一般人的判断，行为人所供述的入户目的合理性越高，其入户目的的非法性越低。四是被害人对住所的安全保障程度。例如，被害人家中大门紧锁，行为人翻墙而入，其入户目的的非法性增强。

三、"携带凶器"的认定

(一) 对"携带"的理解与界定

携带，是指在从事日常生活的住宅或者居室以外的场所，将某种带在身上或者置于身边的附件，置于现实的支配之下的行为。关于携带凶器盗窃行为中的"携带"，应综合以下两个方面理解与界定：

1. 本罪的"携带"只要求行为人认识到自己携带了凶器即可，行为人所携带的凶器在作案过程中被使用的盖然性程度的高低，与认定"携带"有着密切联系。携带凶器盗窃时是否要求所携带的凶器具有随时使用的可能性？携带作为一种现实支配行为，此时的凶器应具有随时使用的可能性。假如行为人将凶器藏于树下，然后步行一段距离再行窃，此时该凶器因不具备随时使用的可能性，并不会对被害人造成即时的人身危险，因而不宜认定为携带凶器盗窃。

2. "携带"的凶器是否要求向他人明示的问题。"携带"本身并不包含行为人将凶器对外明示或者暗示的外延。如果行为人在实施盗窃行为后，为抗拒抓捕、转移赃款、毁灭罪证而明示的，可依照《刑法》第269条的规定，以抢劫罪定罪处刑。但是，若行为人将其为实施盗窃而携带的作案工具，如钳子、刀等向被害人明示的，如何认定？从主客观归罪的角度分析，若行为人主观上既有对被害人以暴力相威胁的故意，客观上又对外明示或暗示的，可以认定为抢劫；若行为人在客观上对外明示了携带的作案工具，但主观上只是为盗窃而使用的，且该作案工具明显缺乏杀伤力的，仍应认定为携带凶器盗窃。

(二) 对"凶器"的理解与界定

凶器，是指在性质上或者用法上，足以杀伤他人的器物。凶器必须是用于杀伤他人的器物，不可与一般作案工具等量齐观。参照最高人民法院《关于审理抢劫、抢夺刑事案件适用法律若干问题的意见》的规定，亦可将携带凶器盗窃中的"凶器"区分为性质上的凶器和用法上的凶器。性质上的凶器,是指爆炸物、枪支、管制刀具等国家禁止个人携带的器械,对此参照我国现行相关法律规定即可认定。

用法上的凶器,是指从使用方法来看,可能用于杀伤他人的器物。如家庭使用的水果刀,用于削水果时不是凶器,但用于或准备用于杀伤他人时则是凶器。此类凶器作为一种规范性构成要素,其客观性与具体性大打折扣,在司法实践中需要司法人员的自主判断。那么,究竟在何种情况下,才能将具有杀伤力的器物认定为凶器?对此,有学者认为应综合考虑以下几方面的因素:(1)器物的杀伤技能的高低。该器物杀伤技能越高,被认定为凶器的可能性越大。(2)器物供杀伤他人使用的盖然性程度。若行为人所携带的器物是违法犯罪人通常用于违法犯罪的凶器,则被认定为凶器的可能性较大。(3)根据一般社会观念,该器物对生命、身体财产危险的可能性大小。比如,丝巾可能勒死人,但系着丝巾盗窃的,不属于"携带凶器盗窃",这是因为一般人不会对丝巾产生危险感。(4)器物被携带的可能性大小。通常情况下,行为人不会携带菜刀、杀猪刀等外出,若行为人携带这些物品实施盗窃,理应认定为携带凶器盗窃。

另外,刑法将"携带凶器盗窃"入罪而未作数额限制,其目的在于加大力度保障民众的人身权利。因此,除上述两种类型的凶器外,足以使他人产生危险感的器物也应认定为凶器。原因在于,携带凶器盗窃的行为人对人身权利的侵害,只是一种危险性或伤害的可能性,故而不要求此种器物具有明显杀伤力。用于盗窃的作案工具,只要具有可能使人产生危险感、可能攻击他人的性质,即可认定为凶器,如钳子、水果刀等。但对此应作严格限制,不可扩大适用。

(三)对携带凶器盗窃中"盗窃"的理解与认定

携带凶器盗窃的预备行为只是具有对他人的潜在危险,而不是具体、现实的侵害,不能直接对法益造成侵害后果与具体危险状态,因而对法益的威胁并不紧迫,在通常情况下没有值得科处刑罚的实质违法性,故而一般不予处罚。因此,只有当携带凶器盗窃具有使他人丧失财产的紧迫危险或者对他人人身安全造成危险时,才是携带凶器盗窃的着手,即只有实行行为开始之后的"携带凶器盗窃"才具有刑事可罚性。

携带凶器盗窃构成盗窃罪,不要求达到数额较大,只要行为人携带凶器盗窃了具有一定价值的、值得刑法保护的财物，即成立盗窃罪。此外，既然携带凶器盗窃的规范目的在于保护人身权利与财产权利，而刑法又并无数额要求，那么，即使携带凶器未盗得任何财物，只要对他人人身造成了侵害的危险，亦应成立盗窃罪。

（四）如何界定"携带凶器盗窃"的主观要件

1. 为壮胆携带凶器。此种情形，行为人是有意识地携带凶器，虽然主观上只是希望壮胆行窃，但若被人发现则极易对所携带的凶器加以使用，造成人身伤亡的惨剧。因此，只要行为人携带实施了盗窃，即可认定为携带凶器盗窃。此外，行为人借凶器壮胆并不包含向他人明示的行为，否则构成抢劫罪。

2. 为方便盗窃携带凶器。此处假定行为人携带的就是"凶器"，如斧头，而其目的是在盗窃车上物品时用于砸车窗而备，此时该凶器仅为一般作案工具，该如何认定？应区别对待：若行为人在实施该行为前，已查看好周围及车内都不可能有人，此时应认定为普通盗窃；若行为人并未确信有无人的情况下，携带凶器实施了盗窃，此时应认定为携带凶器盗窃。

3. 为逃避抓捕等携带凶器。行为人为了在行窃的过程中被人发现时能反击而携带凶器的，若在行窃的过程中未使用、亦未向他人明示凶器的，应认定为携带凶器盗窃；若行为人为抗拒抓捕等原因当场使用、明示凶器的，则认定为转化型抢劫，以抢劫罪处刑。

4. 为警示他人携带凶器。行为人在盗窃的过程中，故意向他人明示其所带凶器，警示、威慑他人，以达到使他人不敢反抗的目的，此时应认定构成抢劫罪。问题是，行为人携带凶器只为方便盗窃，却被他人无意间察觉，以致不敢反抗的，如何认定？行为人在既没有威慑他人的故意，也没有使用凶器的意识，甚至没察觉该凶器已"暴露"时，应认定为携带凶器盗窃，而非抢劫。

四、"扒窃"的认定

(一) 扒窃的基本特征

扒窃原本是一日常生活用语,其含义并不明确。由于《刑法修正案(八)》将其作为一种独立的盗窃类型,扒窃转化为一个法律术语,因此明确其基本含义就成为认定这种类型的盗窃罪的重要内容。根据《2013年司法解释》的规定,扒窃是指以非法占有为目的,采用平和的非暴力手段,在公开场所取得他人随身携带的财物的行为。这一定义表明,扒窃行为除了具有盗窃行为的一般特征之外,还具有以下两个特征:

1. 扒窃行为必须发生在公共场所。这是区分扒窃与普通盗窃、入户盗窃的主要标志之一。将扒窃行为作为一种独立的盗窃类型并予以严惩的理由在于这种行为不仅侵害了公私财产安全,也侵害了公众对社会安全的信赖,因此,其危害大于普通的盗窃行为。扒窃行为只有在公共场所,才能使不特定民众看到并感知,从而转化为对自己财产安全的担忧,进而转变为整体社会安全感的降低。换言之,扒窃行为的危害性只有在公共场所方能得以彰显。脱离了公共场所这样特定的条件,盗窃行为尚不足以造成上述危害。另外,公共场所的高流动性、高密集性以及人员的陌生性等特征,给扒窃行为的实施创造了不可或缺的条件,如果没有这些条件,扒窃行为就不可能发生。《2013年司法解释》将公共场所与公共交通工具作了区分。公共交通工具作为扒窃的场景,所注重的是高流动性、高密集性以及人员的陌生性等与公共场所相同的特征,从这个意义上讲,公共交通工具本质上就是公共场所的一种。因此,发生在公共场所是构成扒窃的重要特征。

2. 扒窃所指向的对象应当是他人随身携带的财物。扒窃行为之所以成为一类特殊的盗窃行为,除发生在公共场所外,另一个特征就在于其窃取的是他人随身携带的财物,这些财物由于与人身紧密相连,一旦被盗,会显著加重民众对社会治安以及自身人身安全的担忧。因此,扒窃所窃取的应当是他人随身携带的财物。

（二）对扒窃需要把握的重点问题

1. 扒窃所针对的对象应当是值得刑法保护的财物。如果财物并不值得刑法保护，则针对该财物的扒窃行为不宜认定为盗窃罪。例如，行为人在公共场所扒窃他人随身携带的餐巾纸、名片、廉价手帕等物品的，不宜认定为盗窃罪。但是对于扒窃他人携带的信用卡、交通卡、身份证的，应认定为盗窃罪。虽然扒窃构成盗窃罪没有数额的限制，在认定扒窃行为构成盗窃罪时无须考虑盗窃数额，但是对于扒窃普通财物的行为，也应有一定的标准，否则就不当扩大了处罚范围，其具体标准可以在低于一般盗窃的"数额较大"的前提下，根据当地的经济发展状况来确定。

2. 虽然扒窃必须发生在公共场所，但并非发生公共场所的窃取他人财物的行为都构成扒窃。对公共场所应做实质理解，以是否对民众造成不安全感作为判断标准。

3. 在认定扒窃时，需要考察行为主体的情况。对于非团伙作案，且系初犯或偶犯实施扒窃行为的，不宜认定为构成盗窃罪。

4. 扒窃行为是否存在未遂。从形式上看，刑法确实没有对扒窃及其既遂形态作出限定，就此而言，如果行为人实施扒窃行为，并未实际取得他人随身携带的财物，可以认定为盗窃未遂，但对于这种形式上的盗窃未遂，并不意味着对这种行为一概都以犯罪论处。这种行为，是否以犯罪未遂论处，仍然需要考察规定扒窃行为的规范目的，只有在这一行为确实侵害他人的财产权利和公共场所安宁的情况才能以盗窃未遂处理，这需要法官在实践中作出具体的实质的判断。

五、亲属相盗行为的认定

家庭成员和近亲属包括夫、妻、父、母、子、女、同胞兄弟姐妹以及共同生活的其他成员。在我国，1985年3月21日最高人民检察院《关于〈要把偷窃自己家里或近亲属的同在社会上作案的加以区别〉如何理解和处理的请示报告》的批复和1997年11月4日最高人民法院《关于审理盗窃案件具体应用法律若干问题的解释》中，都认为近亲属盗窃一般不作犯罪处理，即使需要作为犯罪处理，也应该与一般盗窃犯罪有所区别。

对家庭成员及近亲属之间的盗窃采取区别对待的政策是具有合理性的，理由如下：

家庭成员或者近亲属之间的财产所有、占有关系往往不是十分明确，尤其是在中国传统的大家庭中，有时候很难分清财产的准确归属，有些也许就是大家共有的财产。在这种情况下，明确谁是财产的合法占有人往往是困难的，甚至当事人对财产的归属也会产生误解，由此发生的亲属间盗窃可能只是一场纯粹的亲属间财产纠纷。

从行为人一方来看，盗窃亲属或家庭成员的财物与盗窃其他人的财物，在心理感受上也有较大差别，很多人往往缺乏违法性认识，事实上他们根本不认为这是违法行为。与明知故犯的盗窃相比，主观恶性大大减小，因此不应当和一般盗窃行为相提并论。

站在被害人的角度上，他们一旦发现财物是被自己的亲属或家庭成员所盗，一般情况下都不愿意使行为人受到刑事追究。普遍的做法是将其作为自己家族内部的事务来处理。

对于大部分百姓来说，亲属相盗是亲属之间或家庭内部的事，"清官难断家务事"，由亲属或家庭内部自行处理是最好的方式。

正是因为考虑到行为人的社会危害性小，主观恶性不大；加之被害人和社会公众都倾向于将矛盾化解于家族内部，那么用来调整社会关系的刑法在保护财产关系的同时，应充分尊重财产所有人或者占有人的意愿，减少不必要的司法投入，同时，还可以维护家庭的和谐与稳定，从而维护整个社会的和谐与稳定。

需要注意的是，亲属相盗必须严格限制，规定只能适用于亲属之间，而且必须同时限定其所适用的亲属范围。亲属关系范围的确定，按照最高人民检察院1985年3月《关于〈要把偷窃自己家里或近亲属的同在社会上作案的加以区别〉如何理解和处理的请示报告》的批复解释，"近亲属"指夫、妻、父、母、子、女、同胞兄弟姐妹。偷窃近亲属的财物，应包括偷窃已分居生活的近亲属财物；偷窃自己家里的财物，既包括偷窃共同生活的近亲属财物，也包括偷窃共同生活的他方非近亲属的财物。另外，行为人对亲属关系的错误认识不影响对其成立一般盗窃罪的认定。

六、网络盗窃行为的认定

根据《刑法》第 264 条规定，盗窃罪的犯罪对象是"公私财物"。这里的公私财物就是他人占有的公私财物。这里的他人即是行为人之外的其他人，包含自然人和单位。他人占有则意味着他人享有该财物的所有权或者基于占有、支配之现实，享有保存和归还财物的义务。如果在占有期间该财物弄丢或毁坏，占有人依照法律应负赔偿的责任。根据《刑法》第 91 条的规定，公共财产是指国有财产、劳动群众集体所有的财产以及用于扶贫和其他公益事业的社会捐助或者专项基金的财产。此外，在国家机关、国有公司、企业、集体企业和人民团体管理、使用或者运输中的私人财产，以公共财产论。

虽然刑法中关于财产的规定有着细致的划分，但随着科技进步，生活方式的多样，近年来，盗窃 QQ 号码、游戏设备等案件越发频繁，这些新生事物不能与前述刑法所列各项简单地一一对应。不仅只有那些有体物才是所谓的财物，而主要看其是否能被管理，财物是指同时具有可移动和被管理的特点。我国司法实践中认同盗窃罪犯罪对象是包含无体物的，如电力和电信号码。《刑法》第 265 条明确规定，以牟利为目的，盗接他人通信线路、复制他人电信号码或者明知是盗接、复制的电信设备、设施而使用的，以盗窃罪定罪处罚。实践中，偷盗无形能源，如天然气、电、气等行为，也均按照盗窃罪论处。从这些规定可以看出财物包括无体物。原因在于：只有具有管理可能性，这个对象才有流通的可能，也就会体现它的价值所在，其成为财产犯罪的对象才有规制的意义。随着社会更新进步，盗窃罪的对象也已不再单单被限制表现为有体物。法律应该与时俱进，根据目前社会的需要来扩充"财物"的范围，全面地评价盗窃行为。在当今网络时代，具有价值性和管理可能性但不具有有体性的财产比比皆是。比如网游账号、QQ 账号、QQ 币等网络虚拟财产等。

（一）虚拟财产为盗窃罪的犯罪对象

我国刑法没有明确虚拟财产是何法律本性，对窃取虚拟财产的行为也没有详细的条文规定。虚拟财产是指存在于网络空间中，由网络运营商或者用户付出一定的劳动和精力后产生了一定的价值，可以与现实空间中的事物进行等价交换，且由所有者实际占有和使用的一类事物的总称。满足这些条件的都可以为虚拟财产。首先，虚拟财产具有虚拟的特点，其留存在虚无的空间中，虽然是无体的，但是可以在现实空间中通过一定的技术手段检测出来；其次，虚拟财产作为财产的一种，也具有可管控性，其由开发商所创造，被人类所控制和管理；最后，其具有最本质的特征是具有价值性，需要开发人员投入大量的人力、物力、时间和精力，聚集了无差异的一般公民劳动成果，可以进行等价交换。

虚拟财产是可以作为盗窃罪的犯罪对象的：首先，虚拟财产属于公私财物的一种，有其自身的价值。虚拟财产在现实中是具有使用价值的，例如使用支付宝和微信等第三方支付平台支出钱款时，都是网络虚构的平台中的数字显示，但是完成了互易，其就是具有现金同等价值的虚拟财产，只不过是表现形式不同而已。虚拟财产属于财产的范畴，虚拟财产的获得是付出了一定的时间和精力等个人劳动从而具有同等的价值的一类"财产"，所以可以作为财产类犯罪的犯罪对象。其次，把虚拟财产列为盗窃罪的犯罪对象，才能够保护法益，遏制盗窃行为。现如今网络盗窃行为类型多样，频繁出现，如果认为虚拟财产不可以作为盗窃罪的犯罪对象则会导致相类似的"二维码案"，乃至网络平台上或者利用网络进行盗窃的行为将无法得到合理的处理，严重侵犯权利人的权利。如果将虚拟财产认定为盗窃罪的犯罪对象，这些犯罪行为都可以得到有效的治理，有效地保护权利人的利益，为行为人的行为划上警戒线。

（二）财产性利益为盗窃罪的犯罪对象

明确财产性利益的范围是什么，是讨论其是否可以成为盗窃罪犯罪对象的基础。财产性利益在理论上被一般大众所承认的是劳务、债权债务以及各类型的服务。有疑问的是，继承权以及获知密码后享有随时可以取款的账户，是否属于财产性利益。

从本质上说，财物和财产性利益这两种类型是并列关系。财物是一类物理性质的有形财产，财产性利益是虚拟抽象的财产。财物借助具体物品的物理特性来反映财产价值的大小，财产性利益借助某些替代来表现自己具有的经济价值，这种替代可以将其转化为类似于现实生活中的财物。但在此以前，对于得到好处的人来说只是一类可期许的利益。财产性利益的留存状态享有客观性，财产性利益并非必须找到物质载体来转换其价值，只要得到公众的承认，哪怕没有物质载体也可以完成财产性利益的经济价值。财产性利益具有可转移和可交换的特点，权利人是不是满足对财物的享有程度几乎等同于在现实生活中对财产性利益的占有状态。

债权作为一种财产性利益，在二维码案中，当顾客完成支付行为，商家收到钱款时，即实际上转化为了债权所代表的现实化财物，拥有可以使用的财产性利益，决定了债权是可以作为盗窃罪犯罪对象的。随着现代社会的发展，网络中的盗窃行为方式多样，如果否定财产性利益可以作为盗窃罪的犯罪对象，那么实践中出现财产性利益被窃取的行为，就不能得到有效制裁，会给权利人造成重大损失，导致法益得不到有效保护。

（三）网络有偿服务为盗窃罪的犯罪对象

网络有偿服务指那些聚集了提供者的劳动，具有一定的价值和使用价值，属于商品的范畴，可以用来交换的网络服务，如提供网络通信服务。普遍的网络有偿服务被窃取使用是行为人窃用他人网络中的有偿服务的ID、密码从而享有不用花钱就可享受的网络服务资格。网络的普及，各种各样的网络产品迎来了商机，例如商场中商用网络系统和网络使用权的提供者基本都购买或者租用网络服务器，并在取得有关许可的情形下向用户提供网络连接、网络购买及网络查询等服务。用户在交纳一定的使用费后可享有提供者带来的正常功能服务及后期的一些技术支持服务。目前这种有偿服务包括互联网服务、网络收费邮箱、网上教学、网上特定资源的下载等。行为人使用一些技术手段控制网络提供商的通信通道，盗用其网络服务给自己使用或者再将此低价转卖给其他用户，赚取高额利润，就是盗用网络服务，如"无线蹭网"行为。传统的盗窃是指在财物的所有人、占有人、保管人不知情的情况下秘密转移了财物占有的行为，而盗窃网络服务不同于传统盗窃。盗窃网络服务行为中，行为人盗窃的对象不是有实质物质载体的财物，而是无形的网络服务。这种服务具备一定的价值属性，可以拿金钱或者其他标准去衡量其自身具有的价值状态，具有可交换性。从本质上来讲，盗窃网络服务案件中盗窃的对象实际就是服务提供者所享有的债权。因为从网络服务所赋予的双方的权利与义务来分析，提供者给予服务后，接受方须付出合同所约定的对价，提供者就所提供的服务获得相应的债权。从交易习惯来看，这种合同的履行，通常是服务接受者先交付对价之后再享受网络服务。所以，在行为人盗窃了网络服务的情况下，服务提供者交付服务但没有得到相应的对价。所以盗窃网络服务的行为人相当于盗窃了网络服务接受方享有的债权。而且，这种盗窃网络有偿服务的行为是可以被量化和衡量的，符合盗窃罪的构成要件。基于此，网络有偿服务也能够作为盗窃罪的犯罪对象。

（四）重要的信息数据为盗窃罪的犯罪对象

随着科技的进步，更多的单位频繁利用各种新型科技工具进行经营管理。资料的网络化既提升了数据获取的方便，同时也加大了数据被泄露，重要信息被窃取的危险。有资料表明，很多企业的客户资料因其重要价值，被许多网络黑客瞄准。

信息数据虽然是无体物，但其中蕴含着巨大的经济价值。信息数据在现行刑法中作为保护的重要对象，窃取信息数据行为的性质因对象不同性质有所不同，具体来说，有侵犯商业秘密罪、非法获取计算机信息系统数据罪、非法侵入计算机信息系统罪、为境外窃取国家秘密情报罪等。从我们国家对于窃取信息数据构成前述罪名可以看出，重要的信息数据因其特定的价值而被保护。因此，信息数据在当今时代也是刑法所保护的重要对象，属于刑法范畴中的财物。

七、共同盗窃行为的认定

盗窃的共同犯罪形态即共同盗窃，是指二人以上共同故意盗窃。首先，从主观上讲，共同盗窃人具有共同的意思联络，即具有共同盗窃故意；其次，从客观方面看，各共同盗窃人的行为均指向同一犯罪事实，彼此联系，互相配合。

共同盗窃犯罪的形式多种多样，如果按照行为人是否形成了固定的组织体系来划分，共同盗窃可以分为一般共同盗窃犯罪和盗窃集团的共同盗窃犯罪。另外，在司法实践中，还需注意不构成共同盗窃的几种情形，例如，同时盗窃，二人以上在同一地点先后盗窃，无通谋的事后销赃、分赃行为等。事实上，区分是不是共同盗窃，关键要看行为人之间是否具有共同盗窃的主观故意。

共同盗窃行为人所承担的刑事责任应该以行为人本人参与的共同盗窃数额为依据。共同犯罪的成立要求行为人彼此联络形成共同的犯罪故意，并在此共同故意的支配下，实施了共同的犯罪行为。对于行为人来说，只有当自己实际参与到共同犯罪中，才能与其他行为人形成共同的犯罪故意，从而成为共同犯罪人。据此，共同犯罪中的行为人应该对自己所参与的共同犯罪的结果承担刑事责任。那么，在共同盗窃犯罪中，共同盗窃行为人就应该对自己所参与的共同盗窃的数额承担刑事责任。另外需要注意的是，这里所说的"参与"应该作广义地理解，包括组织、策划、指挥、教唆或是帮助等。对此，我国相应的司法解释已经有所体现，《1998年司法解释》第7条明确规定："审理共同盗窃犯罪案件，应当根据案件的具体情形对各被告人分别作出处理：（一）对犯罪集团的首要分子，应当按照集团盗窃的总数额处罚。（二）对共同犯罪中的其他主犯，应当按照其所参加的或者组织、指挥的共同盗窃的数额处罚。（三）对共同犯罪中的从犯，应当按照其所参与的共同盗窃的数额确定量刑幅度，并依照刑法第二十七条第二款的规定，从轻、减轻处罚或者免除处罚。"

八、自助购物盗窃行为的认定

2019年1月以来，北京市朝阳区人民检察院在办案过程中发现超市自助购盗窃犯罪频发，共计受理该类审查逮捕案件6件6人，审查起诉案件27件30人。主要表现为行为人利用自助结账通道无人收银、无人核查的空档，通过不扫码或者扫码后不结账的方式直接将商品带出超市。该类案件频发，既有部分顾客贪小便宜、心存侥幸、法律意识淡薄的内因；也有超市监督办法跟不上、管理制度不严格、配套措施不到位的外因，导致未结账商品容易被带离超市，既为不法分子留下较大的操作空间，也让其他人面临较大的诚信考验。此类案件一般以"多次盗窃"认定盗窃罪，呈现盗窃次数较多但盗窃数额较小的特点，行为人多为案发超市附近居民，主观恶性不大。相较其他刑事犯罪案件，住址固定、收入确定、职业稳定的行为人占比较高。以家庭为单位多人共同实施盗窃的现象较为常见。根据上述分析，超市自助购盗窃案件犯罪嫌疑人一般社会危险性和人身危险性都不大，检察机关应宽严相济依法办理，少捕慎诉，对采取行政处罚更为适宜的案件应建议公安机关进行行政处罚，帮助犯罪嫌疑人改正错误、回归社会。另外，以帮助超市挽回经济损失、震慑同类犯罪人为宗旨，必要时对当事人双方进行调解，服务企业做好普法宣传。

九、盗窃罪与易混淆罪名的区分

（一）与诈骗罪的区分

《刑法》第264条和第266条分别规定了盗窃罪和诈骗罪。两者同为侵犯财产罪，在很多方面都有相似之处，因而在实践中经常将两种犯罪混淆，导致不能正确定罪量刑。其实，两罪在本质上还是有很大区别的。

诈骗罪是指行为人采取虚构事实或者隐瞒真相的方法，使财物权利人（如所有人）陷入错误认识，并且使财物权利人在这种错误认识下处分财物，使得权利人受损而行为人受益的行为。然而，盗窃罪却与此不同，具体是指行为人采取秘密窃取的方式取得他人财物的行为。

从本质上看，盗窃罪与诈骗罪的区别主要表现在两个方面：

一是行为人客观上采取了何种方法行为，究竟是采取了欺骗的方法，还是采取了秘密窃取的手段；二是财物权利人是否具有处分其财物的意思和行为。首先从第一个方面来看，行为人客观上采取的行为方式是区别上述两罪的一个重要标准。一般来说，盗窃罪的行为人在客观方面采取的是秘密窃取的手段方法，而诈骗罪的行为人采取的是隐瞒真相和虚构事实的欺骗方法。诚然，盗窃罪的行为人有时候也会采取欺骗的手法取得他人财物，此种情况下如何判断区分盗窃罪和诈骗罪，就涉及第二个方面的区别标准。第二个方面的区别标准可以说是盗窃罪与诈骗罪的最本质区别，即财物权利人是否因为行为人的欺骗产生错误认识，并在此基础上"自愿"地处分其财物。如果财物权利人是"自愿"交付财物的，那么行为人构成诈骗罪，否则构成盗窃罪。当然这里的"自愿"是表面现象，从根本上讲，诈骗罪中的行为人取得财物是违背权利人真实意愿的。比如：甲声称会变魔术，能让钱有多少变多少。乙听后，信以为真，遂拿出100元现金交给甲，甲将100元包好放在盒子中，并称1天后打开盒子就会变成200

元，但实际上甲将钱包好放入盒子的过程中，趁乙不备已暗中将100元抽出，1天后乙打开盒子才发现上当。该案例中，尽管乙受骗了，但乙并不具有"自愿"将100元转移给甲占有的处分行为和处分意思，所以甲构成盗窃罪而非诈骗罪。另外，需要注意的是，诈骗罪中的财物处分人应该是具有处分财产权限、地位和能力的人，如果行为人从不具有财产处分能力的未成年人或是精神病人手中骗取财物，一般不认为是诈骗，而是盗窃。

（二）与贪污罪的区分

盗窃罪和贪污罪在通常情况下是不容易混淆的。但在某些特殊情况下，两者又有一些相似之处，在司法实践中也可能会产生争议，所以有必要对盗窃罪和贪污罪进行研究区分。为此，下面从犯罪构成中的犯罪主体、犯罪客观方面以及犯罪客体和对象三个角度来区分上述两个罪名。

1. 盗窃罪和贪污罪的犯罪主体不同。贪污罪的犯罪主体是国家工作人员，我国《刑法》第93条规定："本法所称国家工作人员，是指国家机关中从事公务的人员。国有公司、企业、事业单位、人民团体中从事公务的人员和国家机关、国有公司、企业、事业单位委派到非国有公司、企业、事业单位、社会团体中依法从事公务的人员，以及其他依照法律从事公务的人员，以国家工作人员论。"盗窃罪的犯罪主体按照目前我国刑法的规定只能是年满16周岁并且具有刑事责任能力的自然人。

2. 盗窃罪和贪污罪的客观方面不同。贪污罪的客观方面表现为国家工作人员利用职务上的便利，侵吞、窃取、骗取或者以其他手段非法占有公共财物的行为。盗窃罪在客观方面主要表现为通过秘密窃取的方法取得财物。另外，贪污罪中的国家工作人员即便是采用窃取的方式非法占有公共财物，也是以利用职务上的便利为前提的，这一点和盗窃罪有显著的不同。

3. 盗窃罪和贪污罪在犯罪客体和对象上不同。贪污罪的客体应该说是一种复杂客体，即国家工作人员职务行为的廉洁性和公共财物所有权。盗窃罪的客体主要是指公私财物的所有权或他人合法的占有权、持有权。此外，在犯罪对象上，盗窃罪和贪污罪也有不同，盗窃罪的犯罪对象可以是公共财物，也可以是私人财物。然而，贪污罪的犯罪对象却只能是公共财物，当然这里的公共财物并不仅限于国有财物，因为贪污罪的主体包括国家机关、国有单位委派到非国有单位从事公务的人员，这些主体完全可能贪污国有财物以外的公共财物。

值得注意的是，司法实践中经常会遇到国家工作人员利用职务上的便利，伙同其他非国家工作人员共同窃取公共财物的情形。此种案件性质应该由具有特定身份者的犯罪性质决定，即以贪污罪处理，并且对无特定身份者（非国家工作人员）以贪污罪的共犯论处。原因是：在共同犯罪中，各行为人必须形成共同的犯罪故意，并在此基础上实施紧密联系和相互配合的共同犯罪行为。当国家工作人员与非国家工作人员相互勾结，利用国家工作人员职务上的便利，共同窃取公共财物时，该共同犯罪与国家工作人员的犯罪行为实际上已经形成了一个密不可分、紧密联系的有机整体，其特征和性质也主要是由国家工作人员的犯罪性质来决定，非国家工作人员实施的犯罪行为实质上是一种依附于国家工作人员的犯罪行为。另外，从定罪处罚的角度看，处罚共同犯罪人应该以统一的共同犯罪案件危害性为基础，这样才能最大限度地实现定罪和处罚上的统一和协调。所以，在该种情形下，应该按照贪污罪的共同犯罪来处理。关于这一点，我国刑法也给予了认同，《刑法》第382条规定："国家工作人员利用职务上的便利，侵吞、窃取、骗取或者以其他手段非法占有公共财物的，是贪污罪。受国家机关、国有公司、企业、事业单位、人民团体委托管理、经营国有财产的人员，利用职务上的便利，侵吞、窃取、骗取或者以其他手段非法占有国有财物的，以贪污论。与前两款所列人员勾结，伙同贪污的，以共犯论处。"

（三）与侵占罪的区分

《刑法》第270条规定了侵占罪。依照刑法规定，该罪的客观行为主要表现为：将代为保管的他人财物非法占为己有，数额较大，拒不退还；将他人的遗忘物或者埋藏物非法占为己有，数额较大，拒不交出。由此可见，侵占罪适用的对象有三种：一是代为保管物；二是遗忘物；三是埋藏物。实际生活中，侵占罪和盗窃罪有一些相似之处，容易混淆，为了消除疑惑，做到正确定罪量刑，有必要对两罪进行认真区分。

区分盗窃罪与侵占罪，关键是要正确判断财物被何人控制以及取得控制财物的方式。具体来说，如果财物不在他人控制之下，而是行为人因为受托保管、捡拾或者偶然发掘而取得对该财物的占有或控制，并且据为己有的，就属于侵占性质；如果财物在他人控制之下，行为人通过秘密窃取的方式取得对该财物的占有或控制，则属于盗窃性质。但这里有两点需要特别注意：

1. 如何正确理解和判断这里的"控制"。这里所说的控制，是指对财物事实上排他性的持有支配。就控制方式而言，财物的性质、形态、所处地点不同，对财物的控制方式也就会不同。那么在现实中，如何判断财物是否被控制就成了难点。判断财物是否被他人控制不可一概而论，而是应该针对不同情况作具体的分析。本质上说，对财物的控制实际上是一种客观的作用力和支配力，并不是一种主观上的能力，因此，判断一种财物是否被他人控制，应该主要从是否脱离财物所有人或其他权利人的支配范围来加以确定。

对此，需要综合考察财物所处的状态、地点以及一般人的认识等各种因素，例如，甲去乙办公室取材料，发现乙办公桌下有一张掉落的信用卡，随即假装系鞋带，将信用卡秘密取走。又如，丙去商店购物，看中一款衣服想要试穿，但由于携带的运动包太大无法完全放进试衣间，遂将运动包放在试衣间门旁的椅子上，此时丁路过，等丙进去试衣时乘机将椅子上的运动包取走。上述两例，无论是掉落的信用卡还是椅子上的运动包，事实上都没有脱离物主的控制，只是物主由于不小心一时疏于保管，因此，上述案例中的甲和丁均构成盗窃。值得一提的是，判断财物是否脱离他人控制，除了对财物所有人或相关权利人的控制情况进行考察外，还需要适当考察其他有关人员对财物的控制状况。换句话说，即使财物脱离了所有人或相关权利人本人的控制，但如果处于其他有关人员的有效控制之下，那么行为人此时窃取该财物的，则构成盗窃。例如，王某乘坐出租汽车去火车站，由于匆忙，下车时将手机遗忘在车里，后张某乘坐该出租车时发现此手机，遂将其偷偷藏于身上，下车拿走。此案例中，手机虽然脱离了物主王某的控制，但实际上仍处在司机（有关人员）的控制之下，张某将其偷偷拿走，应该构成盗窃。

2. 有关侵占埋藏物的问题。我国刑法规定，侵占埋藏物是侵占罪适用的对象之一。但在现实中，对于取得埋藏物的行为，在法律定性上容易发生盗窃和侵占两种罪名的混淆。对此，需要仔细分析，应当结合埋藏物所处的状态、行为人取得埋藏物的方式和主观心态综合考虑。首先，需要明确埋藏物的含义。这里的埋藏物并不是绝对的无主物，而是所有人不明的财物。具体而言，是指根据埋藏物被他人发现当时的客观情况来判断，所有人不明确。其次，埋藏物是否处于他人（如物主）的持有控制之下。根据客观情况和社会一般观念来判断，如果埋藏物处于他人（如物主）的持有控制之下，此时行为人发掘该埋藏物，进而采用窃取手段非法占为己有的，不构成侵占，而是构成盗窃。例如，乙家生活富裕，某日甲被乙雇来种花，在乙家院子里的小花园挖土时，甲发掘一罐钱币（该罐钱币由乙收藏并埋于自家花园），甲心想肯定是乙所埋，遂偷偷将其装入黑皮包中带走。此时甲并不构成侵占，而是构成盗窃。再者，埋藏物是否被行为人无意间偶然发现。现实中，如果行为人事前就出于非法占有的目的，采取尾随、蹲点等方式，有意识地将他人埋藏的物品秘密取走，就应该构成盗窃，而不是侵占；反之，如果行为人只是无意间偶然发掘他人埋藏的物品，并将其非法占有，拒不交出的，则可能构成侵占罪。

第四节 盗窃罪的量刑

一、量刑起点及基准刑

(一) 量刑起点

构成盗窃罪的,根据下列情形在相应的幅度内确定量刑起点:

1. 达到数额较大起点的,二年内三次盗窃的,入户盗窃的,携带凶器盗窃的,或者扒窃的,在一年以下有期徒刑、拘役幅度内确定量刑起点。

2. 达到数额巨大起点或者有其他严重情节的,在三年至四年有期徒刑幅度内确定量刑起点。

3. 达到数额特别巨大起点或者有其他特别严重情节的,在十年至十二年有期徒刑幅度内确定量刑起点。

(二) 基准刑

在量刑起点的基础上,根据盗窃数额、次数、手段等其他影响犯罪构成的犯罪事实增加刑罚量,确定基准刑。

多次盗窃,数额达到较大以上的,以盗窃数额确定量刑起点,盗窃次数可以作为调节基准刑的量刑情节;数额未达到较大的,以盗窃次数确定量刑起点,超过三次的次数作为增加刑罚量的事实。

构成盗窃罪的,根据盗窃的数额、次数、手段、危害后果等犯罪情节,综合考虑被告人缴纳罚金的能力,在1000元以上盗窃数额二倍以下决定罚金数额;没有盗窃数额或者盗窃数额无法计算的,在1000元以上10万元以下判处罚金。

构成盗窃的,综合考虑盗窃的起因、数额、次数、手段、退赃退赔等犯罪事实、量刑情节，以及被告人的主观恶性、人身危险性、认罪悔罪表现等因素，决定缓刑的适用。

二、量刑情节的适用

（一）基准刑的增加

有下列情形之一的（已确定为犯罪构成事实的除外），可以增加基准刑的10%以下，同时具有多种情形的，累计不得超过基准刑的50%：（1）多次盗窃，犯罪数额达到较大以上的；（2）曾因盗窃受过刑事处罚的；（3）1年内曾因盗窃受过行政处罚的；（4）组织、控制未成年人盗窃的；（5）自然灾害、事故灾害、社会安全事件等突发事件期间，在事件发生地盗窃的；（6）盗窃残疾人、孤寡老人、丧失劳动能力人的财物的；（7）在医院盗窃病人或者其亲友财物的；（8）盗窃救灾、抢险、防汛、优抚、扶贫、移民、救济款物的；（9）因盗窃造成严重后果的；（10）其他可以从重处罚的情形。

（二）基准刑的减少

有下列情形之一的，可以从宽处罚：（1）因生活所迫、学习、治病急需而盗窃的，减少基准刑的30%以下；（2）案发前主动将赃物归还的，减少基准刑的80%以下；（3）偷拿家庭成员或者近亲属的财物，获得谅解的，一般可以不认为是犯罪；追究刑事责任的，减少基准刑的20%~50%；（4）没有参与分赃或者获赃较少，且不是主犯的，减少基准刑的50%以下。

（三）"其他严重情节""其他特别严重情节"的确定

达到犯罪数额巨大、数额特别巨大的标准半数以上的标准，具有下列情节的，可以作为"其他严重情节"和"其他特别严重情节"。（1）入户盗窃的；（2）携带凶器盗窃的；（3）组织、控制未成年人盗窃的；（4）自然灾害、事故灾害、社会安全事件等突发事件期间，在事件发生地盗窃的；（5）盗窃残疾人、孤寡老人、丧失劳动能力人的财物的；（6）在医院盗窃病人或者其亲友财物的;(7)盗窃救灾、抢险、防汛、优抚、扶贫、移民、救济款物的;(8)因盗窃造成严重后果的。

(四) 既遂与未遂的认定

盗窃犯罪既有既遂又有未遂的,对未遂部分决定是否减轻适用量刑幅度后,以既遂部分、未遂部分分别对应的量刑幅度较重的确定基准刑。既遂、未遂所对应的量刑幅度相同的,以既遂部分确定基准刑。以既遂部分确定基准刑的,根据未遂部分犯罪行为的实行程度、造成损害的大小、犯罪未得逞的原因等情况,增加基准刑的30%以下;以未遂部分确定基准刑的,根据既遂部分犯罪行为造成损害的大小等情况,增加基准刑的40%以下,但不得根据该量刑情节提高量刑幅度。

(五) 缓刑的适用

1.具有下列情形之一,行为人认罪悔罪,退赃退赔,符合缓刑适用条件的,一般可以适用缓刑:因生活所迫、学习、治病急需而盗窃的;共同犯罪中没有参与分赃或者获赃较少的从犯;取得被害人谅解的;盗窃家庭成员或者近亲属的财物,需要追究刑事责任的;被告人是在校学生,且系初犯、偶犯的。

2.具有下列情形之一的,一般不适用缓刑:具有多次盗窃、入户盗窃、携带凶器盗窃、扒窃情形之一,且犯罪数额达到较大以上的;教唆、组织、控制未成年人、残疾人盗窃的;为吸毒、赌博等违法犯罪活动而盗窃或者将赃款赃物用于违法犯罪活动的;在医院盗窃病人或者其亲友财物的;曾因盗窃受过刑事处罚或者1年内受过行政拘留的;有能力但拒不退赃或者赔偿损失的。

三、量刑中重难点问题处理

(一) 关于是否一律定罪处刑

对于新型盗窃罪,是否行为人一经实施,均应以盗窃罪定罪处罚?《刑法修正案(八)》将盗窃罪的客观构成要件由以往的数额标准和次数标准扩大至入户盗窃、携带凶器盗窃、扒窃等事实情节,其立法意图是通过严密刑事法网,加强对公民住宅及人身安全的保护,行为人实施入户盗窃、携带凶器盗窃、扒窃等行为,即使形式上完全符合盗窃罪的犯罪构成要件,在审判实务中也不宜一概以盗窃罪定罪处罚,否则就会不适当扩大盗窃罪的打击范围,导致打击面过宽,混淆刑事处罚和行政处罚的边界。[①]

第一,《刑法》第13条"但书"中明确规定,对于情节显著轻微危害不大的,不认为是犯罪。刑法虽然将新型盗窃罪列入分则罪状,但必须受到总则的规制,也就意味着并非所有的入户盗窃、携带凶器盗窃、扒窃行为均应受到刑法的制裁。正如有学者所说,犯罪构成要件是对一定行为严重危害社会的性质和程度的规定和认识,只有质与量的统一才能表明某一行为的性质,达不到条文规定的行为的质和量的要求,一个行为就不能被认定为犯罪。这里的"质"可以理解为盗窃行为,而"量"则是指行为的危害程度,具体到新型盗窃罪而言,其作为侵害公民财产权利的犯罪,现象普遍、案发率高,实践中大量存在,加之相比传统型盗窃而言,又增加了自己的行为特征,实践中会更多的出现预备、中止、未遂等未完成形态,在司法实务中应综合考虑行为人的初犯、偶犯、未成年犯、作案动机等反映社会危害性、人身危险性、主观恶性等因素,如认定行为人的盗窃行为属于"情节显著轻微的",应当适用《刑法》第13条"但书"的规定,不以犯罪论处,否则不符合宽严相济刑事政策的精神,也会扩大打击面,社会效果不佳。

第二,《治安管理处罚法》第49条规定:"盗窃、诈骗、哄抢、抢夺、敲诈勒索或者故意损毁公私财物的,处五日以上十日以下拘留,可以并处五百元以下罚款;情节较重的,处十日以上十五日以下拘留,可以并处一千元以下罚款。"这里规定的盗窃即指尚未达到刑法处罚标准的盗窃行为,易言之,即便新型盗窃罪情节显著轻微不能够纳入刑法调整,那么也会受到行政处罚,不会放纵行为人的违法行为,如果将一些本可以由治安管理处罚法处理的案件升格为刑事案件,势必引起盗窃罪的增加,伴随盗窃犯罪的不断增加,在侦查、起诉、审判、执行等各个环节,势必需要增

[①] 张军主编:《〈刑法修正案(八)〉条文及配套司法解释理解与适用》,人民法院出版社2011年版,第273页。

加司法人员才能使得刑事诉讼得以正常有效运转，司法成本过高。综上，不能认为新型盗窃罪的行为一经实施便一律构成犯罪，应综合运用刑法总则及行政法规来调解，才能达到社会效果与法律效果的统一。

（二）关于非监禁刑及罚金刑的运用

刑法对盗窃罪的起刑点规定为"三年以下有期徒刑、拘役或者管制，并处或者单处罚金"；同时《刑法》第37条规定"对于犯罪情节轻微不需要判处刑罚的，可以免予刑事处罚，但是可以根据案件的不同情况，予以训诫或者责令具结悔过、赔礼道歉、赔偿损失，或者由主管部门予以行政处罚或者行政处分"；第75条规定"对于被判处拘役、三年以下有期徒刑的犯罪分子，同时相关条件的，可以宣告缓刑，对其中不满十八周岁的人、怀孕的妇女和已满七十五周岁的人，应当宣告缓刑"。依据上述法律规定，具体到个案中，应考虑行为人实施新型盗窃罪的事实、情节、性质及危害后果，灵活运用上述规定，使行为人的罪责刑相适应，做到罚当其罪。

（三）关于触犯多重犯罪构成及数罪的处罚

《刑法修正案（八）》在盗窃罪原有的数额较大、多次盗窃两种行为方式上增加了入户盗窃、携带凶器盗窃、扒窃三种行为方式，使得盗窃罪的定罪类型趋于精细化，在扩大入罪范围的同时也导致了行为人一行为很可能触犯其中数种定罪类型的结果，如持械入户盗窃、持械扒窃、多次扒窃、入户盗窃数额较大等情形，从而出现同种罪名下不同种行为方式的竞合现象。对于此种情形的处理，虽不涉及罪与非罪以及此罪与彼罪的定性区分，但是却关系到同一罪名项下不同定罪类型关系的处理。虽然刑法规定的五种盗窃行为类型是并列关系，无认定的先后之分，但在涉及新型盗窃罪与数额较大的行为交叉时，首先应考虑盗窃数额，如果盗窃数额尚未达到较大标准，其他四种情节可以并列使用，具体的数额及其他的交叉行为可以作为量刑情节予以考虑；如果盗窃数额达到数额较大标准，应按数额犯既遂处理，其他情节可作为量刑时的从重情节，《2013年司法解释》第3条第3款将盗窃数额达到"数额较大"或者"数额巨大"的50%的，并具有第2条第3项至第8项规定情形之一的，可以分别认定为"其他严重情节"或者"其他特别严重情节"。

另外,在《刑法修正案(八)》实施之前,入户盗窃或者扒窃他人的身份证、护照等物品后,利用该身份证、护照等实施诈骗等罪的,只能认定为诈骗等罪,因为身份证、护照等物品虽然是财物,但其本身数额不大,不能认定为盗窃罪。然而,在《刑法修正案(八)》施行后,入户盗窃、携带凶器盗窃、扒窃身份证、护照等值得刑法保护的财物,也成立盗窃罪,行为人利用所盗窃的此种财物再实施诈骗等犯罪的,因为侵犯了新的法益,应当实行数罪并罚。①

---

① 张明楷:《盗窃罪的新课题》,载《政治与法律》2011年第8期。

第五节 相关案例评析及文书选编

一、指导性案例

张四毛盗窃案（最高人民检察院指导性案例检例第37号）

【关键词】

盗窃　网络域名　财产属性　域名价值

【基本案情】

被告人张四毛，男，1989年7月生，无业。

2009年5月，被害人陈某在大连市西岗区登录网络域名注册网站，以人民币11.85万元竞拍取得"www.8.cc"域名，并交由域名维护公司维护。

被告人张四毛预谋窃取陈某拥有的域名"www.8.cc"，其先利用技术手段破解该域名所绑定的邮箱密码，后将该网络域名转移绑定到自己的邮箱上。2010年8月6日，张四毛将该域名从原有的维护公司转移到自己在另一网络公司申请的ID上，又于2011年3月16日将该网络域名再次转移到张四毛冒用"龙嫦"身份申请的ID上，并更换绑定邮箱。2011年6月，张四毛在网上域名交易平台将网络域名"www.8.cc"以人民币12.5万元出售给李某。2015年9月29日，张四毛被公安机关抓获。

【诉讼过程和结果】

本案由辽宁省大连市西岗区人民检察院于2016年3月22日以被告人张四毛犯盗窃罪向大连市西岗区人民法院提起公诉。2016年5月5日，大连市西岗区人民法院作出判决，认定被告人张四毛的行为构成盗窃罪，判处有期徒刑四年七个月，并处罚金人民币五万元。一审宣判后，当事人未上诉，判决已生效。

【要旨】

网络域名具备法律意义上的财产属性，盗窃网络域名可以认定为盗窃行为。

【指导意义】

网络域名是网络用户进入门户网站的一种便捷途径，是吸引网络用户进入其网站的窗口。网络域名注册人注册了某域名后，该域名将不能再被其他人申请注册并使用，因此网络域名具有专属性和唯一性。网络域名属稀缺资源，其所有人可以对域名行使出售、变更、注销、抛弃等处分权利。网络域名具有市场交换价值，所有人可以以货币形式进行交易。通过合法途径获得的网络域名，其注册人利益受法律承认和保护。本案中，行为人利用技术手段，通过变更网络域名绑定邮箱及注册ID，实现了对域名的非法占有，并使原所有人丧失了对网络域名的合法占有和控制，其目的是非法获取网络域名的财产价值，其行为给网络域名的所有人带来直接的经济损失。该行为符合以非法占有为目的窃取他人财产利益的盗窃罪本质属性，应以盗窃罪论处。对于网络域名的价值，当前可综合考虑网络域名的购入价、销赃价、域名升值潜力、市场热度等综合认定。

【相关法律规定】

《中华人民共和国刑法》

第二百六十四条　盗窃公私财物，数额较大的，或者多次盗窃、入户盗窃、携带凶器盗窃、扒窃的，处三年以下有期徒刑、拘役或者管制，并处或者单处罚金；数额巨大或者有其他严重情节的，处三年以上十年以下有期徒刑，并处罚金；数额特别巨大或者有其他特别严重情节的，处十年以上有期徒刑或者无期徒刑，并处罚金或者没收财产。

《中国互联网络域名管理办法》

第二十八条　域名注册申请者应当提交真实、准确、完整的域名注册信息，并与域名注册服务机构签订用户注册协议。

域名注册完成后，域名注册申请者即成为其注册域名的持有者。

第二十九条　域名持有者应当遵守国家有关互联网络的法律、行政法规和规章。

因持有或使用域名而侵害他人合法权益的责任，由域名持有者承担。

第三十条 注册域名应当按期缴纳域名运行费用。域名注册管理机构应当制定具体的域名运行费用收费办法，并报信息产业部备案。

二、最高人民法院公报案例

（一）西安市人民检察院诉韦国权盗窃案（《最高人民法院公报》2006年第4期）

【要旨】机动车为具有特殊属性的物，所有权人必须以所有权凭证来主张自己的所有权。机动车交易只有在办理过户登记手续后，才发生所有权的转移。同时，机动车牌号登记制度也进一步增强了所有人或占有人对车辆的控制力。因此，即使机动车所有人或者占有人在离开车辆时忘记关闭车窗、车灯，将车钥匙忘记在车上，也不能认定其完全丧失对车辆的控制，并由此推定该机动车属于遗忘物。在此情形下，行为人出于非法占有的目的，以秘密窃取的方式取得该机动车辆的，应当以盗窃罪定罪处罚。

（二）上海市黄浦区人民检察院诉孟动、何立康网络盗窃案（《最高人民法院公报》2006年第11期）

【要旨】一、依照法定程序收集的电子文件如果与案件关联，并在与其他证据印证后能够客观地反映案件真实情况，依法可称为刑事诉讼中的证据。二、行为人通过网络实施的虚拟行为如果对现实生活中刑法所保护的客体造成危害构成犯罪的，应当受刑罚惩罚。三、秘密窃取网络环境中的虚拟财产构成犯罪的，应当按照该虚拟财产在现实生活中对应的实际财产遭受损失的数额确定盗窃数额。虚拟财产在现实生活中对应的财产数额，可以通过该虚拟财产在现实生活中的实际交易价格来确定。四、盗窃罪的犯罪对象是种类繁多的公私财物，盗窃公私财物的种类不同，认定盗窃既遂、未遂的方法就会不同。审判实践中，不存在唯一的具体案件盗窃未遂认定标准，应当根据刑法第二十三条规定的"着手实行犯罪""犯罪未得逞""犯罪未得逞是由于犯罪分子意志以外的原因"等三个条件，结合盗窃财物种类等具体情况，认定盗窃犯罪行为是否未遂。行为人在网络中盗窃他人的虚拟财产，只要盗窃行为已实现了非法占有该虚拟财产在现实生活中所对应的被害人财产，理当认定犯罪既遂。至于行为人是否对赃物作出最终处理，以及被害人时候是否追回该虚拟财产，均与行为人已完成的犯罪形态无关。

（三）河南省郑州市金水区人民检察院诉杨志成盗窃案（《最高人民法院公报》2008年第11期）

【要旨】根据《中华人民共和国刑法》第二百七十一条关于职务侵占罪的规定，所谓"利用职务上的便利"，是指在行为人在实施犯罪时，利用自身的职权，或者利用自身因执行职务而获取的主管、管理、经手本单位财物的便利条件。这里的"主管"，是指行为人在一定范围内拥有调配、处置本单位财产的权力；所谓"管理"，是指行为人对本单位财物负有保管、处理、使用的职责，亦即对本单位财产具有一定的处罚权；所谓"经手"，是指行为人虽然不负有主管或者管理本单位财物的职责，但因工作需要而在特定的时间、空间内实际控制本单位财物。因此，构成职务侵占罪，就必然要求行为人在非法占有本单位财产时，以其本人职务范围内的权限、职责为基础，利用其对本单位财产具有一定的主管、管理或者经手的单位财物，或者熟悉作案环境，而利用上述工作中形成的便利条件秘密窃取本单位的财产，则不属于"利用职务上的便利"，应依照《中华人民共和国刑法》第二百六十四条的规定，以盗窃罪定罪处罚。

（四）陕西省府谷县人民检察院诉郝卫东盗窃案（《最高人民法院公报》2011年第5期）

【要旨】《中华人民共和国刑法》第37条规定，对于犯罪情节轻微不需要判处刑罚的，可以免予刑事处罚。在审理盗窃案件中，盗窃数额是判断犯罪情节及社会危害性的重要依据，但不是唯一依据，还应综合考虑案件其他情节及被告人的主观恶性和人身危险性等因素。如果盗窃犯罪的情况特殊，综合判断犯罪情节确属轻微的，即使犯罪数额巨大，也可以免予刑事处罚。判断某一盗窃犯罪是否属于刑法第三十七条的"情节轻微"，要根据刑法及相关司法解释的规定，综合考虑犯罪手段、犯罪对象、退赃情况及社会反应等情况，客观评价刑罚处罚的必要性。在案件具有特殊的事实、情节的情况下，要切实贯彻宽严相济的刑事政策，真正做到正确裁量、量刑相当。

（五）上海市黄浦区人民检察院诉崔勇、仇国宾、张志国盗窃案（《最高人民法院公报》2011年第9期）

【要旨】行为人将银行卡出租给他人使用，租用人更改银行卡密码后，因使用不慎，银行卡被ATM吞掉。行为人出于非法占有的目的，利用租用人请求其帮助取卡之机，在租用人掌握密码并实际占有、控制银行卡内存款的情况下，通过挂失、补卡等手段将银行卡内租用人的存款取出并占为己有，其行为人属于秘密窃取他人财物的，应以盗窃罪定罪处罚。

（六）南京市玄武区人民检察院诉余刚等四人盗窃案（《最高人民法院公报》2015年第8期）

【要旨】根据刑法第二百六十四条的规定，被告人利用编写、传播病毒程序在网上截取他人的银行账号、密码，窃取或者实际控制他人网上银行账户内存款的行为，构成盗窃罪。

三、刑事审判参考案例

（一）张万盗窃案（《刑事审判参考》指导案例第1128号）

【要旨】盗窃罪中数额巨大与减半认定情形并存的如何适用法律。在审理盗窃案件时，若行为人的涉案财物数额已达到相应数额标准，应当直接在相应的刑罚幅度内量刑；只有盗窃数额未达到相应标准，才根据相关司法解释的规定进行二次判断，如是否有减半认定的情形等。

（二）赵宏铃等盗窃案（《刑事审判参考》指导案例第1202号）

【要旨】行为人非法侵入景点检售系统修改门票的行为，符合破坏计算机信息系统罪的构成要件。同时，行为人窃取数额巨大的景点门票收益的行为，又符合盗窃罪的构成要件。行为人一行为触犯两罪名，应当择一重罪处罚。

（三）翟高生、杨永涛等盗窃、抢劫案（《刑事审判参考》指导案例第 1214 号）

【要旨】共同预谋并实施盗窃后离开，虽然没有实施第二次盗窃行为，但行为人作为整个盗窃活动的组织者、策划者，主观上对窃取财物的数量存在概括故意，并不排斥其他同案犯在其离开后继续盗窃，且其在次日看到盗窃所得远超过其参与的盗窃数量时，没有提出质疑而是积极参与销赃、分赃。因此，行为人对两次盗窃行为均应承担刑事责任。

（四）张国群等盗窃案（《刑事审判参考》指导案例第 1215 号）

【要旨】人民法院对于价格鉴定意见需要着重审查以下内容：鉴定机构和鉴定人是否具有法定资质；鉴定人是否存在应当回避的情形；检材的来源、取得、保管、送检是否符合法律、有关规定，与相关提取笔录、扣押物品清单等记载的内容是否相符。检材是否充足、可靠；鉴定的过程和方法是否符合相关专业的规范要求；鉴定意见与勘验、检查笔录及相关照片等其他证据是否矛盾等。确定被盗财物的价值，应当先进行真伪、质量、技术检测，再由价格鉴定机关作出鉴定意见。被盗财物价格认定常用方法有市场法、成本法、专家咨询法等，被盗财物属性特殊、专业性强，难以采用市场法和成本法时，可采用专家咨询法。在运用市场法和成本法过程中咨询有关专家的，不属于专家咨询法。

（五）许赞良、汤焯杰盗窃案（《刑事审判参考》指导案例第 1277 号）

【要旨】（1）电信公司内部免费宽带账号具有财产性价值，非法获取并转卖的构成侵犯财产类犯罪。（2）职务侵占罪和盗窃罪的核心区别在于：①职务侵占罪的行为人在犯罪前已经合法占有财物，而盗窃罪则没有；②职务侵占罪的行为人具有主管、管理、经手财物的职责，盗窃罪的行为人则不具有上述职责；③职务侵占罪除侵犯被害人财产权利之外，还侵犯了职务的廉洁性。

四、其他案例

（一）丛某盗窃案

【基本案情】

2019年4月至5月，犯罪嫌疑人丛某在本市海淀区某连锁超市内，通过在自助结账时对部分商品不扫码或扫码不结账的方式，先后5次盗窃超市商品，合计价值人民币3379.6元。2019年5月10日，丛某被民警抓获，到案后如实供述了上述犯罪事实。案发后，丛某家属赔偿了被盗超市门店损失，超市门店出具了谅解书。2019年5月29日，海淀分局以丛某涉嫌盗窃罪提请批准逮捕，鉴于丛某认罪悔罪、买赔损失，海淀区检察院于2019年6月5日以无逮捕必要不批准逮捕丛某。同年6月25日，海淀分局以丛某涉嫌盗窃罪移送审查起诉。

在审查起诉过程中，承办检察官发现超市门店出具的谅解书上没有写明买赔金额，案件存在疑点。承办检察官利用认罪认罚从宽制度，经过多次释法说理，打消了丛某及其家属的顾虑，和盘托出了被超市安保人员索要6.5万元的事实，并提供了付款现场的录音。最终，海淀区检察院以该案为突破口，深挖出超市3名安保人员利用买赔机制敲诈勒索5名盗窃嫌疑人家属，私分18万余元"买赔款"系列案件。最终，因丛某到案后认罪认罚，积极配合司法机关深挖犯罪，海淀区检察院于2019年9月30日对丛某依法作出相对不起诉处理决定。

【案件评析】

本案由轻罪部门办理的一件普通的"薅羊毛"式多次盗窃超市商品的"小案"，深挖出3名超市安保人员敲诈勒索5名犯罪嫌疑人家属共计人民18万余元的"大案"，体现了案件承办人敏锐的观察力、主动取证的侦查意识与侦查能力，对认罪认罚从宽制度较为深刻的理解力和应用能力，以及办案单位轻罪部门集中办理案件的机制优势、维护犯罪嫌疑人合法权益的保障意识和为企业保驾护航的服务意识。

第一，细致审查发现疑点，深挖犯罪打掉超市蛀虫。在案件办理过程中，承办检察官从一份未写明买赔数额的谅解书入手，发现超市3名安保人员以出具谅解书为要挟，敲诈勒索丛某家属6.5万元人民币的犯罪线索,并利用轻罪部门集中办理超市盗窃类案的优势,发现涉案人员还涉及多起类似敲诈勒索案件,经过前期一系列调查取证,最终深挖出超市安保人员利用买赔机制敲诈勒索 5 名盗窃嫌疑人家属、私分 18 万余元买赔款的系列案件。被深挖出的 3 名超市安保人员,在审查起诉阶段一度拒不认罪,经过认罪认罚从宽协商,3 人最终同意适用认罪认罚从宽制度,被海淀区人民法院分别依法判处有期徒刑 5 年,罚金人民币 5 万元;有期徒刑 4 年 6 个月,罚金人民币 4 万元;有期徒刑 3 年,罚金人民币 3 万元。

第二,充分运用认罪认罚从宽协商机制,争取犯罪嫌疑人及家属配合。办案检察官在向丛某及其家属核实具体买赔数额时,对方因顾虑超市方面会撤回谅解书、对丛某最终处理结果不利等原因,一直不愿透露具体数额,经过检察官与助理多次与丛某方面沟通,丛某男朋友在一次交流中偶然说漏嘴,称赔偿了 6.5 万元,自己还录了音。以此为突破口,检察官又多次和丛某及其家人沟通,了解到丛某方面的担心与顾虑。为此,承办人利用认罪认罚从宽量刑协商机制,向丛某及其家属讲明利害,明确说明,如果认真配合、揭发犯罪有立功表现,检察机关可以对丛某作出相对不起诉处理,最终打消了丛某方面的顾虑,和盘托出被超市安保人员勒索 6.5 万元的事实,并提供了给付现金时的录音。

第三,发挥检察建议刚性,帮助企业深入排隐患堵漏洞,实现了三个效果的统一。就被害超市在自助结账和买赔工作管理上的漏洞,海淀区检察院向超市集团发出检察建议,引起高度重视,集团负责人主动来到海淀区检察院进行座谈,通报问题整改情况。此案办结后,海淀区检察院还就类似超市盗窃案件反映的突出问题召集辖区内的大型超市召开了专门会议,力争实现"办理一个案件、治理一个领域"的效果。案件办理实现了政治效果、法律效果和社会效果的有机统一。

(二)赵某合同诈骗、盗窃案

【基本案情】

2016 年 10 月至 2018 年 8 月,被告人赵某谎称自己系北京市通州区马驹桥镇富力尚悦居小区燃气安装负责人,隐瞒自己无资质且未按正规程序安装燃气的事实,先后在富力尚悦居小区底商张亮麻辣烫、龙凤家常菜与李某、张某某签订《北京市建筑工程施工合同协议条款》,约定赵某为李某、张某某安装燃气并能够通气正常使用。被告人赵某收取李某安装费人民币 5.3 万元，收取张某某安装费人民币 4.2 万元。被告人赵某违反燃气安装程序，私自为李某、张某某安装燃气管道并通气，造成北京市燃气集团第三分公司的燃气被盗用，该公司燃气费用损失为 4.5 万余元，被告人赵某以代交燃气费的名义收取李某人民币 6000 元。

2019 年 3 月 18 日，北京市通州区人民检察院以涉嫌合同诈骗罪、盗窃罪对被告人赵某提起公诉，同年 10 月 18 日，北京市通州区人民法院以被告人赵某犯合同诈骗罪、盗窃罪，数罪并罚后判处有期徒刑 4 年，罚金人民币 5000 元。

【案件评析】

偷盗燃气具有较大的安全隐患，是刑事犯罪打击的重点，检察机关在办理案件过程中有效解决燃气损失认定难等问题，不枉不纵，实现对犯罪的精准打击，保障首都副中心的安全。

1. 发挥审前主导责任，积极引导侦查，完善证据体系。被告人到案后一直辩解自己是正规安装燃气，坚持自己无罪。面对被告人的无罪辩解，检察官一方面通过与北京市燃气集团第三分公司面对面开展座谈，了解安装燃气设备的正规途径及施工单位的资质等内容，另一方面及时梳理证据，同步推进审查与补侦工作，引导公安机关调取燃气报装规定、证人证言及转账记录等，封堵被告人的虚假辩解，还原事实真相。

2. 全面分析证据，察微析疑，精准认定犯罪数额。偷盗燃气数额认定，是司法实践中面临的难题。本案中，虽然燃气公司出具了燃气损失测算说明，但测算的被盗燃气数值是按照商户自经营以来火炉口的最大出气量推算的。检察官通过审查证据发现商户是在经营一段时间后才安装燃气使用，且商户自开通燃气即安装计量表，计量表显示数值与测算数值相差较大。检察官在与燃气公司沟通后，按照有利于被告人、合理解释的原则，将商户计量表上显示的数值作为被盗燃气的数值，获得燃气公司的认可。

3. 研判案件特点，厘清相关罪名，准确把握案件性质。燃气属于易燃易爆物品，在私接燃气的过程中系触犯了破坏易燃易爆设备罪还是其他犯罪需要仔细甄别，检察官通过查阅相关案例，研究法律规定，根据本案被告人的身份、从业经历、犯罪手段、犯罪持续时间等特点，认定被告人的行为没有造成危及公共安全的具体危险，其行为不构成破坏易燃易爆设备罪，而其欺骗商户骗取钱款，窃取燃气的行为构成合同诈骗罪和盗窃罪。

4. 履行检察监督职能，增强检察建议刚性，提供优质检察产品。审理案件过程中，检察官发现负责该小区物业服务的北京恒富物业服务有限公司在小区燃气设备出现故障时经常找该案无资质的被告人进行燃气设备维修并且向需要安装燃气的商户介绍被告人，在燃气设备维修、燃气安装引导等方面不规范，存在较大的安全隐患，检察官主动"送法上门"，针对该企业不规范的做法及管理漏洞制发检察建议，帮助该企业加强管理，提高员工的安全意识，从源头上预防此类犯罪，取得较好的社会治理效果。

（三）王某盗窃案

【基本案情】

2019年9月5日12时许，被害人陈某（女，48岁）经朋友介绍来到北京市房山区某镇某小区某号楼某单元某室，找证人郭某申请网络贷款。犯罪嫌疑人王某（女，24岁，系郭某女朋友）使用手机为陈某申请，因需要查看陈某的芝麻信用分，故登录陈某的支付宝账户进行操作。操作过程中，犯罪嫌疑人王某发现陈某的支付宝花呗有2000多元信用额度，遂想占为己有。后王某在陈某不知情的情况下，用陈某的支付宝扫商家二维码消费2493元，该商家扣除手续费后，将2243元转回陈某的支付宝账户，王某再将该2243元转至自己的支付宝账户，完成套现。在套现过程中，扫码支付、转账等操作均由被害人陈某刷脸完成（因办理网络贷款需要刷脸操作，陈某认为是在办理贷款）。事后犯罪嫌疑人王某删除了上述交易记录。2019年9月18日，被害人陈某发现其支付宝花呗被盗刷，通过联系支付宝客服怀疑是王某盗刷。2019年9月20日，陈某找到郭某等人交涉，犯罪嫌疑人王某得知陈某发现了此事于同日委托朋友通过匿名转账的方式返还陈某2500元；因不满郭某、王某的态度，陈某于当日报警。犯罪嫌疑人王某于2019年9月21日被传唤到案。

2020年8月17日，房山区人民检察院以涉嫌盗窃罪对被告人王某提起公诉，同年8月31日，房山区人民法院判决王某犯盗窃罪，判处拘役

6个月，缓刑6个月，并处罚金4000元。

【案件评析】

本案争议的焦点在于，冒用他人支付宝花呗账户进行套现的行为如何定性，支付宝公司及该支付宝账户所有人是否被诈骗，该案被告人的行为如何判断，有以下两种不同观点：

第一种观点认为，王某的行为应认定为诈骗。王某操作陈某手机欺骗陈某是在办理网络贷款，向陈某传递假的信息，以陈某的名义冒用其支付宝账户，套取了陈某的支付宝花呗额度。本案中，王某冒用他人的支付宝账户进行花呗套现，花呗是支付宝公司给使用人的消费信用贷，因此认为王某的行为造成了支付宝公司的错误认识，支付宝因此支付财物而发生损失，故王某的行为成立诈骗。

第二种观点认为，王某的行为构成盗窃罪。王某在为他人办理网络贷款操作陈某支付宝的过程中，联系淘宝套现商家，使用扫描二维码的方式将花呗消费给商家，商家扣除手续费后将钱款转至陈某的余额中，之后再转入自己的支付宝账户中，王某的行为系盗窃行为。王某以为陈某办理贷款为由来操作陈某手机，在此过程中产生非法占有的故意，通过秘密手段窃取他人财物，故该人行为应构成盗窃罪。

对于本案，我们倾向于第二种观点，即王某构成盗窃罪。主要理由如下：

第一，王某在陈某不知情的情况下，实施了秘密窃取手段，将他人财物据为己有。王某在为陈某办理网络贷款的过程中发现陈某支付宝花呗额度，产生非法占有的故意，随后在陈某不知情的情况下实施了上述行为。因此，王某整个行为更符合盗窃罪的主客观特征，应认定王某行为构成盗窃罪。

第二，本案中，支付宝公司没有陷入错误认识而处分财产。诈骗行为的关键是，行为人通过实施虚构事实的行为，造成对方当事人产生错误认识，从而使被害人基于错误认识而处分财产。本案中，支付宝公司作为第三方支付平台，按照支付系统正常的程序来操作，其不会对操作人的真实身份进行实质审查，只要用正确的账户密码进行操作即视为支付宝账户所有人本人的行为，因此，支付宝公司不存在是否被骗的问题，计算机程序、机器不存在错误认识，不会发生被骗的情况，所以，最终的受害人应为支付宝账户所有人。

第三，本案中，被害人陈某主观上没有处分意识，王某的行为不应认定为诈骗。本案中，王某通过自己的行为积极获取支配与管理陈某财产的权限，是判断其行为性质的关键。王某利用为陈某办理网络贷款的机会，通过陈某支付宝套现，然后转至自己的支付宝账户，最后删除以上交易记录。此过程中，陈某没有产生错误认识而处分财产的行为，其对王某的套现交易行为是不知情的，因此，王某的行为不属于诈骗，而应为盗窃罪。

（四）夏某勇盗窃案

【基本案情】

2019年9月5日，被告人夏某勇在昌平区回龙观镇某大厦门前，看到被害人徐某停放在此的电动车储物格内有一部手机，便趁四下无人将该手机拿走并带回住处，经鉴定该手机价值人民币2900元。后夏某勇因涉嫌盗窃罪被公安机关查获。夏某勇在侦查阶段供述其曾因盗窃在山东省被刑事拘留，但是卷宗中的电话查询记录单显示，夏某勇违法犯罪记录的信息为"不掌握"，全国违法犯罪人员系统也未能检索到夏某勇的前科信息。

案件移送检察院后，承办检察官注意到这一问题，如果夏某勇所作供述属实，那么其可能因有犯罪前科而从重处罚。经检察官多次讯问，夏某勇终于供述其曾有过一个内蒙古户口，但已被注销。随后，检察官锁定了补充侦查方向，并逐条列明向户籍地派出所、曾服刑过的监狱及其近亲属核实等方面补充侦查提纲后，将案件退回公安机关，并引导补充侦查。

经调查核实，夏某勇果然同时拥有两个有效户籍身份，户籍地分别为山东省和内蒙古自治区，并且夏某勇曾以内蒙古的户籍身份犯盗窃罪，被山东省某法院判处拘役3个月零15天，并处罚金人民币5000元。所以，这次以山东省的户籍查询其前科才会显示"不掌握"。2019年9月30日，夏某勇赔偿被害人并获谅解。2019年12月30日经检察机关提起公诉，法院于2020年1月20日以盗窃罪判处夏某勇有期徒刑6个月，并处罚金人民币3000元。

【案件评析】

1.发挥检察主导作用，严把证据标准，开展实质审查，加大引导侦查力度。在本案审查逮捕阶段,承办检察官全面审查在案证据,前往看守所讯问犯罪嫌疑人,通过细致审查,在讯问中发现犯罪嫌疑人供述曾经存在盗窃犯罪前科,与公安机关出具关于网上比对的工作说明、违法犯罪情况电话查询记录等证据证明未查到犯罪嫌疑人违法犯罪前科不符。尽管本案盗窃犯罪案情较为明晰,犯罪嫌疑人在到案后表示愿意认罪认罚,承办检察官坚持在认罪认罚案件办理中严把证据关,牢牢盯住"定罪"与"量刑"的关键证据,认定本案犯罪嫌疑人供述的盗窃犯罪前科,属于重要的量刑情节,应当充分发挥检察机关在刑事诉讼中的主导作用,遂立即与公安机关取得联系,阐述违法犯罪前科证据的重要性和调取证据的具体细节,通过制作逮捕案件继续侦查取证意见书,引导公安机关进一步核实犯罪嫌疑人夏某勇的前科情况。

2.强化证据审查,利用补充侦查揭露户籍真相,完善精准量刑证据。案件进入审查起诉阶段后,检察官全面审查在案证据,目前证据可以认定犯罪嫌疑人夏某勇以非法占有为目的,实施了窃取他人手机的行为,已构成盗窃罪。但在审查证据中发现犯罪嫌疑人夏某勇供述拥有两个公民身份证件,一个公民身份证件在山东省乐陵市办理登记,身份证上的姓名为夏某勇;另一个公民身份证在内蒙古自治区呼伦贝尔市鄂伦春自治旗办理登记,身份证上的姓名为夏某成,且调取的刑事判决书中法院认定被告人夏某成犯盗窃罪,并判处拘役刑罚。在身份信息存疑、犯罪前科难以认定的情况下,检察官严把证据标准,将案件退回公安机关补充侦查,并制作补充侦查提纲,为办案民警释明补充取证方向,要求前往山东省乐陵市、内蒙古自治区鄂伦春自治旗核实夏某勇、夏某成是否为同一人,夏某成户口注销情况。经过补充侦查,发现夏某勇、夏某成确为同一人,夏某成的户籍信息是内蒙古自治区呼伦贝尔市鄂伦春自治旗大杨树镇派出所违规办理,刑事判决书中认定"夏某成"实施的盗窃犯罪行为实际为夏某勇实施,其具有盗窃犯罪前科。检察官综合全案事实、证据,精准提出有期徒刑6个月的确定刑量刑建议,在判决书中得到法院认可。

3.促进沟通协商常态化,充分发挥审查引导侦查机制优势,全面提升办案质效。检察官在本案审查逮捕阶段时,在全面审查在案证据的基础上,注重加强与公安机关办案民警的沟通,就讯问犯罪嫌疑人发现其供述的犯罪前科情况与网上查询记录不符的情况,主动联系本案的法制员和侦查人员，了解原因并要求再次查询犯罪嫌疑人违法犯罪记录。在对本案作出批准逮捕决定时，详细沟通下一步侦查的思路和需要具体开展的工作，要求取证时既注重调取涉嫌盗窃犯罪的证据，又要重点核实、调取关于犯罪嫌疑人犯罪前科的证据，两者都要兼顾。本案进入审查起诉阶段，检察官细致审查证据后认为需要退回公安机关补充侦查，全面核实犯罪嫌疑人户籍情况，并在补充侦查提纲中详细列明前往山东、内蒙古两地开展侦查取证的方向和重点，且通过电话沟通的方式进行逐一说明。在补充侦查期间，检察官多次与侦查人员、法制员沟通了解情况，适时调整引导侦查的方案，对新调取的证据及时查阅，掌握侦查活动的进度和效果，有效发挥检察引导侦查的效能，为认罪认罚从宽制度的适用和精确量刑建议的提出夯实了证据基础，有效提升办案质效。

4.注重发挥检察监督职能，及时制发检察建议，助力社会治理能力提升。检察官在案件办理过程中严格落实"在办案中监督，在监督中办案"思路，积极践行双赢多赢共赢监督理念，坚持依法监督、标本兼治，根据案件事实，认为夏某勇出生地为山东省乐陵市黄夹镇并已办理户籍登记，其另一户籍地为内蒙古的身份信息是为办理城镇户口而违规申报。夏某勇在山东省乐陵市注册的身份信息应为其唯一公民身份，其同时拥有两个有效身份信息违反了《中华人民共和国居民身份证法》的规定。检察官坚持问题导向，严格遵循检察建议规范化流程，及时向内蒙古自治区呼伦贝尔市鄂伦春自治旗大杨树森林公安局制发检察建议，充分论述说理，帮助该单位堵塞户籍管理漏洞，把检察建议做成刚性，进而促进行业领域法治建设，实现"办理一案，治理一片"的社会效果，提升了检察机关公信力。

五、法律文书选编

（一）丛某盗窃案不起诉理由说明书

丛某涉嫌盗窃罪一案，本院于2019年9月30日以2019-451不起诉决定书，对丛某作出相对不起诉处理决定，主要理由如下：

第一，丛某的行为虽然构成盗窃罪，但根据其盗窃对象（超市商品）、盗窃数额（价值人民币3379.6元）、犯罪情节（5次盗窃，退赃退赔，被害单位谅解），类似案件法院判处刑罚主刑一般在十个月以内有期徒刑，因此，本案属于较为典型的轻微刑事犯罪，符合《中华人民共和国刑事诉讼法》第一百七十七条第二款可以作出相对不起诉处理的案件范围。

第二，丛某到案后如实供述了犯罪事实，且主动适用认罪认罚从宽制度，根据《中华人民共和国刑法》第六十七条第三款、《中华人民共和国刑事诉讼法》第十五条之规定，可以依法从宽处理。

第三，丛某到案后揭发了被3名超市安保人员敲诈勒索的事实，且提供了重要证据材料，现3名超市安保人员因涉嫌敲诈勒索罪已被逮捕，因此，根据《中华人民共和国刑法》第六十八条之规定，丛某具有立功情节，依法可以从轻或者减轻处罚。

第四，丛某系硕士研究生学历，在京有固定工作，此次犯罪后认罪悔罪态度好，进行了较为深刻的反省，综合判断各方面情况，丛某的人身危险性、再犯可能性均较低，对其作相对不起诉处理更有利于其回归社会，有利于取得更好的社会效果。

综上，丛某虽然实施了《中华人民共和国刑法》第二百六十四条规定的行为，但犯罪情节轻微，且已赔偿被害单位损失并获得谅解，并具有立功情节，依照《中华人民共和国刑法》第三十七条、第六十七条第三款、第六十八条，《中华人民共和国刑事诉讼法》第十五条之规定，根据《中华人民共和国刑事诉讼法》第一百七十七条第二款，决定对丛某作相对不起诉处理。

【文书评析】

不起诉理由说明书是人民检察院针对作出的不起诉处理决定，进行补充性、专门性说理的文书，用以详细阐释检察机关作出不起诉处理决定的理由、考量因素，弥补不起诉决定书在说理方面难以详细展开的不足。不起诉理由说明书对于增强不起诉决定的说理性和检察工作的透明性，降低针对不起诉决定的复议、复核率具有重要意义。对相对不起诉决定的不起诉理由说明书，除了应包括作出不起诉决定的法律根据（各种法定、酌定情节），进行"法理"阐述以外，还要注意结合案情和被不起诉人的具体情况，进行"情理"阐述，以充分说明检察机关作出不起诉决定的考量因素。

本篇不起诉理由说明书，首先，结合具体案情和法院可能的量刑，说明了本案属于情节轻微犯罪，符合刑事诉讼法对作出相对不起诉处理决定案件的"犯罪情节轻微"的要求。其次，指出被不起诉人到案后的如实供述、主动适用认罪认罚从宽制度、立功等具体的法定从轻处罚情节，具体阐释作出不起诉处理的法理依据。值得注意的是，文书将法定量刑情节分为两部分进行论述，前者重点阐释体现"认罪悔罪"表现的如实供述、认罪认罚从宽情节；后者突出阐释被不起诉人揭发他人犯罪的立功表现，对立功情节予以重点说明，这种区分层次更为清晰，也对其立功表现予以了专门的肯定和褒奖。最后，结合被不起诉人的学历、工作等各方面情况，作出其人身危险性和再犯可能性低的判断，从更有利于其回归社会的角度，将情理和法理相结合，明确指出对其作不起诉处理有利于取得更好的社会效果。

一份优秀的相对不起诉理由说明书，应当做到法定、酌定情节无遗漏，法理阐释清晰、明确，情理阐释客观、合理；应当通过对案件情节、被不起诉人案发后表现的综合阐释，作出被不起诉人人身危险性和再犯可能性低的判断乃至结论；应当通过法理、情理的双向阐释，说明检察机关作出不起诉处理决定的合理性，彰显检察机关人性化司法的工作作风，贯彻宽严相济刑事政策、追求案件办理三个效果有机统一的工作立场。该不起诉理由说明书层次清晰、语言简洁、说理充分，较好地体现了上述要求。

（二）赵某合同诈骗、盗窃案公诉意见书

被告人赵某涉嫌合同诈骗罪、盗窃罪一案，今天公开开庭审理。根据《中华人民共和国刑事诉讼法》第一百八十九条、第一百九十八条和第二百零九条的规定，我们受北京市通州区人民检察院的指派，代表本院，以国家公诉人的身份，出席法庭支持公诉，并依法对刑事诉讼实行法律监督。现对本案证据和案件情况发表如下意见，请法庭注意。

第一，合法、有效的证据已经形成完整的证据锁链，足以证实被告人赵某虚构事实、隐瞒真相，骗取他人财物以及秘密窃取他人财物的行为。

首先就其合同诈骗罪的犯罪事实发表意见：

证人李某某、赵某某证言，被害人李某、张某某陈述及赵某供述能够证明赵某谎称是小区燃气安装负责人，隐瞒自己不具备资质的情况，也没有向商户说明其未按照正规程序安装天然气的事实，商户对于其无资质、私接燃气并不知情。让被害人李某、张某某等人陷入错误认识，以为其能够正规安装燃气，履行合同。

书证北京建设工程施工合同证明李某、张某某分别与赵某签订燃气施工合同，李某、张某某陈述、赵某供述及转账记录、收条等证明李某给付赵某燃气安装费5.3万元，燃气费6000元。张某某给付赵某燃气安装费4.2万元。

证人贾某、杨某等人证言以及用户发展业务管理制度证明不存在燃气事后报备，只能先期报备。李某、张某某、赵某某证言证明燃气管道被燃气公司拆除的情况，以上证据证明李某、张某某与赵某签订的合同履行不能。

以上证据已经形成完整的证据锁链，证明被告人赵某在签订、履行合同过程中虚构事实、隐瞒真相，骗取他人财物，数额较大的犯罪事实。

被告人赵某辩解自己会去给两家商户事后报备，补交燃气费用，但结合调取的北京燃气集团的报装规定、证人证言，均能够证明燃气公司对于燃气管道的安装出于安全考虑有严格的程序和流程，未经报备正规程序安装天然气的施工是不允许的。且被告人赵某自给商户接通燃气后长达一年多的时间一直未进行报备，在商户的多次催促下一直无法帮助商户拿到燃气卡，其违规安装的燃气管道因不合规也遭到强制拆除，其与商户签订的合同从根本上不能实现，故其辩解不成立。

关于被告人赵某盗窃燃气犯罪事实的意见：

赵某供述、李某、张某某陈述及计量表图片、测算说明均能够证明赵某私接燃气管道后，帮助商户接通燃气，放任由商户使用，燃气公司损失燃气的价值为4.5万余元。以上证据能够形成完整的证据锁链，足以证明被告人赵某窃取燃气的，数额较大的犯罪事实。

第二，被告人赵某的行为构成合同诈骗罪、盗窃罪。

被告人赵某以非法占有为目的，在签订、履行合同过程中，虚构事实，隐瞒真相，骗取对方当事人财物，数额较大，其行为构成合同诈骗罪。并盗取燃气为商户使用，从商户手中索要燃气的费用，数额较大，其行为构成盗窃罪。

虽然商户使用燃气时主观上没有窃取的故意,但被告人赵某在帮助商户接通燃气时主观上能够意识到其系在窃取燃气,放任商户的使用,并变相地向商户索要燃气费,被窃取的燃气价值为4.5万余元,其行为构成盗窃罪。

第三,被告人赵某应负的法律责任和吸取的教训。

被告人赵某构成合同诈骗罪,其法定刑为三年以下有期徒刑或者拘役,并处或者单处罚金。被告人赵某构成盗窃罪,其法定刑为三年以下有期徒刑、拘役或者管制,并处或者单处罚金。对于盗窃燃气的犯罪事实被告人赵某能够如实供述自己的罪行,根据刑法第67条第3款,可以从轻处罚。建议判处被告人赵某有期徒刑四年,并处罚金。

公诉人告诫被告人的是,偷盗燃气、私自安装燃气设备不仅会造成国有资产和他人财产的损失,还存在较大的安全隐患,容易引发燃气泄漏事故,并会导致中毒、火灾、爆炸等严重后果,可能给公共安全造成极大危害。希望被告人能够吸取教训,认识到自己的错误行为,妄图通过不法手段获取钱财,只能受到法律的处罚。希望被告人能够以此为戒,接受法律的惩罚,重新出发,做一名对社会有益的公民。

【文书评析】

本篇公诉意见书,首先,对法庭调查活动进行归纳总结,将经过举证、质证的零散、孤立的证据组合成一个完整的证据锁链,并对被告人辩解的虚假事实进行驳斥,帮助法官等人员形成对指控事实的内心确信。其次,根据指控的犯罪事实,论证被告人构成合同诈骗罪、盗窃罪,并对被告人的行为作出精准评价。最后,对被告人进行法治教育,并对观摩庭审的人员进行法律宣传,取得较好的政治效果、社会效果和法律效果。

(三)王某盗窃案审查报告

一、犯罪嫌疑人基本情况(略)

二、发案、立案、破案经过(略)

三、经审查认定的案件事实及证据

(一)侦查机关认定的犯罪案件事实

2019年9月5日12时许,在北京市房山区某镇某小区某号楼某单元某室,犯罪嫌疑人王某以帮助事主陈某办理网贷为由,使用陈某的支付宝进行操作,通过支付宝花呗套现的方式盗窃2493元。

2019年9月20日,王某委托他人向事主陈某支付宝转账2500元,陈某不谅解嫌疑人王某。

(二)经审查认定的案件事实及证据

2019年9月5日12时许,被害人陈某(女,48岁)经朋友介绍来到北京市房山区某镇某小区某号楼某单元某号,找证人郭某申请网络贷款。犯罪嫌疑人王某(女,24岁,系郭某女朋友)使用手机为陈某申请,因需要查看陈某的芝麻信用分,故登录陈某的支付宝账户进行操作。操作过程中,犯罪嫌疑人王某发现陈某的支付宝花呗有2000多元信用额度,遂想占为己有。后王某在陈某不知情的情况下,用陈某的支付宝扫商家二维码消费2493元,该商家扣除手续费后,将2243元转回陈某的支付宝账户,王某再将该2243元转至自己的支付宝账户,完成套现。在套现过程中,扫码支付、转账等操作均由被害人陈某刷脸完成(因办理网络贷款需要刷脸操作,陈某认为是在办理贷款)。事后犯罪嫌疑人王某删除了上述交易记录。2019年9月18日,被害人陈某发现其支付宝花呗被盗刷,通过联系支付宝客服怀疑是王某盗刷。2019年9月20日,陈某找到郭某等人交涉,犯罪嫌疑人王某得知陈某发现了此事于同日委托朋友通过匿名转账的方式返还陈某2500元;因不满郭某、王某的态度,陈某于当日报警。犯罪嫌疑人王某于2019年9月21日被传唤到案。

认定上述事实的证据如下:(略)

(三)证据和定性分析

1. 证据方面

本案现有犯罪嫌疑人供述与辩解,被害人陈述,证人证言,书证等,上述证据均产生于案件本身,具有客观性;均不同程度地证明本案相关事实,具有关联性;均系依据法定程序提取,无刑讯逼供、无威胁、引诱、欺骗或者其他非法的方法收集证据的情况,具有合法性,足以证实王某盗刷陈某支付宝花呗2493元的事实。

2. 定性方面

犯罪嫌疑人王某盗窃他人财物,数额较大(2493元),其行为构成盗窃罪。

关于本案的定性,一种观点认为被害人是陈某构成盗窃罪;另一种观点认为被害人是支付宝公司,是诈骗行为不构成犯罪。我们认为王某的行为构成盗窃罪。

第一,区分盗窃罪与诈骗罪,需要区分主动获取与被动支付。即是否通过自己的行为获取支配与管理他人财产的权限,是判断犯罪性质的关键,而不是后续实现占有他人财产的行为,也就是被害人主观上有无处分意识是区分两罪的分水岭。本案中,被害人陈某自始至终不知道她的花呗产生了交易,一直以为是在办理网络贷款,所以不存在"自愿交付财物"的行为。第二,犯罪嫌疑人王某在被害人不知情的情况下,利用他人支付宝账户使用花呗购买商品,该行为是整个行为的最核心的一步,是一种秘密窃取手段,符合盗窃罪的客观要件。第三,有观点认为王某套现的时候产生的损失不是被害人的损失,是支付宝公司的损失,可以向支付宝抗辩不还款,因此支付宝公司是被害人。根据支付宝花呗协议:在本服务中,指定支付宝账户的操作行为将视为您本人的行为,如开通服务、消费交易、查询记录、进行还款等,您将承担该等行为的相应法律后果,故切勿向其他人泄露前述信息……本案中,支付、转账环节始终是陈某刷脸完成,支付宝公司不存在错误认识,不可能发生被骗。另外,从客观实际来看,确定陈某是被害人,更符合一般大众的认知,更有利于公民的财产保护。

综上我们认为,本案定性为盗窃罪。

3. 听证会情况

本案于 2020 年 6 月 23 日召开听证会进行讨论。林维、郝春莉、曾粤兴教授均认为构成盗窃罪。

4. 量刑情节方面

法定从重情节:无。

酌定从重情节:无。

法定从轻情节:电话传唤到案,如实供述,系自首。

酌定从轻情节:无。

建议对王某判处拘役六个月,可以适用缓刑,并处罚金。

【文书评析】

王某盗窃案公诉案件审查报告是检察院对案件进行审查过程及结论

的报告,是整个办案过程的反映。在审查报告中能够发现对该案在案案卷的事实、证据进行了分析,最后得出结论的办案过程。审查报告包括犯罪嫌疑人基本情况、案件发案立案破案经过情况、经审查认定的事实及证据、审查结论等。本篇审查报告,首先,报告内容详细充实,结构完整,逻辑严密通畅。本案涉及犯罪数额不大,不属于大案要案,但该案在定性上存在一定争议。检察办案人员针对案件事实,进行了客观细致的认定。在证据审查中,围绕案件事实进行摘录证据,摘录详细得当。针对案件中存在的争议,进行了详细的分析论证。其次,该案借助外脑进行公开论证,辅助检察办案。对于案件中存在的疑点,案件承办人组织了该案的公安机关承办人、被告人的辩护人、大学教授等人进行了论证。先由侦查人员、辩护人各自发表观点,提出意见。然后双方人员退场,由参加公开听证的听证员发表观点,听证员针对案件事实提出问题,然后发表了自己的意见。通过公开听证,有助于检察机关承办人拓展办案思路,提升办案质效。最后,审查报告将承办人整个办案过程中呈现出来,针对不同的观点问题进行了充分论证。通过区分盗窃罪与诈骗罪的本质不同点,对本案的事实进行定性讨论,对本案行为人的行为核心过程进行提炼,认定该行为人的行为手段符合盗窃罪的犯罪构成。审查报告还根据支付宝花呗协议进行了分析,得出支付宝公司不存在错误认识的结论。结合社会的通常认知讨论,确定陈某为被害人更切合实际。检察机关在办案时针对司法实践中出现的具有电子支付时代新特点新方式的案件,进行详细审查,依据法律规定,结合法理、情理、社会通常认知准确对案件进行把握定性,同时利用公开听证辅助办案,借用外脑提升检察智慧,更有利于保证检察机关办案质效提升。通过办理该案,也为打击利用支付宝等电子支付方式犯罪带来一定震慑效果。办理每一起案件,都应力争取得最大的法律效果、社会效果、政治效果,促进社会治理。该案的审查报告及办理,能够较好反映上述效果。

(四)夏某勇盗窃案检察建议书

近日,本院在办理北京市公安局昌平分局移送审查起诉的夏某勇涉嫌盗窃罪一案时,经审查查明:犯罪嫌疑人夏某勇(别名:夏某成)同时拥有两个有效身份信息。姓名为夏某勇的公民身份号码为

37148119850215××××，户籍所在地为山东省乐陵市黄夹镇后张木良村306号。姓名为夏某成的公民身份号码为15212719860401××××，户籍所在地为内蒙古呼伦贝尔市鄂伦春自治旗大杨树镇林业警民街南209号。姓名为夏某勇与姓名为夏某成的人系同一人。

　　本院认为，因夏某勇出生地为山东省乐陵市黄夹镇，其另一户籍地为内蒙古的身份信息是为办理城镇户口而违规申报的。夏某勇在山东省乐陵市注册的身份信息应为其唯一公民身份。夏某勇同时拥有两个有效身份信息违反了《中华人民共和国居民身份证法》第三条第二款"公民身份号码是每个公民唯一的、终身不变的身份代码，由公安机关按照公民身份号码国家标准编制"和《中华人民共和国户口登记条例》第六条"公民应当在经常居住的地方登记为常住人口，一个公民只能在一个地方登记为常住人口"。

　　为履行检察监督职责，维护法律正确实施，保障刑事诉讼程序的顺利进行，根据《中华人民共和国刑事诉讼法》第八条、《中华人民共和国人民检察院组织法》第二十一条之规定，现依法向你单位提出如下建议：

　　一、注销夏某成的内蒙古户籍信息及公民身份号码。

　　二、进一步加强单位辖区内居民户籍管理，加大对现有户籍人口身份信息摸排力度，积极发挥监督管理职能，对此类现象做到早发现早纠正。

　　三、加强业务学习，提升岗位素能。夏某勇同时拥有两个有效的身份及户籍信息在一定程度上说明从事户籍管理工作的干警审核把关不严、业务水平有待提高。建议组织户籍登记管理干警开展相关业务培训，规范户籍办理制度及程序，提高干警的岗位素能，有效预防和避免此类现象的再次发生。

　　以上建议如有异议，可以在收到检察建议书之日起十五日内向本院提出。如无异议，请认真研究整改并请将落实情况在一个月内函复本院。

【文书评析】

　　检察建议是人民检察院依法履行法律监督职责，参与社会治理，预防和减少违法犯罪，保护国家利益和社会公共利益，维护个人和组织合法权益，保障法律统一正确实施的重要方式。昌平区检察院在审查办理夏某勇盗窃案时，坚持高标准、求极致的办案理念，不因案情较为明晰、犯罪嫌疑人认罪认罚而降低证据审查标准，查出犯罪嫌疑人具有"双重户籍"的问题，及时制发检察建议并获得积极整改回复，有效履行检察监督职责促进了社会治理。

承办人在案件办理过程中，认真贯彻张军检察长关于检察建议工作要求，坚持"在办案中监督，在监督中办案"，践行双赢多赢共赢监督理念，坚持以问题为导向，不就案办案，注重以个案解决类案问题、制度机制问题，帮助涉案单位建章立制，堵塞管理漏洞，进而促进行业领域法治建设，实现"办理一案，治理一片"的社会效果。该份检察建议加强调查研究，提出可行对策措施，提升了质量和实效，努力做成并做到刚性，实现了政治效果、社会效果、法律效果的统一。

在本案成功适用认罪认罚从宽制度，提出精准量刑建议获得法院判决采纳，制发的检察建议得到被建议单位及时回复并积极整改后，权威媒体对本案进行关注，最高检微信公众号、《检察日报》于2020年4月21日以"犯罪前科怎么会凭空消失，昌平办理盗窃案查出'双重户籍'制发检察建议督促整改"为标题，刊发本案；北京日报客户端于2020年4月24日以"犯罪前科消失？办案查出'双重户籍'昌平检察院督促整改"为题，转发此信息。权威媒体报道的制发检察建议办案过程，有效展现了新时代检察官司法办案求极致，让公平正义更可感的高水平履职常态，取得较好的宣传效果。

第六节 相关法律规定

一、刑法

第二百六十四条 盗窃公私财物，数额较大的，或者多次盗窃、入户盗窃、携带凶器盗窃、扒窃的，处三年以下有期徒刑、拘役或者管制，并处或者单处罚金；数额巨大或者有其他严重情节的，处三年以上十年以下有期徒刑，并处罚金；数额特别巨大或者有其他特别严重情节的，处十年以上有期徒刑或者无期徒刑，并处罚金或者没收财产。

二、司法解释及规范性文件

1. 最高人民检察院关于单位有关人员组织实施盗窃行为如何适用法律问题的批复（高检发释字〔2002〕5号）

单位有关人员为谋取单位利益组织实施盗窃行为，情节严重的，应当依照刑法第二百六十四条的规定以盗窃罪追究直接责任人员的刑事责任。

2. 最高人民法院、最高人民检察院关于办理与盗窃、抢劫、诈骗、抢夺机动车相关刑事案件具体应用法律若干问题的解释（法释〔2007〕11号）

为依法惩治与盗窃、抢劫、诈骗、抢夺机动车相关的犯罪活动，根据刑法、刑事诉讼法等有关法律的规定，现对办理这类案件具体应用法律的若干问题解释如下：

第一条 明知是盗窃、抢劫、诈骗、抢夺的机动车，实施下列行为之一的，依照刑法第三百一十二条的规定，以掩饰、隐瞒犯罪所得、犯罪所得收益罪定罪，处三年以下有期徒刑、拘役或者管制，并处或者单处罚金：

（一）买卖、介绍买卖、典当、拍卖、抵押或者用其抵债的；

（二）拆解、拼装或者组装的；

（三）修改发动机号、车辆识别代号的；

（四）更改车身颜色或者车辆外形的；

（五）提供或者出售机动车来历凭证、整车合格证、号牌以及有关机动车的其他证明和凭证的；

（六）提供或者出售伪造、变造的机动车来历凭证、整车合格证、号牌以及有关机动车的其他证明和凭证的。

实施第一款规定的行为涉及盗窃、抢劫、诈骗、抢夺的机动车五辆以上或者价值总额达到五十万元以上的，属于刑法第三百一十二条规定的"情节严重"，处三年以上七年以下有期徒刑，并处罚金。

第二条 伪造、变造、买卖机动车行驶证、登记证书，累计三本以上的，依照刑法第二百八十条第一款的规定，以伪造、变造、买卖国家机关证件罪定罪，处三年以下有期徒刑、拘役、管制或者剥夺政治权利。

伪造、变造、买卖机动车行驶证、登记证书，累计达到第一款规定数量标准五倍以上的，属于刑法第二百八十条第一款规定中的"情节严重"，处三年以上十年以下有期徒刑。

第三条 国家机关工作人员滥用职权，有下列情形之一，致使盗窃、抢劫、诈骗、抢夺的机动车被办理登记手续，数量达到三辆以上或者价值总额达到三十万元以上的，依照刑法第三百九十七条第一款的规定，以滥用职权罪定罪，处三年以下有期徒刑或者拘役：

（一）明知是登记手续不全或者不符合规定的机动车而办理登记手续的；

（二）指使他人为明知是登记手续不全或者不符合规定的机动车办理登记手续的；

（三）违规或者指使他人违规更改、调换车辆档案的；

（四）其他滥用职权的行为。

国家机关工作人员疏于审查或者审查不严，致使盗窃、抢劫、诈骗、抢夺的机动车被办理登记手续，数量达到五辆以上或者价值总额达到五十万元以上的,依照刑法第三百九十七条第一款的规定,以玩忽职守罪定罪,处三年以下有期徒刑或者拘役。

国家机关工作人员实施前两款规定的行为,致使盗窃、抢劫、诈骗、抢夺的机动车被办理登记手续,分别达到前两款规定数量、数额标准五倍以上的,或者明知是盗窃、抢劫、诈骗、抢夺的机动车而办理登记手续的,属于刑法第三百九十七条第一款规定的"情节特别严重",处三年以上七年以下有期徒刑。

国家机关工作人员徇私舞弊,实施上述行为,构成犯罪的,依照刑法第三百九十七条第二款的规定定罪处罚。

第四条 实施本解释第一条、第二条、第三条第一款或者第三款规定的行为,事前与盗窃、抢劫、诈骗、抢夺机动车的犯罪分子通谋的,以盗窃罪、抢劫罪、诈骗罪、抢夺罪的共犯论处。

第五条 对跨地区实施的涉及同一机动车的盗窃、抢劫、诈骗、抢夺以及掩饰、隐瞒犯罪所得、犯罪所得收益行为,有关公安机关可以依照法律和有关规定一并立案侦查,需要提请批准逮捕、移送审查起诉、提起公诉的,由该公安机关所在地的同级人民检察院、人民法院受理。

第六条 行为人实施本解释第一条、第三条第三款规定的行为,涉及的机动车有下列情形之一的,应当认定行为人主观上属于上述条款所称"明知":

(一)没有合法有效的来历凭证;

(二)发动机号、车辆识别代号有明显更改痕迹,没有合法证明的。

3. 最高人民检察院关于对涉嫌盗窃的不满16周岁未成年人采取刑事拘留强制措施是否违法问题的批复(高检发释字〔2011〕1号)

根据刑法、刑事诉讼法、未成年人保护法等有关法律规定,对于实施犯罪时未满16周岁的未成年人,且未犯刑法第十七条第二款规定之罪的,公安机关查明犯罪嫌疑人实施犯罪时年龄确系未满16周岁依法不负刑事责任后仍予以刑事拘留的,检察机关应当及时提出纠正意见。

4. 最高人民法院、最高人民检察院关于办理盗窃刑事案件适用法律若干问题的解释(法释〔2013〕8号)

为依法惩治盗窃犯罪活动,保护公私财产,根据《中华人民共和国刑法》、《中华人民共和国刑事诉讼法》的有关规定,现就办理盗窃刑事案件适用法律的若干问题解释如下：

第一条 盗窃公私财物价值一千元至三千元以上、三万元至十万元以上、三十万元至五十万元以上的，应当分别认定为刑法第二百六十四条规定的"数额较大"、"数额巨大"、"数额特别巨大"。

各省、自治区、直辖市高级人民法院、人民检察院可以根据本地区经济发展状况，并考虑社会治安状况，在前款规定的数额幅度内，确定本地区执行的具体数额标准，报最高人民法院、最高人民检察院批准。

在跨地区运行的公共交通工具上盗窃，盗窃地点无法查证的，盗窃数额是否达到"数额较大"、"数额巨大"、"数额特别巨大"，应当根据受理案件所在地省、自治区、直辖市高级人民法院、人民检察院确定的有关数额标准认定。

盗窃毒品等违禁品，应当按照盗窃罪处理的，根据情节轻重量刑。

第二条 盗窃公私财物，具有下列情形之一的，"数额较大"的标准可以按照前条规定标准的百分之五十确定：

（一）曾因盗窃受过刑事处罚的；

（二）一年内曾因盗窃受过行政处罚的；

（三）组织、控制未成年人盗窃的；

（四）自然灾害、事故灾害、社会安全事件等突发事件期间，在事件发生地盗窃的；

（五）盗窃残疾人、孤寡老人、丧失劳动能力人的财物的；

（六）在医院盗窃病人或者其亲友财物的；

（七）盗窃救灾、抢险、防汛、优抚、扶贫、移民、救济款物的；

（八）因盗窃造成严重后果的。

第三条 二年内盗窃三次以上的，应当认定为"多次盗窃"。

非法进入供他人家庭生活，与外界相对隔离的住所盗窃的，应当认定为"入户盗窃"。

携带枪支、爆炸物、管制刀具等国家禁止个人携带的器械盗窃，或者为了实施违法犯罪携带其他足以危害他人人身安全的器械盗窃的，应当认定为"携带凶器盗窃"。

在公共场所或者公共交通工具上盗窃他人随身携带的财物的，应当认定为"扒窃"。

第四条　盗窃的数额，按照下列方法认定：

（一）被盗财物有有效价格证明的，根据有效价格证明认定；无有效价格证明，或者根据价格证明认定盗窃数额明显不合理的，应当按照有关规定委托估价机构估价；

（二）盗窃外币的，按照盗窃时中国外汇交易中心或者中国人民银行授权机构公布的人民币对该货币的中间价折合成人民币计算；中国外汇交易中心或者中国人民银行授权机构未公布汇率中间价的外币，按照盗窃时境内银行人民币对该货币的中间价折算成人民币，或者该货币在境内银行、国际外汇市场对美元汇率，与人民币对美元汇率中间价进行套算；

（三）盗窃电力、燃气、自来水等财物，盗窃数量能够查实的，按照查实的数量计算盗窃数额；盗窃数量无法查实的，以盗窃前六个月月均正常用量减去盗窃后计量仪表显示的月均用量推算盗窃数额；盗窃前正常使用不足六个月的，按照正常使用期间的月均用量减去盗窃后计量仪表显示的月均用量推算盗窃数额；

（四）明知是盗接他人通信线路、复制他人电信码号的电信设备、设施而使用的，按照合法用户为其支付的费用认定盗窃数额；无法直接确认的，以合法用户的电信设备、设施被盗接、复制后的月缴费额减去被盗接、复制前六个月的月均电话费推算盗窃数额；合法用户使用电信设备、设施不足六个月的，按照实际使用的月均电话费推算盗窃数额；

（五）盗接他人通信线路、复制他人电信码号出售的，按照销赃数额认定盗窃数额。

盗窃行为给失主造成的损失大于盗窃数额的，损失数额可以作为量刑情节考虑。

第五条　盗窃有价支付凭证、有价证券、有价票证的，按照下列方法认定盗窃数额：

（一）盗窃不记名、不挂失的有价支付凭证、有价证券、有价票证的，应当按票面数额和盗窃时应得的孳息、奖金或者奖品等可得收益一并计算盗窃数额；

（二）盗窃记名的有价支付凭证、有价证券、有价票证，已经兑现的，按照兑现部分的财物价值计算盗窃数额；没有兑现，但失主无法通过挂失、补领、补办手续等方式避免损失的，按照给失主造成的实际损失计算盗窃数额。

第六条 盗窃公私财物,具有本解释第二条第三项至第八项规定情形之一,或者入户盗窃、携带凶器盗窃,数额达到本解释第一条规定的"数额巨大"、"数额特别巨大"百分之五十的,可以分别认定为刑法第二百六十四条规定的"其他严重情节"或者"其他特别严重情节"。

第七条 盗窃公私财物数额较大,行为人认罪、悔罪、退赃、退赔,且具有下列情形之一,情节轻微的,可以不起诉或者免予刑事处罚;必要时,由有关部门予以行政处罚:

(一)具有法定从宽处罚情节的;

(二)没有参与分赃或者获赃较少且不是主犯的;

(三)被害人谅解的;

(四)其他情节轻微、危害不大的。

第八条 偷拿家庭成员或者近亲属的财物,获得谅解的,一般可不认为是犯罪;追究刑事责任的,应当酌情从宽。

第九条 盗窃国有馆藏一般文物、三级文物、二级以上文物的,应当分别认定为刑法第二百六十四条规定的"数额较大"、"数额巨大"、"数额特别巨大"。

盗窃多件不同等级国有馆藏文物的,三件同级文物可以视为一件高一级文物。

盗窃民间收藏的文物的,根据本解释第四条第一款第一项的规定认定盗窃数额。

第十条 偷开他人机动车的,按照下列规定处理:

(一)偷开机动车,导致车辆丢失的,以盗窃罪定罪处罚;

(二)为盗窃其他财物,偷开机动车作为犯罪工具使用后非法占有车辆,或者将车辆遗弃导致丢失的,被盗车辆的价值计入盗窃数额;

(三)为实施其他犯罪,偷开机动车作为犯罪工具使用后非法占有车辆,或者将车辆遗弃导致丢失的,以盗窃罪和其他犯罪数罪并罚;将车辆送回未造成丢失的,按照其所实施的其他犯罪从重处罚。

第十一条 盗窃公私财物并造成财物损毁的,按照下列规定处理:

(一)采用破坏性手段盗窃公私财物,造成其他财物损毁的,以盗窃罪从重处罚;同时构成盗窃罪和其他犯罪的,择一重罪从重处罚;

（二）实施盗窃犯罪后，为掩盖罪行或者报复等，故意毁坏其他财物构成犯罪的，以盗窃罪和构成的其他犯罪数罪并罚；

（三）盗窃行为未构成犯罪，但损毁财物构成其他犯罪的，以其他犯罪定罪处罚。

第十二条　盗窃未遂，具有下列情形之一的，应当依法追究刑事责任：

（一）以数额巨大的财物为盗窃目标的；

（二）以珍贵文物为盗窃目标的；

（三）其他情节严重的情形。

盗窃既有既遂，又有未遂，分别达到不同量刑幅度的，依照处罚较重的规定处罚；达到同一量刑幅度的，以盗窃罪既遂处罚。

第十三条　单位组织、指使盗窃，符合刑法第二百六十四条及本解释有关规定的，以盗窃罪追究组织者、指使者、直接实施者的刑事责任。

第十四条　因犯盗窃罪，依法判处罚金刑的，应当在一千元以上盗窃数额的二倍以下判处罚金；没有盗窃数额或者盗窃数额无法计算的，应当在一千元以上十万元以下判处罚金。

第十五条　本解释发布实施后，《最高人民法院关于审理盗窃案件具体应用法律若干问题的解释》（法释〔1998〕4号）同时废止；之前发布的司法解释和规范性文件与本解释不一致的，以本解释为准。

5. 最高人民法院、最高人民检察院、公安部关于办理盗窃油气、破坏油气设备等刑事案件适用法律若干问题的意见（法发〔2018〕18号）

为依法惩治盗窃油气、破坏油气设备等犯罪，维护公共安全、能源安全和生态安全，根据《中华人民共和国刑法》《中华人民共和国刑事诉讼法》和《最高人民法院、最高人民检察院关于办理盗窃油气、破坏油气设备等刑事案件具体应用法律若干问题的解释》等法律、司法解释的规定，结合工作实际，制定本意见。

一、关于危害公共安全的认定

在实施盗窃油气等行为过程中，破坏正在使用的油气设备，具有下列情形之一的，应当认定为刑法第一百一十八条规定的"危害公共安全"：

（一）采用切割、打孔、撬砸、拆卸手段的，但是明显未危害公共安全的除外；

（二）采用开、关等手段，足以引发火灾、爆炸等危险的。

二、关于盗窃油气未遂的刑事责任

着手实施盗窃油气行为，由于意志以外的原因未得逞，具有下列情形之一的，以盗窃罪（未遂）追究刑事责任：

（一）以数额巨大的油气为盗窃目标的；

（二）已将油气装入包装物或者运输工具，达到"数额较大"标准三倍以上的；

（三）携带盗油卡子、手摇钻、电钻、电焊枪等切割、打孔、撬砸、拆卸工具的；

（四）其他情节严重的情形。

三、关于共犯的认定

在共同盗窃油气、破坏油气设备等犯罪中，实际控制、为主出资或者组织、策划、纠集、雇佣、指使他人参与犯罪的，应当依法认定为主犯；对于其他人员，在共同犯罪中起主要作用的，也应当依法认定为主犯。

在输油输气管道投入使用前擅自安装阀门，在管道投入使用后将该阀门提供给他人盗窃油气的，以盗窃罪、破坏易燃易爆设备罪等有关犯罪的共同犯罪论处。

四、关于内外勾结盗窃油气行为的处理

行为人与油气企业人员勾结共同盗窃油气，没有利用油气企业人员职务便利，仅仅是利用其易于接近油气设备、熟悉环境等方便条件的，以盗窃罪的共同犯罪论处。

实施上述行为，同时构成破坏易燃易爆设备罪的，依照处罚较重的规定定罪处罚。

五、关于窝藏、转移、收购、加工、代为销售被盗油气行为的处理

明知是犯罪所得的油气而予以窝藏、转移、收购、加工、代为销售或者以其他方式掩饰、隐瞒，符合刑法第三百一十二条规定的，以掩饰、隐瞒犯罪所得罪追究刑事责任。

"明知"的认定，应当结合行为人的认知能力、所得报酬、运输工具、运输路线、收购价格、收购形式、加工方式、销售地点、仓储条件等因素综合考虑。

实施第一款规定的犯罪行为，事前通谋的，以盗窃罪、破坏易燃易爆设备罪等有关犯罪的共同犯罪论处。

六、关于直接经济损失的认定

《最高人民法院、最高人民检察院关于办理盗窃油气、破坏油气设备等刑事案件具体应用法律若干问题的解释》第二条第三项规定的"直接经济损失"包括因实施盗窃油气等行为直接造成的油气损失以及采取抢修堵漏等措施所产生的费用。

对于直接经济损失数额，综合油气企业提供的证据材料、犯罪嫌疑人、被告人及其辩护人所提辩解、辩护意见等认定；难以确定的，依据价格认证机构出具的报告，结合其他证据认定。

油气企业提供的证据材料，应当有工作人员签名和企业公章。

七、关于专门性问题的认定

对于油气的质量、标准等专门性问题，综合油气企业提供的证据材料、犯罪嫌疑人、被告人及其辩护人所提辩解、辩护意见等认定；难以确定的，依据司法鉴定机构出具的鉴定意见或者国务院公安部门指定的机构出具的报告，结合其他证据认定。

油气企业提供的证据材料，应当有工作人员签名和企业公章。

6. 最高人民法院、最高人民检察院关于常见犯罪的量刑指导意见（试行）（法发〔2021〕号）（节录）

（十一）盗窃罪

1. 构成盗窃罪的，根据下列情形在相应的幅度内确定量刑起点：

（1）达到数额较大起点的，二年内三次盗窃的，入户盗窃的，携带凶器盗窃的，或者扒窃的，在一年以下有期徒刑、拘役幅度内确定量刑起点。

（2）达到数额巨大起点或者有其他严重情节的，在三年至四年有期徒刑幅度内确定量刑起点。

（3）达到数额特别巨大起点或者有其他特别严重情节的，在十年至十二年有期徒刑幅度内确定量刑起点。依法应当判处无期徒刑的除外。

2. 在量刑起点的基础上，根据盗窃数额、次数、手段等其他影响犯罪构成的犯罪事实增加刑罚量，确定基准刑。

多次盗窃，数额达到较大以上的，以盗窃数额确定量刑起点，盗窃次数可以作为调节基准刑的量刑情节；数额未达到较大的，以盗窃次数确定量刑起点，超过三次的次数作为增加刑罚量的事实。

3. 构成盗窃罪的，根据盗窃的数额、次数、手段、危害后果等犯罪情节，综合考虑被告人缴纳罚金的能力，在一千元以上盗窃数额二倍以下决定罚金数额；没有盗窃数额或者盗窃数额无法计算的，在一千元以上十万元以下判处罚金。

4. 构成盗窃罪的，综合考虑盗窃的起因、数额、次数、手段、退赃退赔等犯罪事实、量刑情节，以及被告人的主观恶性、人身危险性、认罪悔罪表现等因素，决定缓刑的适用。

第三章

诈骗罪
办案指引

第一节　诈骗罪概述

一、诈骗罪的立法沿革

诈骗罪是一种古老而又常新的犯罪。说其古老，自从私有财产产生，就有通过欺骗手段获取他人财物的诈骗罪。说其常新，一方面，随着国民文化素质的提升和经济社会的发展，被害人识破骗局的本领不断加强，催发了骗术的不断更新；另一方面，随着科学技术不断取得突破，诈骗获取的财产表现形式及转移形式不断在变化。

新中国成立后，司法实践中一直以"诈骗""骗财""拐骗"等罪名打击诈骗犯罪。1979年《刑法》第151条和第152条规定了诈骗罪，对于骗取公私财物，数额较大的行为，以犯罪论处，属于"诈骗罪"；对于惯骗行为，属于"惯骗罪"。随着改革开放的深化，经济社会的发展，诈骗犯罪的表现形式随之发生变化，刑法对诈骗犯罪的规制也发生了变化。1992年《关于惩治偷税、抗税犯罪的补充规定》将骗取出口退税行为从诈骗罪中分离，成为特殊的诈骗犯罪；1995年《关于惩治破坏金融秩序犯罪的规定》将各类金融诈骗行为从诈骗罪中分离，亦成为特殊的诈骗犯罪。1997年刑法吸收了上述规定的有益经验，并根据犯罪行为所破坏的客体差别，建立了完整的诈骗类犯罪体系。根据诈骗犯罪侵犯他人财产权益的危害性，《刑法》第266条规定了诈骗罪；同时破坏了金融管理秩序的，刑法第三章第五节规定了金融诈骗罪；同时危害了税收征管的，《刑法》第204条规定了骗取出口退税罪；同时扰乱了市场秩序的，《刑法》第224条规定了合同诈骗罪；同时破坏职务廉洁性，骗取公共财产的，《刑法》第382条规定了贪污罪。

1996年，最高人民法院制定了《关于审理诈骗案件具体应用法律的若干问题的解释》①,为实践中准确打击诈骗犯罪提供了指引。随着1997年刑法的颁布施行,经济社会的快速发展,诈骗犯罪手段的不断翻新,以及刑事政策的重大调整,为适应新时期诈骗犯罪的变化,2011年最高人民法院、最高人民检察院共同制定了《关于办理诈骗刑事案件具体应用法律若干问题的解释》(以下简称《诈骗解释》),以宽严相济刑事政策精神为指导,对诈骗罪的定罪量刑标准、共犯的认定、赃款赃物的追缴等问题进行了规定。随着利用通信工具、互联网等技术手段实施的电信网络诈骗犯罪活动持续高发,2016年最高人民法院、最高人民检察院、公安部共同制定了《关于办理电信网络诈骗等刑事案件适用法律若干问题的意见》(以下简称《电信网络诈骗意见》),为打击电信网络犯罪提供了更为明确具体的适用标准。

二、诈骗罪的发案态势

当前诈骗犯罪形势严峻,特别是利用网络实施的诈骗刑事案件愈演愈烈,被骗人员众多,严重损害人民群众的合法权益,威胁国家安全和社会稳定。

(一)诈骗犯罪在普通刑事案件中占比较高,其中电信网络诈骗占比大

2021年前三季度,全国检察机关共受理审查逮捕案件625783件940036人,其中诈骗案件为57594件92514人,诈骗案件占受理总数的9.2%、9.84%,同比上升14.72%、5.25%。受理审查起诉案件1202156件1693233人,其中诈骗案件为63182件110152人,分别占比5.26%、6.51%,同比上升13.24%、7.16%,在全部刑事犯罪案件中位居前三。

从犯罪手段看,利用电信网络诈骗案件占比较高。2021年前三季度,全国审查起诉利用电信网络诈骗犯罪43276人,占起诉诈骗人数的52.71%。诈骗案件中一多半属于利用电信网络手段实施的犯罪,不少电信网络诈骗分子还利用新冠肺炎疫情期间防疫用品紧缺等实施诈骗,如利用

---
① 已废止。——编者注

网络实施的"虚假售卖口罩等防疫物资诈骗""爱心捐款诈骗"等,电信网络诈骗案件已成为诈骗犯罪的主要形式,也是依法打击的重点。①

(二)犯罪手段多、涉及面广、社会危害大

虽然2020年受疫情影响,诈骗案件人数有所下降,但2019年比2018年增加了近三分之一,并保持在较高水平,我国诈骗犯罪形势依然复杂,目前诈骗犯罪名目繁多,多样化特征明显。涉疫情诈骗、金融诈骗、电信网络诈骗、民生诈骗、保健品诈骗、套路贷诈骗、骗取国家补贴诈骗、民族资产解冻诈骗等,不断改头换面,范围波及国家征地、精准扶贫、金融信贷、医保、社保等领域,涉及国家教育、医疗、就业、养老及基础设施建设等各个方面,上至国家宏观政策,下至老百姓衣食住行,严重危害国家经济安全和民生安全。如电信网络诈骗,突破国界、地域和人员的限制,涉众、跨境、远程、电子支付等特征使更多人群成为被害目标,受害群体复杂,危害面广。

(三)共同犯罪多,并呈现专业化、职业化特征

在受理的案件中,近七成为共同犯罪,犯罪组织形式由"简单结伙"向"公司化"转变,诈骗团伙组织严密、分工明确、各司其职、层级式管理、自成体系,呈现越来越强的专业化趋势。如有的成立专门公司,租用高档的写字楼,设立多个部门或岗位,利用合法的网络平台进行宣传、招聘,对招聘的人员进行培训和考核,采用企业运作模式管理,专业化程度高;有的通过网络单线联系,互不见面,互不干涉,进行流水线式的诈骗活动,作案模式完善,给共同犯罪的认定带来极大困难。这种职业化、公司化、产业化的诈骗方式也催生了为不法分子提供帮助从中获利的黑灰色产业链。

(四)犯罪手段智能化,打击和预防难度加大

随着科技的发展,尤其是互联网金融的兴起,以往单纯利用电话

---

① 数据来源:2021年10月26日,最高人民检察院第一检察厅负责人就检察机关依法追诉诈骗犯罪典型案例答记者问。

实施诈骗的场景,开始更多地向互联网转移,诈骗类案件的犯罪手段已从传统的现金交付式逐渐转变为利用互联网银行、支付平台转账式。人工智能、机器学习、大数据分析等热点技术被用于实施诈骗的各个环节中,犯罪分子虚构事实、隐瞒身份,利用各种代理、匿名等技术手段,在虚拟空间中实施犯罪。犯罪手段的智能化、隐蔽性增加了办案成本和难点。

(五)易催生其他牵连犯罪,形成犯罪"产业链"

由于电信网络诈骗活动的实施和完成需要借助一定的条件,围绕着电信网络诈骗犯罪,已经形成一条灰色产业链和犯罪利益联合体,与其他犯罪相互交织,关联犯罪多。从公民个人信息的非法获取和提供,到"伪基站"设备、短信群发器的制造和销售,到虚假网页平台的传播和维护,再到批量购买他人身份证、银行卡以及未实名登记的电话卡,由此可能衍生出侵犯公民个人信息、妨害信用卡管理、帮助信息网络犯罪活动、掩饰、隐瞒犯罪所得犯罪等相关犯罪。多种违法犯罪情形,形成了以电信网络诈骗为核心犯罪的"产业链"上下游犯罪,使得打击犯罪、查处犯罪更复杂、更有难度。

(六)"套路贷"诈骗易与黑恶势力犯罪相互交织

套路贷是近几年由高利贷转变而来的一种新型的犯罪类型,不法人员公司化、团队化运作,以民间借贷为幌子引诱被害人签订借款合同,从"虚增债务""肆意认定违法""软硬暴力胁迫逼债""虚假诉讼"到胁迫签订购房合同、抵押合同、定金收据等,以各种方式和手段非法占有公私财物。在催债索债阶段,犯罪团伙往往采取各种暴力、软暴力方式逼迫被害人借新债还旧债,垒高债务,社会危害极大。由此滋生非法拘禁、敲诈勒索、强迫交易、虚假诉讼、非法吸收公众存款、金融诈骗等多类违法犯罪活动。在开展扫黑除恶专项工作中,发现"套路贷"犯罪呈现黑恶犯罪的典型特征。

三、诈骗罪的概念和构成特征

诈骗罪，是指行为人以非法占有他人财物为目的，通过虚构事实、隐瞒真相的欺骗方法，使他人陷入错误认识，并基于错误认识处分财物，由犯罪嫌疑人或者特定第三人获取财物。

（一）犯罪客体

诈骗罪侵犯的客体是公私财物的所有权。公私财物不仅包括有体物、无体物，合法持有物、违禁物，还包括财产性权利。行为人通过欺骗手段，让他人陷入认识错误，免除了行为人本应履行的债务，造成了他人财产损失，属于诈骗犯罪。

（二）客观方面

诈骗犯罪客观方面主要包括四个构成要素。（1）犯罪嫌疑人具有虚构事实、隐瞒真相的行为。虚构事实与隐瞒真相既可以表现为作为，也可以表现为不作为，都是向被害人传递不真实性的信息，让其产生错误的认识和判断。（2）被害人因犯罪嫌疑人的虚构事实、隐瞒真相而陷入错误认识。行为人虽然有虚构事实、隐瞒真相的行为，但是虚假的内容不会造成被害人作出错误判断和决定的，则不能认定其陷入了错误认识。（3）被害人基于错误认识处分了财物。处分行为的认定，要符合主客观相一致的原则，不仅有客观的财物处分结果，还需要有对财物处分的主观认识。同时，被害人的处分行为与错误认识之间具有因果关系。如果被害人不是因为错误认识，而是基于怜悯等因素处分财物的，处分行为与错误认识之间没有因果关系，也不符合诈骗犯罪的构成要件。（4）犯罪嫌疑人或特定第三人取得被害人处分的财物。犯罪嫌疑人通过实施诈骗行为，可以直接占有被害人的财物，也可以通过有利害关系的特定第三人占有被害人的财物。如果犯罪嫌疑人或特定第三人未对被害人处分的财物予以占有，那么造成被害人处分财物则是一种毁坏他人财物的行为。

行为人使用欺骗手段，骗取他人的增值税专用发票或者可以用于骗取出口退税、抵扣税款的其他发票的，以诈骗罪定罪处罚。行为人适用欺骗的手段，让他人对会道门、邪教组织、封建迷信等内容信以为真，并处分财物的，以诈骗罪定罪处罚。以欺诈、伪造证明材料或者其他手段骗取养老、医疗、工伤、事业、生育等社会保险金或者其他社会保障待遇的，以诈骗罪定罪处罚。

（三）犯罪主体

诈骗罪的犯罪主体为一般主体，凡年满16周岁，具备完全刑事责任能力的自然人均能构成诈骗罪。

刑法分则并未规定单位可以成为诈骗罪的犯罪主体，对于单位实施诈骗行为的，不能追究单位的刑事责任，但是对于单位中组织、策划、实施诈骗行为的人，属于诈骗罪的犯罪主体，可以追究其刑事责任。

（四）主观方面

诈骗罪的主观方面是故意，且具有非法占有目的，过失不构成本罪。是否具有非法占有他人财物的主观目的，也是诈骗罪与民商事活动中的欺诈的区别所在。

行为人主观上如果仅仅是非法占用的目的，比如骗取他人的汽车进行驾驶，具有临时使用并返还意图的，属于非法占用目的，不是非法占有目的，不构成诈骗犯罪。

四、诈骗罪的追诉标准

诈骗数额达到3000元至1万元的，属于犯罪行为；达到3万元至10万元的，属于数额巨大；达到50万元的，属于数额特别巨大。各省、自治区、直辖市根据当地情况在幅度内制定具体数额标准。因对电信网络诈骗犯罪的从严打击，所以电信网络诈骗达到3000元的，一律属于犯罪行为，达到3万元的，即符合数额巨大的标准。

诈骗未遂的行为一般不予以处罚，以数额巨大的财物为诈骗目标，或者具有其他严重情节的，应追究诈骗未遂行为的刑事责任。诈骗近亲属财物，近亲属谅解的，一般不作犯罪处理，认定犯罪的也应从宽处罚。

第二节 诈骗罪的证据审查

一、诈骗罪的证据要件

(一) 犯罪客体证据

本罪的客体是他人财产权,需证明犯罪嫌疑人、被告人的行为侵犯了被害人的财产权以及被骗财产的价值。应注重收集以下证据:

1. 证明被害人对被骗财物拥有合法权利及该物价值、购买时间的证据,如被害人陈述、证人证言、购物发票等。

2. 证明被骗财物价值的证据,包括被骗财物特征的书证、物证、证人证言,如被骗财物照片,车辆发动机号、车架号的拓印件,行车证,手机入网证明等;追缴被骗财物的追赃笔录、提取笔录、赃物照片等;估价鉴定意见。

3. 证明被骗财产转移过程的证据,包括犯罪嫌疑人、被告人、窝赃人、购赃人对赃物处置情况的供述、证言等。

(二) 客观方面证据

1. 犯罪嫌疑人、被告人的供述与辩解。证实内容:实施诈骗行为的时间、地点、参与人及现场和周边环境等;采取何种方法、手段;作案工具的来源、数量、特征、下落;具体、详细的犯罪经过;共同犯罪的分工、配合情况,同案犯各自使用何种作案工具及使用结果,以及在共同犯罪中的地位和作用;被骗财物的形式,是现金、支票、有价证券,还是实物,以及实物的特征,包括特征、种类、数量等;参与犯罪的行为人和被害人的身体特征,包括面部特征、身高、体态以及当时的衣着情况等详细特征;被害人是不是残疾人、孤寡老人或丧失劳动能力的人等;赃款赃物的处理情况，如分赃、出售、自用、赠与等；犯罪后的表现情况，如是否赔偿了被害人的经济损失。

2. 被害人陈述（证实内容同上）。

3. 证人证言。（1）收购、销售被骗物品的证人证言。证实内容：收购、销售赃物的时间、地点；出售赃物的人的详细特征，包括面部特征、身高、体态以及当时的衣着情况等；被收购、销售的赃物的特征，包括外部形态、种类（品种）、颜色、重量等；收购、销售赃物的价格，以及是否明显低于正常市场价格；被收购、销售的赃物的去向。（2）抓获人、扭送人证言。证实内容：如何获知犯罪和犯罪嫌疑人、被告人情况以及犯罪嫌疑人、被告人被抓获时的身体特征、衣着情况的描述；抓获犯罪嫌疑人、被告人的时间、地点、过程，以证实犯罪嫌疑人、被告人是否有投案、坦白、立功等情节。（3）其他知情人的证言。

4. 物证、书证。包括在案发现场或从犯罪嫌疑人、被告人住所、身上、指认处提取的物证，如作案工具、指纹、鞋印等；赃款赃物；伪造、变造、盗窃的武装部队车牌；书信、日记等，证实行为人实施诈骗行为的时间、地点及经过等情况；行为人用于欺骗被害人的书证，如合同、收据、借条、欠条；广告、海报、通知等；公文、印章、介绍信、授权委托书；身份证、工作证；增值税专用发票等可以用于骗取出口退税、抵扣税款的其他发票；股票、债券、汇票、本票、支票、存折等有价证券，证实被骗财物特征及去向；有关部门出具的证明材料，证实被骗物品是否具有特殊性（如军用物资或抢险、救灾、救济物资等）；公安部门或者工商部门出具的证明材料，证实犯罪嫌疑人、被告人虚假的身份证明，或者相关的公司、企业为虚假或假冒的；民事赔偿调解协议（笔录）等，佐证犯罪嫌疑人、被告人认罪、悔罪情况以及财物退赔情况和是滞取得被害人谅解。

5. 鉴定意见。包括痕迹鉴定意见，对上述指纹、脚印等进行鉴定，证实是不是犯罪嫌疑人、被告人或被害人遗留的；文件鉴定意见，证实是不是犯罪嫌疑人、被告人或被害人的笔迹等；司法会计鉴定意见、审计鉴定意见；公章、印模鉴定意见，证明行为人所用公章真伪。

6. 现场勘查笔录、照片。包括诈骗现场、犯罪工具准备、丢弃的现场、提取物证现场等。

7. 视听资料、电子数据。包括证明诈骗犯罪事实的有关录音带、录像带等；电信部门提供的（固定、移动）电话通话记录、短信息记录以及相关电子数据。

8. 其他证明材料。包括被害人、目击证人辨认犯罪嫌疑人或物证的笔录；犯罪嫌疑人、被告人和被害人、证人指认诈骗现场、犯罪工具准备、丢弃的现场笔录；搜查笔录、扣押物品清单及照片，证实查获的作案工具及调取的相关物证；侦查实验笔录、录像；报案登记、立案决定书及破案经过等书证，证实案件来源、侦破经过以及犯罪嫌疑人是否有自首情节等。

通过上述证据的收集和固定，证明犯罪嫌疑人、被告人采用虚构事实、隐瞒真相的方法，骗取了数额较大的公私财物。

（三）犯罪主体证据

1. 证明犯罪嫌疑人、被告人基本身份信息的证据，包括犯罪嫌疑人的供述与辩解，对个人姓名、性别、民族、年龄、籍贯、身份证号码等信息的描述；公安机关的户籍证明，外国人的护照，个人履历表等书证；犯罪嫌疑人拒不交代真实姓名的，可按其自报的姓名起诉。

2. 证明犯罪嫌疑人、被告人刑事责任能力的证据，包括户籍证明、医院出生证明等；亲属、邻居等人的证人证言；骨龄鉴定、精神病鉴定等。

3. 证明犯罪嫌疑人、被告人前科的证据，包括刑事判决书、裁定书、不起诉决定书、释放证明书等。

（四）主观方面证据

1. 犯罪嫌疑人、被告人的供述和辩解。证实内容：参与作案的动机、目的，对后果的认识程度、主动程度；是临时起意还是经过了事前策划。如有策划，策划的具体内容包括：是否进行了踩点、跟踪，选定了何种目标，准备了什么工具，怎样排除妨碍，确定何时实施，有何对策，是否明确了销赃方式及渠道；虚构或隐瞒的事实的详细内容；对事先通谋、事后销赃的诈骗嫌疑人，应查明通谋的具体内容，即何时开始商议，在何处商议，约定在哪里交货，成交价格如何等；对共同犯罪案件要讯问策划、分工的时间、地点、内容以及在策划下各个人相对应的犯罪行为,并应查明:事先有无预谋策划,有无事先或事中达成默契,或者曾多次结伙作案的犯罪集团、犯罪团伙成员之间,每次作案前都通过他们之间特定语言、表情、手势等达成默契,形成内容明确的共同诈骗故意;有无持不同意见或反对意见者,以及未表示反对或同意意见者要重点讯问其在案发前、案发时、案发后的语言、行为;分赃情况和赃物去向如何,以此判明各犯罪嫌疑人、被告人的主观目的。

2. 被害人陈述。证实内容:其与行为人是否认识、平时关系;是否自愿交出财物;有无对实施诈骗行为的行为人进行抓捕等。

3. 为进一步印证或推定行为人的主观故意,应收集以下间接证据:(1)有明确的策划时间、地点的,应收集犯罪嫌疑人、被告人到达策划地点的车、船、飞机票、住宿登记等证明;(2)犯罪嫌疑人、被告人以自己的名义将赃物出让、出借、典当的借据、当票等书证,受让人、借入人、典当行营业人员等证人的证言,以及从上述证人处提取的赃物,可以侧面证明犯罪嫌疑人、被告人具有非法占有他人财物的目的;(3)其他客观方面证据(如犯罪手段、作案工具、挥霍所骗财物的有关票证等),反映犯罪嫌疑人、被告人主观上非法占有公私财物的目的;(4)收集犯罪嫌疑人、被告人前科劣迹、社会生活经验、履历方面的证据,对证明其诈骗故意亦有一定的辅助作用。

通过上述证据,证明行为人主观上明知系他人所有的财物而采取虚构事实、隐瞒真相的方法予以骗取,属直接故意,并且具有非法占有目的。对"非法占有目的",应综合行为人行为手段和对财物的处置方式等证据予以认定。共同犯罪的,每一行为人都明知自己的行为是共同犯意支配下犯罪行为的组成部分。

二、诈骗罪常见证据审查

(一)破案经过的审查

破案经过是公安机关对于案件侦破过程,犯罪嫌疑人归案情况及归案后的认罪态度的描述。在实践中应重点审查以下问题:

1.破案经过的出具主体应为办案的侦查人员，而非办案单位。破案经过本质上是一种言词证据的体现，需要确定出具的主体，为后续审查、核实破案经过的真实性提供保证。

2.注重排除破案经过和在案证据的矛盾。比如破案经过中对于犯罪嫌疑人归案情况的描述与犯罪嫌疑人的第一次供述发生矛盾。

3.注重审查破案过程与在案证据获取的先后关系。特别是在多次诈骗犯罪中，要明确每一起诈骗的侦破过程，是先供后证，还是先证后供。

4.注重犯罪嫌疑人的归案情况。对于传唤到案的犯罪嫌疑人，要进一步明确侦查机关是否采取了侦查管控措施；对于形迹可疑到案的，要明确引起侦查机关怀疑的原因。

5.对于采取了技术侦查破案，不便在破案经过中详细描述的，需要前往侦查机关了解破案过程。

（二）物证、书证的审查

物证、书证具有较强的客观性，在实践中应重点审查以下问题：

1.物证、书证的提取是否合法，是否有见证人，见证人、持有人是否在提取笔录上签字确认；物证、书证在收集、保管、鉴定过程中是否受到破坏。

2.物证、书证是否交由犯罪嫌疑人、被害人进行辨认。

3.物证、书证是不是犯罪嫌疑人在实施犯罪时故意设置的"套路"，比如故意制造的银行流水，故意诱导被害人形成的聊天记录。

4.物证、书证的形成过程，是犯罪嫌疑人或被害人单方形成的，还是双方共同形成的。

5.注重物证、书证与在案证据的印证，必要时对物证、书证进行鉴定。

6.对于伪造的物证、书证，或者内容真实性存疑的物证、书证，不作为定案的根据。

（三）言词证据的审查

1.核实犯罪嫌疑人、被告人的供述和辩解。一方面，根据既有的有罪供述，进一步了解作案的动机、目的，认识被害人及作案的过程，明晰犯罪的起因；细化虚构或隐瞒事实的详细内容，减少后续翻供的空间；了解是否向亲友或他人透露过相关情况，进而获取佐证材料；明确所骗财物的名称、数量及特征等，强化言词证据与实物证据的联系。另一方面，对无罪辩解或者供述反复的，应了解翻供的原因，并收集相关事实的证据，运用客观证据、次生证据对无理由的辩解予以驳斥，通过对辩解的证否实现对合理怀疑的排除。

2. 共同犯罪中充分运用共犯人的证言。共同犯罪中各共犯人参与犯罪的程度不同，悔罪态度也不同，运用认罪认罚从宽制度，对共犯人予以分化瓦解，将有力地实现诈骗疑案攻坚。对同案人有事先通谋的，应了解通谋的具体内容，即何时开始商议，在何处商议，约定的诈骗方法，各共犯人的分工；事先无策划的，有无事先或事中达成默契，或者曾多次结伙作案的犯罪集团、犯罪团伙成员之间，每次作案前都通过他们之间特定语言、表情、手势等达成默契，形成内容明确的共同诈骗故意；有无持不同意见或反对意见者等；是否进行了踩点、跟踪，选定了何种目标，准备了什么工具，怎样排除妨碍，确定何时实施，有何对策，是否明确了销赃方式及渠道。

3. 被害人被骗的陈述。了解被害人与犯罪嫌疑认、被告人是否认识、平时关系，明确因虚构事实、隐瞒真相而陷入认识错误的可能性；了解被害人是否自愿交出财物，特别是在盗窃、诈骗交织，或诈骗、威胁交织，出借与处分混同等情况下，佐证犯罪嫌疑人、被告人是否有骗取财物的目的；有无对实施诈骗行为的行为人进行抓捕等，佐证犯罪嫌疑人、被告人非法占有他人财物目的是否暴露。

（四）价格鉴定意见的审查

1. 鉴定的机构、鉴定的人员应具有鉴定的资质，鉴定程序应符合法律规定。

2. 价格鉴定意见中公安机关提供的资料是否客观真实。特别是对于无实物的价格鉴定意见，要进一步审查鉴定的对象是否客观存在，数量是否准确，鉴定是否具备可行性。

3. 价格鉴定意见中对于财物的描述与在案证据是否矛盾。

4. 价格鉴定意见的基准时间是否准确，鉴定的方法是否科学，抽样鉴定需要符合抽样的条件与程序，折旧计算需要科学严谨。

5. 鉴定的价格与"数额较大""数额巨大""数额特别巨大"相差不大时，需进一步加强对鉴定意见科学性的审查。

三、电信网络诈骗的证据审查

（一）电信网络诈骗的证据特点

与传统诈骗相比，电信网络诈骗具有犯罪过程非接触性的特点，犯罪嫌疑人与被害人一般是通过通信工具进行联系，不进行面对面的接触，被害人对犯罪嫌疑人的了解只限于网络名称、电话号码、银行账号等电子信息，并不了解犯罪嫌疑人在现实生活中的基本信息、体貌特征，为获取确定、辨认犯罪嫌疑人的证据带来困难；电信网络诈骗具有信息化犯罪的特征，犯罪嫌疑人通过互联网服务器、改号软件、网络电话等技术手段，对可能暴露现实生活中的真实信息进行掩盖，并在短时间内向众多潜在的被害人同时实施诈骗行为，一旦获取财物又会通过网银系统在短时间内将赃款转移，为确定犯罪嫌疑人，追缴赃款赃物带来较大的困难；电信网络诈骗具有作案地分散化的特点，犯罪嫌疑人在国内的不同地区，甚至在国外，通过电信网络互相勾结，共同实施犯罪，为同案犯的抓获、辨认，域外证据的收集带来困难；电信网络诈骗具有犯罪分工细化的特点，有负责策划、组织的，有提供犯罪工具的，有具体实施欺骗行为的，有负责后续转款的，犯罪中的分工环环相扣，为共同犯罪的认定带来困难。

（二）电信网络诈骗中关联犯罪的证据审查

1. 收集非法使用"伪基站""黑广播"发送诈骗违法犯罪信息的数量，或者销毁发送数量的记录；同时使用"伪基站""黑广播"的数量；犯罪嫌疑人的前科情况；犯罪嫌疑人与电信网络诈骗团伙是否存在共谋的情况。

2. 收集非法获取他人姓名、联系方式、住址、工作单位、账号密码、财产情况等信息的种类和数量；获取公民个人信息的方法；重复信息的数量；违法所得的数量；犯罪嫌疑人的前科情况；犯罪嫌疑人与电信网络诈骗团伙是否存在共谋的情况。

3. 收集冒充人民警察等国家工作人员的情况，是否存在诈骗的脚本。

4. 收集非法持有他人信用卡的数量。犯罪嫌疑人与电信网络诈骗团伙是否存在共谋的情况。

5. 收集通过销售点终端机（POS 机）刷卡套现的情况；将他人巨额资金散存在多个银行账户，或者在不同银行账户之间频繁划转的情况；使用他人信用卡、资金支付结算账户帮他人转账、套现、取现情况；提供身份证为他人开设信用卡、资金支付结算账户情况；以明显异于市场价格进行手机充值、交易游戏点卡情况；协助收取的"手续费"金额；与电信网络诈骗团伙是否存在共谋的情况。

6. 收集网络服务提供者在电信网络平台放任诈骗违法信息传播的情况；用户信息泄露的情况；被监管部门责令采取改正措施的情况；与电信网络诈骗团伙是否存在共谋的情况。

7. 收集在信息网络上设立网站、工作群组的情况；散布诈骗脚本信息的情况。

8. 收集网络服务提供者、电信业务经营者为诈骗团伙提供互联网接入、服务器托管、网络存储、通信传输等技术支持的情况；提供广告推广、支付结算等帮助的情况。

（三）电信网络诈骗中共犯证据的审查

认定共同犯罪，犯罪嫌疑人需在诈骗犯罪既遂之前与实施诈骗犯罪嫌疑人共谋或者虽无共谋但明知他人实施犯罪而提供帮助。对于帮助者明知的内容和程度，并不要求其明知被帮助者实施诈骗行为的具体细节，只要认识到对方实施诈骗犯罪行为即可。

1. 犯罪团伙各成员在团伙中的作用，在犯罪中具体实施的行为。

2. 犯罪嫌疑人加入团伙的时间。

3. 犯罪嫌疑人是否明知犯罪团伙实施电信网络诈骗，知悉后是否有退出的意思表示。

4. 是否有招录他人的行为，制作、提供诈骗方案、术语清单、语音包、信息等行为。

5. 出入境的次数，在境外的时间。

6. 犯罪嫌疑人的认知能力、既往经历、行为次数和手段、与他人关系、获利情况。

7. 是否曾因电信网络诈骗受过处罚以及是否故意规避调查。

(四) 涉外证据的审查

1. 证据来源合法性的审查。境外证据的来源包括：外交文件（国际条约、互助协议）；司法协助（刑事司法协助、平等互助原则）；警务合作（国际警务合作机制、国际刑警组织）。

由于上述来源方式均需要有法定的程序和条件，对境外证据的审查要注意：证据来源是否是通过上述途径收集，审查报批、审批手续是否完备，程序是否合法；证据材料移交过程是否合法，手续是否齐全，确保境外证据的来源合法性。

通过国（区）际警务合作收集或者境外警方移交的境外证据材料，境外警方未提供相关证据的发现、收集、保管、移交情况等材料的，公安机关应当对上述证据材料的来源、移交过程以及种类、数量、特征等作出书面说明，由两名以上侦查人员签名并加盖公安机关印章。经审核能够证明案件事实的，可以作为证据使用。

2. 证据转换的规范性审查。对于不符合我国证据种类和收集程序要求的境外证据，侦查机关要重新进行转换和固定，才能作为证据使用。注重审查：(1) 境外交接证据过程的连续性，是否有交接文书，交接文书是否包含接收证据。(2) 接收移交、开箱、登记时是否全程录像，确保交接过程的真实性，交接物品的完整性。(3) 境外证据按照我国证据收集程序重新进行固定，依据相关规定进行，注意证据转换过程的连续性和真实性的审查。(4) 公安机关是否对境外证据来源、提取人、提取时间或者提供人、提供时间以及保管移交的过程等作出说明，有无对电子数据完整性等专门性问题的鉴定意见等。(5) 无法确认证据来源、证据真实性、收集程序违法无法补正等境外证据应予排除。

3. 其他来源的境外证据的审查。通过其他渠道收集的境外证据材料，作为证据使用的，应注重对其来源、提供人、提供时间以及提取人、提取时间进行审查。能够证明案件事实且符合刑事诉讼法规定的，可以作为证据使用。

（五）电子数据证据的审查

1. 电子数据真实性的审查。（1）是否有移送原始存储介质；在原始存储介质无法封存、不便移动时，有无说明原因，并注明收集、提取过程及原始存储介质的存放地点或者电子数据的来源等情况。（2）电子数据是否具有数字签名、数字证书等特殊标识。（3）电子数据的收集、提取过程是否可以重现。（4）电子数据如有增加、删除、修改等情形的，是否附有说明。（5）电子数据的完整性是否可以保证。

2. 电子数据合法性的审查。（1）收集、提取电子数据是否由两名以上侦查人员进行，取证方法是否符合相关技术标准。（2）收集、提取电子数据，是否附有笔录、清单，并经侦查人员、电子数据持有人（提供人）、见证人签名或者盖章；没有持有人（提供人）签名或者盖章的，是否注明原因；对电子数据的类别、文件格式等是否注明清楚。（3）是否依照有关规定由符合条件的人员担任见证人，是否对相关活动进行录像。（4）检查是否将电子数据存储介质通过写保护设备接入检查设备；有条件的，是否制作电子数据备份，并对备份进行检查；无法制作备份且无法使用写保护设备的，是否附有录像。（5）通过技术侦查措施，利用远程计算机信息系统进行网络远程勘验收集到电子数据，作为证据使用的，是否随案移送批准采取技术侦查措施的法律文书和所收集的证据材料，是否对其来源等作出书面说明。（6）对电子数据作出鉴定意见的鉴定机构是否具有司法鉴定资质。

3. 电子数据的采信。（1）经过公安机关补正或者作出合理解释可以采信的电子数据：未以封存状态移送的；笔录或者清单上没有侦查人员、电子数据持有人（提供人）、见证人签名或者盖章的；对电子数据的名称、类别、格式等注明不清的；有其他瑕疵的。（2）不能采信的电子数据：电子数据系篡改、伪造或者无法确定真伪的；电子数据有增加、删除、修改等情形，影响电子数据真实性的；其他无法保证电子数据真实性的情形。

（六）电信网络诈骗管辖方面的证据审查

1. 电信网络诈骗犯罪的网站服务器所在地，网站建立者、管理者所在地，被侵害的计算机信息系统或其管理者所在地，犯罪嫌疑人、被害人使用的计算机信息系统所在地，诈骗电话、短信息、电子邮件等的拨打地、发送地、到达地、接收地，以及诈骗行为持续发生的实施地、预备地、开始地、途经地、结束地。

2. 被害人被骗时所在地，以及诈骗所得财物的实际取得地、藏匿地、转移地、使用地、销售地。

3. 犯罪活动的手机卡、流量卡、物联网卡的开立地、销售地、转移地、藏匿地；用于犯罪活动的信用卡的开立地、销售地、转移地、藏匿地、使用地以及资金交易对手资金交付和汇出地；用于犯罪活动的银行账户、非银行支付账户的开立地、销售地、使用地以及资金交易对手资金交付和汇出地；用于犯罪活动的即时通信信息、广告推广信息的发送地、到达地、接收地等；用于犯罪活动的 Modem Pool（猫池）、GOIP、多卡宝等硬件设备的销售地、入网地、藏匿地；用于犯罪活动的网络账号的销售地、登录地。

第三节 诈骗罪的审查认定与疑难问题处理

一、诈骗犯罪非法占有目的的认定

绝大部分诈骗案件的非法占有目的都需要推定。虽然对于非法占有目的的推定规则散见于金融诈骗、集资诈骗等司法解释中，但其方法是可以适用于所有的诈骗类犯罪。推定的前提是推定所依据的事实需要查证属实，推定的过程需要从正、反两方面进行。根据法律拟制规定，结合在案事实进行推定只是非法占有目的认定的第一步，还需要根据在案证据，对行为人辩解的合理性进行判断，只有对行为人辩解的反证作出合乎情理的排除，才能确保非法占有目的认定的准确性。

如闫某某诈骗案，行为人闫某某于2009年至2011年以其亲戚需要用钱、亲戚工厂需要用钱为由，以月息8‰~1.5%，骗取多名同事共119万元用于炒期货，2011年9月因配资期货出现巨额亏损。2011年9月至11月，闫某某在明知期货巨额亏损无力偿还借款的情况下，仍然以亲戚工厂需要用钱为由，以月息1.5%~2%，骗取他人234万元，继续用于炒期货，并于当年全部赔光。

闫某某的两次借款都有欺骗行为，也都有获得他人钱财的结果，表面上符合诈骗罪的客观构成要件。闫某某第一次将骗来的119万元用于炒期货，无法明确认定主观上具有非法占有目的。一方面，虽然炒期货存在一定的亏损风险，但并不宜直接推定主观上具有非法占有目的。将资金用于合法的高风险投资不同于从事违法犯罪活动，前者的盈亏具有不确定性，后者的结果是确定的，因为哪怕通过违法犯罪活动获利，最终也应被作为违法所得被追缴没收。另一方面，闫某某主观上辩解有归还意愿无法合理排除。第一次炒期货，低估期货交易的风险，高估个人能力尚情有可原，过于自信地认为依靠炒期货还钱具有可能性，不宜直接排除其真实性。闫某某第二次将骗来的234万元再次用于炒期货，可以评价为主观上具有非法占有目的。闫某某在已经亏损119万元，缺乏偿还能力的基础上，再次骗取他人财产用于炒期货，对于炒期货可能失败的风险是明知的，对于再次失败后如何归还欠款没有计划，反映了在认识意志上对不归还借款是种放任的心态，应评价为具有非法占有目的。

二、被害单位陷入错误认识的认定

行为人与被害单位的工作人员内外串通，在行为人虚构事实、隐瞒真相、提供虚假材料的基础上，单位工作人员通过滥用权利，让被害单位作出财产处分行为，并遭受损失。此种情形下判断被害单位是否陷入认识错误，并系在错误认识支配下作出了财产处分行为，不可一概而论。被害单位的意识由单位的决策机构所决定，体现为决策机构中每个成员的意识，它可能是单位的董事长、经理、单位负责人等个人，也可能是董事会、决策小组、局务会、党委会等内设组织。在内外勾结型诈骗行为中，如果滥用权利的是业务员、信贷员、拆迁工作摸底人员等不具有决定单位意志的工作人员，他们出于收受贿赂、完成工作指标等动机，与行为人通谋，共同向单位决策人员虚构事实、隐瞒真相，让决策人员陷入错误认识的，可以认定行为人与该工作人员进行了分工，共同实施了欺骗行为，并让被害单位陷入错误认识；如果滥用权利的是被害单位的决策人员，他们出于收受贿赂、侵吞公司财产、完成业绩目标等动机，与行为人通谋的，被害单位在认识上已识破行为人的欺骗手段，并没有陷入错误认识。

如张某某诈骗案，行为人张某某号称拥有某项专利技术，市场价值100万元，欲出售给某国有企业。因该项技术已经落伍，并无市场价值，于是张某某虚构了该项专利的相关评估文件，并于2015年3月与某国有企业董事长李某某商议，决定不再对专利价值另行评估，以100万元价格转让，若转让成功，转让所得两人均分。2015年7月，企业召开董事会，根据张某某提供的相关文件，决定以100万元的价格购买该项专利。2015年8月，李某某获取了张某某给付的50万元。

虽然张某某客观上有欺骗行为，提供了虚假的文件材料，且该国有企业也根据张某某提供的文件材料作出了处分行为，但是该企业是否陷入了错误认识，并因此作出处分行为则值得进一步分析。该企业的意识体现为企业的董事会。如果董事会上李某某具有最终决策权，那么不论董事会上其他成员是否对该专利技术的市场价值陷入错误认识，因李某某没有陷入错误认识，他所代表的企业意识也就没有陷入错误认识。如果董事会上李某某没有最终决策权，则需进一步根据董事会决议过程判断该企业意识，在董事会多数意见相信了张某某提供的虚假文件材料并作出购买决定的情况下，企业意识上是被虚假文件材料所欺骗；在董事会多数意见并不相信张某某提供的虚假文件材料，却在李某某的游说下作出购买决定的情况下，企业意识上并没有被虚假文件所欺骗。

三、诈骗行为与获取财物间因果关系的认定

有些诈骗犯罪的行为人单独实施诈骗行为即获取被害人财物，两者间的因果关系明晰；有些诈骗犯罪的行为人在实施欺骗行为时，还实施了合法拾取、秘密窃取、暴力夺取等其他行为，造成了区分诈骗犯罪与其他侵财犯罪的障碍。对此类各种犯罪手段交织的侵财犯罪，需要对各手段行为的作用进行分析，它们有的是直接获取被害人财物，有的是为非法获取财物创造条件。被害人有财物处分行为，且该处分行为与诈骗行为具有直接因果关系的，则可以评价为诈骗犯罪。比如行为人先骗取被害人的存折密码，之后如果是盗走被害人存折的，应认定为盗窃；如果是骗走被害人存折的，应认定为诈骗。此类盗中有骗、骗中有盗的犯罪中，被害人告知存折密码行为不会直接导致财物损失，在密码被骗的基础上，存折的丧失是造成财物损失的直接原因。因此，行为人通过欺骗获取被害人存折密码，是为非法获取被害人财物创造了条件，是辅助性的犯罪行为，不以此行为来认定犯罪属于诈骗罪。行为人后续实施的盗走存折或骗走存折才是造成被害人财物损失的直接原因，应根据此时的行为来认定犯罪的性质。

设置圈套诱骗赌博的行为，赌中有骗、骗中有赌，也应根据案件具体情况判断犯罪行为与被害人财物处分行为的因果关系。如果被害人在处分财物时，其输赢是种不确定的偶然状态，那么本质上被害人参与的是赌博行为。虽然在赌博过程中犯罪嫌疑人会使用言语、表情上的骗术，甚至

"出老千"等欺骗行为，但这些欺骗行为是为了提高赌赢的概率，不会直接控制输赢的结果，行为人最终仍是通过赌博的偶然性获取被害人处分的财物。这种情况属于赌博而非诈骗。但是，如果被害人在处分财物时，其输赢是种确定的必然状态，那么本质上被害人参与的是以赌博为幌子的诈骗。行为人一方面隐瞒其可对赌博输赢控制的真实事实；另一方面虚构赌博输赢具有偶然性的虚假事实，造成被害人以为是参与赌博的错误认识，实质被行为人操控而处分财物。

四、被骗人与被害人分离的"三角诈骗"

诈骗犯罪中的被骗人与被害人可能是同一人，也可能是不同的人。行为人通过对被骗人实施诈骗行为，让其陷入错误认识，处分由其保管的第三人财物，造成第三人财产损失的，也属于诈骗犯罪。此种诈骗犯罪中，行为人、被骗人、被害人分属三人，也称为"三角诈骗"。

"三角诈骗"不同于间接正犯实施的盗窃。虽然在这两类犯罪中，行为人都是通过被骗人的行为获得了他人的财物，但是在"三角诈骗"中，被骗人的行为是有处分权限、处分意识的处分行为，如银行工作人员被骗而处分他人存款；间接正犯实施的盗窃犯罪中，被骗人的行为是没有处分他人财产权限的窃取行为，如行为人冒充财产所有人欺骗未成年人去获取本不归其所有的财物。

通过捏造事实，实施虚假诉讼方式骗取司法机关处分他人财物，符合诈骗罪构成要件的，可以以诈骗罪定罪处罚。根据 2015 年《刑法修正案（九）》的规定，对于通过虚假诉讼行为非法占有他人财物或逃避合法债务，构成诈骗罪的，可以诈骗罪从重处罚。对于行为人在诉讼过程中，有虚假的骗取行为，如伪造部分证据的"篡改型虚假诉讼"，但不属于捏造事实的虚假诉讼犯罪，则不以诈骗犯罪论处，若其在诉讼过程中有伪造公司、企业、事业单位、人民团体印章等行为的，以相关犯罪论处。

如伍某诈骗案，行为人伍某与被害人张某签订授权委托书，受被害人张某委托，全权代理张某操作其股票账户进行股票买卖。伍某获得张某股票账户控制权后，私自用张某身份证开设了一个户名为张某，实质由伍某控制的银行账户。之后，伍某将张某股票账户内的股票全部卖出，并持张某股东卡、身份证等证件到证券营业柜台通过证券从业人员将股票变卖所得款20余万元全部转入由其控制的银行账户，后将账户内资金提走使用。

被害人张某在证券营业部开立股票账户，由证券营业部对股票账户的资金安全负责管理。虽然张某对股票账户内资金的丧失不知情，但对于证券营业部而言，将资金从股票账户划至银行账户，是其对管理的财产有意识的处分行为，因此伍某的行为不是秘密窃取，而是欺骗。伍某滥用其持有的张某身份证、股东卡，在因委托而获取只能进行交易职权的情况下，虚构经授权从股票账户提取现金的事实，骗取了证据营业部门工作人员的信任，并因此处分了代为保管的被害人财物，属于被骗人与被害人分离的"三角诈骗"行为。

五、骗取他人财物后将财物欺骗性处置的诈骗认定

在房屋、车辆买卖、租赁、抵押活动中，行为人在预先存有非法占有目的的情况下，将租赁而来的车辆典当不还，或者将未付全款获取过户的房屋抵押后个人挥霍等情形，因为既在财产购买、租赁等获取过程中存在欺骗，又在财产抵押、典当等处分过程中存在欺骗，所以一般称为"两头骗"诈骗行为。在此类犯罪中，行为人将房屋抵押、车辆典当给他人时，虽然有隐瞒与欺骗行为，但他人如果是善意第三人，有合法的抵押、典当手续，其担保物权关系受到法律保护，对房屋、车辆的控制占有也受到法律保护。如果他人不是善意第三人，则可能构成行为人拒不归还他人财物的侵占罪共犯，或者掩饰隐瞒犯罪所得罪等其他犯罪。行为人在财产买卖、租赁过程中实施的欺骗行为则可以构成诈骗犯罪。行为人虚构正常房产交易的假象，隐瞒后续欲将过户房屋抵押非法获利的真实目的，支付部分房款骗取房屋；或者虚构正常车辆租赁的假象，隐瞒后续欲将租赁车辆非法典当获取典当款的真实目的，支付部分租金骗取车辆控制权，均符合诈骗罪的犯罪构成。

"两头骗"与"重复买卖"不同。重复买卖是行为人将房屋、车辆卖予被害人后，隐瞒真相，再次卖予善意第三人的行为。重复买卖并不当然属于诈骗犯罪，当行为人仍然拥有房屋、车辆等财物所有权时，可以选择

不履行其中的任何一份合同，系违约行为，需要按照民事法律规定支付相应的违约金，赔偿他人的财产损失。当行为人已经将动产交付他人，不动产转移登记之后，在没有财产处分权，没有履约可能性的情况下，仍然虚构事实，重复买卖，骗取他人财物，则属于诈骗犯罪。

六、诈骗罪中财物的认定

诈骗犯罪的对象是公私财物，包括货币、物品和财产性利益。财物的概念随着经济社会的发展而不断充实，从传统的货币、有体物，扩展到电力、煤气等无体物，再扩展到可以折算为货币的物质性利益，或者需要支付货币获取的其他利益，它们都可以成为诈骗犯罪的对象。比如骗取电信服务，虽然服务行为不同于有体物、无体物，但服务是有偿的，需要付出一定的货币才能获取，具有财物的属性，属于诈骗犯罪的对象。又如骗取债权或免除债务，表面上行为人通过诈骗行为获取的是权利，而不是物品，但是这种权利是可以直接转化为物质财富的财产性权利，如养老、医疗等社会保障待遇。

诈骗犯罪中实现对财物的占有不同于对财物的所有。诈骗犯罪的既遂是实际控制了被害人的财物，它可能同时实现了对被害人财物的所有，可也能未拥有财物的所有权。比如诈骗被害人的汽车，行为人排除了被害人的控制，实现对汽车的现实支配，诈骗犯罪就已既遂，骗取机动车过户不是诈骗犯罪的当然构成要素。

如姜某某诈骗案，行为人姜某某欲将某域名占为己有，先通过域名查询工具找到该域名的登记邮箱等关联信息，又通过互联网搜索到该邮箱所有人张某某的个人资料。随后姜某某谎称自己是邮箱所有人，与邮箱的客户服务人员取得联系，编造密码丢失需要找回，实现对该邮箱的控制。姜某某通过查看邮箱历史邮件信息后，发现该域名属张某某所有，并托管在某科技公司。姜某某伪造了张某某的身份信息和签名，从该科技公司骗取了域名的密码，实现了对该域名的控制，并将其转至国外网站托管。

域名是种抽象的虚拟存在，是特定网络地址的使用资格，虽然其不像传统的财物那样具有有形的实体，但是它一样会为持有人带来经济利益，他人也需要支付一定的财物才能获得使用。这种能为持有人带来经济利益的财产性权利,属于诈骗犯罪中被骗的财物。本案中,姜某某通过欺骗某科技公司,让其陷入错误认识,处分了由其管理的张某某的域名,造成了张某某的财产损失,属于诈骗行为。

七、诈骗金额的认定

对于诈骗行为已经实施完毕,行为人在案发前主动归还的诈骗款,是否应当从诈骗数额中扣除,实践中曾存在不同的理解。有观点认为,根据1991年最高人民法院《关于申付强诈骗案如何认定诈骗数额问题的电话答复》,应把案发前已被追回的被骗款额扣除,按最后实际诈骗所得数额计算。同时1996年最高人民法院《关于审理诈骗案件具体应用法律的若干问题的解释》也明确,对于多次进行诈骗,并以后次诈骗财物归还前次诈骗财物,在计算诈骗数额时,应当将案发前归还的数额扣除,按实际未归还的数额认定。另有观点认为,行为人获取诈骗财物时犯罪已既遂,事后的归还行为,不论是否主动,都是犯罪后的退赃情节,不影响犯罪数额的认定。笔者认为,1996年的解释是对1991年的答复适用范围的限缩,在骗新还旧的情况下,行为人对新骗财物的主观目的有两种,用于还旧部分的财物是为了归还被害人而没有非法占有目的,基于主客观相一致原则,对归还的部分不计入诈骗数额;对于非还旧部分财物可能具有非法占有目的。对于不是多次诈骗,并骗新还旧的,行为人在实现诈骗目的非法占有他人被骗财物时,已经构成犯罪既遂,且诈骗数额确定,事后诈骗财物不论是行为人主动归还,还是被动追回,都属于犯罪实施终了后的量刑情节,不能影响犯罪数额的认定。

行为人为了顺利实施诈骗犯罪,支付了一定成本,是否可以从诈骗数额中扣除。行为人支付的犯罪成本用于购买作案工具、租用犯罪场地、支付团伙成员工资等事宜,并不是支付给被害人的,根据《检察机关办理电信网络诈骗案件指引》的精神,不应从诈骗犯罪数额中扣除。行为人支付的犯罪成本是给付被害人的,如果给付的是货币化的资金,可以在骗取的犯罪数额中扣除;如果给付的是对被害人没有价值,无法实现被害人预期交易目的的财物,即使该财物具有一定的市场价值,也不应从犯罪数额中扣除。

对于小额多次诈骗，每次诈骗金额单独计算均未达到犯罪标准，累加后达到犯罪标准，是否可以以诈骗罪定罪处罚。如果行为人实施的诈骗属于电信网络诈骗，且发生在两年内，未经处理的，根据2016年最高人民法院、最高人民检察院、公安部《关于办理电信网络诈骗等刑事案件适用法律若干问题的意见》规定，可以诈骗罪定罪处罚。如果行为人实施的不是电信网络诈骗，笔者认为根据罪刑法定原则，不宜累计计算视为诈骗犯罪。

多次诈骗犯罪，部分犯罪既遂，部分犯罪未遂，不能将犯罪数额相加。首先，需要比较既遂数额部分的法定刑幅度以及未遂数额部分在适用未遂情节后的法定刑幅度；其次，如果法定刑幅度不一样，则要按照较重的法定刑幅度认定既遂或者未遂，如果法定刑幅度相同，则认定为既遂；最后，在该法定刑幅度内从重处罚。

八、民事欺诈与诈骗犯罪的区分

区分民事欺诈与诈骗犯罪时，有一种观点认为，欺骗是民事活动的正常行为，只要是在民事活动中产生的欺骗，就不应受到刑事责任的非难，不能以此作为推断非法占有目的，并作为诈骗犯罪予以打击。还有观点认为，民事的救济和刑事的追责相互排斥，可以通过民事手段进行补救，就不能认为构成刑事犯罪。这种观点其实是，不论行为人采取了何种欺骗手段，也不考虑欺骗行为与非法获取财物之间的关系，都先纳入民事的欺诈问题进行考虑，如果能用民事理论回答，就当然排除了刑事的规制可能性。笔者认为，不论是诈骗犯罪还是民事欺诈，客观上都有欺骗行为，也都有利益上的损失发生，但对它们的定性不宜一概而论。民事活动中产生的民事欺诈，一般是为了获取商业交易的机会，并通过交易获利，或者是延迟交易义务履行的时间，降低交易对象的品质要求，进而降低交易成本而获利等目的；诈骗犯罪则是通过欺诈行为直接获取他人财物，只要行为人是在主观非法占有目的支配下，实施了诈骗犯罪所要求的客观行为，就应认作为犯罪处理。

如王某某诈骗案，王某某、赵某某与甲公司于2013年签订了购买碳酸铜原料的协议，从甲公司购买碳酸铜原料用于提炼铜金属。双方约定原料重量300吨，预估交易价格200万元，由王某某支付货款后，甲公司交付原料，同时约定最终交易价格根据双方抽样形成原料检测报告中金、银、铜的含量确定。2013年底，王某某支付200万元货款，甲公司交付300吨原料。王某某获得原料后，发现该批原料中金、银含量大大高于甲公司预估含量，原料价值近1200万元，便主动与甲公司联系，双方确定交易价格1200万元。王某某、赵某某对原料进行加工，提炼出金、银、铜等贵重金属物料出售，并将所获资金各自所用。2014年因金、银价格大幅下降，王某某发现从市场中购买金、银进行返还成本更低，于是向甲公司提出变更货款支付方式，改由从原料中提炼出金、银金属用于支付金、银部分货款，获得甲公司同意，并签订补充协议。后因两人未及时筹足资金购买金、银返还，便隐瞒已对碳酸铜原料提炼加工的事实，答应甲公司拉回原料，被甲公司验收前的抽样检验发现原料已被提炼加工。

从客观上看，王某某具有欺骗行为，一是隐瞒了已对碳酸铜原料进行加工提炼的事实而与甲公司签订补充协议；二是隐瞒已对碳酸铜原料进行加工提炼的事实让甲公司拉回原料。但是这两个骗取行为的目的并不是企图直接非法占有他人财物，第一次欺骗的意图是签订补充协议，变更合同履行方式，第二次骗取的意图是企图延缓合同履行时间。同时，甲公司并没有在被骗的错误认识下作出财产处分行为。甲公司只有一次财产处分行为，即在双方签订购买协议时，按照合同约定交付了碳酸铜原料，此行为并不是因骗取行为产生错误认识下形成的处分行为。此后，不论是签订补充协议，还是企图拉回原料，甲公司都没有对原料进行处分，也没有对债务进行免除等权利处分。甲公司在依约定交付碳酸铜原料，对权利义务进一步约定后，双方意思表示自由，内容真实，不论后续合同履约方式变更，还是王某某未依照合同约定履行义务产生违约，甲公司拥有的是基于债权产生的请求权，一般应作为民事纠纷处理为宜。

九、诈骗赃款赃物的追缴

行为人将诈骗所得的赃款赃物用于清偿债务，或者转让给他人，是否需要追缴，司法实践从曾经一追到底，转变为现在的保护善意第三人。对于他人明知是诈骗财物而收取的；无偿取得诈骗财物的；以明显低于市场的价格取得诈骗财物的；对方取得诈骗财物系源于非法债务或者违法犯罪活动的，其占有的赃款赃物都需要退赃退缴。对于善意第三人善意获取的诈骗赃款赃物，不予追缴。

十、诈骗罪与其他侵财犯罪的区分

有些诈骗犯罪的行为人单独实施诈骗行为即获取被害人财物，两者间的因果关系明晰；有些诈骗犯罪的行为人在实施欺骗行为时，还实施了合法拾取、秘密窃取、暴力夺取等其他行为，造成了区分诈骗犯罪与其他侵财犯罪的障碍。对此类各种犯罪手段交织的侵财犯罪，需要对各手段行为的作用进行分析，它们有的是直接获取被害人财物，有的是为非法获取财物创造条件。被害人有财物处分行为，且该处分行为与诈骗行为具有直接因果关系，则可以评价为诈骗犯罪。比如行为人先骗取被害人的存折密码，之后如果是盗走被害人存折的，应认定为盗窃；如果是骗走被害人存折的，应认定为诈骗。此类盗中有骗、骗中有盗的犯罪中，被害人告知存折密码行为不会直接导致财物损失，在密码被骗的基础上，存折的丧失是造成财物损失的直接原因。因此，行为人通过欺骗获取被害人存折密码，是为非法获取被害人财物创造了条件，是辅助性的犯罪行为，不以此行为来认定犯罪属于诈骗罪。行为人后续实施的盗走存折或骗走存折才是造成被害人财物损失的直接原因，应根据此时的行为来认定犯罪的性质。设置圈套诱骗赌博的行为，赌中有骗、骗中有赌，也应根据案件具体情况判断犯罪行为与被害人财物处分行为的因果关系。如果被害人在处分财物时，其输赢是种不确定的偶然状态，那么本质上被害人参与的是赌博行为。虽然在赌博过程中犯罪嫌疑人会使用言语、表情上的骗术，甚至"出老千"等欺骗行为，但这些欺骗行为是为了提高赌赢的概率，不会直接控制输赢的结果，行为人最终仍是通过赌博的偶然性获取被害人处分的财物。这种情况属于赌博而非诈骗。但是，如果被害人在处分财物时，其输赢是种确定的必然状态，那么本质上被害人参与的是以赌博为幌子的诈骗。行为人一方面隐瞒其可对赌博输赢控制的真实事实；另一方面虚构赌博输赢具有偶然性的虚假事实，造成被害人以为是参与赌博的错误认识，实质被行为人操控而处分财物。

（一）与盗窃罪的区分

诈骗罪与盗窃罪的主要区分是被害人是否具有处分行为。在诈骗罪中，被害人主观上对财产占有关系的变化是明知的，是在错误认识的支配下"自愿"处分了财物；在盗窃罪中，被害人主观上对财产占有关系的变化是不知情的，财物是在超出被害人认识的情况下"被迫"转移至行为人控制之下。在介入了第三人情况下，需要区分行为人的行为是三角诈骗还是盗窃罪的间接正犯。当第三人对被害人财物有处分权的时候，行为人欺骗第三人，让其陷入错误认识处分了财物，是三角诈骗；当第三人对被害人财物没有处分权的时候，行为人欺骗第三人，让其陷入错误破坏被害人的占有，获取财物的时候，是盗窃罪的间接正犯。

（二）与职务侵占罪的区分

职务侵占罪的客观表现形式可以是侵吞、窃取、骗取等多种手段，当采取骗取的方式侵占所在单位财产的时候，易与诈骗罪混淆。诈骗罪与职务侵占罪有两点区别：一是行为人在欺骗的过程中，滥用了其职务上主管、管理、经手的权力的，是职务侵占行为；如果利用工作所获得的便利条件进行欺骗的，没有滥用权力的，则是诈骗。二是行为人的欺骗行为给所在单位造成了经济损失的，是职务侵占行为；如果行为人的行为给所在单位以外的人造成了经济损失，是诈骗行为。

（三）与敲诈勒索罪的区分

敲诈勒索罪的客观表现方式是行为人的行为让被害人产生恐惧心理，并在恐惧心理的支配下作出财产处分的决定，与诈骗罪的区别在于被害人处分财物的主观心态不同。两罪中，行为人可能都实施了欺骗行为，但诈骗罪中的被害人是基于被骗而"自愿"处分财物的；而敲诈勒索罪中被害人是基于威胁，主观上具产生恐惧心理而"被迫"处分财物的。

（四）与侵占罪的区分

诈骗罪与侵占罪的区别主要在于诈骗罪是转移占有型的财产犯罪，侵占罪是不转移占有型的财产犯罪。诈骗罪是在主观上具有非法占有目的的支配下获得财产的占有权,被害人对于财产的转移是具有错误认识的;侵占罪中行为人获得财产占有权是基于委托、信任等关系合法占有财产,行为人主观上并无非法占有目的,被害人对财产的转移也没有错误认识,只是在合法占有财产之后,产生了非法占有意图,拒不归还财物。

十一、诈骗罪与其他诈骗类犯罪的关系

诈骗罪与合同诈骗、金融诈骗等特殊诈骗罪之间属于普通法与特别法的关系。根据普通法与特别法的法律适用原则,行为人的行为同时符合诈骗罪和特殊诈骗罪犯罪构成要件及追诉标准的,以特殊诈骗罪定罪处罚。行为人的行为属于类型化的特殊诈骗行为,但不符合特殊诈骗罪立案追诉标准的,不应再以诈骗罪追究刑事责任。在案证据既不能证明也不能排除属于类型化特殊诈骗行为,或者穿插实施特殊诈骗行为和普通诈骗行为,虽不构成特殊诈骗罪,但构成诈骗罪的,可以诈骗罪定罪处罚。

(一)诈骗罪与合同诈骗罪

合同诈骗罪与诈骗罪的主要区别在于行为人是否利用了合同进行诈骗、是否侵犯了市场经济秩序。实践中主要从三方面进行区分:一是行为人与被害人之间是否订立了合同。根据《刑法》第224条的规定,合同诈骗犯罪必须发生在签订、履行合同过程中。因此,"合同"是合同诈骗罪不可或缺的客观构成要件要素,缺少"合同"这个基本构成要素的诈骗行为不构成合同诈骗罪。同时,根据刑法分则罪名体例,合同诈骗罪属于扰乱市场经济秩序类犯罪,故合同诈骗罪中"合同"约定的内容必须受市场经济秩序所调整,不受市场经济秩序调整或者主要不受市场经济秩序调整的"合同",如不具有交易性质的赠与合同、婚姻、监护、收养、扶养等有关身份关系的协议,以及主要受劳动法、行政法调整的劳务合同、行政合同等,不属于合同诈骗罪中的"合同"。二是行为人是否实施了与合同内容有关的经济活动。要认定合同诈骗罪,行为人必须实施与合同约定内容相关的经济活动,即具有与签订、履行合同相关的筹备、管理、经营活动。即使合同条款中明确了双方在经济活动过程中的权利义务,但行为人根本不存在任何筹备、管理、经营活动的,不构成合同诈骗罪。如果行为

人客观上没有实施任何与合同内容相关的经济活动，"合同"就意味着仅是一个道具，未实质上扰乱市场经济秩序，而仅是侵犯了他人财产权利。三是"合同"是否系导致被害人陷入认识错误而作出财产处分的主要原因。合同诈骗罪的本质是被害人基于合同陷入错误认识而交付财物，对于只是利用合同形式，但被害人之所以陷入错误认识并非主要基于合同的签订、履行，而是合同之外的因素使其陷入错误认识而交付财物的，应认定为诈骗罪。

（二）诈骗罪与金融诈骗

金融诈骗一般是指刑法分则第三章第五节所规定的集资诈骗罪、贷款诈骗罪、票据诈骗罪、金融凭证诈骗罪、信用证诈骗罪、信用卡诈骗罪、有价证券诈骗罪、保险诈骗罪。金融诈骗罪不仅符合诈骗罪的构成要件，侵犯他人财产权，同时还破坏了金融管理秩序。关于骗取小额贷款公司贷款的行为是否属于金融诈骗，笔者认为，根据商业银行法和《非法金融机构和非法金融业务活动取缔办法》等法律法规规定，我国境内的"金融机构"必须是由金融监督管理机构批准设立并监管、领取金融业务牌照、从事特许金融业务活动的机构。小额贷款公司的业务具有一定的金融属性，但与中央监管的银行、证券、保险等传统金融机构相比，在管理体制、交易规则、金融风险防控等方面存在较大差异。中国人民银行办公厅对公安部经济犯罪侦查局下发《关于征求小额贷款公司性质认定意见的函》中指出中国人民银行为履行金融业统计、调查、分析等职责而发布的规范性文件；建立小额贷款公司金融统计制度，是为了及时、准确反映小额贷款公司的设立、发展以及对经济的支持情况，但是，金融统计范畴的"金融机构"不同于金融监管范畴的"金融机构"。目前，法律法规没有明确小额贷款公司属于其他金融机构，故骗取小额贷款公司贷款的行为以诈骗罪定罪处罚为宜。

第四节　电信网络诈骗的审查认定与疑难问题处理

一、电信网络诈骗的认定

电信网络诈骗并非独立的刑法罪名，其本质上是诈骗的电信网络化形态，属于诈骗罪的一种。相较普通诈骗犯罪，电信网络诈骗犯罪无论是在入罪门槛还是在量刑档期上都体现了从严，因此需要准确界定电信网络诈骗的范畴。

《电信网络诈骗意见》将电信网络诈骗的犯罪构成表述为"利用通讯工具、互联网等技术手段实施的电信网络诈骗"，这一表述在司法实践中容易引起认识上的分歧。随着电子通信设备的普及与互联网行业的迅猛发展，即便是普通诈骗犯罪分子也往往会借助通讯工具和互联网来实施诈骗犯罪。笔者认为，定义电信网络诈骗犯罪应当从其手段特征、行为对象、侵害的法益、危害结果等方面综合考量，它是指行为人以非法占有为目的，利用电信通讯、互联网等技术手段，向不特定人群发布虚假消息或设置骗局，以远程控制、非接触性的方式，有组织地诱使被害人交付财物的犯罪行为。与普通诈骗相比，它会产生更大的社会危害，主要因为犯罪过程的非接触性，使被害人的维权、司法机关的打击更为困难；犯罪对象的广泛性、不特定性，容易造成大规模的被害人同时被骗，产生群体性事件，影响社会的安定。如果通过电信网络技术向不特定多数人发送诈骗信息后又转入接触式诈骗，或者为实现诈骗目的，线上线下并行，同时进行接触式和非接触式诈骗，应当按照诈骗取财行为的本质定性，虽然使用电信网络技术但被害人基于接触被骗的，应当认定普通诈骗。

实践中常见的电信网络诈骗种类有：（1）网络套路贷。行为人以"网络借贷平台"等名义对外宣传，以低息、无抵押、无担保、放款快等为诱饵吸引被害人借款，获取被害人亲朋好友联系电话、个人裸体照片等个人私密信息为担保，诱使被害人基于错误认识签订金额虚高的借贷协议，随后通过设置违约陷阱、制造还款障碍等方式故意造成被害人违约，并通过借新还旧等方式恶意垒高借款金额，最后通过各种暴力或软暴力催收债务。（2）刷单类诈骗。行为人通过网站、微信群、短信等方式发布刷单赚佣金的广告，被害人上钩后，让被害人先刷1~2单小金额的商品，并及时归还被害人所支付的购物本金和支付佣金，获取被害人信任。在被害人逐步刷单购买价格高的商品时，行为人以各种借口拖延归还本金和支付佣金，造成被害人大额财产损失。（3）杀猪盘诈骗。杀猪盘诈骗的行为模式与刷单类诈骗比较类似，即行为人通过网站、微信等方式以网络交友为名接触被害人，获得被害人的感情信任后，伺机引导被害人进入由行为人控制的虚假金融投资、网络赌博等行业，并通过小额盈利吸引被害人兴趣，诱导其在感情信任和获利诱惑支配下，不断投入钱财，最终丧失重大财产。（4）冒充他人型诈骗。行为人通过技术手段盗窃他人QQ、微信等社交账号，冒充账号主人，以生病住院、出事借钱、过桥转账等理由，骗取被害人钱财；或者冒充公安局、检察院、法院的工作人员给被害人打电话，以涉嫌贩毒、洗钱等理由对被害人恐吓，要求被害人告知所有银行账户密码，或者要求被害人将所有账户资金转账至"安全账户"接受审查，骗取被害人钱财。（5）裸聊诈骗。行为人利用美女头像账号通过社交网络软件寻找被害人，并以网络卡等理由为由，让被害人在行为人提供的特殊App上进行裸聊，该App会主动收集被害人的通讯录人员和记录裸聊过程。被害人裸聊后，行为人以将裸聊记录发送给被害人的通讯录人员为威胁，获取被害人给付的钱财。

二、电信网络诈骗共同犯罪的认定

电信网络诈骗中的共犯，包括"事前通谋"的共犯和"明知他人实施电信网络诈骗犯罪"而提供帮助的共犯。目前电信网络诈骗犯罪大都涉案人员众多、组织严密、层级分明、各环节分工明确，呈现产业化分工、企业化运作的特征。在多人共同实施的电信网络诈骗犯罪中，对组织、指挥、策划者和骨干分子的主观故意认定相对简单，而对团伙中部分人员的主观明知认定，则需要结合行为人的认知能力，既往经历，行为次数和手段，与他人关系，获利情况，是否曾因电信网络诈骗受过处罚，是否故意规避调查等主客观因素进行综合分析。

对于加入组织时间不长，层级较低的新进人员，如话务员、转发诈骗链接人员、后勤人员等，认定他们的明知，一般需核实他们在实施犯罪行为前是否进行过系统的培训，包括如何使用诈骗话术、脚本等；在拨打被害人电话时是否使用了改号软件，是否对自己的身份进行了包装或伪装；在违法所得上是否有诈骗成功后获得高额回报，明显超出正常劳务所得等。如果有些行为人刚进入公司时确不知情，但经过一段时间的工作后，发现自己可能参与实施了诈骗行为，主动离职，则反映了行为人不具有实施诈骗行为的主观故意。

对于在外围为组织提供帮助的行为人，如帮助转移、提取赃款的人员等。他们专门从事"跨境取款""跨地取款"，从中收取好处费，并会辩解不知道汇到自己账户中的钱款是诈骗的赃款。认定他们的明知，一般需核实被害人被诈骗的财物是否直接流入行为人实际支配的银行卡中；在被骗财物到账后，行为人是不是短短几分钟内即取款完毕；行为人与诈骗团伙是否长期保持联系，多次为犯罪团伙取款；行为人取款时是否采取了有意伪装、遮挡面部等手段；行为人取款行为是否收取了超出正常范围的费用等。如果行为人确实不清楚其所转移的资金系诈骗所得，不构成诈骗罪的共犯，但是如果明知道钱款来路不正的，则可以掩饰隐瞒犯罪所得罪或者妨害信用卡管理秩序罪进行定罪处罚。

三、电信网络诈骗犯罪金额的认定

（一）被害人无法一一核实的情况下犯罪金额的认定

在传统的侵财类案件中，被害人的指认与陈述是确定诈骗事实发生、查明犯罪金额的重要证据。但电信网络诈骗作为一种"非接触式"的新型犯罪，犯罪结果地分散化、受害对象不特定化，造成收集固定证据的难度极大，尤其是受有的被害人身份无法查清，有的被害人不愿作证等因素制约，造成实践中无法将诈骗犯罪行为与每一个被害人、每一笔被骗金额一一对应。对于此类针对不特定多数人实施的诈骗，应在部分被害人对被骗事实陈述的基础上，根据查证属实的银行账户交易记录、第三方支付结算账户交易记录、通话记录、电子数据等证据，综合认定诈骗资金数额，不应以被害人未找到或未被一一对应查实为由，而将相应的诈骗金额排除在诈骗犯罪数额之外。

（二）诈骗团伙中各业务员犯罪金额的认定

《电信网络诈骗意见》规定，多人共同实施电信网络诈骗，犯罪嫌疑人、被告人应对其参与期间该诈骗团伙实施的全部诈骗行为承担责任。认定业务员犯罪金额及刑事责任时，首先，应当准确把握"诈骗团伙"的界限。如果诈骗团伙分为若干个组，如"冒充公检法成员诈骗组""重金求子诈骗组""网络套路贷诈骗组"等，且各组在实施具体诈骗行为时相互独立，那么对于首要分子、骨干分子而言，他们属于整体的犯罪团伙，但对于实施具体诈骗的行为人而言，他们可能只是某个独立的诈骗组的团伙成员。其次，根据《电信网络诈骗意见》规定，行为人只对其参与后，所在的独立诈骗团伙的犯罪数额承担责任。最后，对于部分参与程度较低的话务员等团伙成员，对全部犯罪数额承担刑事责任会造成罪责刑明显不相适应的，应分析其在团伙中的作用，符合从犯情节的，根据从犯应当从轻、减轻或者免除处罚的规定，可以降低一个量刑幅度或者两个量刑幅度予以处罚。

四、电信网络诈骗的管辖问题

（一）电信网络诈骗案件的并案管辖

电信网络诈骗犯罪基本上都是团伙作案，上下游、团伙之间分工明确，形成了错综复杂的关系。为了便于整体上侦查打击，一人犯数案的，共同犯罪的，共同犯罪的犯罪嫌疑人还实施了其他犯罪的，以及多个犯罪嫌疑人实施的犯罪存在直接关联，并案处理有利于查明案件事实的，可以并案侦查。对于为电信网络诈骗犯罪提供作案工具、技术支持等帮助以及掩饰、隐瞒犯罪所得及其产生的收益，由此形成多层级犯罪链条的，或者利用同一网站、通信群组、资金账户、作案窝点实施电信网络诈骗犯罪的，应当认定为多个犯罪嫌疑人、被告人实施的犯罪存在关联，可以并案管辖。

（二）电信网络诈骗案件的指定管辖

电信网络诈骗犯罪可能会因多个公安机关均有管辖权而产生管辖权冲突。对于因网络交易、技术支持、资金支付结算等关系形成多层级链条、跨区域的电信网络诈骗等犯罪案件，或者多个公安机关都有权立案侦查的电信网络诈骗犯罪案件，管辖有争议的案件，均可以由共同的上级公安机关指定管辖。对于在境外实施的电信网络诈骗犯罪案件，一般由公安部按照有利于查清犯罪事实、有利于诉讼的原则，指定管辖。需要注意的是，对公安机关因指定获得管辖权的案件，检察机关、审判机关受理后仍需要指定管辖。最高人民法院、最高人民检察院、公安部《关于办理网络犯罪案件适用刑事案件诉讼程序若干问题的意见》（以下简称《网络犯罪诉讼程序意见》）第8条规定："为保证及时结案，避免超期羁押，人民检察院对于公安机关提请批准逮捕、移送审查起诉的网络犯罪案件，第一审人民法院对于已经受理的网络犯罪案件，经审查发现没有管辖权的，可以依法报请共同上级人民检察院、人民法院指定管辖。"这与《电信网络诈骗意见》中"公安机关立案、并案侦查，或因有争议，由共同上级公安机关指定立案侦查的案件，需要提请批准逮捕、移送审查起诉、提起公诉的，由该公安机关所在地的人民检察院、人民法院受理"的规定有所不同。于是有观点认为，只要公安机关对电信网络诈骗犯罪立案侦查，无论其所在地的检察机关、审判机关是否对该案具有法定管辖权，都应当对公安机关移送的案件受理、审查起诉和审判。笔者认为，这种看法并不准确。《电信网络诈骗意见》中要求检察机关、人民法院受理，与《网络犯罪诉讼程序意见》中要求检察机关、人民法院受理后报请指定管辖并不矛盾，受理是程序性受理，实体性开展审查起诉、审判仍应遵守指定管辖的相关规定。

五、帮助信息网络犯罪活动罪与诈骗共犯的区分

电信网络诈骗犯罪一个重要特征就是犯罪活动分工日益细化，实践中，围绕电信网络诈骗已经形成了一条极长的灰色产业链和犯罪利益链，传统的共犯理论已难以对关联犯罪予以全面规制。在这种形势下，《刑法修正案（九）》增设了"帮助信息网络犯罪活动罪"，意在新网络环境下对电信网络诈骗的关联行为和上下游行为进行有效打击。区分两罪，应重点审查行为人是否主观明知以及明知的程度。如果行为人事先与诈骗团伙实行犯有双向意思联络并形成了通谋，或者长期固定为实行犯提供技术支持、广告推广、支付结算等帮助，可以推断其主观上对电信网络诈骗持直接故意的心态，其帮助行为是共同实施电信网络诈骗的分工，应以电信网络诈骗罪共犯定罪处罚。如果行为人事先并未与团伙形成通谋，或同时为多个团伙提供技术服务，对电信网络诈骗的具体实施时间、实施方式并不知晓，仅是放任可能发生的电信网络犯罪，一般以帮助信息网络犯罪活动罪定罪处罚。

六、诈骗犯罪中的禁止重复评价

（一）从重处罚情节的禁止重复评价

行为人在实施诈骗犯罪过程中，具有"通过发送短信、拨打电话或者利用互联网、广播电视、报刊杂志等发布虚假信息，对不特定多数人实施诈骗的；诈骗救灾、抢险、防汛、优抚、扶贫、移民、救济、医疗款物的；以赈灾募捐名义实施诈骗的；诈骗残疾人、老年人或者丧失劳动能力人的财物的；造成被害人自杀、精神失常或者其他严重后果的"等从重处罚情节的，应在法定刑幅度内，酌情从重处罚。同时，行为人犯罪数额接近"数额巨大""数额特别巨大"，又具有上述从重处罚情节时，会综合认定为具有"其他严重情节"或"其他特别严重情节"，进而升格法定刑。行为人在因上述从重处罚情节而升格法定刑后，不能在新的更高的法定刑幅度内，再次从重处罚，否则就是对这些情节的重复评价。

（二）诈骗手段恶劣、危害严重情节的禁止重复评价

利用发送短信、拨打电话、互联网等电信技术手段对不特定多数人实施诈骗，诈骗数额难以查证的，如果诈骗手段恶劣、危害严重情节，可以认为"具有其他严重情节"，以诈骗（未遂）定罪处罚。定罪处罚后，诈骗手段恶劣、危害严重情节不能再作为酌定从重的量刑情节予以重复评价。

第五节　诈骗罪的量刑

一、量刑起点及基准刑

（一）量刑起点

构成诈骗罪的，诈骗数额达到数额较大起点的，根据《量刑指导意见》，一般在一年以下有期徒刑、拘役幅度确定量刑起点。根据《诈骗解释》，数额较大起点在3000元至1万元以上，各省、自治区、直辖市可以结合本地区经济社会发展状况，在此幅度内确定具体数额标准。利用电信网络技术手段实施诈骗，根据《电信网络诈骗意见》，数额较大的起点是3000元以上，这是因为电信网络诈骗一般是跨区域实施的犯罪，其危害性受各地经济社会发展状况影响较少，也有利于同一案件在不同地区审理时量刑标准的统一。

构成诈骗罪，犯罪数额达到数额巨大起点或者有其他严重情节的，根据《量刑指导意见》规定，一般在3年至4年有期徒刑幅度内确定量刑起点。根据《诈骗解释》，数额巨大起点在3万元至10万元以上，各省、自治区、直辖市可以结合本地区经济社会发展状况，在此幅度内确定具体数额标准；根据《电信网络诈骗意见》，电信网站诈骗达到"数额巨大"的起点是3万元以上。当诈骗犯罪数额达到数额巨大标准的80%，且具有通过广播电视、报刊杂志等发布虚假信息，对不特定多数人实施诈骗的；诈骗救灾、抢险、防汛、优抚、扶贫、移民、救济、医疗款物的；以赈灾募捐名义实施诈骗的；诈骗残疾人、老年人或者丧失劳动能力人的财物的；造成被害人自杀、精神失常或者其他严重后果的等上述从重量刑情节之一的，视为具有其他严重情节。当电信网络诈骗犯罪数额达到数额巨大标准的80%，且具有造成被害人或其近亲属自杀、死亡或者精神失常等严重后果的；冒充司法机关等国家机关工作人员实施诈骗的；组织、指挥电信网络诈骗犯罪团伙的；在境外实施电信网络诈骗的；曾因电信网络诈骗犯罪受过刑事处罚或者两年内曾因电信网络诈骗受过行政处罚的；诈骗残疾人、老年人、未成年人、在校学生、丧失劳动能力人的财物，或者诈骗重病患者及其亲属财物的；诈骗救灾、抢险、防汛、优抚、扶贫、移民、救济、医疗等款物的；以赈灾、募捐等社会公益、慈善名义实施诈骗的；利用电话追呼系统等技术手段严重干扰公安机关等部门工作的；利用"钓鱼网站"链接、"木马"程序链接、网络渗透等隐蔽技术手段实施诈骗的等上述从重量刑情节之一的，视为具有其他严重情节。

构成诈骗罪，犯罪数额达到数额特别巨大起点或者有其他特别严重情节的，根据《量刑指导意见》规定，一般在10年至12年有期徒刑幅度内确定量刑起点。根据《诈骗解释》和《电信网络诈骗意见》，数额特别巨大起点在50万元以上。当诈骗犯罪数额达到40万元以上，且具有通过广播电视、报刊杂志等发布虚假信息，对不特定多数人实施诈骗的；诈骗救灾、抢险、防汛、优抚、扶贫、移民、救济、医疗款物的；以赈灾募捐名义实施诈骗的；诈骗残疾人、老年人或者丧失劳动能力人的财物的；造成被害人自杀、精神失常或者其他严重后果的等上述从重量刑情节之一的，视为具有其他特别严重情节。当电信网络诈骗犯罪数额达到40万元以上，且具有造成被害人或其近亲属自杀、死亡或者精神失常等严重后果的；冒充司法机关等国家机关工作人员实施诈骗的；组织、指挥电信网络诈骗犯罪团伙的；在境外实施电信网络诈骗的；曾因电信网络诈骗犯罪受过刑事处罚或者两年内曾因电信网络诈骗受过行政处罚的；诈骗残疾人、老年人、未成年人、在校学生、丧失劳动能力人的财物，或者诈骗重病患者及其亲属财物的；诈骗救灾、抢险、防汛、优抚、扶贫、移民、救济、医疗等款物的；以赈灾、募捐等社会公益、慈善名义实施诈骗的；利用电话追呼系统等技术手段严重干扰公安机关等部门工作的；利用"钓鱼网站"链接、"木马"程序链接、网络渗透等隐蔽技术手段实施诈骗的等上述从重量刑情节之一的，视为具有其他特别严重情节。

（二）基准刑

《量刑指导意见》规定："在量刑起点的基础上，根据诈骗数额等其他

影响犯罪构成的犯罪事实增加刑罚量,确定基准刑。"一些地方结合本地区司法实际,对此进行了细化。一般需要考虑以下因素:

1. 犯罪数额。诈骗罪的犯罪数额是定罪量刑的主要标准,它既是基本犯罪构成事实,同时超出的部分又是影响基本犯罪构成的其他犯罪事实。当诈骗达到"数额较大""数额巨大""数额特别巨大"的标准,在不同的法定刑幅度内,根据案件具体情况选择了量刑起点之后,可以根据超出"数额较大""数额巨大""数额特别巨大"的具体数额在量刑起点的基础上增加相应的刑罚量,确定基准刑。例如江西省高级人民法院、江西省人民检察院《〈关于常见犯罪的量刑指导意见〉实施细则(试行)》(以下简称《江西实施细则》)规定,诈骗达到数额较大起点的,犯罪数额每增加1000元,可以增加1个月刑期;诈骗达到数额巨大起点的,犯罪数额每增加6000元,可以增加1个月刑期;诈骗达到数额特别巨大起点的,犯罪数额每增加50000元,增加1个月刑期。

2. 犯罪情节严重程度。《诈骗解释》和《电信网络诈骗意见》规定的"其他严重情节"及"其他特别严重情节"中,出现两种以上情节严重、情节特别严重的情形时,以其中一种情形作为诈骗罪第二个法定刑幅度或者第三个法定刑幅度内的基本犯罪构成事实,其他情形量刑情节来确定基准刑。如《江西实施细则》规定,在第二量刑幅度内和第三量刑幅度内,每增加一种情形,增加6个月至2年刑期。

二、量刑情节的适用

量刑情节,是指作为犯罪构成要件的基本事实以外的,其他能够影响行为的社会危害程度或人身危险程度,因而对量刑发生影响和作用的各种事实情况。除了《量刑指导意见》规定的所有犯罪共通的量刑情节外,诈骗罪还有其特殊的量刑情节,包括特殊的从重量刑情节和特殊的从宽量刑情节。其中,这些特殊的从重量刑情节与犯罪数额达到"数额较大""数额巨大""数额特别巨大"80%以上相结合,属于犯罪构成要件基本事实;当这些特殊的从重量刑情节单独存在时,就属于犯罪构成要件基本事实以外的量刑事实。

（一）特殊从重量刑情节的运用

《诈骗解释》规定的特殊从重量刑情节有五项：通过广播电视、报刊杂志等发布虚假信息，对不特定多数人实施诈骗的；诈骗救灾、抢险、防汛、优抚、扶贫、移民、救济、医疗款物的；以赈灾募捐名义实施诈骗的；诈骗残疾人、老年人或者丧失劳动能力人的财物的；造成被害人自杀、精神失常或者其他严重后果的。

《电信网络诈骗意见》规定的特殊从重量刑情节有十项：造成被害人或其近亲属自杀、死亡或者精神失常等严重后果的；冒充司法机关等国家机关工作人员实施诈骗的；组织、指挥电信网络诈骗犯罪团伙的；在境外实施电信网络诈骗的；曾因电信网络诈骗犯罪受过刑事处罚或者两年内曾因电信网络诈骗受过行政处罚的；诈骗残疾人、老年人、未成年人、在校学生、丧失劳动能力人的财物，或者诈骗重病患者及其亲属财物的；诈骗救灾、抢险、防汛、优抚、扶贫、移民、救济、医疗等款物的；以赈灾、募捐等社会公益、慈善名义实施诈骗的；利用电话追呼系统等技术手段严重干扰公安机关等部门工作的；利用"钓鱼网站"链接、"木马"程序链接、网络渗透等隐蔽技术手段实施诈骗的。

部分地方对于特殊从重量刑情节的适用有具体的规定。比如《江西实施细则》一方面增加了特殊的从重量刑情节，如多次实施诈骗的，为吸毒、赌博等违法活动而诈骗的。另一方面对从重的幅度进行了规定，即具有《诈骗解释》《电信网络诈骗意见》规定的特殊从重量刑情节一项的，增加基准刑 10% 以下，每增加一种，再增加基准刑的 10% 以下；多次实施诈骗的，为吸毒、赌博等违法活动而诈骗的，分别增加基准刑的 20% 以下；同时具有多种情形的，累计不得超过基准刑的 100%。

（二）特殊从宽量刑情节的运用

《诈骗解释》规定，诈骗近亲属财物，获得近亲属谅解的，一般不作犯罪处理，确有追究刑事责任必要的，具体处理也应酌情从宽。诈骗公私财物数额达到"数额较大"，但行为人认罪、悔罪的，且具有下列情形之一的：具有法定从宽处罚情节的；一审宣判前全部退赃、退赔的；没有参与分赃或者获赃较少且不是主犯的；被害人谅解的；可以不起诉或者免予刑事处罚。

部分地方对于特殊从重量刑情节的适用有具体的规定。比如《江西实施细则》规定，因生活所迫、学习、治病急需而诈骗的，减少基准刑的30%以下；诈骗近亲属的财物，近亲属谅解的，一般可不按犯罪处理；确有追究刑事责任必要的，应当减少基准刑的20%~50%。

（三）缓刑的适用

刑法规定，对于被判处拘役、3年以下有期徒刑的犯罪分子，犯罪情节轻微、有悔罪表现、没有再犯罪的危险、宣告缓刑对所居住社区没有重大不良影响的，可以宣告缓刑，对其中不满18周岁的人、怀孕的妇女和已满75周岁的人，应当宣告缓刑。对于诈骗罪的犯罪嫌疑人、被告人，应综合考虑诈骗的起因、手段、数额、危害后果、退赃退赔等犯罪事实、量刑情节以及被告人的主观恶性、人身危险性、认罪悔罪表现等因素，决定缓刑的适用。对实施电信网络诈骗的，从严把握缓刑的适用。

部分地方对于特殊从重量刑情节的适用有具体的规定。比如《江西实施细则》规定，因生活所迫、学习、治病急需而诈骗的；案发前主动将赃款赃物归还被害人的；积极退赔全部或大部分赃款赃物，或者取得被害人谅解的，一般可以适用缓刑。为吸毒、赌博等违法犯罪活动而实施诈骗或者将诈骗赃款赃物用于违法犯罪活动的；诈骗残疾人、老年人、未成年人、在校学生、丧失劳动能力人的财物的；在医院诈骗病人或者其亲友财物的；诈骗救灾、抢险、防汛、优抚、扶贫、移民、救济、医疗款物的；曾因诈骗类犯罪受过刑事处罚或者一年内受过行政拘留的；造成被害人或其近亲属自杀、死亡或者精神失常等严重后果的；造成恶劣社会影响的，一般不适用缓刑。

三、诈骗罪的竞合与并罚规则

1. 诈骗罪与特殊诈骗罪，属于普通法与特别法的法条竞合，根据特别法优于普通法的原则，认定为特殊诈骗罪。

2. 冒充国家机关工作人员进行诈骗，同时构成诈骗罪和招摇撞骗罪的，依照处罚较重的规定定罪处罚。

3.在实施电信网络诈骗活动中,非法使用"伪基站""黑广播",干扰无线电通讯秩序,同时构成扰乱无线电通讯管理秩序罪和诈骗罪的,依照处罚较重的规定定罪处罚。

4.网络服务提供者不履行法律、行政法规规定的信息网络安全管理义务,经监管部门责令采取改正措施而拒不改正,致使诈骗信息大量传播,或者用户信息泄露造成严重后果的,同时构成拒不履行信息网络安全管理义务罪和诈骗罪的,依照处罚较重的规定定罪处罚。

5.行为人的行为同时构成非法利用信息网络罪、帮助信息网络犯罪活动罪和诈骗罪的,依照处罚较重的规定定罪处罚。

6.使用非法获取的公民个人信息,实施电信网络诈骗犯罪行为,构成数罪的,应当依法予以并罚。

7.组织、利用会道门、邪教组织或者利用迷信破坏国家法律、行政法规实施,又有诈骗他人财物行为的,同时构成组织、利用会道门、邪教组织、利用迷信破坏法律实施罪和诈骗罪,依照数罪并罚的规定处罚。

第六节 相关案例评析及文书选编

一、指导性案例

（一）董亮等四人诈骗案（最高人民检察院指导性案例检例第38号）

【关键词】
诈骗　自我交易　打车软件　骗取补贴

【基本案情】
被告人董亮，男，1981年9月生，无固定职业。
被告人谈申贤，男，1984年7月生，无固定职业。
被告人高炯，男，1974年12月生，无固定职业。
被告人宋瑞华，女，1977年4月生，原系上海杨浦火车站员工。

2015年，某网约车平台注册登记司机董亮、谈申贤、高炯、宋瑞华，分别用购买、租赁未实名登记的手机号注册网约车乘客端，并在乘客端账户内预充打车费一二十元。随后，他们各自虚构用车订单，并用本人或其实际控制的其他司机端账户接单，发起较短距离用车需求，后又故意变更目的地延长乘车距离，致使应付车费大幅提高。由于乘客端账户预存打车费较少，无法支付全额车费。网约车公司为提升市场占有率，按照内部规定，在这种情况下由公司垫付车费，同样给予司机承接订单的补贴。四被告人采用这一手段，分别非法获取网约车公司垫付车费及公司给予司机承接订单的补贴。董亮获取40664.94元，谈申贤获取14211.99元，高炯获取38943.01元，宋瑞华获取6627.43元。

【诉讼过程和结果】
本案由上海市普陀区人民检察院于2016年4月1日以被告人董亮、

谈申贤、高炯、宋瑞华犯诈骗罪向上海市普陀区人民法院提起公诉。2016年4月18日，上海市普陀区人民法院作出判决，认定被告人董亮、谈申贤、高炯、宋瑞华的行为构成诈骗罪，综合考虑四被告人到案后能如实供述自己的罪行，依法可从轻处罚，四被告人家属均已代为全额退赔赃款，可酌情从轻处罚，分别判处被告人董亮有期徒刑一年，并处罚金人民币一千元；被告人谈申贤有期徒刑十个月，并处罚金人民币一千元；被告人高炯有期徒刑一年，并处罚金人民币一千元；被告人宋瑞华有期徒刑八个月，并处罚金人民币一千元；四被告人所得赃款依法发还被害单位。一审宣判后，四被告人未上诉，判决已生效。

【要旨】

以非法占有为目的，采用自我交易方式，虚构提供服务事实，骗取互联网公司垫付费用及订单补贴，数额较大的行为，应认定为诈骗罪。

【指导意义】

当前，网络约车、网络订餐等互联网经济新形态发展迅速。一些互联网公司为抢占市场，以提供订单补贴的形式吸引客户参与。某些不法分子采取违法手段，骗取互联网公司给予的补贴，数额较大的，可以构成诈骗罪。

在网络约车中，行为人以非法占有为目的，通过网约车平台与网约车公司进行交流，发出虚构的用车需求，使网约车公司误认为是符合公司补贴规则的订单，基于错误认识，给予行为人垫付车费及订单补贴的行为，符合诈骗罪的本质特征，是一种新型诈骗罪的表现形式。

（二）张凯闵等52人电信网络诈骗案（最高人民检察院指导性案例检例第67号）

【关键词】

跨境电信网络诈骗　境外证据审查　电子数据　引导取证

【要旨】

跨境电信网络诈骗犯罪往往涉及大量的境外证据和庞杂的电子数据。对境外获取的证据应着重审查合法性，对电子数据应着重审查客观性。主要成员固定，其他人员有一定流动性的电信网络诈骗犯罪组织，可认定为犯罪集团。

【基本案情】

被告人张凯闵，男，1981年11月21日出生，中国台湾地区居民，无业。

林金德等其他被告人、被不起诉人基本情况略。

2015年6月至2016年4月间，被告人张凯闵等52人先后在印度尼西亚共和国和肯尼亚共和国参加对中国大陆居民进行电信网络诈骗的犯罪集团。在实施电信网络诈骗过程中，各被告人分工合作，其中部分被告人负责利用电信网络技术手段对大陆居民的手机和座机电话进行语音群呼，群呼的主要内容为"有快递未签收，经查询还有护照签证即将过期，将被限制出境管制，身份信息可能遭泄露"等。当被害人按照语音内容操作后，电话会自动接通冒充快递公司客服人员的一线话务员。一线话务员以帮助被害人报案为由，在被害人不挂断电话时，将电话转接至冒充公安局办案人员的二线话务员。二线话务员向被害人谎称"因泄露的个人信息被用于犯罪活动，需对被害人资金流向进行调查"，欺骗被害人转账、汇款至指定账户。如果被害人对二线话务员的说法仍有怀疑，二线话务员会将电话转给冒充检察官的三线话务员继续实施诈骗。

至案发，张凯闵等被告人通过上述诈骗手段骗取75名被害人钱款共计人民币2300余万元。

【指控与证明犯罪】

1. 介入侦查引导取证。由于本案被害人均是中国大陆居民，根据属地管辖优先原则，2016年4月，肯尼亚将76名电信网络诈骗犯罪嫌疑人（其中大陆居民32人，台湾地区居民44人）遣返中国大陆。经初步审查，张凯闵等41人与其他被遣返的人分属互不关联的诈骗团伙，公安机关依法分案处理。2016年5月，北京市人民检察院第二分院经指定管辖本案，并应公安机关邀请，介入侦查引导取证。

鉴于肯尼亚在遣返犯罪嫌疑人前已将起获的涉案笔记本电脑、语音网关（指能将语音通信集成到数据网络中实现通信功能的设备）、手机等物证移交我国公安机关，为确保证据的客观性、关联性和合法性，检察机关就案件证据需要达到的证明标准以及涉外电子数据的提取等问题与公安机关沟通，提出提取、恢复涉案的Skype聊天记录、Excel和Word文档、网络电话拨打记录清单等电子数据，并对电子数据进行无污损鉴定的意见。在审查电子数据的过程中，检察人员与侦查人员在恢复的 Excel 文档中找到多份"返乡订票记录单"以及早期大量的 Skype 聊天记录。依据此线索，查实部分犯罪嫌疑人在去肯尼亚之前曾在印度尼西亚两度针对中国大陆居民进行诈骗，诈骗数额累计达 2000 余万元人民币。随后，11 名曾在印度尼西亚参与张凯闵团伙实施电信诈骗，未赴肯尼亚继续诈骗的犯罪嫌疑人陆续被缉捕到案。至此，张凯闵案 52 名犯罪嫌疑人全部到案。

2. 审查起诉。审查起诉期间，在案犯罪嫌疑人均表示认罪，但对其在犯罪集团中的作用和参与犯罪数额各自作出辩解。

经审查，北京市人民检察院第二分院认为现有证据足以证实张凯闵等人利用电信网络实施诈骗，但案件证据还存在以下问题：一是电子数据无污损鉴定意见的鉴定起始基准时间晚于犯罪嫌疑人归案的时间近 11 个小时，不能确定在此期间电子数据是否被增加、删除、修改。二是被害人与诈骗犯罪组织间的关联性证据调取不完整，无法证实部分被害人系本案犯罪组织所骗。三是台湾地区警方提供的台湾地区犯罪嫌疑人出入境记录不完整，北京市公安局出入境管理总队出具的出入境记录与犯罪嫌疑人的供述等其他证据不尽一致，现有证据不能证实各犯罪嫌疑人参加诈骗犯罪组织的具体时间。

针对上述问题，北京市人民检察院第二分院于 2016 年 12 月 17 日、2017 年 3 月 7 日两次将案件退回公安机关补充侦查，并提出以下补充侦查意见：一是通过中国驻肯尼亚大使馆确认抓获犯罪嫌疑人和外方起获物证的具体时间，将此时间作为电子数据无污损鉴定的起始基准时间，对电子数据重新进行无污损鉴定，以确保电子数据的客观性。二是补充调取犯罪嫌疑人使用网络电话与被害人通话的记录、被害人向犯罪嫌疑人指定银行账户转账汇款的记录、犯罪嫌疑人的收款账户交易明细等证据，以准确认定本案被害人。三是调取各犯罪嫌疑人护照，由北京市公安局出入境管理总队结合护照，出具完整的出入境记录，补充讯问负责管理护照的犯罪嫌疑人，核实部分犯罪嫌疑人是否中途离开过诈骗窝点，以准确认定各犯罪嫌疑人参加犯罪组织的具体时间。补充侦查期间，检察机关就补侦事项及时与公安机关加强当面沟通，落实补证要求。与此同时，检察人员会同侦查人员共赴国家信息中心电子数据司法鉴定中心，就电子数据提取和无污损鉴定等问题向行业专家咨询，解决了无污损鉴定的具体要求以及提取、固定电子数据的范围、程序等问题。检察机关还对公安机关以《司法鉴定书》记录电子数据勘验过程的做法提出意见，要求将《司法鉴定书》转化为勘验笔录。通过上述工作，全案证据得到进一步完善，最终形成补充侦查卷21册，为案件的审查和提起公诉奠定了坚实基础。

检察机关经审查认为，根据肯尼亚警方出具的《调查报告》、我国驻肯尼亚大使馆出具的《情况说明》以及公安机关出具的扣押决定书、扣押清单等，能够确定境外获取的证据来源合法，移交过程真实、连贯、合法。国家信息中心电子数据司法鉴定中心重新作出的无污损鉴定，鉴定的起始基准时间与肯尼亚警方抓获犯罪嫌疑人并起获涉案设备的时间一致，能够证实电子数据的真实性。涉案笔记本电脑和手机中提取的Skype账户登录信息等电子数据与犯罪嫌疑人的供述相互印证，能够确定犯罪嫌疑人的网络身份和现实身份具有一致性。75名被害人与诈骗犯罪组织间的关联性证据已补充到位，具体表现为：网络电话、Skype聊天记录等与被害人陈述的诈骗电话号码、银行账号等证据相互印证；电子数据中的聊天时间、通话时间与银行交易记录中的转账时间相互印证；被害人陈述的被骗经过与被告人供述的诈骗方式相互印证。本案的75名被害人被骗的证据均满足上述印证关系。

3. 出庭指控犯罪。2017年4月1日，北京市人民检察院第二分院根据犯罪情节，对该诈骗犯罪集团中的52名犯罪嫌疑人作出不同处理决定。对张凯闵等50人以诈骗罪分两案向北京市第二中级人民法院提起公诉，对另2名情节较轻的犯罪嫌疑人作出不起诉决定。7月18日、19日，北京市第二中级人民法院公开开庭审理了本案。

庭审中，50名被告人对指控的罪名均未提出异议，部分被告人及其辩护人主要提出以下辩解及辩护意见：一是认定犯罪集团缺乏法律依据，应以被告人实际参与诈骗成功的数额认定其犯罪数额。二是被告人系犯罪组织雇佣的话务员，在本案中起次要和辅助作用，应认定为从犯。三是检察机关指控的犯罪金额证据不足，没有形成完整的证据链条，不能证明被害人是被告人所骗。

针对上述辩护意见，公诉人答辩如下：

一是该犯罪组织以共同实施电信网络诈骗犯罪为目的而组建，首要分子虽然没有到案，但在案证据充分证明该犯罪组织在首要分子的领导指挥下，有固定人员负责窝点的组建管理、人员的召集培训，分工担任一线、二线、三线话务员，该诈骗犯罪组织符合刑法关于犯罪集团的规定，应当认定为犯罪集团。

二是在案证据能够证实二线、三线话务员不仅实施了冒充警察、检察官接听拨打电话的行为，还在犯罪集团中承担了组织管理工作，在共同犯罪中起主要作用，应认定为主犯。对从事一线接听拨打诈骗电话的被告人，已作区别对待。该犯罪集团在印度尼西亚和肯尼亚先后设立3个窝点，参加过2个以上窝点犯罪的一线人员属于积极参加犯罪，在犯罪中起主要作用，应认定为主犯；仅参加其中一个窝点犯罪的一线人员，参与时间相对较短，实际获利较少，可认定为从犯。

三是本案认定诈骗犯罪集团与被害人之间关联性的证据主要有：犯罪集团使用网络电话与被害人电话联系的通话记录；犯罪集团的Skype聊天记录中提到了被害人姓名、公民身份号码等个人信息；被害人向被告人指定银行账户转账汇款的记录。起诉书认定的75名被害人至少包含上述一种关联方式，实施诈骗与被骗的证据能够形成印证关系，足以认定75名被害人被本案诈骗犯罪组织所骗。

4. 处理结果。2017年12月21日，北京市第二中级人民法院作出一审判决，认定被告人张凯闵等50人以非法占有为目的，参加诈骗犯罪集团，利用电信网络技术手段，分工合作，冒充国家机关工作人员或其他单位工作人员，诈骗被害人钱财，各被告人的行为均已构成诈骗罪，其中28人系主犯，22人系从犯。法院根据犯罪事实、情节并结合各被告人的认罪态度、悔罪表现，对张凯闵等50人判处十五年至一年九个月不等有期徒刑，并处剥夺政治权利及罚金。张凯闵等部分被告人以量刑过重为由提出上诉。2018年3月，北京市高级人民法院二审裁定驳回上诉，维持原判。

【指导意义】

1. 对境外实施犯罪的证据应着重审查合法性。对在境外获取的实施犯罪的证据，一是要审查是否符合我国刑事诉讼法的相关规定，对能够证明案件事实且符合刑事诉讼法规定的，可以作为证据使用。二是对基于有关条约、司法互助协定、两岸司法互助协议或通过国际组织委托调取的证据，应注意审查相关办理程序、手续是否完备，取证程序和条件是否符合有关法律文件的规定。对不具有规定规范的，一般应当要求提供所在国公证机关证明，由所在国中央外交主管机关或其授权机关认证，并经我国驻该国使、领馆认证。三是对委托取得的境外证据，移交过程中应注意审查过程是否连续、手续是否齐全、交接物品是否完整、双方的交接清单记载的物品信息是否一致、交接清单与交接物品是否一一对应。四是对当事人及其辩护人、诉讼代理人提供的来自境外的证据材料，要审查其是否按照条约等相关规定办理了公证和认证，并经我国驻该国使、领馆认证。

2. 对电子数据应重点审查客观性。一要审查电子数据存储介质的真实性。通过审查存储介质的扣押、移交等法律手续及清单，核实电子数据存储介质在收集、保管、鉴定、检查等环节中是否保持原始性和同一性。二要审查电子数据本身是否客观、真实、完整。通过审查电子数据的来源和收集过程，核实电子数据是否从原始存储介质中提取，收集的程序和方法是否符合法律和相关技术规范。对从境外起获的存储介质中提取、恢复的电子数据应当进行无污损鉴定，将起获设备的时间作为鉴定的起始基准时间，以保证电子数据的客观、真实、完整。三要审查电子数据内容的真实性。通过审查在案言词证据能否与电子数据相互印证，不同的电子数据间能否相互印证等，核实电子数据包含的案件信息能否与在案的其他证据相互印证。

3. 紧紧围绕电话卡和银行卡审查认定案件事实。办理电信网络诈骗犯罪案件，认定被害人数量及诈骗资金数额的相关证据，应当紧紧围绕电话卡和银行卡等证据的关联性来认定犯罪事实。一是通过电话卡建立被害人与诈骗犯罪组织间的关联。通过审查诈骗犯罪组织使用的网络电话拨打记录清单、被害人接到诈骗电话号码的陈述以及被害人提供的通话记录详单等通信类证据，认定被害人与诈骗犯罪组织间的关联性。二是通过银行卡建立被害人与诈骗犯罪组织间的关联。通过审查被害人提供的银行账户交易明细、银行客户通知书、诈骗犯罪集团指定银行账户信息等书证以及诈骗犯罪组织使用的互联网软件聊天记录，核实聊天记录中是否出现被害人的转账账户，以确定被害人与诈骗犯罪组织间的关联性。三是将电话卡和银行卡结合起来认定被害人及诈骗数额。审查被害人接到诈骗电话的时间、向诈骗犯罪组织指定账户转款的时间，诈骗犯罪组织手机或电脑中储存的聊天记录中出现的被害人的账户信息和转账时间是否印证。相互关联印证的，可以认定为案件被害人，被害人实际转账的金额可以认定为诈骗数额。

4.有明显首要分子，主要成员固定，其他人员有一定流动性的电信网络诈骗犯罪组织，可以认定为诈骗犯罪集团。实施电信网络诈骗犯罪，大都涉案人员众多、组织严密、层级分明、各环节分工明确。对符合刑法关于犯罪集团规定，有明确首要分子，主要成员固定，其他人员虽有一定流动性的电信网络诈骗犯罪组织，依法可以认定为诈骗犯罪集团。对出资筹建诈骗窝点、掌控诈骗所得资金、制定犯罪计划等起组织、指挥管理作用的，依法可以认定为诈骗犯罪集团首要分子，按照集团所犯的全部罪行处罚。对负责协助首要分子组建窝点、招募培训人员等起积极作用的，或加入时间较长，通过接听拨打电话对受害人进行诱骗，次数较多、诈骗金额较大的，依法可以认定为主犯，按照其参与或组织、指挥的全部犯罪处罚。对诈骗次数较少、诈骗金额较小，在共同犯罪中起次要或者辅助作用的，依法可以认定为从犯，依法从轻、减轻或免除处罚。

（三）臧进泉等盗窃、诈骗案（最高人民法院指导案例27号）

【关键词】

刑事　盗窃　诈骗　利用信息网络

【裁判要点】

行为人利用信息网络，诱骗他人点击虚假链接而实际通过预先植入的计算机程序窃取财物构成犯罪的，以盗窃罪定罪处罚；虚构可供交易的商品或者服务，欺骗他人点击付款链接而骗取财物构成犯罪的，以诈骗罪定罪处罚。

【相关法条】

《中华人民共和国刑法》第二百六十四条、第二百六十六条

【基本案情】

一、盗窃事实

2010年6月1日，被告人郑必玲骗取被害人金某195元后，获悉金某的建设银行网银账户内有305000余元存款且无每日支付限额，遂电话告知被告人臧进泉，预谋合伙作案。臧进泉赶至网吧后，以尚未看到金某付款成功的记录为由，发送给金某一个交易金额标注为1元而实际植入了

支付305000元的计算机程序的虚假链接，谎称金某点击该1元支付链接后，其即可查看到付款成功的记录。金某在诱导下点击了该虚假链接，其建设银行网银账户中的305000元随即通过臧进泉预设的计算机程序，经上海快钱信息服务有限公司的平台支付到臧进泉提前在福州海都阳光信息科技有限公司注册的"kissal23"账户中。臧进泉使用其中的116863元购买大量游戏点卡，并在"小泉先生哦"的淘宝网店上出售套现。案发后，公安机关追回赃款187126.31元发还被害人。

二、诈骗事实

2010年5月至6月间，被告人臧进泉、郑必玲、刘涛分别以虚假身份开设无货可供的淘宝网店铺，并以低价吸引买家。三被告人事先在网游网站注册一账户，并对该账户预设充值程序，充值金额为买家欲支付的金额，后将该充值程序代码植入一个虚假淘宝网链接中。与买家商谈好商品价格后，三被告人各自以方便买家购物为由，将该虚假淘宝网链接通过阿里旺旺聊天工具发送给买家。买家误以为是淘宝网链接而点击该链接进行购物、付款，并认为所付货款会汇入支付宝公司为担保交易而设立的公用账户，但该货款实际通过预设程序转入网游网站在支付宝公司的私人账户，再转入被告人事先在网游网站注册的充值账户中。三被告人获取买家货款后，在网游网站购买游戏点卡、腾讯Q币等，然后将其按事先约定统一放在臧进泉的"小泉先生哦"的淘宝网店铺上出售套现，所得款均汇入臧进泉的工商银行卡中，由臧进泉按照获利额以约定方式分配。

被告人臧进泉、郑必玲、刘涛经预谋后，先后到江苏省苏州市、无锡市、昆山市等地网吧采用上述手段作案。臧进泉诈骗22000元，获利5000余元，郑必玲诈骗获利5000余元，刘涛诈骗获利12000余元。

【裁判结果】

浙江省杭州市中级人民法院于2011年6月1日作出（2011）浙杭刑初字第91号刑事判决：一、被告人臧进泉犯盗窃罪，判处有期徒刑十三年，剥夺政治权利一年，并处罚金人民币三万元；犯诈骗罪，判处有期徒刑二年，并处罚金人民币五千元，决定执行有期徒刑十四年六个月，剥夺政治权利一年，并处罚金人民币三万五千元。二、被告人郑必玲犯盗窃罪，判处有期徒刑十年，剥夺政治权利一年，并处罚金人民币一万元；犯诈骗罪，判处有期徒刑六个月，并处罚金人民币二千元，决定执行有期徒刑十年三个月，剥夺政治权利一年，并处罚金人民币一万二千元。三、被告人刘涛犯诈骗罪，判处有期徒刑一年六个月，并处罚金人民币五千元。宣判后，臧进泉提出上诉。浙江省高级人民法院于2011年8月9日作出（2011）浙刑三终字第132号刑事裁定，驳回上诉，维持原判。

【裁判理由】

法院生效裁判认为：盗窃是指以非法占有为目的，秘密窃取公私财物的行为；诈骗是指以非法占有为目的，采用虚构事实或者隐瞒真相的方法，骗取公私财物的行为。对既采取秘密窃取手段又采取欺骗手段非法占有财物行为的定性，应从行为人采取主要手段和被害人有无处分财物意识方面区分盗窃与诈骗。如果行为人获取财物时起决定性作用的手段是秘密窃取，诈骗行为只是为盗窃创造条件或作掩护，被害人也没有"自愿"交付财物的，就应当认定为盗窃；如果行为人获取财物时起决定性作用的手段是诈骗，被害人基于错误认识而"自愿"交付财物，盗窃行为只是辅助手段的，就应当认定为诈骗。在信息网络情形下，行为人利用信息网络，诱骗他人点击虚假链接而实际上通过预先植入的计算机程序窃取他人财物构成犯罪的，应当以盗窃罪定罪处罚；行为人虚构可供交易的商品或者服务，欺骗他人为支付货款点击付款链接而获取财物构成犯罪的，应当以诈骗罪定罪处罚。本案中，被告人臧进泉、郑必玲使用预设计算机程序并植入的方法，秘密窃取他人网上银行账户内巨额钱款，其行为均已构成盗窃罪。臧进泉、郑必玲和刘涛以非法占有为目的，通过开设虚假的网络店铺和利用伪造的购物链接骗取他人数额较大的货款，其行为均已构成诈骗罪。对臧进泉、郑必玲所犯数罪，应依法并罚。

关于被告人臧进泉及其辩护人所提非法获取被害人金某的网银账户内305000元的行为，不构成盗窃罪而是诈骗罪的辩解与辩护意见，经查，臧进泉和郑必玲在得知金某网银账户内有款后，即产生了通过植入计算机程序非法占有目的；随后在网络聊天中诱导金某同意支付1元钱，而实际上制作了一个表面付款"1元"却支付305000元的假淘宝网链接，致使金某点击后，其网银账户内305000元即被非法转移到臧进泉的注册账户中，对此金某既不知情，也非自愿。可见，臧进泉、郑必玲获取财物时起决定性作用的手段是秘密窃取，诱骗被害人点击"1元"的虚假链接系实施盗窃的辅助手段，只是为盗窃创造条件或作掩护，被害人也没有"自愿"交付巨额财物，获取银行存款实际上是通过隐藏的事先植入的计算机程序来窃取的，符合盗窃罪的犯罪构成要件，依照刑法第二百六十四条、第二百八十七条的规定，应当以盗窃罪定罪处罚。故臧进泉及其辩护人所提上述辩解和辩护意见与事实和法律规定不符，不予采纳。

二、刑事审判参考案例

（一）何起明诈骗案（《刑事审判参考》指导案例第148号）

【要旨】在侵犯他人财产犯罪过程中，行为人可能存在概括的犯意，通过盗窃、抢夺、诈骗、赌博等混合的行为，最终实现非法占有他人财物的目的。在本案中，行为人分工配合，非法占有他人财物的手段具有复合性，一人抢夺他人摩托车离开，一人虚构事实让被害人放弃追索。这种让被害人以"自愿的"不作为方式进行财产处分的行为，实际上是因其受骗上当而"自愿"交出，应评价为诈骗犯罪。而不能仅根据行为人实施抢夺这一犯罪行为的手段之一即认为其构成抢夺罪。

（二）李品华、潘才庆、潘才军诈骗案（《刑事审判参考》指导案例第214号）

【要旨】被告人故意制造"交通事故"，对事实真相加以隐瞒，伪造成意外形成的交通事故，从而让事故相对方陷入错误认识，并因此"自愿地"支付赔偿款的行为，甚至致使负责事故处理的交警部门陷入错误认识，据此作出由被害人承担赔偿责任的调处决定，是为违法行为披上合法的外衣，符合诈骗罪的犯罪构成，应以诈骗罪追究刑事责任。

（三）程剑诈骗案（《刑事审判参考》指导案例第256号）

【要旨】拾得存折后，猜配出取款密码的行为，不属于盗窃行为。使用猜配出的取款密码，虚构存折合法占有人身份，骗取银行信任，处分代为保管的他人存款的行为，是一种诈骗行为。

(四) 张航军等诈骗案（《刑事审判参考》指导案例第 650 号）

【要旨】行为人利用 POS 机刷卡消费在通过银联系统反馈到银行计算机时的延迟现象，掩盖存入账户的资金已被同伙在异地用 POS 机刷卡取走的事实，虚构存款错误要求撤销的假象，让银行陷入错误认识，归还了行为人的存款，是一种诈骗行为。

(五) 刑事审判参考中的诈骗案件

1. 蓝海诈骗案——以传真方式进行经济合同诈骗案件如何确定审判管辖（《刑事审判参考案例》指导案例第 5 号）

2. 秦学荣抢劫、流氓、诈骗、侵占案——被告人在审理期间死亡的，刑事责任、违法所得、民事责任应如何处理（《刑事审判参考案例》指导案例第 44 号）

3. 龙鹏武、龙雄武诈骗案——利用欺骗方法兼并后又利用职务便利将被兼并单位财务占为己有的行为如何定性（《刑事审判参考案例》指导案例第 53 号）

4. 熊漓斌生产销售假药案——生产销售假药进行诈骗的行为的定性（《刑事审判参考案例》指导案例第 115 号）

5. 何起明诈骗案——抢走财物后哄骗被害人不追赶的行为如何定性（《刑事审判参考案例》指导案例第 148 号）

6. 王庆诈骗案——骗购电信卡贩卖给他人使用造成电信资费巨大损失的行为如何定性（《刑事审判参考案例》指导案例第 161 号）

7. 李志远招摇撞骗、诈骗案——冒充国家机关工作人员骗取财物的同时又骗取其他非法利益的如何定罪处罚（《刑事审判参考案例》指导案例第 162 号）

8. 刘国芳等诈骗案——为获取回扣以虚假身份证件办理入网手续并使用移动电话拨打国家声讯台造成电信资费损失的行为应如何定罪量刑（《刑事审判参考案例》指导案例第 185 号）

9. 李品华、潘才庆、潘才军诈骗案——故意制造"交通事故"骗取赔偿款行为的定性（《刑事审判参考案例》指导案例第 214 号）

10. 程剑诈骗案——猜配捡拾存折密码非法提取他人存款的行为

的定性（《刑事审判参考案例》指导案例第 256 号）

11. 刘群、李国才抢劫、诈骗案——对有重大立功表现的犯罪分子一般不应适用死刑立即执行（《刑事审判参考案例》指导案例第 289 号）

12. 田亚平诈骗案——银行出纳员用自制的"高额利率定单"，对外虚构单位内部有高额利率存款的事实，将吸存的亲朋好友的现金据为己有的行为如何定性（《刑事审判参考案例》指导案例第 301 号）

13. 王贺军合同诈骗案——以签订虚假的工程施工合同为诱饵骗取钱财的行为是诈骗罪还是合同诈骗罪（《刑事审判参考案例》指导案例第 403 号）

14. 黄艺等诈骗案——设置圈套诱人赌博，以打假牌的方式"赢取"他人钱财的行为构成赌博罪还是诈骗罪（《刑事审判参考案例》指导案例第 451 号）

15. 朱影盗窃案——对以盗窃与诈骗相互交织手段非法占有他人财物的行为应如何定性（《刑事审判参考案例》指导案例第 492 号）

16. 余志华诈骗案——将租赁来的汽车典当不予退还行为构成诈骗罪（《刑事审判参考案例》指导案例第 494 号）

17. 龚文彬抢劫、贩卖毒品案——诈骗未得逞后以暴力手段取得财物的如何定性（《刑事审判参考案例》指导案例第 581 号）

18. 王微、方继民诈骗案——将他人手机号码非法过户后转让获取钱财行为如何定性（《刑事审判参考案例》指导案例第 591 号）

19. 詹群忠等诈骗案——利用收集群发诈骗短信，后因逃避侦查丢弃银行卡而未取出卡内他人所汇款项，能否认定为诈骗罪的未遂形态（《刑事审判参考案例》指导案例第 649 号）

20. 张航军等诈骗案——利用异地刷卡消费反馈时差，要求银行工作人员将款项存入指定贷记卡，当同伙在异地将该贷记卡上的款项刷卡消费完毕，又谎称存款出错，要求撤销该项存款的行为，如何定罪（《刑事审判参考案例》指导案例第 650 号）

21. 扬永乘合同诈骗案——以公司代理人的身份，通过骗取方式将收取的公司货款据为己有，是构成诈骗罪、职务侵占罪还是挪用资金罪（《刑事审判参考案例》指导案例第 716 号）

22. 曹海平诈骗案——虚构事实，待店主交付商品后，谎称未带钱，

在回家取钱途中趁店主不备溜走的行为，如何定性（《刑事审判参考案例》指导案例第 819 号）

23. 黄某诈骗案——侵入单位内部未联网的计算机人事系统篡改他人工资账号，非法占有他人工资款的行为，如何定性（《刑事审判参考案例》指导案例第 820 号）

24. 王红柳、黄叶峰诈骗案——设置圈套控制赌博输赢并从中获取钱财的行为，如何定性（《刑事审判参考案例》指导案例第 836 号）

25. 史兴其诈骗案——利用自己准备的特定赌具控制赌博输赢行为的定性（《刑事审判参考案例》指导案例第 837 号）

26. 卢文林盗窃案——在直接证据"一对一"的情况下如何准确认定犯罪事实以及在"抛物诈骗"类案件中如何准确区分盗窃罪和诈骗罪（《刑事审判参考案例》指导案例第 847 号）

27. 苗辉诈骗案——家电销售虚报冒领国家家电下乡补贴资金的行为应如何定性（《刑事审判参考案例》指导案例第 850 号）

28. 乔某诈骗案——公安机关的户籍材料存在重大瑕疵的，如何认定被告人犯罪时的年龄（《刑事审判参考案例》指导案例第 851 号）

29. 杨金凤、赵琪诈骗案——自动投案的行为发生在犯罪嫌疑人被办案机关控制之后的是否成立自首（《刑事审判参考案例》指导案例第 880 号）

30. 范裕榔等诈骗案——公司化运作的犯罪集团中各行为人刑事责任的划分（《刑事审判参考案例》指导案例第 951 号）

31. 伍华诈骗案——受他人委托炒股，私自使用他人证件以委托人名义开立银行新账户，通过证券业务员将原账户股票卖出后将所得款转到新账户并取走的行为，如何定性（《刑事审判参考案例》指导案例第 952 号）

32. 黄光故意杀人、诈骗案——打电话报警但未承认自己实施犯罪行为的是否认定为自首以及如何审查判断经鉴定属于被害人真实签名的保证书等书证的真实性（《刑事审判参考案例》指导案例第 1044 号）

33. 葛玉友等诈骗案——在买卖过程中，行为人采取秘密的骗取手段，致使被害人对所处分财物的真实重量产生错误认识，并进而处分财物的行为如何定性（《刑事审判参考案例》指导案例第 1048 号）

34. 杨丽涛诈骗案——侵入红十字会计算机信息系统，篡改网页内容发布虚假募捐消息骗取他人财物的行为，如何定罪处罚（《刑事审判参考

案例》指导案例第 1049 号）

35. 王先杰诈骗案——民事纠纷与公权力混合型诈骗案件中若干情节的认定（《刑事审判参考案例》指导案例第 1065 号）

36. 嵇世勇诈骗案——对假冒国际标准集装箱偷逃高速公路通行费的行为应当如何定性（《刑事审判参考案例》指导案例第 1083 号）

37. 丁晓君诈骗案——以借用为名取得信任后非法占有他人财物行为的定性（《刑事审判参考案例》指导案例第 1174 号）

38. 黄静诈骗案——司法实务中如何把握刑事和解制度的适用（《刑事审判参考案例》指导案例第 1176 号）

39. 林在清等人诈骗案——无明确的犯罪意识联络，但为诈骗犯罪分子提取赃款并获利，是否构成诈骗共犯（《刑事审判参考案例》指导案例第 1203 号）

40. 刚浓公司、武建刚骗取贷款、诈骗案——使用虚假资料获取银行贷款的，如何认定行为人的非法占有目的（《刑事审判参考案例》指导案例第 1208 号）

41. 刘哲骏诈骗案——积极救助同监室自杀人员的能否认定为立功（《刑事审判参考案例》指导案例第 1216 号）

42. 朱韩英、郭东云诈骗案——刑法执行完毕后对以前未能依法并罚处理的犯罪行为如何裁判（《刑事审判参考案例》指导案例第 1217 号）

43. 杨涛诈骗案——单位职员虚构公司业务，骗取财物的如何定性（《刑事审判参考案例》指导案例第 1218 号）

三、其他案例

（一）徐玉玉被电信诈骗案[①]

【基本案情】

2015 年 11 月至 2016 年 8 月，被告人陈文辉、郑金锋等人交叉结伙，通过网络购买学生信息和公民购房信息数万条，包括从被告人杜天禹处

[①] 案例来源：2017 年 12 月 28 日最高人民检察院侦查监督厅《关于下发侵犯公民个人信息和电信网络诈骗犯罪典型案例的通知》（高检侦监〔2017〕40 号）。

购买 10 万余条山东省高考考生个人信息。分别在江西省九江市、新余市，广西壮族自治区钦州市，海南省海口市等地租赁房屋作为诈骗场所，分别冒充教育局、财政局、房产局的工作人员，以高考学生为主要诈骗对象，以发放学生助学金、购房补贴为名，拨打诈骗电话 2.3 万余次，骗取他人钱款共计 56 万余元。其中，2016 年 4 月，被告人杜天禹利用在互联网上搜索的某反序列化漏洞工具，非法获取山东省普通高等学校招生考试信息平台网站权限，下载该平台上 64 万余条山东考生个人信息并在网上对外出售。6 月，被告人陈文辉通过 QQ 聊天工具，从杜天禹处购买该信息。自 7 月开始，被告人陈文辉召集并指使被告人郑贤聪、黄进春、陈宝生、陈访，冒充教育局工作人员，以发放助学金名义给高考被录取学生打电话实施诈骗，并安排被告人郑金锋提供银行卡、提取诈骗款，被告人郑金锋又安排被告人陈福地提供银行卡，并雇佣被告人熊超提取诈骗款。8 月 19 日 16 时许，被告人郑贤聪假冒临沂市教育局工作人员，以发放助学金名义，骗取被害人徐玉玉学费 9900 元。当日 19 时许，被害人徐玉玉报案至临沂市公安局罗庄分局西高都派出所，并在回家途中晕倒，经医院抢救无效，于 8 月 21 日死亡。

被告人陈文辉涉嫌诈骗罪、侵犯公民个人信息罪，被告人郑贤聪、郑金锋、陈宝生、熊超、陈福地、黄进春涉嫌诈骗罪一案由山东省临沂市人民检察院向临沂市中级人民法院提起公诉。2017 年 7 月 19 日，临沂市中级人民法院作出一审判决，认定被告人陈文辉的行为构成诈骗罪，判处无期徒刑，剥夺政治权利终身，并处没收个人全部财产，以侵犯公民个人信息罪判处有期徒刑 5 年，并处罚金人民币 3 万元，决定执行无期徒刑，剥夺政治权利终身，并处没收个人全部财产；被告人郑金锋、黄进春、熊超、郑贤聪、陈福地、陈宝生的行为构成诈骗罪，分别被判处有期徒刑 7 年至 15 年有期徒刑，并处罚金。一审宣判后，被告人陈文辉、黄进春、陈宝生不服判决提出上诉，山东省高级人民法院二审裁定驳回上诉，维持原判。

被告人杜天禹涉嫌侵犯公民个人信息罪、郑文强、陈访涉嫌诈骗罪一案由临沂市罗庄区人民检察院向临沂市罗庄区人民法院提起公诉。临沂市罗庄区人民法院一审认定被告人杜天禹的行为构成侵犯公民个人信息罪，判处有期徒刑 6 年，被告郑文强、陈访的行为构成诈骗罪，分别判处有期徒刑 3 年、有期徒刑 1 年，三被告人同时均被并处罚金。一审宣判后，当事人未上诉，判决已生效。

【案件评析】

1. 根据《刑法》第25条的规定，共同犯罪是指二人以上共同故意犯罪。被告人陈文辉等人实施电信网络诈骗有预谋、有犯意沟通，诈骗手法剧本化、分工明确，犯罪对象明确、针对性强，付诸实施具体犯罪的过程中相互配合，从而形成一个互相连结、有机结合的整体，每一共同犯罪人均应对所参与的共同犯罪期间所造成的结果负刑事责任，是"部分行为全部责任"的体现。

2. 被害人徐玉玉因诈骗最终导致死亡，被害人的死亡与被电信诈骗有一定的关联性，虽然这种关联性不是犯罪手段直接包含和造成的，并介入了各种特殊、偶然、异常的因素，但是与最高人民法院、最高人民检察院《关于办理诈骗刑事案件具体应用法律若干问题的解释》第2条第5款中规定的"造成被害人自杀、精神失常"情节相当的"其他严重后果"，应当属于"酌情从严惩处"情节。

3. 电信网络诈骗犯罪数额、拨打电话次数可以结合在案证据综合予以认定。最高人民法院、最高人民检察院、公安部《关于办理电信网络诈骗等刑事案件适用法律若干问题的意见》明确了对诈骗资金数额、拨打电话次数的认定，特别是证据规格上的把握。但徐玉玉被电信诈骗案侦查过程中，对如何认定并据此查证尚无明确依据，办案单位在上级机关的指导下，根据案件自身的特点，依据已有法律规定和其他案件当中的做法，认为应结合在案证据综合认定诈骗数额和拨打电话次数，使问题得到了圆满解决。

4. 徐玉玉被电信诈骗案办理过程中，被告人陈文辉既大量非法购买他人信息尤其是高考学生的信息，又利用学生信息随机拨打电话诈骗他人财物，同时构成诈骗罪和侵犯公民个人信息罪，应当数罪并罚。

（二）陈某、宋某琦等5人诈骗案[①]

【基本案情】

2018年6月，陈某伙同他人套牌搭建了FXDD外汇投资平台，纠集

[①] 案例来源：2021年3月10日最高人民检察院《充分发挥检察职能推进网络空间治理典型案例》。

宋某琦等人作为代理商，对外虚构系正规平台、大量交易可获利的信息，诱骗被害人向平台转入资金。该投资平台实行资盘分离，被害人资金并未进入真实交易市场，而是由陈某转移控制支配。陈某与代理商约定，以客户资金亏损数额为分成依据。

其中，2018年7、8月起，宋某琦在河南省许昌市购置电脑、租赁民房作为诈骗场所，招募郭某辉、卢某、胡某波等人作为业务员，以婚恋网站女性会员为目标实施诈骗。宋某琦安排业务员，使用虚假的身份信息，冒用他人头像，包装为投资经验丰富的中年成功男士，在某知名婚恋网站上搭识许某某等3名有经济实力的单身中年女性。业务员通过事先培训的话术与被害人建立虚假恋爱关系，骗取感情信任后，通过宣称自己是投资高手，有好的投资渠道，能够指导被害人投资快速赚钱，引诱被害人向陈某搭建的FXDD平台投资，并通过鼓励追加投资、代为操作等方式致其账面亏损，营造投资损失假象，以掩饰资金已被非法占有并分赃的事实，共计诈骗人民币774万余元。此外，陈某还通过其他代理商诈骗43名被害人资金，合计人民币534万余元。

2019年10月16日，山东省泰安市公安局高新技术产业开发区分局以陈某等5人涉嫌诈骗罪，移送泰安高新技术产业开发区人民检察院审查起诉。本案在移送审查起诉时，涉嫌诈骗金额510余万元。检察机关审查后两次退回补充侦查，提出明确可行的补充侦查提纲，引导公安机关补充相关证据，深挖案件线索，认定诈骗金额1300余万元。2020年4月3日，泰安高新技术产业开发区人民检察院以诈骗罪对陈某等5人提起公诉。同年11月13日，泰安高新技术产业开发区人民法院作出一审判决，以诈骗罪分别判处陈某、宋某琦、郭某辉、卢某、胡某波等5名被告人有期徒刑5年6个月至12年不等，并处罚金。

【案件评析】

1."杀猪盘"式诈骗多发高发，社会危害大，应当依法严惩。以网络婚恋交友为诱饵实施的虚假投资诈骗，俗称"杀猪盘"，已经成为电信网络诈骗犯罪的主要方式之一。犯罪分子为实现诈骗目的，招募人员在婚恋网站或使用即时通信工具搭识被害人，通过将自己包装为成功男士或美貌女性，使用专门话术，骗取被害人感情信任、建立虚假恋爱关系，诱导、怂恿其到虚假交易平台大量投资，从而骗取钱财。当被害人察觉被骗或者已无钱可供诈骗后，犯罪分子即将被害人"拉黑"或关闭平台账号。与传统诈骗犯罪不同，"杀猪盘"式诈骗以感情为诱饵，迷惑性强，持续时间长，严重侵害被害人的财产安全，欺骗被害人感情，甚至可能造成被害人自杀等严重后果，应当依法严厉打击，斩断犯罪链条，全面查处犯罪黑灰产，形成有力震慑。

2. 切实提高防范意识，谨慎交友投资。单身男女在网络征婚交友中，要提高警觉性和防范意识，不要被网络爱情冲昏头脑，不轻信陌生人，不轻信花言巧语，认真核实对方真实身份。当对方提出带领自己投资时，要尤其慎重，投资前充分了解平台资质、投资方式、投资对象、获利模式以及国家的相关法律政策，防止误入骗局。一旦发现被骗，要第一时间向公安机关报案，有利于对犯罪行为的及时惩处。

3. 加强婚恋交友网站监管，防止成为犯罪"温床"。婚恋网站、交友平台要严格按照国家法律法规和行业规则，切实履行平台责任，加强注册人员管理和风险提示。对于会员的举报，及时受理核实，积极向有关部门提供相关证据材料。

（三）符某明、杨某等145人电信诈骗案[①]

【基本案情】

2014年以来，被告人符某明伙同被告人杨某、郭某书、陈某超、凌某等人，以合作入股的方式，先后在安徽省合肥市成立合肥荣聚电子商务有限公司、合肥书达信息科技有限公司、合肥中韵电子商务有限公司。公司对员工进行话术培训，话务员使用网络电话拨打给曾有过电视购物经历的被害人（主要为老年人，电视购物个人信息系犯罪嫌疑人非法取得），虚构被害人中奖等信息并不断要求被害人交纳各种费用。具体诈骗过程分为三个阶段：第一阶段，话务员自称是上海邮购中心、欢乐购物等公司工作人员，现在公司周年庆，抽中30名幸运顾客送奖品，奖品有手表、百钞金砖、会员卡等，会员卡可以参加后面的抽奖活动。奖品免费，但要求被害人补奖品的差价或者交纳参加后面抽奖活动的活动保证金，金额一般

[①] 案例来源：2017年12月28日最高人民检察院侦查监督厅《关于下发侵犯公民个人信息和电信网络诈骗犯罪典型案例的通知》（高检侦监〔2017〕40号）。

为 298 元或 398 元，然后给该户邮寄所谓奖品。第二阶段，话务员回访第一阶段老客户，告诉其已中奖，需要交个人所得税、托运费、质检费等。第三阶段，话务员对客户讲获奖的收藏品很有价值，公司会定期开收藏品交流会，可以帮客户拍卖、转让，通过让客户报名参加的方式收取报名费、保证金、鉴定费等。三家公司合计诈骗金额达 2940 余万元。

浙江省海宁市人民检察院于 2016 年 2 月 25 日对符某明等 74 人以诈骗罪批准逮捕；对魏某等 58 人认定构成诈骗罪，但无逮捕必要，不批准逮捕；对龚某飞等 13 人作存疑不捕。2017 年 2 月后，该案被依法拆分为 7 件案件分别由嘉兴市人民检察院与海宁市人民检察院提起公诉。截至 8 月 30 日，除一名犯罪嫌疑人因哺乳期尚未开庭未做判决外，其他均已作出一审判决，法院判决认定被告人符某明等的行为构成诈骗罪，分别判处被告人符某明无期徒刑，剥夺政治权利终身，并处没收个人全部财产；判处被告人杨某有期徒刑 15 年，剥夺政治权利 5 年，并处罚金人民币 100 万元；判处被告人郭某书有期徒刑 14 年，剥夺政治权利 4 年，并处罚金人民币 50 万元；判处被告人凌某有期徒刑 12 年，剥夺政治权利 2 年，并处罚金人民币 40 万元；判处被告人王某勇有期徒刑 13 年，剥夺政治权利 3 年，并处罚金人民币 50 万元；判处被告人陈某超有期徒刑 11 年，剥夺政治权利 1 年，并处罚金人民币 30 万元；判处被告人吴某剑有期徒刑 12 年 6 个月，剥夺政治权利 3 年，并处罚金人民币 40 万元。其余被告人也均获有罪判决。部分被告人在一审后提出上诉，二审均裁定驳回上诉，维持原判。

【案件评析】

1. 犯罪集团的认定。涉案电信网络诈骗犯罪组织人数众多，虽部分人员有一定流动性，但核心成员较为固定，且有严密的组织与分工并实行公司化管理，有明显且相对固定的人员负责电信网络诈骗公司组建、人员召集、培训、管理等工作，部分一线人员具有一定的流动性并不影响整个犯罪集团的运转，不影响犯罪集团的认定。

2. 行为性质的认定。根据案情，被告人虚构公司有周年庆活动、抽奖活动、拍卖收藏品活动等基本事实以及个人所得税、托运费、质检费、报名费、鉴定费等收费名目，骗取他人财物，其本质就是一种以非法占有为目的的诈骗行为。虽然也有赠送所谓奖品的行为，但这只是被告人迷惑被害人的一种手段,不影响其诈骗行为的认定。

3. 主观明知及责任的认定。本案涉及3个公司、145名被告人,公司内部下设回访部、热线部、行政部(包括培训部、售后部、核单部、网管等),每个话务组又分为一线、二线、三线人员,应按照最高人民法院、最高人民检察院、公安部《关于办理电信网络诈骗等刑事案件适用法律若干问题的意见》规定,认定各犯罪集团成员主观故意及责任。具体来说:(1)公司出资人等高层人员,以犯罪为目的成立公司并具体策划、管理公司运作,可直接认定为首要分子,按照集团所犯全部罪行处罚。(2)综合部门人员,虽未直接参与诈骗,但应结合其具体职责、入职时间、其他同事的供述等推定其主观明知,按照其所参与或者组织、指挥的全部犯罪处罚。(3)话务人员要根据具体情况区别对待。如果刚刚入职,仅参与诈骗第一阶段,由于该阶段确实向被害人赠送了奖品,部分话务员可能会误认为是公司所说的变相销售行为,因此,要结合其实行行为、入职时间等综合判断其主观是否明知。但如果已实际接触第二阶段,则可认定该话务员明知公司从事的是诈骗行为,系对犯罪集团中起次要或者辅助作用的从犯,其应对其参与期间该犯罪团伙实施的全部诈骗行为承担责任,但可以视情况区别对待,从宽处理。

(四)杨某瑞等11人诈骗案①

【基本案情】

2017年11月至2019年5月间,杨某瑞与他人合伙成立公司,在"乐趣""一嗨么"等网络直播平台开设直播间,招募刘某醒、孙某林等人担任女主播,程某楠等人担任业务员。各被告人相互配合,由业务员使用女主播身份和头像照片,通过婚恋交友网站、微信摇一摇等途径结识赵某等被害人,加为微信好友后,使用话术引诱被害人在上述网络直播平台注册成为会员,进入直播间观看女主播直播。其间,业务员虚构女主播感情故事、个人遭遇等与被害人互动交流,博取同情信任。如被害人提出见面,则安排女主播与被害人视频聊天或线下见面。通过上述系列行为,女

---

① 案例来源:2021年3月10日最高人民检察院《充分发挥检察职能推进网络空间治理典型案例》。

主播与被害人确立虚假恋爱关系。之后，女主播编造"完成平台业绩任务才能领取提成""想与平台解约需要解约金"等理由，先后欺骗赵某等4名被害人在直播平台为主播打赏或者直接向主播转账，合计诈骗人民币17.2万余元。杨某瑞等人还涉嫌其他诈骗犯罪事实。

2019年9月3日，上海市公安局松江分局以杨某瑞等11人涉嫌诈骗罪，移送上海市松江区人民检察院审查起诉。检察机关通过梳理发现，其他多个直播间存在以类似手段实施诈骗的情况，遂向公安机关移送线索、提出进一步侦查取证建议，公安机关再破获类似案件16起，抓获直播平台经营者和多个直播诈骗团伙成员。同年11月21日，上海市松江区人民检察院以诈骗罪对杨某瑞等11人提起公诉。同年12月30日，上海市松江区人民法院作出一审判决，以诈骗罪分别判处杨某瑞、刘某醒、孙某林、程某楠等11名被告人拘役4个月至有期徒刑4年不等，并处罚金。

【案件评析】

1. 依法严惩以直播打赏为名实施的诈骗行为。对于犯罪分子虚构网络身份、冒充主播，使用话术建立虚假恋爱关系，采用线上线下相结合方式，使被害人陷入错误认识而骗取财物的，依法应认定为诈骗犯罪。这类诈骗犯罪不仅侵害人民群众财产安全，也严重危害网络直播行业生态，必须依法精准打击。

2. 理性参与网络直播，切实维护自身利益。网络直播在为用户提供更具参与性和人际互动性的良好体验的同时，也容易助长违法犯罪和社会不良风气。对于广大用户而言，关键是要以健康心态参与网络直播互动，切不可抱着"猎奇""猎艳"等不良心态，落入违法犯罪分子精心编织的"陷阱"。

3. 加强平台监管治理，维护直播行业良好秩序。网络平台要切实担起主体责任，加大对直播行为的常态化排查和技术管控，强化各平台之间的信息共享，对列入"黑名单"主播施以严格联动管理，彻底封住其违规复活之路，净化网络直播空间生态。

（五）李某宁等 5 人诈骗案 ①

【基本案情】

2017年下半年起，李某宁为实施电信网络诈骗活动，通过非法途径购买老年人客户资料，以每盒 12 元至 100 元不等的价格购入多种廉价保健品，订做抽奖卡、"纪念金币"等奖品，制作话术单，招录吴某倩、王某娜、裴某凤、王某娟为话务员，并为每人配备装有北京号码的手机。

2018年3月至9月，李某宁指使吴某倩等人按照事先购买的客户资料，通过装有北京号码的手机拨打电话，冒充北京沐某堂健康指导中心主任，与老年人沟通联络。在聊天过程中套取老年人身体状况等信息，骗得信任后，分步骤实施诈骗。一是谎称所售保健品有抗癌保健等功效，原价2980元的产品现在仅需支付 298 元的体验费或产品检测费即可获赠。老年人同意购买后，由李某宁联系快递公司负责配送和代收相关费用。二是在快递包裹中放置抽奖卡，均事先设置为一等奖。快递签收后话务员随即联系老年人，告知其中了一等奖，奖品为价格 1 万余元的"纪念金币"等，只需要支付个人所得税、保价费或奖品代销费等费用，即可获取，以此骗取钱财，而老年人实则仅获得廉价礼品。三是继续利用老年人信任，虚构帮助办理养老保险等理由实施诈骗。在此过程中，话务员会根据每位老年人的被骗程度，随机调整收费名目和具体价格。吴某倩等话务员的工资包括底薪和提成，为便于计算销售业绩，每名话务员需记录下被害人相关信息。经审查，李某宁等人先后骗得 266 名老年人合计人民币 66 万余元。

2018年11月12日，江苏省海安市公安局以李某宁等 5 人涉嫌诈骗罪，移送海安市人民检察院移送审查起诉。2019年3月12日，海安市人民检察院对李某宁等 5 人以诈骗罪提起公诉。同年 6 月 10 日，海安市人民法院作出一审判决，认定本案诈骗数额巨大，以诈骗罪判处李某宁有期徒刑 7 年，并处罚金人民币 15 万元；分别判处吴某倩等 4 人有期徒刑 3 年 6 个月，并处罚金人民币 3 万元。海安市人民检察院审查认为，一审判决证据采信和事实认定确有错误，判决以话务员记录业绩的账本作为认定犯罪数额的主要依据，未结合快递信息进行综合认定，遗漏部分被害人，诈骗

---

① 案例来源：2021 年 3 月 10 日最高人民检察院《充分发挥检察职能推进网络空间治理典型案例》。

金额人民币 33 万余元认定不准确。同年 6 月 18 日，海安市人民检察院提出抗诉，南通市人民检察院依法支持抗诉。同年 12 月 25 日，南通市中级人民法院二审认为一审判决部分事实不清，裁定撤销原判决、发回重审。

2020 年 11 月 19 日，海安市人民法院重新作出一审判决，诈骗数额重新认定为人民币 66 万余元，量刑档次由原审的"数额巨大"改为"数额特别巨大"，李某宁的刑罚由有期徒刑 7 年改为 10 年，并处罚金人民币 20 万元；吴某倩等 4 人被分别判处有期徒刑 4 年至 5 年 6 个月不等，并处罚金人民币 5 万元至 8 万元不等。

【案件评析】

1. 电信网络诈骗手段层出不穷，要惩防并举、预防为先。当前，电信网络诈骗犯罪高发多发，犯罪手段不断更新迭代，老年人、在校学生、未婚青年等容易成为诈骗对象。犯罪分子多利用人性弱点实施诈骗，在依法严厉打击的同时，更需要广大民众提高防范意识，增强辨别能力，不让犯罪分子"花式"骗局迷惑了双眼。具体到本案，老年群体应当特别提防网上购物、电视购物、电话推销、直播带货等销售环节存在的陷阱，切忌迷信保健品功效，正确看待各种促销优惠。家庭成员要在精神上关心关怀老人，常回家看看，多与老人交流，多用典型案事例引导，发现老人上当受骗应及时劝解、制止和报警。

2. 加强源头管控，强化平台治理责任，防止公民信息泄露。目前，犯罪分子通过各种非法渠道获取公民个人信息、消费记录等资料，实施精准诈骗，话术更加周延，迷惑性也更大。本案中，犯罪分子专门从网上购买老年客户资料，有针对性地推销保健品，提高了诈骗的成功率。网络平台和网站经营者要真正落实治理责任，严密制度设计，堵塞系统漏洞，内防泄露，外防窃取，切实维护公民个人信息安全。

四、法律文书选编

（一）徐玉玉被电信诈骗案公诉意见书

又是一年高考季。近日，2017 年的高考成绩陆续公布，又到了填报志愿、等待录取通知书的时刻，又到了无数莘莘学子圆梦高校、人生起航的时刻。就在一年前，2016年8月，一封来自南京邮电大学的录取通知书带给徐玉玉无尽的欢乐和对未来生活的美好憧憬；8月19日，一个发放学生助学金的诈骗电话却骗走了父母为她准备的9900元学费，让这个年轻而鲜活的生命永远定格在18岁，定格在即将踏入高校大门的那一天。

今天，诈骗徐玉玉等高考学生的被告人陈文辉、郑金锋、黄进春、熊超、陈宝生、郑贤聪、陈福地犯诈骗罪、侵犯公民个人信息罪一案在此开庭，为揭露骗局、警醒大众，打击诈骗犯罪、弘扬法治正义，根据《中华人民共和国刑事诉讼法》第一百八十四条、第一百九十三条、第一百九十八条和第二百零三条的规定，我们受临沂市人民检察院的指派，代表本院，以国家公诉人的身份出席法庭支持公诉，并依法对刑事诉讼实行法律监督。

通过刚才的法庭调查，公诉人讯问了被告人，询问了鉴定人、具有专门知识的人，向法庭宣读了证人证言、被害人陈述，播放了视听资料，出示了物证、书证等相关证据，这些证据，均系侦查机关通过合法程序取得，被告人及其辩护人对上述证据进行了充分质证，法庭对被告人的犯罪事实进行了全面详尽的审理。这些证据形成完整的证据体系，构成指控犯罪的基石，充分证明本院起诉书指控七名被告人的犯罪事实清楚，证据确实、充分，适用法律准确。现对本案证据和案件情况发表如下意见，请法庭注意：

一、被告人陈文辉、郑金锋、黄进春、熊超、陈宝生、郑贤聪、陈福地的行为构成诈骗罪，犯罪事实清楚，证据确实、充分

《中华人民共和国刑法》第二百六十六条规定，诈骗罪是以非法占有为目的，用虚构事实或者隐瞒真相的方法，骗取他人财物的行为。

被告人陈文辉、郑金锋、黄进春等七人交叉结伙，以非法占有为目的，通过网络购买学生信息和公民购房信息，分别在江西省九江市（以下简称九江市）、江西省新余市（以下简称新余市）、广西壮族自治区钦州市（以下简称钦州市）、海南省海口市（以下简称海口市），冒充教育局、财政局、房产局工作人员，以发放贫困学生助学金、购房补贴为名，以高考学生为主要诈骗对象，拨打电话，骗取他人钱财，构成诈骗罪。

其中，在九江市、新余市诈骗犯罪中，被告人郑金锋明知陈文辉等人实施诈骗犯罪，介绍、组织他人帮助陈文辉接收、转移诈骗赃款，成立

诈骗罪的共犯。在九江市诈骗犯罪中,被告人熊超、陈福地,明知他人实施诈骗犯罪,受郑金锋指使,提供银行卡,帮助陈文辉接收、转移诈骗赃款,成立诈骗罪的共犯。

对于上述事实,有七名被告人的在案供述和当庭供述,供述稳定且相互印证,证明诈骗犯罪的共谋过程、具体分工、分赃比例、拨打电话次数等犯罪情节;被害人的陈述和证人证言,证明被害人被诈骗的具体过程;现场勘查笔录、房屋租赁合同等证明被告人租赁诈骗场所情况;通信数据报告、通话详单、银行交易明细等,证明被告人在各犯罪地点拨打诈骗电话的次数和诈骗金额。

上述证据之间能够相互印证,形成完整的证据体系,结合今天的庭审,足以证明陈文辉等七名被告人的行为构成诈骗罪,犯罪事实清楚,证据确实、充分。

二、被告人陈文辉的行为构成侵犯公民个人信息罪,犯罪事实清楚,证据确实、充分

《中华人民共和国刑法》第二百五十三条之一规定,窃取或者以其他方法非法获取公民个人信息的,以侵犯公民个人信息罪定罪处罚。

本案中被告人陈文辉从杜天禹处通过QQ非法购买公民个人信息10万余条,构成侵犯公民个人信息罪。

证人杜天禹、宋鹏、刘东、周斌的证言与平台漏洞详情、移动硬盘中提取的高考学生信息等证据相互印证,证明杜天禹侵入普通高等学校招生考试信息平台,非法获取高考学生信息的事实。

被告人陈文辉的供述与证人杜天禹的证言、QQ聊天记录截图、支付宝交易明细等证据相互印证,证明陈文辉从杜天禹处非法购买高考学生信息10万余条并用于电信诈骗活动。

上述证据之间能够相互印证,形成完整的证据体系,结合今天的庭审,足以证明被告人陈文辉的行为构成侵犯公民个人信息罪,犯罪事实清楚,证据确实、充分。

三、被告人陈文辉、郑金锋、黄进春、熊超、陈宝生、郑贤聪、陈福地应负的法律责任

(一)犯罪数额及拨打电话次数的认定

1.被告人陈文辉组织、指挥他人实施电信诈骗,在九江市、新余市

分别拨打诈骗电话7000余人次、6000余人次，共计拨打1.3万余人次，情节特别严重；诈骗31.199万元，数额巨大。被告人陈文辉非法获取公民个人信息10万余条，情节特别严重。

2. 被告人郑金锋组织、帮助他人在九江市、新余市、钦州市、海口市实施电信诈骗，分别诈骗22.81万元、6.3444万元、18.35万元、6.9988万元，共计诈骗54.5032万元，数额特别巨大；拨打诈骗电话1万余人次，情节特别严重。其中，在新余市诈骗中，被告人郑金锋介绍的取款人于2016年6月帮助陈文辉接收、转移诈骗赃款，其应对6月6.3444万元的诈骗金额负责。在九江市诈骗中，前期由郑金锋为陈文辉介绍取款人，后期由郑金锋亲自组织陈福地、熊超帮助陈文辉接收、转移诈骗赃款，郑金锋参与九江市诈骗的全过程，应对22.81万元的诈骗金额负责。

3. 被告人黄进春积极实施电信诈骗，在九江市、新余市、钦州市，个人分别拨打2000余人次、3000余人次、1000余人次，分别与同案犯共同拨打诈骗电话3000余人次、6000余人次、1000余人次，共计1万余人次，情节特别严重。被告人黄进春伙同他人在九江市、新余市、钦州市分别诈骗11.5826万元、8.389万元、2.5777万元，共计22.5493万元，数额巨大。

4. 被告人熊超积极参与并组织吴首耀参与钦州市电信诈骗，二人分别拨打诈骗电话3000余人次，熊超应当对自己及吴首耀共同拨打的6000余人次诈骗电话负责，情节特别严重。被告人熊超帮助在九江市实施诈骗的陈文辉接收、转移诈骗赃款，与他人共同诈骗3.4133万元，数额巨大。

5. 被告人陈宝生积极参与电信诈骗，在九江市、新余市分别拨打诈骗电话1000余人次、2000余人次，共计3000余人次，情节严重。

6. 被告人郑贤聪积极参与九江市电信诈骗，拨打诈骗电话1000余人次，情节严重。

7. 被告人陈福地明知他人实施电信诈骗，提供银行卡帮助接收、转移诈骗赃款，与他人共同诈骗8.4666万元，数额巨大。

（二）主从犯的认定

《中华人民共和国刑法》第二十六条规定，在共同犯罪中起主要作用的，是主犯。第二十七条规定，在共同犯罪中起次要或者辅助作用的，是从犯。

1. 被告人陈文辉应认定为主犯。其组织、指挥九江市、新余市电信诈骗，主动提起犯意，选择犯罪地点，购买犯罪工具，承担犯罪成本，组织犯罪人员，指挥犯罪活动，拨打诈骗电话，决定分赃比例，获得最多赃款，实施诈骗并造成徐玉玉死亡。其在共同犯罪中起主要作用，系主犯。

2. 被告人郑金锋应认定为主犯。其组织、参与九江市、新余市、钦州市、海口市电信诈骗。在钦州市诈骗中，主动提起犯意，选择犯罪地点，购买犯罪工具，承担犯罪成本，组织犯罪人员，指挥犯罪活动，拨打诈骗电话，决定分赃比例，获得最多赃款。在九江市、新余市诈骗中，介绍、组织他人帮助陈文辉接收、转移诈骗赃款，造成徐玉玉死亡。在海口市诈骗中，全程参与，拨打诈骗电话。其在共同犯罪中起主要作用，系主犯。

3. 被告人黄进春应认定为主犯。其积极参与九江市、新余市、钦州市电信诈骗。分别与被告人陈文辉、郑金锋共谋实施犯罪；分别帮助陈、郑二人进行犯罪前期准备；积极拨打诈骗电话。其在共同犯罪中起主要作用，系主犯。

4. 被告人熊超、陈宝生、郑贤聪，在共同犯罪中，冒充教育局、房产局工作人员拨打诈骗电话，分赃比例较低，起次要作用；另外，被告人熊超在九江市电信诈骗中，帮助接收、转移诈骗赃款，起次要作用，上述3名被告人均系从犯。

5. 被告人陈福地在九江市电信诈骗中，提供银行卡，帮助接收、转移诈骗赃款，起次要作用，系从犯。

综上，被告人陈文辉、郑金锋、黄进春在共同犯罪中起主要作用，系主犯，应依照《中华人民共和国刑法》第二十六条第四款的规定处罚。被告人熊超、陈宝生、郑贤聪、陈福地在共同犯罪中，起次要作用，系从犯，应依照《中华人民共和国刑法》第二十七条第二款的规定处罚。

（三）自首的认定

《中华人民共和国刑法》第六十七条第一款规定，犯罪以后自动投案，如实供述自己的罪行的，是自首。

最高人民法院《关于处理自首和立功具体应用法律若干问题的解释》规定，如实供述自己的罪行，是指犯罪嫌疑人自动投案后，如实交代自己的主要犯罪事实。共同犯罪案件中的犯罪嫌疑人，除如实供述自己的罪行,还应当供述所知的同案犯,主犯则应当供述所知其他同案犯的共同犯罪事实,才能认定为自首。

1. 被告人陈文辉不构成自首。被告人陈文辉投案后,对于九江市诈骗犯罪,未如实供述同案犯吴首耀、陈宝生、陈访及其犯罪事实,对于新余市诈骗犯罪,未如实供述同案犯黄进春、陈宝生及其犯罪事实,直到侦查机关掌握后再次对其讯问,其才做如实供述,因此,对于诈骗罪不构成自首。被告人陈文辉未如实供述侵犯公民个人信息罪的主要犯罪事实,在侦查机关掌握后再次对其讯问,其才做如实供述,因此,对于侵犯公民个人信息罪,不构成自首。

2. 被告人郑贤聪不构成自首。被告人郑贤聪投案后,未如实供述同案犯陈访参与九江市电信诈骗犯罪,直到侦查机关掌握后,再次对其讯问,其才做如实供述,其不构成自首。

3. 被告人陈宝生自动投案,如实供述自己的罪行,构成自首,应依照《中华人民共和国刑法》第六十七条第一款的规定处罚。

(四)其他量刑情节

1. 被告人陈文辉、郑金锋、熊超、郑贤聪、陈福地实施电信诈骗,造成徐玉玉死亡,应酌情从重处罚。

2. 被告人陈文辉、郑金锋组织、指挥被告人黄进春、熊超、陈宝生、郑贤聪冒充国家机关工作人员,对不特定多数人拨打诈骗电话,骗取在校学生的财物,应酌情从重处罚。

四、被告人陈文辉、郑金锋、黄进春、熊超、陈宝生、郑贤聪、陈福地的行为极其恶劣,后果极其严重,理应严惩

(一)从案件本身看,被告人交叉结伙、分工明确、流窜多地、危害性大

七名被告人交叉结伙,在九江市、新余市、钦州市、海口市实施诈骗。首先,被告人陈文辉、郑金锋分别网购公民个人信息、台词剧本,租赁房屋,准备手机、手机卡等作案工具;其次,被告人黄进春、熊超、陈宝生、郑贤聪冒充教育局、房产局工作人员拨打一线诈骗电话,照本宣读发放助学金、购房补贴的台词剧本,诱骗被害人拨打二线诈骗电话领取钱款;再次,被告人陈文辉、郑金锋分别冒充财政局工作人员,接听被害人回拨的二线电话,以发放助学金、补贴款为名,千方百计诱骗被害人向特

定账号转账、汇款；最后，被告人郑金锋雇用、介绍取钱人或直接指使熊超、陈福地，提供特定账户并将账户中接收的诈骗赃款予以转移，完成犯罪。

被告人陈文辉、郑金锋等短短5个月时间内，在三个省份四个地市疯狂拨打诈骗电话2万多人次；分工协作、环环相扣，形成完整链条；不同角色扮演，引人入局，骗取钱财；专业团队接收、转移赃款，隐蔽性极强，危害性极大。

（二）从案件后果看，七名被告人损一家团圆、乱国家公信、扰社会安定，后果极其严重

18岁，应该是单纯得像花儿一样的年龄；18岁，应该是享受全新大学生活的年龄；18岁，本是有着无数种可能性的年龄，却因为一通诈骗电话，而被彻底改写，让徐玉玉从金榜题名到含恨离去，从鲜花怒放到突然凋零，从人生巅峰到生命终结。徐玉玉的父母家人、亲朋好友从捷报传来的满心欢喜到噩耗传来的悲痛难忍，从与徐玉玉的朝夕相处到只能在照片中回忆她的音容笑貌。孩子是家庭的希望，学生是国家的未来。青年兴则国家兴，青年强则国家强，谁伤害他们，谁就在动摇国本，就在毁灭未来。

被告人陈文辉、郑金锋等冒充国家机关工作人员，以发放助学金的名义，诈骗贫困学生，造成徐玉玉死亡，其行为不仅突破了道德底线，更破坏了国家机关形象及其正常活动，扰乱社会安定，触犯刑事法律；不仅冲击社会大众心灵，引起社会各界震动，更凸显电信业运营中的漏洞，冲击正常的社会管理模式。

（三）从案件影响看，本案受到社会极大关注，改变社会管理模式，影响极其深远

徐玉玉被骗致死，牵动社会大众的心，为我们敲醒警钟，更引发整个社会的思考：如何避免类似悲剧重演，如何重拳出击捍卫公众生命财产安全，成为大家共同的诉求。全国人民，特别是那些受过电信诈骗之苦的人们，更是时刻关注事态发展变化。

"人民对美好生活的向往就是我们的奋斗目标"，本案发生后，全国各有关部门迅速掀起打击电信诈骗的热潮。最高人民法院、最高人民检察院、公安部、工业和信息化部、中国人民银行、中国银行业监督管理委员

会六部门发布《关于防范和打击电信网络诈骗犯罪的通告》;中国人民银行发布《关于加强支付结算管理防范电信网络新型违法犯罪有关事项的通知》;工业和信息化部发布《关于进一步防范和打击通讯信息诈骗工作的实施意见》,上述文件就电话实名、手机卡申办数量、银行汇款到账时间等方面作出明确规定。最高人民法院、最高人民检察院、公安部发布《关于办理电信网络诈骗等刑事案件适用法律若干问题的意见》,最高人民法院、最高人民检察院联合发布《关于办理侵犯公民个人信息刑事案件适用法律若干问题的解释》,对电信网络诈骗犯罪、侵犯公民个人信息犯罪的定罪量刑标准和有关法律适用问题作了全面、系统的规定。

(四)从被告人应吸取的教训看,诈骗不义之财,罪责难逃

被告人,当你们的儿女十年寒窗、金榜题名时,是否会无比的激动、自豪?当你们接到助学金发放电话时,是否会感谢国家的好政策,帮你们解决燃眉之急?当这电话之后隐藏的骗局将你们的血汗钱骗走时,是否会无比的愤怒、悲伤?正所谓己所不欲勿施于人,你们将这谁也不能承受之痛强加于徐玉玉、强加于受骗者的身上,那你们必然要为自己的罪行付出代价,必然会被公众所唾弃,被道德所不齿,被法律所审判。正所谓害人终害己,正是你们的诈骗行为,使自己的家庭失去顶梁柱,年幼的儿女失去父亲,年迈的父母失去依靠。

今天在法庭上,我们作为公诉人指控犯罪,更重要的是通过指控犯罪来警醒和告诫,被告人的行为已经构成犯罪,希望你们能直面错误、正视所犯罪行,从中汲取教训、认罪服法、接受改造、重新做人。对那些即将或者正在从事电信诈骗犯罪的人们,天网恢恢疏而不漏,希望你们能悬崖勒马、回头是岸。

五、本案带给我们的启示

痛苦的经验往往是最有力的教训,而教训一旦被接受,则往往比经验本身要可贵的多。

对于社会管理层面而言,电信运营部门应进一步加强对手机卡、基站的管理;银行系统应进一步加强账户管理;助学金、住房补贴金等各类惠民资金发放部门应进一步规范发放程序,公布发放流程;各相关部门应进一步查漏补缺、建章立制、堵塞漏洞,防止利用社会管理漏洞、谋取钱财案件的发生。

对于教育部门和家长而言，应进一步加强学校基础教育，更新教学教育体系；进一步加强普法教育，提高学生的法治意识；进一步加强防骗教育，提高学生防骗意识，对骗术形成基本的辨别和应对能力；进一步加强挫折教育，提高学生对挫折的适应能力、心理免疫力。

对于学生而言，"读万卷书，行万里路"，不仅要在课堂上学习科学文化知识，更要通过各种方式认知社会、了解社会。在学习之余，走出家门、走出学校、走近社会，多参加社会实践，丰富社会经验，增强抗挫折能力，提高自我保护能力，防范受到不法侵害，避免下一个悲剧发生。

综上所述，请法庭依据被告人陈文辉、郑金锋、黄进春、熊超、陈宝生、郑贤聪、陈福地犯诈骗罪、侵犯公民个人信息罪的事实、性质、情节、对社会的危害程度及其认罪态度，依法作出公正的判决，以安慰本案受骗的高考学生，安抚徐玉玉的家人，警示潜在的诈骗犯，彰显公平正义，还受害人一个公道，还社会一朗朗乾坤。

【文书评析】

徐玉玉被电信诈骗案是一起全国人民高度关注的重大案件。不仅要依法准确指控犯罪，不枉不纵，还要及时回应社会关切，以解民虑，这对公诉人出庭指控提出了更高要求。庭审中，公诉意见书对指控事实和庭审争议焦点进行了逐一回应，通过准确认定犯罪事实和量刑情节，全面揭露犯罪行为的社会危害，深刻警醒悲剧教训，由表及里，引起被告人、旁听群众、学生家长、各行政管理职能部门的深入思考。通过这份公诉意见书，还可以看到检察机关在案件办理过程中始终坚守客观中立义务，区分了每位被告人的犯罪数额和危害，客观评价了主从犯地位、自首情节，以及造成徐玉玉死亡结果的量刑考量，既不拔高，也不放纵，确保案件办理经得起历史的检验。

（二）屠某方涉嫌诈骗案不起诉决定书

被不起诉人屠某方，男，1971年7月15日出生，身份证号码33900519710715××××，汉族，大专文化，浙江某逸物流有限公司运营部副经理，家住浙江省杭州市萧山区南阳街道雷山村××组××户。因涉嫌犯诈骗罪于2015年6月12日被取保候审，绍兴市公安局柯桥区分局于2016年5月5日向本院提请批准逮捕，因事实不清、证据不足，本院于同月13日作出不予批准逮捕决定，该局于2016年6月12日解除取保候审。

本案由绍兴市公安局柯桥区分局侦查终结，以被不起诉人屠某方涉嫌犯诈骗罪，于2017年4月10日移送本院审查起诉。其间，退回补充侦查一次，绍兴市公安局柯桥区分局于同年6月22日再次移送审查起诉。本院受理后，已依法告知被不起诉人屠某方有权委托辩护人，讯问了被不起诉人，审查了全部案件材料。

绍兴市公安局柯桥区分局认定，自2011年5月23日至2015年6月12日，被不起诉人屠某方在担任浙江某逸物流有限公司（以下简称某逸公司）车队长、运营部副经理期间，将公司罐式箱体货车伪装为国际标准集装箱货车，利用高速公路不停车收费系统（以下简称ETC业务），偷逃高速公路通行费。其间，被不起诉人屠某方等人为浙AP×××等32辆运输车辆办理ETC通行卡，经杭州、绍兴、宁波等地高速公路卡口进出浙江省高速公路管网共107767次。至案发日，被查获的23辆运输车共使用ETC通行卡102895次，此前已停用的9辆货车共使用ETC通行卡4872次。经中国船级社鉴定，被查获23辆运输车所装罐式箱体不属于ISO标准集装箱。经绍兴通大会计师事务所审计，前述车辆自2011年5月23日至2015年6月12日期间应付浙江省内高速公路通行费人民币34288330元，已缴纳人民币16446524.4元，偷逃人民币17841805.6元，其中有货运记录ETC偷逃金额为人民币17163519.4元，无货运记录偷逃金额为人民币678286.2元。

为证明侦查认定的事实，绍兴市公安局柯桥区分局提供了相关证据。侦查机关认为被不起诉人屠某方的行为已触犯《中华人民共和国刑法》第二百六十六条之规定，涉嫌犯诈骗罪。

被不起诉人屠某方辩解，其并非涉案事实主要负责人员，且该事实本身无关诈骗，其所在公司没有诈骗故意，损失的发生实为浙江省交通投资集团有限公司（以下简称浙交投公司）自身管理不善所致，其行为不构成诈骗罪。

辩护人邓某祥认为，被不起诉人屠某方的行为不构成诈骗，屠某方无罪。首先，屠某方在办理ETC卡及"国际集装箱"牌照期间，均未虚构事实、隐瞒真相，其行为不符合诈骗罪客观方面要件。其次，屠某方在主观上没有非法占有的故意。既然 ETC 办理机构能为其所在公司车辆办理 ETC 卡，杭州市萧山区道路运输管理处亦准许该公司车辆办理"国际集装箱"铝牌，则其公司车辆享受 ETC 收费优惠政策显然得到主管部门认可，屠某方的行为未触犯法律，不存在犯罪的故意。最后，屠某方的行为系单位行为，单位不是诈骗罪的犯罪主体，故屠某方的行为不可能构成诈骗罪。

经审查查明：

2011 年初，被不起诉人屠某方在担任某逸公司车队长期间，获悉相较于使用人工收费通道，ETC 业务更能实现物流便捷，且在缴纳通行费时具有一定优惠，遂向公司管理层建议办理 ETC 业务。经公司授权，屠某方等人至宁波市高速公路不停车收费服务处，先后为公司旗下 32 辆罐式箱体货车办理并使用 ETC 业务（其中 9 辆在案发前已停用）。在业务申请办理期间，屠某方等人如实填写申请表、提供车辆行驶证复印件，并将前述车辆驶至宁波市高速公路不停车收费服务处，交由服务处工作人员进行设备安装。

2012 年初，某逸公司部分已办理不停车收费服务车辆在行经 ETC 通道时，被告知因车辆不符合国际标准集装箱要求，不得使用 ETC 通道。被不起诉人屠某方了解到只需办理"国际集装箱"铝牌，即可继续使用 ETC 业务，遂至杭州市萧山区道路运输管理处办理 23 块"国际集装箱"铝牌，凭该铝牌继续使用 ETC 通道并享受相关优惠政策。经查，凡具有道路运输经营许可且经营范围含集装箱运输的单位，仅需下属车辆类型属重型集装箱半挂车范畴，即可办理"国际集装箱"铝牌。

2013 年底，浙江省交通运输厅要求各市交通运输局（委）、各高速公路经营单位对集装箱车辆借助不停车收费违规运输行为进行专项整治。其间，某逸公司涉案车辆因箱体尺寸、箱体标记、随车证单不规范等原因，被沪杭甬高速公路瓜沥收费站查处 21 次。2014 年 1 月，浙江沪杭甬高速公路股份有限公司（系浙交投公司子公司）在整治情况书面小结中载明某逸公司违规运输行为，但未取消某逸公司货车 ETC 使用资格，亦未将相关情况告知某逸公司，且继续认可该公司车辆使用 ETC 通道的行为，并按 ETC 标准收取通行费，直至 2015 年 6 月 17 日公安机关扣押涉案货车 ETC 设备止。经查，某逸公司未实施将涉案车辆进行改装等伪造车辆信息的行为。

案发后，经中国船级社鉴定，某逸公司涉案23辆货车所载箱体不属于ISO国际标准集装箱。经绍兴通大会计师事务所审计，自2011年5月23日至2015年6月12日期间，某逸公司办理ETC设备货车应缴浙江省高速公路通行费总额为人民币34288330元，已缴人民币16446524.4元。案发后，某逸公司已全额补缴人民币17841805.6元，获得浙交投公司谅解。

上述事实，有侦查机关搜集并经本院依法核实及本院自行取得的证据材料加以证实，通过对在案证据分析论证，得出以下结论：

一、某逸公司作为单位的整体行为不具有诈骗性质

2011年初，某逸公司自办理ETC业务之始，便不具非法占有的主观故意。被不起诉人屠某方的供述及证人楼某、李某根等人的证言证实办理ETC业务初衷系为便捷物流、节约成本，且并不知晓办理该业务的具体条件。彼时，ETC尚属新鲜事物，办理标准有待明确。在案证据《国际标准集装箱车辆办理高速公路不停车收费事宜须知》（以下简称《须知》）一文尽管盖有某逸公司印章，但既未载明办理日期，亦无屠某方等人签名，不足以证实屠某方及某逸公司获悉《须知》内容。即便屠某方或某逸公司已获悉《须知》内容，基于该《须知》所载条文过于笼统，仅确定业务办理基础为"装有一只40英尺国际标准集装箱或两只20英尺国际标准集装箱"，却未对所谓"国际标准集装箱"的内涵予以阐释，不能推导出屠某方及某逸公司对ETC准入条件明知的结论。证人徐某、胡某东分别作为涉案车辆制造方及销售方单位工作人员，尚不知晓前述车辆是否符合国际标准集装箱要求，作为车辆的购买方、使用方，某逸公司同样不应被苛求掌握标准实质。案发后，涉案车辆所载箱体系经中国船级社鉴定方得出不符合国际标准集装箱要求的结论，这同样证实办理ETC业务的标准不为常人所知悉。另据《浙江省高速公路不停车收费用户章程》（以下简称《章程》）规定，任何同意规范使用电子标签、不停车收费通行卡的单位或个人均可成为不停车收费用户，某逸公司的行为与《章程》无悖。在申请办理ETC业务时，某逸公司如实填具申请表格、提交车辆真实信息资料，相关证据均收集在案。其间，某逸公司待办车辆均以原貌发起申请，且将实车交予宁波市高速公路不停车收费服务处查验，其后亦未对车辆进行任

何改装，证人朱某春、余某洪、杜某芳、孙某、冯某尧、曾某刚、刘某丽等人作为某逸公司槽罐车驾驶员，其证言均能证实上述内容。证人袁某明（宁波市高速公路不停车收费服务处副主任）的证言则证实在办理ETC业务时，其所在服务处未查验待办车辆箱体，仅据申请方于《须知》上签章即予以审核通过，然主管部门的不作为与某逸公司及屠某方本人并无干系。浙交投公司作为ETC服务提供方，负有明确申请ETC业务具体条件的责任，但其对某逸公司车辆经查车验证后予以审核通过。应当认定某逸公司在客观上未采用虚构事实、隐瞒真相的手段，致使浙交投公司陷入错误认识，进而获取非法利益，其行为不具诈骗性质。

二、某逸公司同浙交投公司形成真实有效的合同关系

基于前述，某逸公司同浙交投公司系在真实、自愿的意思表示支配下，签订了ETC业务使用协议。被不起诉人屠某方及证人楼某、李某根等人均证实在合同履行过程中，某逸公司全程使用浙交投公司提供的ETC服务，浙交投公司亦按ETC标准从某逸公司处收取使用费，此为在案《专项审计报告》及相关附属材料所印证。至此，该服务合同双方核心义务履行基本适当。至2012年初，某逸公司驾驶员反映公司车辆被查到不符合国际标准集装箱要求，屠某方从同行处获悉仅需补办"国际集装箱"铝牌即可。经向李某根汇报，屠某方前往杭州市萧山区道路运输管理处领取23块"国际集装箱"铝牌，此后凭该铝牌继续使用ETC通道。证人沈某（时为杭州市萧山区道路运输管理处货运管理科员工）的证言则进一步证实凡具道路运输经营许可且经营范围含集装箱运输的单位，只要下属车辆类型属重型集装箱半挂车，皆可办理"国际集装箱"铝牌，办理依据系交通部、浙江省交通厅、杭州市交通运输管理局相关文件精神，某逸公司确曾到其处办理过前述铝牌，此有《道路货物运输及站场管理规定》《申请报告》予以印证，可见"国际标准集装箱"的标准并不确定。据在案"车辆行驶证复印件"等书证可知，某逸公司涉案车辆完全符合重型集装箱半挂车标准，其申请获取"国际集装箱"铝牌进而使用ETC服务的行为与法律无悖，不影响ETC服务合同效力。

三、浙交投公司对某逸公司的继续履约行为予以认可，且某逸公司在事后已对浙交投公司进行充分补偿

至2013年底，浙江省交通运输厅出台浙交〔2013〕232号文件，据

此在全省范围内开展"集装箱车辆借助不停车收费违规运输专项整治活动",该文件载明系为有效遏制集装箱车辆借助不停车收费违法运输行为,规范高速公路运行秩序,提升高速公路安全通行效率进行前述整治活动。然前述文件并非下发给以某逸公司为代表的服务使用方,关于ETC事务管理义务始终在经营者一方,然经营者在具备条件于发现违规时即可取缔某逸公司继续使用ETC资格的情况下,却选择了认可该公司的履约行为,其后亦未予整改。2013年底,某逸公司下属车队在经行ETC通道时因车载集装箱不符合国际标准被查。2014年1月,浙江沪杭甬高速公路股份有限公司在整治情况书面小结中,载明了某逸公司违规运输行为,其后却未取消某逸公司ETC使用资格,亦未将相关情况告知某逸公司,且继续认可了该公司车辆继续使用ETC通道,并按相关标准收取通行费。在案证据"浙江省公路管理局情况说明"进一步证实,该局从未收到某逸公司集装箱车违规使用ETC情况的通报。显然,在该阶段ETC业务使用合约未受到整治活动影响,应视为合同双方均选择继续履约。证人楼某、李某根的证言证实,当时被不起诉人屠某方已将相关情况汇报至公司管理层,但楼某仅将被查一事等同超载视之,未予重视。即便某逸公司基于不符ETC通行标准却通行的客观事实,未足额支付高速公路通行费,亦同积极骗取他人财物的行为存在本质区别,应视为合同履行存在瑕疵,当归入民事违约或民事欺诈范畴。经审查"查处发票"知,即便在2015年6月17日,涉案ETC车辆装备被扣押后,浙交投公司仍按七类车标准向某逸公司收取使用费。被不起诉人屠某方辩称,某逸公司在申请办理ETC业务之前,高速收费管理部门即已按七类车标准收费,此与某逸公司提供的相关发票能够相互印证。经查,七类车标准与"装有一只40英尺国际标准集装箱"货车相对应。应当认定,浙交投公司从总体上认可了某逸公司的履约行为。案发后,某逸公司已根据审计结果,足额补偿浙交投公司的损失,并获得谅解,本案危害后果已然消除。

综上,某逸公司的涉案行为不具有诈骗性质,涉案双方形成了对等的权利义务关系,即便存在瑕疵履行情事,某逸公司在事后已充分弥补了浙交投公司损失。被不起诉人屠某方作为某逸公司员工,其行为同样不具有诈骗性质,不构成诈骗罪。

从主观方面而言,被不起诉人屠某方不具有非法占有的犯罪故意。

其之所以代表某逸公司先后申请办理ETC业务以及"国际集装箱"铝牌，系为更好服务公司，是勤勉履职的表现，目的是实现公司物流便捷、节约成本，其并未因为涉案行为获取非法利益。在业务办理及铝牌申请环节，屠某方均按相关要求如实提供材料，申办程序符合办理方的要求，未怠于履行义务，其主观上不存在违法性预知。

从客观方面而言，被不起诉人屠某方未实施虚构事实、隐瞒真相的行为。如前所述，无论是在办理ETC业务阶段，还是在申请"国际集装箱"铝牌阶段，其均未隐瞒或伪造某逸公司及公司旗下车辆的相关信息，业务办理方所需材料，其均如实提供，且将待办ETC业务的车辆以实车方式交予业务办理方审核，在其后全部阶段，亦未将前述车辆进行改装，其自始至终未实施诈骗行为。

从身份、职责而言，被不起诉人屠某方作为某逸公司车队长，已经尽到审慎履职的责任，其在获悉公司车辆被查情况后，及时向公司决策层汇报。综观全案，屠某方的个人行为仅系主导了ETC及铝牌申请，2013年底后的涉案事实，与屠某方本人并无直接关系，其既非单位主管人员，亦非直接实施行为的其他直接责任人，无须对单位全部涉案行为承担责任。

法律面前人人平等，非公有制企业公平参与市场竞争，亦应同等受到法律保护。本案系因经济纠纷引发，从合同角度而言，即便存在违约或欺诈事宜，也应当通过民事途径予以救济，某逸公司与浙交投公司已在ETC服务合同中约定了违约处理方式。案发后，某逸公司已足额偿付被害人，危害后果得到修复。根据刑法谦抑性原则，当民事途径足以定纷时，自无须刑法予以规制。被不起诉人屠某方的涉案行为，系代表某逸公司与浙交投公司达成ETC服务合同，不属于犯罪行为，事实清楚、证据确实充分。采纳被不起诉人屠某方的辩解以及辩护人邓某祥的意见。

综上，本院认为被不起诉人屠某方未实施《中华人民共和国刑法》第二百六十六条规定的行为，不具有诈骗犯罪事实，依照《中华人民共和国刑事诉讼法》第一百七十三条第一款之规定，决定对屠某方不起诉。

被不起诉人如不服本决定，可以自收到本决定书后七日内向本院申诉。

被害人如不服本决定，可以自收到本决定书后七日内向绍兴市人民检察院申诉,请求提起公诉;也可以不经申诉,直接向绍兴市柯桥区人民法院提起自诉。

【文书评析】

这是一起涉嫌诈骗犯罪且涉案金额达1700余万元的大案,是一个检察机关认为不具有犯罪事实的绝对不起诉案件。一个涉嫌10年以上刑罚的指控,一个无罪释放的审查结论,貌似从一个极端跳到另一个极端,但这份不起诉决定书很好地回应了其中的担忧。不起诉决定书在事实层面从屠某方办理ETC业务的流程、办理"国际集装箱"牌照的条件,行政主管部门专项检查及检查结果的运用等细节方面,对移送审查起诉的事实进一步细化;同时在法律认定层面从不构成诈骗犯罪、属于合同履行关系、损失已经补偿等方面,对行为的性质和后果进行了详细阐述。在不起诉决定书中将事实讲清、将法理讲透,充分展现检察机关审查结论的审慎,也达到更好的释法说理效果。

(三)杨某山涉嫌诈骗案刑事抗诉书

甘肃省武威市凉州区人民法院以(2017)甘0602刑初185号刑事判决书对被告人杨某山犯诈骗罪一案作出一审判决:判决被告人杨某山犯诈骗罪,判处有期徒刑四年,并处罚金人民币9000元。被告人杨某山曾因犯诈骗罪,被甘肃省天祝藏族自治县人民法院判处有期徒刑三年,宣告缓刑四年,并处罚金人民币3000元(已交纳)。撤销原判缓刑,执行有期徒刑三年,并处罚金人民币3000元。数罪并罚,决定执行有期徒刑六年六个月,并处罚金人民币12000元(含已交纳3000元)。本院依法审查后认为,该判决事实认定、适用法律确有错误,继而导致量刑畸轻,理由如下:

一、法院判决对起诉指控被告人杨某山以给被害人张某涛办理经济适用房为名,骗取张某涛信任,先后多次骗得张某涛共计人民币145000元的事实未认定为诈骗犯罪行为,存在事实认定错误。

根据《中华人民共和国刑法》第二百六十六条之规定,诈骗罪是指以非法占有为目的,虚构事实、隐瞒真相,骗取数额较大的公私财物的行为。其基本构造为:行为人实施欺骗行为——对方(受骗者)产生错误认识——对方基于错误认识处分财产——行为人或第三人取得财产——被害人遭受财产损害。而综合本案现有证据，可以形成完整的证据链条，证实被告人杨某山以非法占有为目的，采用虚构事实、隐瞒真相的方法，骗取被害人张某涛现金人民币数额巨大的事实。

首先，侦查卷内的证据形成完整的证据链条，相互印证，客观真实地证明了被告人杨某山谎称政府法制办工作人员，虚构为被害人张某涛办理经济适用房的事实，骗取被害人张某涛信任后，张某涛陷入错误认识情况下，自愿将现金人民币145000元交给杨某山被其非法占有，符合诈骗罪客观方面的要求。被害人张某涛陈述杨某山自称是政府法制办工作人员，能够给其办理经济适用房，使其陷入杨某山利用欺骗行为给其办理经适房的错误认识中，分多次将人民币145000元交付给杨某山。调取的杨某山所打三张共计人民币145000元的借条、张某涛给杨某山打款凭证等书证，所记录的打款时间、打款金额与张某涛的陈述相互印证。被告人杨某山经辨认，对上述三张共计人民币145000元的借条也予以认可。证人刘某龙、徐某庆、周某均证实在案发期间听张某涛说杨某山在给其办理经济适用房，刘某龙、周某同时证实看到杨某山到张某涛经营的茶屋去过，并听张某涛说为此给了杨某山钱，后听张某涛说被杨某山因此骗取人民币十几万元。其中周某还证实在茶屋见到杨某山时，其自称是政府法制办工作人员，证人刘某龙还证实2014年3月因此事陪同张某涛给杨某山打款人民币1万余元。调取的短信记录能够证实2014年11月份张某涛向杨某山询问房子办理事宜，杨某山也回复短信告知了房子正在修建及拿钥匙的时间，可以印证被害人张某涛关于杨某山以给其办理经济适用房为名，骗取其信任。调取的法院民事调解书、询问笔录、起诉状等能够印证张某涛在长期讨要被骗钱财无果后，于2015年3月将杨某山起诉至法院，而起诉状中关于"被告杨某山自称是政府法制办工作人员，可以要到经济适用房且95m²，位置在九条岭办事中心附近为由，在2013年12月20日至2014年3月16日期间从原告处借走人民币共计14.5万元"的叙述，得到杨某山认可，其在询问笔录中称"原告起诉状内容属实，现在是原告不要房子了，我现在也准备将原告人民币145000元借款予以偿还"。即被告人杨某山在民事诉讼中就认可其虚构了政府法制办工作人员身份及给张某涛办理经济适用房的事实。与前述其他证据也可以相互印证。

其次，现有证据可以证实被告人杨某山关于该起事实属于民间借贷的辩解不属实，其主观上具有非法占有的目的。杨某山辩解其是以做煤炭生意需要资金周转为名从张某涛处一次性借款人民币145000元，但其给张某涛出具的借条却是不同时间的三张借条，调取的打款凭证、交易明细证实张某涛通过银行给其打款的次数就有四次；其供述在新疆奇台与张某宝合伙做生意，但其无法提供张某宝具体个人信息，提供的张某宝的联系电话经公安机关查证不属实；证人宋某虎则证实杨某山去新疆就是和一伙人吃吃喝喝，并没有谈什么生意，杨某山认识的人中也没有一个叫张某宝的；证人杨某花（杨某山妹妹）也证实根本没听说其做什么生意。调取的张某涛与杨某山的通话记录证实，张某涛自2014年11月起至2015年11月期间向杨某山索要被骗财物，杨某山编造各种理由蒙骗张某涛，且自始至终都称在外地，不与张某涛见面，虽然口头承诺还款，但除了经法院民事调解后经强制执行程序，杨某山给张某涛还款人民币24000元外，其再没有任何实际还款的行为，且在被执行后又逃匿拒不还款。根据公安机关出具的抓获经过，杨某山于2015年11月10日被酒泉市公安局肃州分局东城关派出所在该辖区新鸿宾馆2019房间抓获，也印证了其在案发后有逃匿行为，主观上非法占有的目的显而易见。

二、法院判决书中关于"因张某涛以民间借贷纠纷向人民法院提起民事诉讼，并经双方当事人同意达成调解协议，公诉机关对同一事实又以刑事犯罪进行指控，在民事调解书已经保护了张某涛合法权益的情况下，再追究杨某山的刑事责任，无法律依据也违背了当事人的意愿"的裁判理由违背法理，无法律依据。

首先，同一法律事实，完全可以同时引起两种法律关系，一是犯罪人与国家之间的刑事法律关系，二是平等主体之间的民事法律关系。这是性质完全不同的两种法律关系，刑事诉讼体现了对公共利益、秩序的维护，民事诉讼体现了对当事人权益的保护，二者在地位上是平等的，只是各自适用的实体法和程序法不同而已，不存在权利保护的优劣和先后。但两种法律关系导致的法律责任不同，原则上应分别通过刑事诉讼、民事诉讼来追究，只是在特殊情况下，可以通过刑事附带民事诉讼的方式，在追究犯罪人刑事责任的同时，一并追究民事责任。但民事诉讼却只能解决民事责任的问题，绝不可能附带解决犯罪人的刑事责任问题。对此，《中华人民共和国刑事诉讼法》第九十九条规定：被害人由于被告人的犯罪行为而遭受物质损失的，在刑事诉讼过程中，有权提起附带民事诉讼。最高人民法院《关于在审理经济纠纷案件中涉及经济犯罪嫌疑若干问题的规定》第十一条规定：人民法院作为经济纠纷受理的案件，经审理认为不属经济纠纷案件而有经济犯罪嫌疑的，应当裁定驳回起诉，将有关材料移送公安机关或检察机关。第十二条规定：人民法院已立案审理的经济纠纷案件，公安机关或检察机关认为有经济犯罪嫌疑，并说明理由附有关材料函告受理该案的人民法院的，有关人民法院应当认真审查。《公安机关办理经济犯罪案件的若干规定》第十一条规定：公安机关发现经济犯罪嫌疑，与人民法院已受理或作出生效判决、裁定的民事案件系同一法律事实的，应当说明理由附有关材料复印件，函告受理或作出判决、裁定的人民法院，同时，通报相关人民检察院。

其次，已生效的民事判决原则上对刑事诉讼没有预决效力。针对同一法律事实，民事诉讼和刑事诉讼在证明责任分配规则、证明标准上大相径庭，刑事诉讼中由于有专门的侦查机关介入，查明案件事实的能力更强，对案件事实的证明标准更高，因而，完全可以根据查明的事实与证据，推翻民事诉讼对案件事实的认定。即使民事诉讼已作出了生效裁判，也不能据此否定启动刑事诉讼程序，进一步查明犯罪事实的必要性。

最后，由此引起的刑、民裁判之间的冲突完全可以依法解决。根据上述相关法律规定，在刑事法律关系和民事法律关系存在交叉的情况下，一般遵循的原则是"先刑后民"，但本案比较特殊，被害人为了维护自己的权益，优先选择了走民事诉讼程序，但从后来公安机关查证的情况来看，本案应属于刑事诈骗犯罪，之前法院所做民事调解书将事实认定为借贷纠纷明显存在错误，应该予以纠正。对此问题该如何启动纠正程序并没有明确的法律规定，但根据《中华人民共和国民事诉讼法》第一百九十八条规定：各级人民法院院长对本院已经发生法律效力的判决、裁定、调解书，发现确有错误，认为需要再审的，应当提交审判委员会讨论决定。上级人民法院对下级人民法院已经发生法律效力的判决、裁定、调解书，发现确有错误的，有权提审或者指令下级人民法院再审。根据本案实际情况，现案件已进入审判环节，故可以依法上述法律规定，由法院依职权启动审判监督程序依法予以纠正。

综上所述，甘肃省武威市凉州区人民法院〔2017〕甘0602刑初185

号刑事判决书存在事实认定错误,适用法律错误,继而导致对被告人杨某山量刑畸轻。为维护司法公正,准确依法惩治犯罪,依照《中华人民共和国刑事诉讼法》第二百一十七条的规定,特提出抗诉,请依法判处。

【文书评析】

对法院的判决提出抗诉意见,一般多是事实认定与证据采信出现分歧,或者是法律适用出现争议,这份抗诉书同时具备以上两个抗点。一方面,从实体上,抗诉书认为具有诈骗事实,不仅从正面将在案指控证据相互印证的体系予以充分阐述,同时从反面对偏离客观事实的辩解,依托证据和常情常理予以详细驳斥,在事实认定中有效排除了合理怀疑。另一方面,从程序上,抗诉书对民事判决与刑事追诉的关系进行了全面分析,充分运用相关法律规定,有力说明了民事法律关系调解不影响刑事犯罪判断与责任追究的理由。

第七节 相关法律规定

一、刑法

第二百六十六条 诈骗公私财物，数额较大的，处三年以下有期徒刑、拘役或者管制，并处或者单处罚金；数额巨大或者有其他严重情节的，处三年以上十年以下有期徒刑，并处罚金；数额特别巨大或者有其他特别严重情节的，处十年以上有期徒刑或者无期徒刑，并处罚金或者没收财产。本法另有规定的，依照规定。

二、立法解释、司法解释及规范性文件

1. 全国人民代表大会常务委员会关于《中华人民共和国刑法》第二百六十六条的解释（2014年4月24日）

全国人民代表大会常务委员会根据司法实践中遇到的情况，讨论了刑法第二百六十六条的含义及骗取养老、医疗、工伤、失业、生育等社会保险金或者其他社会保障待遇的行为如何适用刑法有关规定的问题，解释如下：

以欺诈、伪造证明材料或者其他手段骗取养老、医疗、工伤、失业、生育等社会保险金或者其他社会保障待遇的，属于刑法第二百六十六条规定的诈骗公私财物的行为。

2. 最高人民法院、最高人民检察院关于办理诈骗刑事案件具体应用法律若干问题的解释（法发〔2011〕7号）

为依法惩治诈骗犯罪活动，保护公私财产所有权，根据刑法、刑事诉讼法有关规定，结合司法实践的需要，现就办理诈骗刑事案件具体应用

法律的若干问题解释如下：

第一条 诈骗公私财物价值三千元至一万元以上、三万元至十万元以上、五十万元以上的，应当分别认定为刑法第二百六十六条规定的"数额较大"、"数额巨大"、"数额特别巨大"。

各省、自治区、直辖市高级人民法院、人民检察院可以结合本地区经济社会发展状况，在前款规定的数额幅度内，共同研究确定本地区执行的具体数额标准，报最高人民法院、最高人民检察院备案。

第二条 诈骗公私财物达到本解释第一条规定的数额标准，具有下列情形之一的，可以依照刑法第二百六十六条的规定酌情从严惩处：

（一）通过发送短信、拨打电话或者利用互联网、广播电视、报刊杂志等发布虚假信息，对不特定多数人实施诈骗的；

（二）诈骗救灾、抢险、防汛、优抚、扶贫、移民、救济、医疗款物的；

（三）以赈灾募捐名义实施诈骗的；

（四）诈骗残疾人、老年人或者丧失劳动能力人的财物的；

（五）造成被害人自杀、精神失常或者其他严重后果的。

诈骗数额接近本解释第一条规定的"数额巨大"、"数额特别巨大"的标准，并具有前款规定的情形之一或者属于诈骗集团首要分子的，应当分别认定为刑法第二百六十六条规定的"其他严重情节"、"其他特别严重情节"。

第三条 诈骗公私财物虽已达到本解释第一条规定的"数额较大"的标准，但具有下列情形之一，且行为人认罪、悔罪的，可以根据刑法第三十七条、刑事诉讼法第一百四十二条的规定不起诉或者免予刑事处罚：

（一）具有法定从宽处罚情节的；

（二）一审宣判前全部退赃、退赔的；

（三）没有参与分赃或者获赃较少且不是主犯的；

（四）被害人谅解的；

（五）其他情节轻微、危害不大的。

第四条 诈骗近亲属的财物，近亲属谅解的，一般可不按犯罪处理。

诈骗近亲属的财物，确有追究刑事责任必要的，具体处理也应酌情从宽。

第五条 诈骗未遂，以数额巨大的财物为诈骗目标的，或者具有其他严重情节的，应当定罪处罚。

利用发送短信、拨打电话、互联网等电信技术手段对不特定多数人实施诈骗，诈骗数额难以查证，但具有下列情形之一的，应当认定为刑法第二百六十六条规定的"其他严重情节"，以诈骗罪（未遂）定罪处罚：

（一）发送诈骗信息五千条以上的；

（二）拨打诈骗电话五百人次以上的；

（三）诈骗手段恶劣、危害严重的。

实施前款规定行为，数量达到前款第（一）、（二）项规定标准十倍以上的，或者诈骗手段特别恶劣、危害特别严重的，应当认定为刑法第二百六十六条规定的"其他特别严重情节"，以诈骗罪（未遂）定罪处罚。

第六条 诈骗既有既遂，又有未遂，分别达到不同量刑幅度的，依照处罚较重的规定处罚；达到同一量刑幅度的，以诈骗罪既遂处罚。

第七条 明知他人实施诈骗犯罪，为其提供信用卡、手机卡、通讯工具、通讯传输通道、网络技术支持、费用结算等帮助的，以共同犯罪论处。

第八条 冒充国家机关工作人员进行诈骗，同时构成诈骗罪和招摇撞骗罪的，依照处罚较重的规定定罪处罚。

第九条 案发后查封、扣押、冻结在案的诈骗财物及其孳息，权属明确的，应当发还被害人；权属不明确的，可按被骗款物占查封、扣押、冻结在案的财物及其孳息总额的比例发还被害人，但已获退赔的应予扣除。

第十条 行为人已将诈骗财物用于清偿债务或者转让给他人，具有下列情形之一的，应当依法追缴：

（一）对方明知是诈骗财物而收取的；

（二）对方无偿取得诈骗财物的；

（三）对方以明显低于市场的价格取得诈骗财物的；

（四）对方取得诈骗财物系源于非法债务或者违法犯罪活动的。

他人善意取得诈骗财物的，不予追缴。

第十一条 以前发布的司法解释与本解释不一致的，以本解释为准。

3. 最高人民法院、最高人民检察院、公安部关于办理电信网络诈骗等刑事案件适用法律若干问题的意见（法发〔2016〕32号）

为依法惩治电信网络诈骗等犯罪活动，保护公民、法人和其他组织的合法权益，维护社会秩序，根据《中华人民共和国刑法》《中华人民共和国刑事诉讼法》等法律和有关司法解释的规定，结合工作实际，制定本意见。

一、总体要求

近年来，利用通讯工具、互联网等技术手段实施的电信网络诈骗犯罪活动持续高发，侵犯公民个人信息，扰乱无线电通讯管理秩序，掩饰、隐瞒犯罪所得、犯罪所得收益等上下游关联犯罪不断蔓延。此类犯罪严重侵害人民群众财产安全和其他合法权益，严重干扰电信网络秩序，严重破坏社会诚信，严重影响人民群众安全感和社会和谐稳定，社会危害性大，人民群众反映强烈。

人民法院、人民检察院、公安机关要针对电信网络诈骗等犯罪的特点，坚持全链条全方位打击，坚持依法从严从快惩处，坚持最大力度最大限度追赃挽损，进一步健全工作机制，加强协作配合，坚决有效遏制电信网络诈骗等犯罪活动，努力实现法律效果和社会效果的高度统一。

二、依法严惩电信网络诈骗犯罪

（一）根据《最高人民法院、最高人民检察院关于办理诈骗刑事案件具体应用法律若干问题的解释》第一条的规定，利用电信网络技术手段实施诈骗，诈骗公私财物价值三千元以上、三万元以上、五十万元以上的，应当分别认定为刑法第二百六十六条规定的"数额较大""数额巨大""数额特别巨大"。

二年内多次实施电信网络诈骗未经处理，诈骗数额累计计算构成犯罪的，应当依法定罪处罚。

（二）实施电信网络诈骗犯罪，达到相应数额标准，具有下列情形之一的，酌情从重处罚：

1. 造成被害人或其近亲属自杀、死亡或者精神失常等严重后果的；
2. 冒充司法机关等国家机关工作人员实施诈骗的；
3. 组织、指挥电信网络诈骗犯罪团伙的；
4. 在境外实施电信网络诈骗的；

5. 曾因电信网络诈骗犯罪受过刑事处罚或者二年内曾因电信网络诈骗受过行政处罚的；

6. 诈骗残疾人、老年人、未成年人、在校学生、丧失劳动能力人的财物，或者诈骗重病患者及其亲属财物的；

7. 诈骗救灾、抢险、防汛、优抚、扶贫、移民、救济、医疗等款物的；

8. 以赈灾、募捐等社会公益、慈善名义实施诈骗的；

9. 利用电话追呼系统等技术手段严重干扰公安机关等部门工作的；

10. 利用"钓鱼网站"链接、"木马"程序链接、网络渗透等隐蔽技术手段实施诈骗的。

（三）实施电信网络诈骗犯罪，诈骗数额接近"数额巨大""数额特别巨大"的标准，具有前述第（二）条规定的情形之一的，应当分别认定为刑法第二百六十六条规定的"其他严重情节""其他特别严重情节"。

上述规定的"接近"，一般应掌握在相应数额标准的百分之八十以上。

（四）实施电信网络诈骗犯罪，犯罪嫌疑人、被告人实际骗得财物的，以诈骗罪（既遂）定罪处罚。诈骗数额难以查证，但具有下列情形之一的，应当认定为刑法第二百六十六条规定的"其他严重情节"，以诈骗罪（未遂）定罪处罚：

1. 发送诈骗信息五千条以上的，或者拨打诈骗电话五百人次以上的；

2. 在互联网上发布诈骗信息，页面浏览量累计五千次以上的。

具有上述情形，数量达到相应标准十倍以上的，应当认定为刑法第二百六十六条规定的"其他特别严重情节"，以诈骗罪（未遂）定罪处罚。

上述"拨打诈骗电话"，包括拨出诈骗电话和接听被害人回拨电话。反复拨打、接听同一电话号码，以及反复向同一被害人发送诈骗信息的，拨打、接听电话次数、发送信息条数累计计算。

因犯罪嫌疑人、被告人故意隐匿、毁灭证据等原因，致拨打电话次数、发送信息条数的证据难以收集的，可以根据经查证属实的日拨打人次数、日发送信息条数，结合犯罪嫌疑人、被告人实施犯罪的时间、犯罪嫌疑人、被告人的供述等相关证据，综合予以认定。

（五）电信网络诈骗既有既遂，又有未遂，分别达到不同量刑幅度的，依照处罚较重的规定处罚；达到同一量刑幅度的，以诈骗罪既遂处罚。

（六）对实施电信网络诈骗犯罪的被告人裁量刑罚，在确定量刑起点、基准刑时，一般应就高选择。确定宣告刑时，应当综合全案事实情节，准确把握从重、从轻量刑情节的调节幅度，保证罪责刑相适应。

（七）对实施电信网络诈骗犯罪的被告人，应当严格控制适用缓刑的范围，严格掌握适用缓刑的条件。

（八）对实施电信网络诈骗犯罪的被告人，应当更加注重依法适用财产刑，加大经济上的惩罚力度，最大限度剥夺被告人再犯的能力。

三、全面惩处关联犯罪

（一）在实施电信网络诈骗活动中，非法使用"伪基站""黑广播"，干扰无线电通讯秩序，符合刑法第二百八十八条规定的，以扰乱无线电通讯管理秩序罪追究刑事责任。同时构成诈骗罪的，依照处罚较重的规定定罪处罚。

（二）违反国家有关规定，向他人出售或者提供公民个人信息，窃取或者以其他方法非法获取公民个人信息，符合刑法第二百五十三条之一规定的，以侵犯公民个人信息罪追究刑事责任。

使用非法获取的公民个人信息，实施电信网络诈骗犯罪行为，构成数罪的，应当依法予以并罚。

（三）冒充国家机关工作人员实施电信网络诈骗犯罪，同时构成诈骗罪和招摇撞骗罪的，依照处罚较重的规定定罪处罚。

（四）非法持有他人信用卡，没有证据证明从事电信网络诈骗犯罪活动，符合刑法第一百七十七条之一第一款第（二）项规定的，以妨害信用卡管理罪追究刑事责任。

（五）明知是电信网络诈骗犯罪所得及其产生的收益，以下列方式之一予以转账、套现、取现的，依照刑法第三百一十二条第一款的规定，以掩饰、隐瞒犯罪所得、犯罪所得收益罪追究刑事责任。但有证据证明确实不知道的除外：

1. 通过使用销售点终端机具（POS机）刷卡套现等非法途径，协助转换或者转移财物的；

2. 帮助他人将巨额现金散存于多个银行账户，或在不同银行账户之间频繁划转的；

3. 多次使用或者使用多个非本人身份证明开设的信用卡、资金支付结算账户或者多次采用遮蔽摄像头、伪装等异常手段，帮助他人转账、套现、取现的；

4. 为他人提供非本人身份证明开设的信用卡、资金支付结算账户后，又帮助他人转账、套现、取现的；

5. 以明显异于市场的价格，通过手机充值、交易游戏点卡等方式套现的。

实施上述行为，事前通谋的，以共同犯罪论处。

实施上述行为，电信网络诈骗犯罪嫌疑人尚未到案或案件尚未依法裁判，但现有证据足以证明该犯罪行为确实存在的，不影响掩饰、隐瞒犯罪所得、犯罪所得收益罪的认定。

实施上述行为，同时构成其他犯罪的，依照处罚较重的规定定罪处罚。法律和司法解释另有规定的除外。

（六）网络服务提供者不履行法律、行政法规规定的信息网络安全管理义务，经监管部门责令采取改正措施而拒不改正，致使诈骗信息大量传播，或者用户信息泄露造成严重后果的，依照刑法第二百八十六条之一的规定，以拒不履行信息网络安全管理义务罪追究刑事责任。同时构成诈骗罪的，依照处罚较重的规定定罪处罚。

（七）实施刑法第二百八十七条之一、第二百八十七条之二规定之行为，构成非法利用信息网络罪、帮助信息网络犯罪活动罪，同时构成诈骗罪的，依照处罚较重的规定定罪处罚。

（八）金融机构、网络服务提供者、电信业务经营者等在经营活动中，违反国家有关规定，被电信网络诈骗犯罪分子利用，使他人遭受财产损失的，依法承担相应责任。构成犯罪的，依法追究刑事责任。

四、准确认定共同犯罪与主观故意

（一）三人以上为实施电信网络诈骗犯罪而组成的较为固定的犯罪组织，应依法认定为诈骗犯罪集团。对组织、领导犯罪集团的首要分子，按照集团所犯的全部罪行处罚。对犯罪集团中组织、指挥、策划者和骨干分子依法从严惩处。

对犯罪集团中起次要、辅助作用的从犯，特别是在规定期限内投案自首、积极协助抓获主犯、积极协助追赃的，依法从轻或减轻处罚。

对犯罪集团首要分子以外的主犯，应当按照其所参与的或者组织、指挥的全部犯罪处罚。全部犯罪包括能够查明具体诈骗数额的事实和能够查明发送诈骗信息条数、拨打诈骗电话人次数、诈骗信息网页浏览次数的事实。

（二）多人共同实施电信网络诈骗，犯罪嫌疑人、被告人应对其参与期间该诈骗团伙实施的全部诈骗行为承担责任。在其所参与的犯罪环节中起主要作用的，可以认定为主犯；起次要作用的，可以认定为从犯。

上述规定的"参与期间"，从犯罪嫌疑人、被告人着手实施诈骗行为开始起算。

（三）明知他人实施电信网络诈骗犯罪，具有下列情形之一的，以共同犯罪论处，但法律和司法解释另有规定的除外：

1. 提供信用卡、资金支付结算账户、手机卡、通讯工具的；
2. 非法获取、出售、提供公民个人信息的；
3. 制作、销售、提供"木马"程序和"钓鱼软件"等恶意程序的；
4. 提供"伪基站"设备或相关服务的；
5. 提供互联网接入、服务器托管、网络存储、通讯传输等技术支持，或者提供支付结算等帮助的；
6. 在提供改号软件、通话线路等技术服务时，发现主叫号码被修改为国内党政机关、司法机关、公共服务部门号码，或者境外用户改为境内号码，仍提供服务的；
7. 提供资金、场所、交通、生活保障等帮助的；
8. 帮助转移诈骗犯罪所得及其产生的收益，套现、取现的。

上述规定的"明知他人实施电信网络诈骗犯罪"，应当结合被告人的认知能力，既往经历，行为次数和手段，与他人关系，获利情况，是否曾因电信网络诈骗受过处罚，是否故意规避调查等主客观因素进行综合分析认定。

（四）负责招募他人实施电信网络诈骗犯罪活动，或者制作、提供诈骗方案、术语清单、语音包、信息等的，以诈骗共同犯罪论处。

（五）部分犯罪嫌疑人在逃，但不影响对已到案共同犯罪嫌疑人、被告人的犯罪事实认定的，可以依法先行追究已到案共同犯罪嫌疑人、被告人的刑事责任。

五、依法确定案件管辖

（一）电信网络诈骗犯罪案件一般由犯罪地公安机关立案侦查，如果由犯罪嫌疑人居住地公安机关立案侦查更为适宜的，可以由犯罪嫌疑人居住地公安机关立案侦查。犯罪地包括犯罪行为发生地和犯罪结果发生地。

"犯罪行为发生地"包括用于电信网络诈骗犯罪的网站服务器所在地，网站建立者、管理者所在地，被侵害的计算机信息系统或其管理者所在地，犯罪嫌疑人、被害人使用的计算机信息系统所在地，诈骗电话、短信息、电子邮件等的拨打地、发送地、到达地、接受地，以及诈骗行为持续发生的实施地、预备地、开始地、途经地、结束地。

"犯罪结果发生地"包括被害人被骗时所在地，以及诈骗所得财物的实际取得地、藏匿地、转移地、使用地、销售地等。

（二）电信网络诈骗最初发现地公安机关侦办的案件，诈骗数额当时未达到"数额较大"标准，但后续累计达到"数额较大"标准，可由最初发现地公安机关立案侦查。

（三）具有下列情形之一的，有关公安机关可以在其职责范围内并案侦查：

1. 一人犯数罪的；
2. 共同犯罪的；
3. 共同犯罪的犯罪嫌疑人还实施其他犯罪的；
4. 多个犯罪嫌疑人实施的犯罪存在直接关联，并案处理有利于查明案件事实的。

（四）对因网络交易、技术支持、资金支付结算等关系形成多层级链条、跨区域的电信网络诈骗等犯罪案件，可由共同上级公安机关按照有利于查清犯罪事实、有利于诉讼的原则，指定有关公安机关立案侦查。

（五）多个公安机关都有权立案侦查的电信网络诈骗等犯罪案件，由最初受理的公安机关或者主要犯罪地公安机关立案侦查。有争议的，按照有利于查清犯罪事实、有利于诉讼的原则，协商解决。经协商无法达成一致的，由共同上级公安机关指定有关公安机关立案侦查。

（六）在境外实施的电信网络诈骗等犯罪案件，可由公安部按照有利于查清犯罪事实、有利于诉讼的原则，指定有关公安机关立案侦查。

（七）公安机关立案、并案侦查，或因有争议，由共同上级公安机关指定立案侦查的案件，需要提请批准逮捕、移送审查起诉、提起公诉的，由该公安机关所在地的人民检察院、人民法院受理。

对重大疑难复杂案件和境外案件，公安机关应在指定立案侦查前，向同级人民检察院、人民法院通报。

（八）已确定管辖的电信诈骗共同犯罪案件，在逃的犯罪嫌疑人归案后，一般由原管辖的公安机关、人民检察院、人民法院管辖。

六、证据的收集和审查判断

（一）办理电信网络诈骗案件，确因被害人人数众多等客观条件的限制，无法逐一收集被害人陈述的，可以结合已收集的被害人陈述，以及经查证属实的银行账户交易记录、第三方支付结算账户交易记录、通话记录、电子数据等证据，综合认定被害人人数及诈骗资金数额等犯罪事实。

（二）公安机关采取技术侦查措施收集的案件证明材料，作为证据使用的，应当随案移送批准采取技术侦查措施的法律文书和所收集的证据材料，并对其来源等作出书面说明。

（三）依照国际条约、刑事司法协助、互助协议或平等互助原则，请求证据材料所在地司法机关收集，或通过国际警务合作机制、国际刑警组织启动合作取证程序收集的境外证据材料，经查证属实，可以作为定案的依据。公安机关应对其来源、提取人、提取时间或者提供人、提供时间以及保管移交的过程等作出说明。

对其他来自境外的证据材料，应当对其来源、提供人、提供时间以及提取人、提取时间进行审查。能够证明案件事实且符合刑事诉讼法规定的，可以作为证据使用。

七、涉案财物的处理

（一）公安机关侦办电信网络诈骗案件，应当随案移送涉案赃款赃物，并附清单。人民检察院提起公诉时，应一并移交受理案件的人民法院，同时就涉案赃款赃物的处理提出意见。

（二）涉案银行账户或者涉案第三方支付账户内的款项，对权属明确的被害人的合法财产，应当及时返还。确因客观原因无法查实全部被害人，但有证据证明该账户系用于电信网络诈骗犯罪，且被告人无法说明款项合法来源的，根据刑法第六十四条的规定，应认定为违法所得，予以追缴。

（三）被告人已将诈骗财物用于清偿债务或者转让给他人，具有下列情形之一的，应当依法追缴：

1. 对方明知是诈骗财物而收取的；
2. 对方无偿取得诈骗财物的；
3. 对方以明显低于市场的价格取得诈骗财物的；
4. 对方取得诈骗财物系源于非法债务或者违法犯罪活动的。

他人善意取得诈骗财物的，不予追缴。

4. 最高人民法院关于设置圈套诱骗他人参赌又向索要钱财的受骗者施以暴力威胁的行为应如何定罪问题的批复（法复〔1995〕8号）

对于行为人以营利为目的，设置圈套，诱骗他人参赌的行为，需要追究刑事责任的，应以赌博罪论处。

5. 最高人民检察院法律政策研究关于通过伪造证据骗取法院民事裁判占有他人财物的行为如何适用法律的答复（〔2002〕高检研发第18号）

以非法占有为目的，通过伪造证据骗取法院民事裁判占有他人财物的行为所侵害的主要是人民法院正常的审判活动可以由人民法院依照民事诉讼法的有关规定作出处理，不宜以诈骗罪追究行为人的刑事责任。如果行为人伪造证据时，实施了伪造公司、企业、事业单位、人民团体印章的行为，构成犯罪的，应当依照刑法第二百八十条第二款的规定，以伪造公司、企业、事业单位、人民团体印章罪追究刑事责任；如果行为人有指使他人作伪证行为，构成犯罪的应当依照刑法第三百零七条第一款的规定，以妨害作证罪追究刑事责任。

6. 最高人民法院关于依法妥善审理民间借贷案件的通知（法〔2018〕215号）

民间借贷在一定程度上满足了社会多元化融资需求，促进了多层次信贷市场的形成和完善。与此同时，民间借贷纠纷案件也呈现爆炸式增长，给人民法院的审判工作带来新的挑战。近年来，社会上不断出现披着民间借贷外衣，通过"虚增债务""伪造证据""恶意制造违约""收取高额费用"等方式非法侵占财物的"套路贷"诈骗等新型犯罪，严重侵害了人民群众的合法权益，扰乱了金融市场秩序，影响社会和谐稳定。为充分发挥民商事审判工作的评价、教育、指引功能，妥善审理民间借贷纠纷案件，防范化解各类风险，现将有关事项通知如下：

一、加大对借贷事实和证据的审查力度

"套路贷"诈骗等犯罪设局者具备知识型犯罪特征，善于通过虚增债权债务、制造银行流水痕迹、故意失联制造违约等方式，形成证据链条闭环，并借助民事诉讼程序实现非法目的。因此，人民法院在审理民间借贷纠纷案件中，除根据《最高人民法院关于审理民间借贷案件适用法律若干问题的规定》第十五条、第十六条规定，对借据、收据、欠条等债权凭证及银行流水等款项交付凭证进行审查外，还应结合款项来源、交易习惯、经济能力、财产变化情况、当事人关系以及当事人陈述等因素综合判断借贷的真实情况。有违法犯罪等合理怀疑，代理人对案件事实无法说明的，应当传唤当事人本人到庭，就有关案件事实接受询问。要适当加大调查取证力度，查明事实真相。

二、严格区分民间借贷行为与诈骗等犯罪行为

人民法院在审理民间借贷纠纷案件中，要切实提高对"套路贷"诈骗等犯罪行为的警觉，加强对民间借贷行为与诈骗等犯罪行为的甄别，发现涉嫌违法犯罪线索、材料的，要及时按照《最高人民法院关于在审理经济纠纷案件中涉及经济犯罪嫌疑若干问题的规定》和《最高人民法院关于审理民间借贷案件适用法律若干问题的规定》依法处理。民间借贷行为本身涉及违法犯罪的，应当裁定驳回起诉，并将涉嫌犯罪的线索、材料移送公安机关或检察机关，切实防范犯罪分子将非法行为合法化，利用民事判决堂而皇之侵占被害人财产。刑事判决认定出借人构成"套路贷"诈骗等犯罪的，人民法院对已按普通民间借贷纠纷作出的生效判决，应当及时通过审判监督程序予以纠正。

三、依法严守法定利率红线

《最高人民法院关于审理民间借贷案件适用法律若干问题的规定》依法确立了法定利率的司法红线，应当从严把握。人民法院在民间借贷纠纷案件审理过程中，对于各种以"利息""违约金""服务费""中介费""保证金""延期费"等突破或变相突破法定利率红线的，应当依法不予支持。对于"出借人主张系以现金方式支付大额贷款本金""借款人抗辩所谓现金支付本金系出借人预先扣除的高额利息"的，要加强对出借人主张的现金支付款项来源、交付情况等证据的审查，依法认定借贷本金数额和高额利息扣收事实。发现交易平台、交易对手、交易模式等以"创新"为名

行高利贷之实的,应当及时采取发送司法建议函等有效方式,坚决予以遏制。

四、建立民间借贷纠纷防范和解决机制

人民法院在防范和化解民间借贷各类风险中,要紧密结合党和国家工作大局,紧紧依靠党委领导和政府支持,探索审判机制创新,加强联动效应,探索建立跨部门综合治理机制。要加大法制宣传力度,引导社会良好风气,认真总结审判经验,加强调查研究。

7. 最高人民法院研究室关于申付强诈骗案如何认定诈骗数额问题的电话答复（1991年4月23日）

同意你院的倾向性意见。即在具体认定诈骗犯罪数额时,应把案发前已被追回的被骗款额扣除,按最后实际诈骗所得数额计算。但在处罚时,对于这种情况应当作为从重情节予以考虑。

8. 公安部关于对伪造学生证及贩卖、使用伪造学生证的行为如何处理问题的批复（公刑〔2002〕1046号）

一、对伪造高等院校印章制作学生证的行为,应当依照《中华人民共和国刑法》第280条第2款的规定,以伪造事业单位印章罪立案侦查。

二、对明知是伪造高等院校印章制作的学生证而贩卖的,应当以伪造事业单位印章罪的共犯立案侦查;对贩卖伪造的学生证,尚不够刑事处罚的,应当就其明知是伪造的学生证而购买的行为,依照《中华人民共和国治安管理处罚条例》第24条第（一）项的规定,以明知是赃物而购买处罚。

三、对使用伪造的学生证购买半价火车票,数额较大的,应当依照《中华人民共和国刑法》第266条的规定,以立案侦查;尚不够刑事处罚的,应当依照《中华人民共和国治安管理处罚条例》第23条第（一）项的规定以诈骗定性处罚。

9. 公安部关于受害人居住地公安机关可否对诈骗犯罪案件立案侦查的批复（2000年10月16日）

《公安机关办理刑事案件程序规定》第十五条规定:"刑事案件由犯罪地的公安机关管辖。如果由犯罪嫌疑人居住地的公安机关管辖更为适宜的,可以由犯罪嫌疑人居住地的公安机关管辖。"根据《中华人民共和国刑法》第六条第三款的规定,犯罪地包括犯罪行为地和犯罪结果地。根据上述规定，犯罪行为地、犯罪结果地以及犯罪嫌疑人居住地的公安机关可以依法对属于公安机关管辖的刑事案件立案侦查。诈骗犯罪案件的犯罪结果地是指犯罪嫌疑人实际取得财产地。因此，除诈骗行为地、犯罪嫌疑人实际取得财产的结果发生地和犯罪嫌疑人居住地外，其他地方公安机关不能对诈骗犯罪案件立案侦查，但对于公民扭送、报案、控告、举报或者犯罪嫌疑人自首的，都应当立即受理，经审查认为有犯罪事实的，移送有管辖权的公安机关处理。

第四章

职务侵占罪
办案指引

第一节 职务侵占罪概述

一、职务侵占罪的立法沿革

改革开放以前，我国除全民所有制和集体所有制外，没有其他类型的经济成分，因此1979年刑法没有规定职务侵占罪，只是在第155条规定了贪污罪，即国家机关工作人员以及受国家机关、企业、事业单位、人民团体委托从事公务的人员利用职务上的便利，侵占公共财务的，以贪污罪论处。随着改革开放，出现了个体经济、私营企业、中外合资经营企业、外商独资企业以及国家、集体与个体经济的联合企业，特别是有限责任公司、股份有限公司的出现，使企业的所有制性质不明，对于上述单位中的工作人员利用职务之便，将单位财物非法占为己有的，如何处理，在理论上和实践中存在困惑，也不利于对私有财产的刑法保护。有鉴于此，1995年2月8日全国人大常委会通过了《关于惩治违反公司法的犯罪的决定》（以下简称《决定》），该《决定》第10条规定："公司董事、监事或者职工利用职务上或者工作上的便利，侵占本公司财物，数额较大的，处五年以下有期徒刑或者拘役；数额巨大的，处五年以上有期徒刑，可以并处没收财产。"第14条规定："有限责任公司、股份有限公司以外的企业职工有本决定第九条、第十条、第十一条规定的犯罪行为的，适用本决定。"

1997年《刑法》第271条在上述《决定》的基础上规定职务侵占罪，并将犯罪主体由原来的公司、企业人员扩展到其他单位的人员。2020年12月26日全国人大常委会通过《刑法修正案（十一）》，其中第29条将《刑法》第271条第1款修改为："公司、企业或者其他单位的工作人员，利用职务上的便利，将本单位财物非法占为己有，数额较大的，处三年以下有期徒刑或者拘役，并处罚金；数额巨大的，处三年以上十年以下有期徒刑,并处罚金;数额特别巨大的,处十年以上有期徒刑或者无期徒刑,并处罚金。"此次修改,主要对本罪的法定刑进行了修改,增加了数额特别巨大的法定刑档次,将原来的法定刑档次由两档变成三档,并对具体法定刑幅度进行了适当调整,同时增加了罚金刑。

二、职务侵占罪的发案态势

从司法实践中看,目前职务侵占罪发案主要表现有以下特点:(1)作案人年轻化。多数犯罪嫌疑人作案时不满40周岁,有的刚走上工作岗位,社会阅历少,经济压力大,容易受诱惑,从而走上犯罪道路;也有的是因为与单位发生纠纷,产生报复心理从而侵占单位财物等。(2)内外勾结。表现为单位员工与外单位人员进行勾结共同作案,如在流通领域的侵占犯罪往往是企业工作人员与客户勾结,成品物料的侵占由盗窃者事先安排好完整的销赃渠道,再进行盗窃;侵占现金的犯罪往往存在付款人或收款人与本公司财务人员的勾结。(3)犯罪方法多样化。有的采取隐匿财物、变卖私吞,或者通过以无报有、以少报多、以报换报废为由转手倒卖或内外勾结侵吞本单位财物。有的通过涂改收、付款单据,开具阴阳单据,侵吞差额款。有的通过账外吸储、隐匿、撕毁收入凭证。有的利用会计处理技巧,在审核原始单据,填制记账凭证,登记账簿,编制会计报表等方面作虚假账务处理,以假乱真。(4)隐蔽性强。这类案件多发生在生产、经营、销售等多个环节,行为人往往利用自己的管理之便,对其犯罪行为加以掩饰,加之案发企业往往在管理上存在监管漏洞,导致一般很难发现这种犯罪行为。等到案发时,犯罪嫌疑人一般都已将赃款、赃物几乎挥霍贻尽,致使受害单位的损失无法全部挽回,影响企业正常生产经营活动。

三、职务侵占罪的概念和构成特征

职务侵占罪,是指公司、企业或者其他单位的工作人员,利用职务上的便利,将本单位财物非法占为己有,数额较大的行为。

（一）犯罪客体

本罪的犯罪客体为公司、企业或其他单位的财产所有权。与此相对应的是，本罪的犯罪对象为公司、企业和其他单位的财物。这里所谓的财物，既包括本单位所有的财物，也包括本单位管理、使用和运输中的非本单位的财物。具体而言，包括动产和不动产，有体物和无体物。

（二）客观方面

本罪的客观方面表现为，利用职务上的便利，将本单位财物非法占为己有，数额较大的行为。

1."利用职务上的便利"的理解。通说认为，利用职务上的便利，是指利用自己在职务上所具有的主管或者管理、经手本单位财物的便利条件。如果行为人没有利用自己的决定、办理及处置某项事务的权力，而是利用从事劳务、服务的便利，非法占有单位财物的，不构成本罪。有观点认为，利用职务上的便利实质上是工作上的便利，应包括从事劳务活动而合法持有本单位财物的便利，是对从事劳务活动的人利用从事劳务活动而合法持有单位财物的便利而侵占的，应当按照职务侵占罪定罪处罚。[1] 还有观点认为，利用职务上的便利，是指利用职务上的便利和工作之便，前者是指因从事事务管理性工作而利用自己职务范围内的权力和地位形成的便利条件；后者则特指一般职工因工作关系熟悉本公司的环境，凭工作人员的身份，便于进出这些部门，较易接近目标或对象，从而侵占本公司的财物。[2]

对此，笔者认为，职务行为的本质在于对人或者事的管理和控制，所谓利用职务上的便利，一般是指利用本人主管、管理、经手、经营单位财物的便利条件，故将因工作关系熟悉环境，比较容易进出相关部门，较易接近作案目标的情形纳入利用职务之便的范围有悖职务行为的本质。所谓主管，是指对单位财物有调拨、安排、使用、决定的权力。管理，是指具

---

[1] 参见王作富主编：《刑法分则实务研究》（中），中国方正出版社2013年版，第1006页。

[2] 参见孙国祥：《关于侵占罪的几个问题》，载《南京大学法律评论》1996年第1期。

有决定、办理、处置某一事务的权力，并因此而对人事、财物产生制约和影响。经手，是指因工作需要在一定时间内控制单位的财物，包括因工作需要合法持有单位财物的便利，但不包括因工作关系熟悉作案环境、容易接近单位财物等方便条件。

对于行为人超越职务规定非法占有单位财物的行为，不能认定为利用职务之便。例如，杨某作为某公司的电脑员，主要负责电脑维修、收款机维护及进销存系统维护等工作。杨某不是利用自身职务便利进入本单位积分卡充值管理系统程序，而是利用自己熟悉电脑技术的专长，以非法破译密码的方式侵入该系统程序，继而实施窃取单位财物的行为，应作为盗窃罪处理。

对于行为人名义职务与实际职务不一致的，只要行为人具有并利用其特定的职务将本单位财物非法占为己有的行为，无论其职务是如何获得，不影响其构成职务侵占罪。

对于行为人对单位财物不具备单独管理权的，单位财物的支配权、处置权及管理权由两人或两人以上共同行使的，行为人对单位财物的管理权限仍及于职责范围的全部，其管理权限以及该管理权所产生的便利亦不因有其他共同管理人而受到影响，其单独利用其管理职务侵占本财物的行为，不影响其构成职务侵占罪。

对于因从事劳务活动而实际持有本单位财物的情形，要区分不同情形判断行为人是否占有本单位财物。对于行为人根据工作安排而相对独立地持有、管理单位财物时，行为人取得对财物的管理权限，行为人利用这种管理权限而侵占本人持有和管理的财物时，应构成职务侵占罪。例如，王某作为运输公司的驾驶员，伙同他人利用其控制、保管运输中的货物的职务便利，将本单位承运的货物非法占为己有，构成职务侵占罪。但是，对于行为人根据单位指派而持有财物，但其只是作为辅助占有者身份出现的场合，由于其并不实际持有或者管理该财物，故其非法占有该财物的行为应当以盗窃等罪处理。例如，针对实践中快递员私自拦截货品的行为，由于快递员属于辅助性占有者，对货品不具有支配管理的权限，其非法占有快递货品的行为，应当作为盗窃罪处理。赵某作为物流公司员工，从事分拣派送快递件工作。其在分拣快递时，将不属于其配送范围的一件物品占为己有，构成盗窃罪。再如，吕某作为某工厂的操作工，利用每天当班之机,窃取生产线上半成品的行为,也构成盗窃罪。

2. 职务侵占的行为方式。职务侵占的客观行为方式除侵吞外,是否还包括其他方式?除了少数学者主张侵占就是侵吞外,多数学者认为,职务侵占的手段除了侵吞外,还包括盗窃、诈骗和其他手段。具体而言,包括先持有而转为己有和先不持有而通过侵吞、窃取、骗取等方法转为己有的情形。如将自己所占有的单位房屋、设备等财产进行出售、监守自盗、因经手财物后应上交而不上交,以涂改账目、伪造单据等方式骗取财物,滥用发票进行报销或使用虚假发票进行报销、倒卖公司资产、将单位资金擅自借给他人或者存入银行而非法领取利息的行为等。例如,唐某作为某公司的销售员,其以该公司购买钻石的名义通过冒用签名、虚假单据等方式虚报订单数量骗取公司钻石,并私自销售的行为,构成职务侵占罪。

(三)犯罪主体

本罪的主体为特殊主体,即公司、企业或者其他单位的工作人员,但是国有公司、企业或者国有单位中从事公务的人员,以及国有公司、企业或者其他国有单位委派到非国有公司、企业以及其他单位从事公务的人员除外。公司,是指按照公司法的规定设立的有限责任公司和股份有限公司。企业,是指依照我国企业登记法规设立,并以营利为目的的各种经济组织。根据2001年5月23日最高人民法院《关于在国有资本控股、参股的股份有限公司中从事管理工作的人员利用职务便利非法占有本公司财物如何定罪问题的批复》,在国有资本控股、参股的股份有限公司中从事管理工作的人员,除受国家机关、国有公司、企业、事业单位委派从事公务的以外,不属于国家工作人员,对其利用职务上的便利,将本单位财物非法占为己有,数额较大的,应当以职务侵占罪定罪处罚。

其他单位,是指公司、企业之外的其他组织,如村民委员会、居民委员会、医院、学校、文艺单位等。需要强调的是:第一,这里的"其他单位"是被害单位,与刑法中作为犯罪主体的"单位"存在差异。既包括事业单位、社会团体、村民委员会、居民委员会、村民小组、业主委员会等常设性机构,也包括为组织体育赛事、文艺演出或者其他正当活动而成立的组委会、筹委会、工程承包队等非常设性的组织。第二,这里的"其他单位"仅限于合法单位,不包括违法组织。第三,对于具备单位实质特征,只是由于没有依法设立登记或者没有经主管部门依法批准或备案,形式上存在瑕疵的,不影响对其属于"其他单位"的认定。

对于与单位未签订书面劳动合同,但双方实际履行了劳动法规定的权利义务而形成事实劳动关系的人员,应当认定为公司、企业或其他单位的工作人员,可以构成本罪的主体。至于司法实践中仅为用人单位提供特定的劳动服务,通过一事一议的方式获取劳动报酬,不构成事实劳动关系的人员,如临时性搬运、装卸、维修等,由于他们之间属于平等的主体,不存在管理与被管理的关系,不能构成本罪的主体。对于公司、企业或其他单位委托他人从事一定事务的场合,在受托人不属于委托单位的人员的情形下,由于两者之间不存在管理与被管理关系,受托人不能成为职务侵占罪的主体。对于具有合作关系、承包关系、挂靠关系的人员,以及借用单位名义与他人合伙经营的人员,由于不属于该公司、企业或者其他单位的工作人员,不能构成本罪的犯罪主体。

(四)主观方面

本罪的主观方面表现为故意,且必须具有非法占有目的。也就是说,行为人明知是公司、企业或其他单位的财物,而希望通过利用职务之便非法据为己有。因此,本罪只能由直接故意构成,间接故意和过失不能构成本罪。

四、职务侵占罪的追诉标准

2016年4月18日,最高人民法院、最高人民检察院《关于办理贪污贿赂刑事案件适用法律若干问题的解释》第11条第1款规定,《刑法》第271条规定的职务侵占罪中的"数额较大""数额巨大"的数额起点,按照本解释关于受贿罪、贪污罪相对应的数额标准规定的2倍、5倍执行。具体而言,职务侵占罪中数额较大的标准为6万元,数额巨大的标准为100万元,数额特别巨大的标准尚没有司法解释明确规定。

根据2022年4月6日最高人民检察院、公安部《关于公安机关管辖的刑事案件立案追诉标准的规定(二)》规定,实施职务侵占,数额达到3万元,就可以立案追诉。

第二节　职务侵占罪的证据审查

一、犯罪客体证据

本罪侵害的客体是公司、企业或其他单位财物的所有权。在公司、企业或者其他单位管理、使用或运输中的私人财产，也视为上述单位财产。主要通过物证、书证、证人证言等证据，综合证明单位财产性质和被侵占财产数量。

二、客观方面证据

1.犯罪嫌疑人、被告人的供述与辩解。证实：（1）实施侵占行为的时间、地点；（2）实施侵占行为的参与人、经手人；（3）实施侵占行为的方法、手段，是侵吞、窃取、骗取、扣留、私分、隐瞒，还是涂改账目、收入不入账、假发票平账等；（4）实施浸占行为的次数、数额；（5）作案工具的来源、数量、特征、下落；（6）被侵占财物的来源，是本单位账内财物，还是小金库财物；（7）被侵占财物的形式，是现金、支票、有价证券，还是实物，以及实物的特征，包括外部形态、种类（品种）、数量等；（8）具体、详细的犯罪经过，特别是利用职务便利的具体过程；（9）共同犯罪的起意、策划、分工、实施等情况，查明每一个犯罪嫌疑人、被告人在共同犯罪中的地位和作用；（10）侵占行为是否被发现、何时、如何被发现，行为人如何排除单位领导、同事的怀疑；（11）赃款赃物的去向、用途，是用于储蓄、奢侈消费、经营活动，还是赌博、走私等非法活动；（12）被侵占财物的归还情况，案发前是否归还，何时、如何归还，是全部归还还是部分归还，是归还原物还是折抵成人民币，是主动归还还是被追缴。

2.本单位及交易对方单位的领导、财务人员、主管人员、经手人员等证人的证言。证实单位财务被侵吞、窃取、骗取和扣留等情况。具体包括：(1)其与行为人的关系，与指控犯罪相关的经济往来等；(2)行为人的职责范围，以及在犯罪过程中履行职务和利用职务便利的情况，如签字报销、签订合同、收受款物等；(3)款物支出的手段、名义、特征；(4)款物被侵占的时间、数量；(5)单位对被侵占财物的财务记账、平账情况；(6)发现犯罪的经过；(7)行为人如何对侵占行为进行隐瞒、欺骗、辩解；(8)其他相关问题。

3.物证、书证。(1)查获的赃款、赃物，包括财物及股票、债券、存折等有价证券，以及行为人用侵占的款项购买的物品等，证实被侵占财物特征及去向。(2)通过窃取、侵吞等方式侵占单位财物的犯罪现场的指纹、脚印等。(3)书信、日记等，证实行为人实施侵占行为的时间、地点及经过等情况。(4)合同、收据、借条、欠条。(5)用于骗取保险金的保险单、保险理赔协议。(6)单位现金细目账、分类账、库保账、备品账、材料账等账本等。(7)被侵占的单位无形财物，如设计图纸、计算机软件等科技研究成果，专利、商标等知识产权证书、申请书等。(8)证明被侵占的款物属于单位所有或管理、使用的书证材料，如土地使用证书、合同书、付款方的支出凭单、银行票据等。(9)行为人签字或骗取他人签字批准、冒领单位财物的字据、假发票等票据。(10)本单位出具的证明材料，包括职务范围、职责内容、操作规程等，证实行为人具有主管、管理、经手单位财物的职务便利，具体证据如下：①委任书、聘任书、任命文件、会议记录；②劳动合同、聘任合同；③相关财物的支出、收入管理规定、操作流程等。(11)行为人承诺还款的协议、欠条等，佐证犯罪嫌疑人、被告人承认其犯罪行为及后果。

4.鉴定意见。(1)司法会计鉴定意见、审计鉴定意见，证实侵占款物次数、手段、价值等；(2)笔迹鉴定意见，证明行为人侵占的签字笔迹、印鉴等；(3)价格鉴定意见，证实被侵占物品的价值；(4)指纹、脚印等痕迹鉴定意见，证实是否是行为人遗留的。

5.现场勘查笔录、照片，包括窃取、侵吞现场，犯罪工具准备、丢弃的现场，提取物证现场等。

6. 视听资料，包括录音带、录像带、电子数据资料等。

7. 其他证明材料。（1）目击证人辨认犯罪嫌疑人或物证的笔录；（2）犯罪嫌疑人、被告人和证人指认现场笔录；（3）搜查笔录、扣押物品清单及照片，证实查获的作案工具及调取的相关物证；（4）退赃笔录、起赃笔录、收缴笔录；（5）报案登记、立案决定书及破案经过等书证，证实案件来源、侦破经过以及犯罪嫌疑人是否有自首情节等。

通过上述证据的收集和固定，证明犯罪嫌疑人、被告人利用其在公司、企业或者其他单位担任职务所形成的便利条件，将其主管、管理、经手的本单位的财物非法占为己有。

三、犯罪主体证据

本罪主体是特殊主体，包括公司、企业、社会团体及其他单位（含国有独资及国有控股、参股公司企业，人民团体）中非国家工作人员，以及从事法定公务以外工作的村（居）委会、村民小组等基层组织人员。主要证据材料包括：（1）公司、企业的营业执照，事业单位法人证书，社会团体法人登记证书、组织机构代码证、档案机读资料等材料；（2）公司、企业股权情况的公司章程、股东名册、股权登记证明、验资报告、公司设立、变更文件等材料；（3）犯罪嫌疑人任职情况、职责分工、职工登记表、职务证明、会议记录、劳动合同、工资发放记录等材料；（4）单位负责人及相关证人的证言；（5）犯罪嫌疑人关于本人身份、职责的供述；（6）其他有关犯罪嫌疑人主体身份及其实际职务权限的证据材料。

四、主观方面证据

1. 犯罪嫌疑人、被告人的供述和辩解。证实：（1）作案的动机、目的，对后果的认识程度、主动程度。（2）犯罪起意的过程，有无策划、策划的具体内容。（3）共同犯罪的策划、分工的时间、地点、内容以及在策划下各人相对应的犯罪行为，并应查明：①事先有无预谋策划，有无事先或事中达成默契，或者曾多次结伙作案的犯罪分子之间，每次作案前都通过他们之间特定语言、表情、手势等达成默契，形成内容明确的共同侵占故意;②有无持不同意见或反对意见者,以及未表示反对或同意意见者,要重点讯问其在案发前、案发时、案发后的语言、行为;③分赃情况和赃物去向,以此判明各犯罪嫌疑人、被告人的主观目的。(4)行为人挪用本单位资金后是否携款潜逃。

2. 证人证言。(1)行为人所在单位的财务人员、主管人员、经手人员证言,证实发现犯罪的经过、犯罪的手段,以及行为人对侵占行为的隐瞒、欺骗情况,从而反映其主观故意;(2)知情人证言,证实行为人主观上非法占有的目的。

3. 证明行为人非法占有本单位财物的主观目的的其他证据。(1)行为人以自己的名义将赃物出让、出借、出卖、典当的书证,如借据、当票等;(2)相应的受让人、借入人、买受人、典当行营业人员的证人证言;(3)从上述证人处提取的赃物。

4. 其他证据。(1)提取的物证、书证,如被行为人涂改的发票、账本等;(2)收集犯罪嫌疑人、被告人犯罪前科,尤其是同类犯罪前科的证据、社会生活经验、履历方面的证据,此类证据对证明其犯罪后果认知程度和控制能力起到一定的证明作用。

通过上述证据并结合客观方面的有关证据,证明行为人具有侵占本单位财物的直接故意。共同犯罪的,每一行为人都明知自己的行为是共同犯意支配下犯罪行为的组成部分。多人多次系列犯罪的,应注意证明是否存在个别行为人在某一具体犯罪中无共同犯意的情况。尤其是共同挪用资金后个别行为人携款潜逃的,应查明是否具有共同故意。

第三节 职务侵占罪的审查认定与疑难问题处理

一、私营企业能否成为本罪的"单位"

私营企业，是指由自然人投资设立或者由自然人控股、以雇佣劳动为基础的营利性经济组织。对于私营企业能否成为本罪主体，存在不同意见。否定论认为，私营企业是个人投资、经营所得利益归个人所有，其应以个人论，不能成为单位犯罪的主体。① 肯定论认为，既然私营企业是依法成立的经济组织，是企业的一种，就不能否认它是《刑法》第271条中所规定的"单位"。② 对此，笔者认为，私营企业按照该企业组织形式，可以分为独资企业、合伙企业、有限责任公司和股份有限公司，私营企业与其投资者不论从人格上还是财产上都具有一定程度的独立性，部分私营企业可以具备法人资格，其独立程度更高。根据1999年6月25日最高人民法院《关于审理单位犯罪案件具体应用法律有关问题的解释》第1条规定，只有具有法人资格的独资、私营公司、企业、事业单位才是我国刑法中所规定的公司、企业和事业单位。但是，2011年2月15日最高人民法院研究室《关于个人独资企业员工能否成为职务侵占罪主体问题的复函》指出："刑法第三十条规定的单位犯罪的'单位'与刑法第二百七十一条第一款职务侵占罪的单位概念不尽一致，前者是指作为犯罪主体应当追究刑事责任的'单位'，后者是指财产被侵害需要刑法保护的'单位'，责任追究针对的是该'单位'中的个人。有关司法解释之所以规定，不具有法

---

① 参见曹顺民：《论单位犯罪的主体范围》，载《河北法学》1998年第3期。
② 参见郭泽强：《关于职务侵占罪主体问题的思考——以对"利用职务上的便利"之理解为基点》，载《法学评论》2008年第6期。

人资格的独资企业不能成为单位犯罪的主体,主要是考虑这类企业因无独立财产、个人与企业行为的界限无法区分;不具备独立承担刑事责任的能力。刑法第二百七十一条第一款立法的目的基于保护单位财产,惩处单位内工作人员利用职务便利,侵占单位财产的行为,因此该款规定的'单位'应当也包括独资企业。"因此,从更好地保护私营企业主的合法财产权出发,私营企业包括合伙企业、个人独资企业可以成为本罪的"单位"。

二、个体工商户能否成为本罪的"单位"

根据《个体工商户条例》第2条规定,有经营能力的公民,依照本条例规定经工商行政管理部门登记,从事工商业经营的,为个体工商户。个体工商户可以个人经营,也可以家庭经营。有观点认为,尽管个体工商户在民法上的性质属于自然人范畴,但站在刑法的角度,有些个体工商户应属于刑法中的单位。[1]也有观点认为,个体工商户领取的是个体工商户营业执照,在法律地位上,其身份相当于自然人,不是企业。[2]对此,笔者认为,个体工商户在法律性质上属于自然人范畴,在对外活动的名义上和财产的独立性均依附于个人,完全不具有独立性,[3]不管其从业人员多少、经营规模大小不影响其在刑法意义上属于实质的个人,不能作为职务侵占罪的犯罪主体。故个体工商户的雇员、帮工、学徒,利用从业便利,将雇主财物非法占为己有的,可以根据其行为性质,分别以盗窃罪、侵占罪或者诈骗罪等罪名进行处理,而不以本罪论处。

---

[1] 参见孙燕山、张可新:《以非犯罪主体为视角析刑法中的单位》,载李洁等主编:《和谐社会的刑法现实问题》(上卷),中国人民公安大学出版社2007年版,第163页。

[2] 参见王作富主编:《刑法分则实务研究》(中),中国方正出版社2013年版,第1008页。

[3] 参见马克昌主编:《百罪通论》(下卷),北京大学出版社2014年版,第853页。

三、个人合伙能否成为本罪的"单位"

个人合伙，是指两个以上公民按照协议，各自提供资金、实物、技术等，合伙经营、共同劳动。对于个人合伙能否成为职务侵占罪的主体，存在不同意见。一种意见认为，刑法要注重平等保护，尽管个人合伙在民法上属于自然人范畴，但可认定为刑法中的单位。另一种意见认为，个人合伙是特殊的自然人，不是经济实体，没有独立承担法律责任的能力，也不是独立的诉讼主体，不符合单位的本质特征。

针对个人合伙是否属于本罪中的"其他单位"，理论上有争议，司法实践中也有不同认识。多数判例主张，不具有企业组织形式的合伙组织不能以自己名义独立对外承担责任，不属于职务侵占罪的"其他单位"。笔者认为，根据民法典及有关司法解释，个人合伙是非法人组织的一种，按照是否起字号分别以登记的字号或者全体合伙人作为诉讼当事人，负责人或者推举人作为诉讼代表，是一种松散的组织形式。更为重要的是，个人合伙不具有独立的财产和意志，不能独立承担法律责任。因此，不宜将个人合伙作为职务侵占罪的主体。其合伙人非法占有个人合伙财产的，应当以盗窃罪或者侵占罪依法追究刑事责任。

四、临时工、实习生、兼职人员等非正式人员能否成为本罪的主体

判断一个人是否为单位工作人员，实质性的根据是，其是否在单位中具有一定工作职责或者承担一定业务活动，至于是否在用工合同期内属于审查判断其主体身份的形式考察内容。一般而言，对于单位员工不管是合同制人员还是正式聘用的人员，构成职务侵占罪主体没有问题。对于单位的临时工、实习生、兼职人员而言，他们能否成为职务侵占罪的主体，关键在于他们是否在单位中相对独立地对有关财物进行管理和控制，只要他们在单位工作对于特定财物具有一定的管理和控制权，行为人利用这种职务便利将财物非法占为己有的，应当作为职务侵占罪处理。因此，认定是否具有职务上的便利，不能以行为人是正式工、合同工还是临时工为划分标准，而应当从其所在的岗位和所担负的工作看有其有无主管、管理或

者经手单位财物的职责。只要经公司、企业或者其他单位聘用，并赋予其主管、管理或者经手本单位财物的权利，都可以成为本罪的主体。例如，于某某作为物流公司临时工，负责从本单位领出货物并办理托运等发送业务，其在发货时将部分货物取出并占为己有的行为，构成职务侵占罪。如果是利用工作关系形成接近单位财物的方便或条件而窃取财物，则应当作为盗窃罪处理。

五、离职后冒充原单位员工骗取原单位货款行为的认定

对于此问题，要具体问题具体分析。如果行为人离职后单位履行了公示义务，行为人冒充原单位职工骗取原单位货款的行为，一般应认定为诈骗罪。但是，如果原单位没有有效解除行为人的职务或者履行公示义务，客户单位作为善意第三人有充分理由相信基于表见代理情形的合理信赖而上当受骗，行为人的行为可以作为职务侵占罪处理。例如，王某从某保险公司离职后，保险公司尽管与其解除了保险代理合同，但并未收回空白合同、保单、收据等单据，后王某隐瞒自己被保险公司解除这一事实，继续持保险公司单据收取投保人保费数万元，其行为应作为职务侵占罪处理。

六、股权能否成为本罪的犯罪对象

司法实践中，大量存在伪造公司股东会决议和股权转让协议，通过虚假资料骗取工商变更股权登记，侵占他人股权的行为。对于这种行为，应当如何处理，司法实践中争议较大。有观点认为，股权所对应的是股东的财产，股权丧失对于股东而言意味着财产的失去。因此，股权也应当成为本罪的财物范围。对此，2005年6月24日，公安部经侦局《关于非法占有他人股权是否构成职务侵占罪的工作意见》规定："对于公司股东之间或者被委托人利用职务上便利，非法占有公司股东股权的行为，如果能够认定行为人主观上具有非法占有他人财物的目的，则可对其利用职务便利，非法占有公司管理中的股东股权的行为以职务侵占罪论处。"2005年12月1日，《全国人民代表大会常务委员会法制工作委员会对关于公司人

员利用职务上的便利采取欺骗手段非法占有股东股权的行为如何定性处理的批复的意见》规定:"据刑法第九十二条的规定,股份属于财产。采用各种非法手段侵吞、占有他人依法享有的股份,构成犯罪的,适用刑法有关非法侵占他人财产的犯罪规定。"

另有观点认为,股权说到底还是归属于特定股东,即出资人个人的财产权益,其本质上不是抽象的公司财物。无论股东之间的股权如何进行转移,公司的出资总额、资产总量都不会减少,受到损害的只能是特定股东的出资者权益。转移其他股东的股权说到底侵占的也是他人的财物,而非本单位财产,行为人的行为不是职务侵占行为。如果一定要定罪,可以作为侵占罪处理。由于《刑法》第270条规定的侵占罪属于自诉案件,按照刑法的谦抑性原则,对于侵占其他股东的行为不以犯罪论处,通过民事诉讼解决也不失为一种妥当的处理方式。①

笔者倾向认为,财物包括财产性利益,股权是典型的财产性利益。股权,是指股东基于其出资在法律上对公司所享有的权利。如果非法将他人的股权转移到自己名下,使他人在法律上丧失了股权,原股权所有人自然就失去了对其原股权名下财产行使占有、使用、收益和处分的任何一项权利,其财产性利益就会受损。同时,按照公司法的基本原理,股东个人将资产交给公司后,该资产与股东个人脱离,股东个人不再对该资产享有支配权,而公司作为具有虚拟人格的法人实体,对股东的财产享有独立的支配权。对于受公司管理和支配的股权,应视为公司财物,故侵吞他人股权就是侵占公司财物。根据最高人民法院、最高人民检察院《关于办理国家出资企业中职务犯罪案件具体应用法律若干问题的意见》第1条的规定,国家工作人员在国家出资企业改制过程中故意通过低估资产、隐瞒债权、虚设债务、虚构产权交易等方式隐匿公司、企业财产,转为本人持有股份的改制后公司、企业所有,应当依法追究刑事责任的,以贪污罪定罪处罚。在我国公司制度不完善的情况下,将股权纳入财物的范畴应有利于保护股东个人的财产权益,维护公司法律制度的良性发展。行为人利用职务上的便利,将公司或者其他股东持有的股份据为己有的,应当作为职务

---

① 参见周光权:《职务侵占罪客观要件争议问题研究》,载《政治与法律》2018年第7期。

侵占罪处理。

七、关于股东侵占自己出资公司财产的处理

根据《公司法》的规定，在出资后股东的出资已经属于公司所有，不再是股东的个人财产，一般情况下，股东侵占自己出资公司财产的行为可能涉嫌职务侵占罪。例如，将公司财产用于偿还本人或者本人控制公司所欠债务，损害了公司、其他股东或者债权人的合法利益，涉嫌构成职务侵占罪。但是，在有证据证明行为人将该财物用于公司相关经营活动的，不宜作为犯罪处理。另外，在公司财产事实上属于该股东全部出资或者实际控制的场合，由于该股东对公司财产的处置实质上是对自己财产的处分行为，没有侵犯其他股东的合法权益，尽管该行为确实违反了公司法的有关管理规定，但考虑到该行为不具有刑法上的危害性，不宜作为犯罪处理。

八、关于一人公司中侵占公司财产行为的处理

针对一人公司中侵占公司财产行为的处理，有观点认为，行为人作为一人公司的实际出资人、控制人，也是最终受益人，其侵占公司财产对股东本身的利益虽然没有损害，但将导致债权人在主张权利时失去支撑，侵害了债权人的合法权益，应当以职务侵占罪处理。对此，在判断一个行为是否构成犯罪时，除了需要考虑行为是否符合刑法分则规定的具体犯罪构成要件外，还应当从实质上判断行为是否侵害了刑法所保护的法益。行为人侵占一人公司财产的行为，尽管会侵犯到公司外部债权人的合法权益，但完全可以通过适用公司法中的公司人格否认制度予以救济，没有必要作为犯罪处理。特别是在一人公司中，当公司财产与个人财产或者家庭财产混同时，行为人将公司财产当作个人财产处置的行为，虽然有违反财经管理制度，但最终涉及的是行为人的自身利益，既很难认定行为人主观上具有非法占有公司财产的故意，又不具有刑法意义上的社会危害性，不作为犯罪处理更符合社会公众的朴素法律情感。

九、关于夫妻中的一人转移侵占"夫妻公司"财产的处理

司法实践中,出现了大量只有夫妻二人为股东,或者尽管股东多人、但实质出资只有夫妻二人的"夫妻公司",对于夫妻中的一人转移侵占公司财产的行为,应当如何处理存在争议。笔者认为,应当具体问题具体分析。对于依法成立、公司治理结构完善的夫妻公司,由于在公司设立时明确了夫妻财产及各自投资比例,公司经营中公司财产独立于夫妻共同财产,对于夫妻中的一人利用职务上的便利,将公司财产非法占为己有,没有用于夫妻共同生产经营或者生活的,应当以职务侵占罪处理。对于公司治理结构不完善,公司财产与夫妻或者家庭财产混同,不能证明公司财产独立于夫妻财产的公司,如果夫妻一方利用职务便利将本公司财产非法占为己有的,不宜作为职务侵占罪处理。例如,张某与其妻注册成立了某公司,作为公司的法人代表,张某在公司经营中,利用职务上的便利将公司的货款收回后未入账,而是将该笔款项用于偿还筹建公司所欠债务,本质上没有侵犯公司的根本利益,也没有侵犯其他股东的利益,不应作为职务侵占罪处理。

十、村民小组成员非法侵占土地征用补偿费的认定

《中华人民共和国村民委员会组织法》第 2 条规定,村民委员会是村民自我管理、自我教育、自我服务的基层群众性自治组织,根据 2000 年 4 月 29 日第九届全国人民代表大会常务委员会第十五次会议通过的《关于中华人民共和国刑法第九十三条第二款的解释》,其成员协助人民政府从事救灾、土地征收、征用补偿等特定事项的管理工作,属于从事公务的人员。司法实践中,协助人民政府从事土地征收和费用补偿管理事务是指,协助政府开展核准、测算以及向土地征用方发放补偿费用等,这些工作主要是补偿款发放之前的协助统计、登记、上报以及核实、发放补偿款等。在该补偿款由政府拨付至村组账户后,该补偿款已经成为村组集体财产,由村民小组决定补偿款的发放工作。此时,村民委员会成员的行为不是协助政府从事土地征收和费用补偿等公务行为,而是处置集体资产的行为。对于村民小组成员利用职务便利,将村民小组集体财产非法占为己

有，数额较大的行为，构成职务侵占罪。

十一、个人账户与公司账户混同时如何认定

司法实践中，有些行为人将个人账户用于公司经营，有的将公司账户用于个人使用，在账户、资金混同的情况下，如何判断行为的性质？笔者认为，在个人账户与公司账户混同的情况下，要根据款项的具体流向、途径区分行为性质。一是当公司账户资金进入个人账户，如果该资金用于公司生产经营活动，行为人的行为不能作为犯罪处理，如果有证据证明行为人将进入个人账户的公司资金非法占为己有，则构成职务侵占罪。二是当个人资金进入公司账户，如果确有证据证明行为人从公司账户提取的资金来源于本人自有资金，则不能作为犯罪处理；明显超出本人自有资金范围的，则应作为职务侵占罪处理。对于没有证据证明行为人从公司账户提取的资金来源于公司资金时，从有利于犯罪嫌疑人角度出发，不宜将这种行为作为职务侵占罪处理。三是行为人将通过虚报冒领等方式本人应当支付的费用在公司账户进行报销的，应作为职务侵占罪处理。

十二、客观行为认定中的疑难问题处理

结合司法实务经验，对于下列情形，不能认定行为人具有非法占有本单位财物的行为：

1. 行为人作为本单位的员工，没有利用本单位的职务便利或者因工作获取的资源条件，而是利用自身关系、自愿或者借用其他单位的名义与本单位进行正常交易获取货款或者受益的行为，不属于职务侵占行为。

2. 鉴定意见和会计账本显示，行为人为单位支出的费用或者为未入账支出大于非法侵占本单位财物数额的，不能认定行为人具有侵占单位财物的行为。

3. 行为人虽名义上属于本单位的法定代表人或者管理者，但未实际参与公司运营，现有证据证明其不存在组织、指使、教唆、参与他人侵占公司财物的行为，不能作为职务侵占罪处理。

4. 在行为人接受一人公司雇佣的场合，行为人以非法占有为目的，

内外勾结，通过秘密手段窃取他人财产的行为，应当作为盗窃罪处理。

5. 被害单位没有损失，或者现有证据无法证明被害单位有财产损失的，根据存疑有利于被告原则，不能认定行为人的行为构成职务侵占罪。

十三、主观故意认定中的疑难问题处理

本罪的主观故意表现为：明知是公司、企业或其他单位的财物，而希望通过利用职务之便非法据为己有。在下列情形中，不能认为行为人具有非法占有的主观故意：

1. 行为人通过发包等方式来清偿其经手为被害人单位支出所垫付的各种款项，不能认定其具有犯罪故意。

2. 犯罪嫌疑人与本单位存在债务纠纷，行为人占有本单位财物是为了以此寻求解决纠纷的途径和机会，则不宜一律认定行为人具有非法占有目的和故意。

3. 行为人所涉案资金用于公司正常业务，没有非法占为己有的，不能认定其主观上具有非法占有故意。

4. 现有证据不能证明行为人具有非法占有单位财物的主观故意，根据疑点利益归属于被告原则，不能认定行为人具有犯罪故意。

十四、职务侵占罪与不合规行为的界限

要严格区分职务侵占与不合规行为的界限，对于经过公司、企业或者单位主要负责人批准、同意、默许，而报销费用等处置单位财物的行为，即使该行为可能违反行政法规或者公司内部有关管理制度，一般也不宜作犯罪处理。如村民委员会成员未经村民会议或村民代表会议决定，擅自给自己发放奖金、补助的行为。单位员工因薪酬纠纷等原因而擅自截扣公司款项或者财物，如果确实存在薪酬纠纷，且行为人扣押的公司款项或财物没有明显超出纠纷款项必要范围，行为人不具有非法占有目的和故意，不宜作为犯罪处理。有证据证明公司股东间存在经济纠纷未解决，部分股东通过暂时占有公司设备、应收款项等的行为，如果有证据证明行为人告知了其他股东，并没有逃避和隐瞒公司债权债务，所占有的纠纷财产

数额没有明显超出纠纷数额，不宜作为职务侵占罪处理。

十五、职务侵占罪与其他犯罪的区分

（一）与盗窃罪的区分

职务侵占罪与盗窃罪、诈骗罪都是财产犯罪，主观上都具有非法占有目的，都侵犯了公私财产所有权，甚至某些时候在行为手段上也存在混同。它们之间的主要区别在于：

1. 犯罪主体不同。职务侵占罪的主体是特殊主体，即必须是公司、企业或其他单位的人员，但是国有公司、企业或其他单位中从事公务的人员和国有公司、企业或其他国有单位委派到非国有公司、企业以及其他单位从事公务的人员除外。盗窃罪、诈骗罪的犯罪主体是一般主体，凡是年满16周岁、精神正常的自然人都可以成为两罪的犯罪主体。

2. 犯罪对象不同。职务侵占罪的对象仅限于本单位财物，或者在本单位管理、使用或者运输的非本单位财物。盗窃罪、诈骗罪对犯罪对象没有限制，任何公私财物都可以成为两罪的犯罪对象。

3. 犯罪手段不同。职务侵占罪的犯罪手段多种多样，包括侵吞、窃取、骗取和其他手段。盗窃罪表现为秘密窃取，诈骗罪表现为通过虚构事实、隐瞒真相的方法，让他人产生错误认识进而处分财产，取得他人财物。

4. 是否要求利用职务上的便利不同。职务侵占罪要求行为人将本单位财物非法占为己有的过程中必须利用了职务上的便利条件，这也是本罪与盗窃罪、诈骗罪区分的关键因素。盗窃罪和诈骗罪的实施与职务无关。

（二）与侵占罪的区分

职务侵占罪又称业务侵占罪，是一种特殊的侵占行为，职务侵占罪与侵占罪都是背信罪，都以非法占有为目的，都可以表现为变合法占有为非法所有的行为。两者的区分关键在于：

1. 犯罪主体不同。职务侵占罪的主体是特殊主体，即必须是公司、企业或其他单位的工作人员，但是国有公司、企业或其他单位中从事公务的人员和国有公司、企业或其他国有单位委派到非国有公司、企业以及其他单位从事公务的人员除外。侵占罪的主体是一般主体，即年满16周岁，具有刑事责任能力的自然人。

2. 犯罪对象不同。职务侵占罪的犯罪对象是本单位的财物，而侵占罪的犯罪对象是代为保管的他人财物、遗忘物和埋藏物。

3. 犯罪方式不同。职务侵占罪的行为方式表现为侵吞、窃取、骗取等多种方法，而侵占罪的行为方式表现为非法占为己有，拒不退还或者交出。

4. 实施犯罪的前提不同。职务侵占罪要求行为人必须利用职务上的便利，如果行为人无职务可用或虽有职务之便却未曾利用，都不构成职务侵占罪。侵占罪要求行为人占有他人财物的前提事实必须是合法的，在此之后实施了变合法占有为非法所有的行为。

第四节 职务侵占罪的量刑

一、量刑起点及基准刑

（一）量刑起点

构成职务侵占罪的，根据下列情形在相应的幅度内确定量刑起点：

1.达到数额较大起点的，在一年以下有期徒刑、拘役幅度内确定量刑起点。

2.达到数额巨大起点的，在三年至四年有期徒刑幅度内确定量刑起点。

3.达到数额特别巨大起点的，在十年至十一年有期徒刑幅度内确定量刑起点。依法应当判处无期徒刑的除外。

（二）基准刑

在量刑起点的基础上，根据职务侵占数额等其他影响犯罪构成的犯罪事实增加刑罚量，确定基准刑。

构成职务侵占罪的，根据职务侵占的数额、危害后果等犯罪情节，综合考虑被告人缴纳罚金的能力，决定罚金数额。

构成职务侵占罪的，综合考虑职务侵占的数额、手段、危害后果、退赃退赔等犯罪事实、量刑情节，以及被告人主观恶性、人身危险性、认罪悔罪表现等因素，决定缓刑的适用。

二、量刑情节的适用

(一) 基准刑的增加

有下列情形之一的(已确定为犯罪构成事实的除外),可以适当增加基准刑:(1)职务侵占行为严重影响生产经营或者造成其他严重损失或者影响恶劣的;(2)职务侵占用于预防、控制突发传染病疫情等灾害款物的;(3)多次实施职务侵占行为的;(4)职务侵占行为发生在工程建设、土地出让、产权交易、医药购销、政府采购、资源开发和教育、经销、金融等领域的;(5)在企业改制、破产、重组过程中实施职务侵占的;(6)职务侵占救灾、抢险、防汛、防疫、优抚、扶贫、移民、救济、捐助、社会保险、教育、征地、拆迁等专项款项和物资的;(7)职务侵占的款项用于非法经营、走私、吸毒、赌博、行贿等违法犯罪活动的;(8)其他可以增加基准刑的情形。

(二) 基准刑的减少

有下列情形之一的,可以适当减少基准刑:(1)积极退赃退赔的;(2)犯罪嫌疑人、被告人认罪悔罪、自愿认罪认罚的;(3)犯罪分子及其亲友自行挽回经济损失,或者愿意代犯罪嫌疑人赔偿经济损失的;(4)与被害单位达成和解谅解的;(5)具有自首、坦白、立功等法定从宽处罚情节的;(6)其他可以减少基准刑的情形。

第五节　职务侵占案件与民营企业的保护

一、落实中央和最高人民检察院保护民营企业合法权益的要求

《宪法》第11条规定："在法律规定范围内的个体经济、私营经济等非公有制经济，是社会主义市场经济的重要组成部分。国家保护个体经济、私营经济等非公有制经济的合法的权利和利益。国家鼓励、支持和引导非公有制经济的发展，并对非公有制经济依法实行监督和管理。"2018年11月1日，中央召开民营企业座谈会。习近平总书记指出，非公有制经济在我国经济社会发展中的地位和作用没有变！我们毫不动摇鼓励、支持、引导非公有制经济发展的方针政策没有变！我们致力于为非公有制经济发展营造良好环境和提供更多机会的方针政策没有变！民营经济是我国经济制度的内在要素，民营企业和民营企业家是我们自己人。民营经济是社会主义市场经济发展的重要成果，是推动社会主义市场经济发展的重要力量，是推进供给侧结构性改革、推动高质量发展、建设现代化经济体系的重要主体，也是我们党长期执政、团结带领全国人民实现"两个一百年"奋斗目标和中华民族伟大复兴中国梦的重要力量。在我国经济发展进程中，要不断为民营经济营造更好发展环境，帮助民营经济解决发展中的困难，变压力为动力，让民营经济创新源泉充分涌流，让民营经济创造活力充分迸发。

近年来，高检院高度重视服务保障企业发展，制定了一系列检察政策指引，采取了一系列有针对性的举措。2018年底，为深入学习贯彻习近平总书记在民营企业座谈会上的重要讲话精神，总结司法实践经验，梳理归纳了11项具体检察政策，指导检察机关依法妥善办理涉民企案件。

2020年7月,制定发布《关于充分发挥检察职能服务保障"六稳""六保"的意见》,提出的37项具体检察政策中,有22项回应的是企业复工复产的司法需求。针对侵犯企业权益、影响企业发展的执法司法突出问题,部署开展了多个专项监督工作:2019年6月,部署开展涉民营企业案件立案监督和羁押必要性审查专项活动,重点监督纠正以刑事手段插手经济纠纷,以及对涉罪民营企业负责人超期羁押或久押不决情况;2019年10月,组织开展对既未撤案又未移送审查起诉、长期搁置的"挂案"进行专项监督,让涉案企业放下包袱、放手经营;2020年又部署涉非公经济控告申诉案件专项清理。通过这些政策指导和工作部署,检察机关服务企业发展取得积极成效。

要落实中央和宪法关于保护民营经济合法权益的要求,检察机关要立足自身法律监督职能,在以下方面做实做细:一是要坚决惩治侵犯企业家人身、财产权利的刑事犯罪。从检察机关办理的案件看,有的市场主体特别是民营企业、个体工商户整体防范能力相对较弱。有的黑恶势力犯罪团伙以暴力、胁迫等方式收取"保护费",欺行霸市、强买强卖;有的盗窃、抢夺、哄抢企业财物;有的企业员工利用职务便利,侵占、挪用企业财产,收受贿赂损害企业利益。检察机关要亮出法律的"利剑",充分履行批捕、起诉职能,依法严惩。尤其要结合开展扫黑除恶专项斗争,从严惩治欺压企业的黑恶犯罪团伙,让企业家能安心经营、专心创业。二是要依法惩治破坏市场经济秩序、侵犯企业权益的经济犯罪、职务犯罪。要突出惩治金融诈骗、合同诈骗、侵犯知识产权、商业贿赂犯罪,以及串通投标、强迫交易、垄断经营、故意损害商业信誉等犯罪,促进企业公平竞争,支持企业技术创新。要依法严惩国家机关工作人员滥用职权、玩忽职守、徇私舞弊等严重损害企业合法权益的职务犯罪,促进形成"清亲"新型政商关系。三是要以持续抓好"挂案"清理和涉非公经济控告申诉案件专项清理为抓手,加强对涉企诉讼活动的法律监督,营造公正司法环境。对各方面反映强烈的以刑事手段插手经济纠纷问题,要重点监督,坚决防止将经济纠纷当作犯罪处理,坚决纠正以羁押手段逼还民事债务的行为。对市场主体涉产权的刑事、民事申诉,要及时、优先办理,严格依法律和政策提出审查处理意见;确有错误的,坚决启动纠错程序,促进依法纠正。四是准确把握涉企案件司法政策界限,提升服务企业发展效果。各级检察机关要严把事实关、证据关、法律适用关，正确区分涉企案件罪与非罪、此罪与彼罪、一罪与数罪的界限，在办案中依法采取更加灵活务实、及时高效的司法措施。比如，要正确区分正当融资行为与非法集资犯罪。对于民营企业非法吸收公众存款，主要用于正常的生产经营活动，能够及时清退所吸收资金的，可以不起诉；情节显著轻微的，不作为犯罪处理。对民营企业的融资行为，只有证据证明确系以非法占有为目的的，才能以集资诈骗罪认定。又比如，被索贿、没有谋取不正当利益的依法不按犯罪处理，对因正常经营活动而涉嫌行贿，积极配合调查、认罪认罚的，依法从宽处理。再比如，要严格把握涉企业生产经营、创新创业的新类型案件的法律政策界限。对于企业创新产品与现有国家标准难以对应的，应当深入调查，进行实质性评估，商请有关部门研究认定产品属性和质量，防止简单化"对号入座"，以生产、销售伪劣产品定罪处罚。五是慎用财产强制措施和慎重把握逮捕起诉标准。一方面，依法审慎适用强制措施，禁止超标的、超范围查封、扣押、冻结涉案财物，最大限度减少司法活动对涉案民营企业正常生产经营活动的不利影响。要加强与公安、法院、金融监管等部门的协作配合，依法及时追缴、发还涉案财产，防止因强制措施适用不当、财产返还不及时而导致民营企业资金链、物流链、产业链中断的情况发生。另一方面，严格把握逮捕起诉条件，结合犯罪性质、危害后果、情节、认罪认罚等进行综合判断。对涉嫌犯罪的民营企业所有者、经营者、实际控制人、关键岗位的技术人员和管理人员涉嫌犯罪的，综合考虑其主观故意、危害后果、违法情节，对自愿认罪认罚、无社会危险性的，要在法律限度内适当倾斜，能不捕的不捕，能不诉的不诉，能判缓刑的依法提出适用缓刑的建议。对涉民营企业的羁押案件，坚持每案必审，能不羁押的尽量不羁押，坚决纠正超期羁押或者久拖不决，对羁押中需要处理生产经营活动紧急事务的，根据案件办理情况为当事人提供适当便利方式。

二、积极探索推动企业合规制度建设

目前，合规管理、财物管理和业务管理是企业管理的三大支柱，成为公司治理结构的重要组成部分。① 近年来，企业合规问题已经引起法学和实务的密切关注。越来越多的跨国企业都将合规计划纳入企业管理的有机组成部分，一些国际组织，也通过国际公约方式，将其企业合规方案的最低标准推向全世界。我国企业的刑事合规意识普遍需要增强，很多企业及其负责人还未能认识到，刑事合规管理对于规范经营活动和预防刑事犯罪风险的重要性。中兴通讯事件暴露出中国企业管控合规风险的能力滞后、企业合规管理体系存在明显漏洞。我国金融监管机构和国资管理部门也都通过了多份合规指南或者合规指引，引导国有企业建立并完善合规机制。2018 年 7 月 1 日生效的《合规管理体系指南》指出："合规意味着组织遵守了法律法规及监管规定，也遵守了相关标准、合同、有效治理原则或道德准则。"

　　近年来，企业和企业家犯罪一直处于高发态势，刑事法律风险正在成为企业发展的重大风险，一旦触犯法律，轻则元气大伤，重则破产倒闭，我国原有的刑事司法理念中重打击轻保护，没有合理区分企业经营者、管理者的责任与企业责任，特别是对于涉罪企业的挽救、改造、合规建设、督促、基础发展重视不够，容易导致涉罪企业失去社会信用，失去融资机会，严重者甚至因涉罪而垮掉。我国传统的企业犯罪刑事责任责任理论不管是替代责任理论还是双罚制存在明显不足，企业一旦涉罪判刑，不仅承担巨额的财产损失，还可能因为犯罪带来的附随后果而导致企业一蹶不振，等于企业判处了"死刑"。② 目前，不少专家学者提出要对现行刑事诉讼制度进行改革，通过引入域外"暂缓起诉制度"并进行改造，作为企业刑事合规激励措施，促进国内企业搭建刑事合规体系，避免对涉罪企业刑事追诉引发的负面效应，加大保护市场主体，推动中国企业走向全球。浙江、江苏等地检察机关已经在积极探索在现行刑事诉讼制度框架内将刑事合规引入司法实践的可行路径。有的检察机关采取由设案企业出具合股承诺书，检察机关结合案情对且作相对不起诉处理的方式，同时要求企业信守合规承诺，并对企业日后的合规体系搭建、合规经营提出具体整改建议。有的检察机关则通过实地走访，听取企业、行业相关人员意见，

---

① 参见陈瑞华：《企业合规基本理论》，法律出版社 2020 年版，第 5 页。
② 参见孙国祥：《刑事合规的理念、机能和中国的构建》，载《中国刑事法杂志》2019 年第 2 期。

查阅企业管理制度,结合案件情况作出不起诉决定,同时提出检察建议,引导企业合规经营。应该说,上述探索都是在法律范围内的有益举措,对于推动我国企业建立完善刑事合规管理制度,弥补传统刑法对于企业犯罪的缺陷具有重大意义。在当前保护主义上升、世界经济低迷、全球市场萎缩的外部环境下,中国企业特别是涉外企业要想在对外开放中实现更好发展,就需要顺应国际潮流,加快建立健全刑事合规制度。检察机关作为法律监督机关,要在做好指控证明犯罪的同时,积极参与社会治理,助力各类企业依法开展刑事合规管理。要认真落实"谁执法谁普法"的普法责任制,落实检察官以案释法制度,结合办理的案件,深入分析发案原因和制度、管理漏洞,积极向企业提出检察建议,加强警示教育、法治宣传,促进企业及企业人员尊法学法守法用法,帮助企业建立完善规章制度,既依法办事、规范经营,又提高自我保护意识,有效防控重大法律风险,提高企业经营管理法治化水平。为此,笔者建议,要高度重视企业合规体系建设,进一步在立法上明确企业合规建设的基本原则、适用条件和程序,倒逼企业特别是民营企业主动完善治理结构,建立健全合规体系,通过建立企业合规的刑事激励机制,促进企业稳健发展。司法机关在办理涉企业案件时,把企业合规作为定罪和量刑的重要考虑因素。同时,建立完善企业刑事合规不起诉制度,对于轻微的企业犯罪,可以规定一定期限的合规考察期,约定具体的刑事合规整改计划和方案,并根据整改内容完成与否决定对企业作出不起诉决定,助推中国企业提升国际竞争力。

三、积极落实少捕慎诉慎押刑事司法政策

法治是最好的营商环境。企业是经济活动的主要参与者、就业机会的主要提供者、技术进步的主要推动者,在经济发展中发挥着十分重要的作用。企业发展离不开良好的法治环境。检察机关作为国家的法律监督机关,要把服务保障企业发展作为义不容辞的政治责任和法律义务,通过不断更新理念、强化措施,充分履行检察职责,努力为企业发展营造良好的法治环境。

改革开放以来,我们国家社会治安持续稳定,刑事案件结构发生重大变化,严重暴力性等重罪案件持续下降,轻微刑事案件持续上升。检察

机关要适应刑事案件结构变化的实际，进一步转变办案观念，切实树立少捕慎诉慎押的理念，最大限度减少社会对立面，厚植党的执政根基。

　　落实这一理念在服务企业发展中尤为重要。企业负责人、经营者、管理者和骨干经营技术人员如果涉嫌犯罪被逮捕、起诉，对企业的经营发展影响很大。因此，检察机关在办理涉企案件时，要格外注意落实少捕慎诉慎押理念，能不捕的不捕，能不诉的不诉，能不判实刑的就提出适用缓刑量刑建议。在审查批捕环节，要注重将犯罪嫌疑人认罪认罚、积极复工复产、开展生产自救、努力保就业岗位作为审查判断有无社会危险性的重要考量因素。逮捕后也要根据案件进展及时进行羁押必要性审查，符合条件的建议释放或变更强制措施，防止"一押到底"。对于涉案企业负责人认罪认罚的，应当综合考虑其社会危害性、主观恶性、再犯可能性以及市场主体保护和发展的现实需要，充分运用不起诉裁量权，避免"入罪即诉"。同时，对那些无视法律法规，严重破坏市场公平竞争秩序、肆意围猎国家工作人员的企业人员犯罪，也要依法从严追究，既防止因惩罚不到位而引发"破窗效应"，本身也是依法为民营企业发展营造平等、良好环境。

第六节 相关案例评析

一、刑事审判参考案例

（一）罗辉、王凌云等侵占案（《刑事审判参考》指导案例第21号）

【要旨】对于有身份的人利用职务便利勾结单位之外无身份的人实施侵占本单位财务行为的，对于有身份的人应当认定为职务侵占罪。公司职员利用职务之便，内外勾结骗取公司代管的客户保证金的行为，构成职务侵占罪。

（二）董佳、岑炯等伪造有价票证、职务侵占案（《刑事审判参考》指导案例第231号）

【要旨】伪造的东方明珠广播电视观光塔观光券，应当认定为有价票证。以非法占有为目的，利用职务上的便利出售伪造的观光券行为，构成职务侵占罪。

（三）于庆伟职务侵占案（《刑事审判参考》指导案例第235号）

【要旨】认定是否具有职务上的便利，不能以行为人是正式工、合同工还是临时工为划分标准，应当从其所在的岗位和所担负的工作上看其有无主管、管理或者经手单位财物的职责。只要经公司、企业或者其他单位聘用，并赋予其主管、管理或者经手本单位财物的权力，无论是正式职工还是合同工抑或者临时工，都可以成为职务侵占罪的主体。经公司正式聘用并赋予其主管、管理或者经手单位财物权利的临时工，可以成为职务侵占罪的主体。

（四）林通职务侵占案（《刑事审判参考》指导案例第 247 号）

【要旨】当名义职务与实际职务范围不一致时，应以实际职务范围为标准判断行为人是否利用了职务之便。没有经手单位财物的职权，但单位违规授权使行为人实际上具有经手财物的职权，其利用该实际职权，侵吞单位财产的，应以职务侵占罪论处。

（五）张珍贵、黄文章职务侵占案（《刑事审判参考》指导案例第 274 号）

【要旨】国有单位基于劳务合同所聘用人员，不是平等主体之间基于信任或者合同等其他关系而作出的委托，而是国有公司对内部工作人员的安排，其所从事的活动属于劳务活动，不具有管理、经营性质，不属于受委托管理、经营国有财产的人员。利用在工作过程中形成对本单位环境及人员较为熟悉的有利条件不能视为职务便利，但职务不限于经营、管理活动，还包括劳务活动，利用本人在本单位从事劳务的便利条件，也属于利用职务便利。

（六）张建忠侵占案（《刑事审判参考》指导案例第 318 号）

【要旨】在刑法意义上，个体工商户是实质的个人，而不是企业或者单位，故个体工商户所聘的雇员、帮工、学徒，无论其称谓如何，均不能称谓职务侵占罪对主体。个体工商户雇员将代为保管的户主财产占为己有，数额较大，拒不退还的，构成侵占罪。

（七）贺豫松职务侵占案（《刑事审判参考》指导案例第 452 号）

【要旨】临时聘用人员利用自己当班管理、经手单位财物的职务之便，窃取本单位财物数额较大的，构成职务侵占罪。

（八）王一辉、金珂、汤明职务侵占案（《刑事审判参考》指导案例第 461 号）

【要旨】网络游戏中的"武器"及"装备"是计算机软件运行后生成的结果，是一种虚拟财产，其在虚拟环境中的作用决定了其可以被人占有、使用等，但游戏玩家要取得虚拟财产除了花费时间外，还必须付出一定的费用，如购买游戏点卡的费用、上网费等，同时该虚拟财产通过现实中的交易能转化为货币，因为虚拟财产既有价值，又有适用价值，具有现实财产的属性。网络公司职员利用职务上的便利，在设定的游戏角色身上，通过修改数据生成极品"武器、装备"出售给其他玩家进行获利的，应以职务侵占罪处理。

（九）虞秀强职务侵占案（《刑事审判参考》指导案例第484号）

【要旨】公司职员利用代理公司业务的职务便利，将依据合法、有效的合同取得的财物非法占为己有，数额较大的，应以职务侵占罪处理。

（十）刘宏职务侵占案（《刑事审判参考》指导案例第516号）

【要旨】评判一个人是否属为单位工作人员，实质性的依据是其是否在单位中具有一定工作职责或者承担一定业务活动，至于是否与用工单位签订了用工合同，以及是否在用工合同期内只是属于审查判断其主体身份的形式考查内容。对于单位员工的犯罪行为发生在其用工合同到期之后，但案发时该职员仍在实际行使对单位财物的管理职权，并利用职务便利侵占单位财物数额较大的，应以职务侵占罪论处。

（十一）钱银元贪污、职务侵占案（《刑事审判参考》指导案例第642号）

【要旨】村基层组织人员以村集体的名义，处理村集体组织事务的，不属于从事公务，不应以国家工作人员论。将集体土地出租给用地单位并收取租金，后该土地归国有，村民委员会将拥有使用权的该宗土地继续出租，并增收租金，其行为始终属于从事村务性质。被告人利用职务便利，将集体收取的土地租金非法占为己有，构成职务侵占罪。

（十二）曹建亮等职务侵占案（《刑事审判参考》指导案例第872号）

【要旨】村民委员会成员不是协助人民政府进行土地征用补偿费的管理，不能认定为国家工作人员。在土地征用补偿费用到位后，村民委员会成员将其非法侵吞的，不成立贪污罪，应认定为职务侵占罪。

(十三) 李培光贪污、挪用公款案（《刑事审判参考》指导案例第 1014 号）

【要旨】被告人职权的变动并未经负有管理、监督国有资产职责的组织批准或者研究决定，其所从事的工作也并非代表国有投资主体在国有出资企业中从事公务，因此，不能认定被告人为国家工作人员。

(十四) 谭世豪职务侵占案（《刑事审判参考》指导案例第 1137 号）

【要旨】非国家工作人员利用本单位业务合作方的收费系统漏洞，截留本单位受托收取的业务合作方现金费用的行为，成立职务侵占罪。

(十五) 赵玉生、张书安职务侵占案（《刑事审判参考》指导案例第 1138 号）

【要旨】村基层组织人员应当但又不限于村民委员会人员，村民小组组长根据其从事事务性质的不同，可以分别认定为国家工作人员或者自治组织人员。村民小组组长如果从事特定公务，和村民委员会成员一样，属于"其他依照法律从事公务的人员"。村基层组织人员在发放村民小组集体土地征用补偿费过程中，将财产非法占为己有的，由于其行为不属于协助政府从事特定公务，故成立职务侵占罪。

二、其他案例

(一) 林连枝职务侵占案（《人民法院案例选》2006 年第 4 辑）

【要旨】村民委员会等自治组织也属于刑法意义上的单位。村民委员会等村基层自治组织人员在履行集体管理事务中，利用职务上的便利，将集体财产占为己有的，应以职务侵占罪论处。

(二) 石锡香等职务侵占案（《人民法院案例选》2009 年第 1 辑）

【要旨】国有事业单位改制为国有控股事业单位后，原来从事公务的人员，继续在原岗位从事公务，如与国有事业单位不具有委派关系，其利用职务上的便利，将本单位财物非法占为己有，不构成贪污罪，应以职务侵占罪论处。

第七节 相关法律规定

一、刑法

第二百七十一条 公司、企业或者其他单位的工作人员，利用职务上的便利，将本单位财物非法占为己有，数额较大的，处三年以下有期徒刑或者拘役，并处罚金；数额巨大的，处三年以上十年以下有期徒刑，并处罚金；数额特别巨大的，处十年以上有期徒刑或者无期徒刑，并处罚金。

国有公司、企业或者其他国有单位中从事公务的人员和国有公司、企业或者其他国有单位委派到非国有公司、企业以及其他单位从事公务的人员有前款行为的，依照本法第三百八十二条、第三百八十三条的规定定罪处罚。

第一百八十三条 保险公司的工作人员利用职务上的便利，故意编造未曾发生的保险事故进行虚假理赔，骗取保险金归自己所有的，依照本法第二百七十一条的规定定罪处罚。

二、立法解释、司法解释及规范性文件

1. 全国人民代表大会常务委员会法制工作委员会对关于公司人员利用职务上的便利采取欺骗等手段非法占有股东股权的行为如何定性处理的批复的意见（法工委发函〔2005〕105号）

根据刑法第九十二条的规定，股份属于财产。采用各种非法手段侵吞、占有他人依法享有的股份，构成犯罪的，适用刑法有关非法侵犯他人财产的犯罪规定。

2. 最高人民法院关于村民小组组长利用职务便利非法占有公共财物行为如何定性问题的批复（法释〔1999〕12号）

对村民小组组长利用职务上的便利，将村民小组集体财产非法占为己有，数额较大的行为，应当依照刑法第二百七十一条第一款的规定，以职务侵占罪定罪处罚。

3. 最高人民法院关于审理贪污、职务侵占案件如何认定共同犯罪几个问题的解释（法释〔2000〕15号）（节录）

第一条 行为人与国家工作人员勾结，利用国家工作人员的职务便利，共同侵吞、窃取、骗取或者以其他手段非法占有公共财物的，以贪污罪共犯论处。

第二条 行为人与公司、企业或者其他单位的人员勾结，利用公司、企业或者其他单位人员的职务便利，共同将该单位财物非法占为己有，数额较大的，以职务侵占罪共犯论处。

第三条 公司、企业或者其他单位中，不具有国家工作人员身份的人与国家工作人员勾结，分别利用各自的职务便利，共同将本单位财物非法占为己有的，按照主犯的犯罪性质定罪。

4. 最高人民法院关于在国有资本控股、参股的股份有限公司中从事管理工作的人员利用职务便利非法占有本公司财物如何定罪问题的批复（法释〔2001〕17号）

在国有资本控股、参股的股份有限公司中从事管理工作的人员，除受国家机关、国有公司、企业、事业单位委派从事公务的以外，不属于国家工作人员。对其利用职务上的便利，将本单位财物非法占为己有，数额较大的，应当依照刑法第二百七十一条第一款的规定，以职务侵占罪定罪处罚。

5. 最高人民法院、最高人民检察院关于办理妨害预防、控制突发传染病疫情等灾害的刑事案件具体应用法律若干问题的解释（法释〔2003〕8号）（节录）

第十四条 贪污、侵占用于预防、控制突发传染病疫情等灾害的款物或者挪用归个人使用，构成犯罪的，分别依照刑法第三百八十二条、第三百八十三条、第二百七十一条、第三百八十四条、第二百七十二条的规定，以贪污罪、侵占罪、挪用公款罪、挪用资金罪定罪，依法从重处罚。

挪用用于预防、控制突发传染病疫情等灾害的救灾、优抚、救济等款物，构成犯罪的，对直接责任人员，依照刑法第二百七十三条的规定，以挪用特定款物罪定罪处罚。

第十七条 人民法院、人民检察院办理有关妨害预防、控制突发传染病疫情等灾害的刑事案件，对于有自首、立功等悔罪表现的，依法从轻、减轻、免除处罚或者依法作出不起诉决定。

6.全国法院维护农村稳定刑事审判工作座谈会纪要（法〔1999〕217号）（节录）

（二）关于对农民被告人依法判处缓刑、管制、免予刑事处罚问题

对农民被告人适用刑罚，既要严格遵循罪刑相适应的原则，又要充分考虑到农民犯罪主体的特殊性。要依靠当地党委做好相关部门的工作，依法适当多适用非监禁刑罚。对于已经构成犯罪，但不需要判处刑罚的，或者法律规定有管制刑的，应当依法免予刑事处罚或判处管制刑。对于罪行较轻且认罪态度好，符合宣告缓刑条件的，应当依法适用缓刑。

要努力配合有关部门落实非监禁刑的监管措施。在监管措施落实问题上可以探索多种有效的方式，如在城市应加强与适用缓刑的犯罪人原籍的政府和基层组织联系落实帮教措施；在农村应通过基层组织和被告人亲属、家属、好友做好帮教工作等等。

（三）关于村委会和村党支部成员利用职务便利侵吞集体财产犯罪的定性问题

为了保证案件的及时审理，在没有司法解释规定之前，对于已起诉到法院的这类案件，原则上以职务侵占罪定罪处罚。

（四）关于财产刑问题

凡法律规定并处罚金或者没收财产的，均应当依法并处，被告人的执行能力不能作为是否判处财产刑的依据。确实无法执行或不能执行的，可以依法执行终结或者减免。对法律规定主刑有死刑、无期徒刑和有期徒刑，同时并处没收财产或罚金的，如决定判处死刑，只能并处没收财产；判处无期徒刑的，可以并处没收财产，也可以并处罚金；判处有期徒刑的，只能并处罚金。

对于法律规定有罚金刑的犯罪，罚金的具体数额应根据犯罪的情节确定。刑法和司法解释有明确规定的，按规定判处；没有规定的，各地可

依照法律规定的原则和具体情况，在总结审判经验的基础上统一规定参照执行的数额标准。

对自由刑与罚金刑均可选择适用的案件，如盗窃罪，在决定刑罚时，既要避免以罚金刑代替自由刑，又要克服机械执法只判处自由刑的倾向。对于可执行财产刑且罪行又不严重的初犯、偶犯、从犯等，可单处罚金刑。对于应当并处罚金刑的犯罪，如被告人能积极缴纳罚金，认罪态度较好，且判处的罚金数量较大，自由刑可适当从轻，或考虑宣告缓刑。这符合罪刑相适应原则，因为罚金刑也是刑罚。

被告人犯数罪的，应避免判处罚金刑的同时，判处没收部分财产。对于判处没收全部财产，同时判处罚金刑的，应决定执行没收全部财产，不再执行罚金刑。

7. 最高人民检察院法律政策研究室关于国家机关、国有公司、企业委派到非国有公司、企业从事公务但尚未依照规定程序获取该单位职务的人员是否适用刑法第九十三条第二款问题的答复（〔2004〕高检研发第17号）

对于国家机关、国有公司、企业委派到非国有公司、企业从事公务但尚未依照规定程序获取该单位职务的人员，涉嫌职务犯罪的，可以依照刑法第九十三条第款关于"国家机关、国有公司、企业委派到非国有公司、企业、事业单位、社会团体从事公务的人员"，"以国家工作人员论"的规定追究刑事责任。

8. 最高人民法院、最高人民检察院关于办理国家出资企业中职务犯罪案件具体应用法律若干问题的意见（法发〔2010〕49号）（节录）

一、关于国家出资企业工作人员在改制过程中隐匿公司、企业财产归个人持股的改制后公司、企业所有的行为的处理

国家工作人员或者受国家机关、国有公司、企业、事业单位、人民团体委托管理、经营国有财产的人员利用职务上的便利，在国家出资企业改制过程中故意通过低估资产、隐瞒债权、虚设债务、虚构产权交易等方式隐匿公司、企业财产，转为本人持有股份的改制后公司、企业所有，应当依法追究刑事责任的，依照刑法第三百八十二条、第三百八十三条的规定，以贪污罪定罪处罚。贪污数额一般应当以所隐匿财产全额计算；改制后公司、企业仍有国有股份的，按股份比例扣除归

于国有的部分。

所隐匿财产在改制过程中已为行为人实际控制，或者国家出资企业改制已经完成的，以犯罪既遂处理。

第一款规定以外的人员实施该款行为的，依照刑法第二百七十一条的规定，以职务侵占罪定罪处罚；第一款规定以外的人员与第一款规定的人员共同实施该款行为的，以贪污罪的共犯论处。

在企业改制过程中未采取低估资产、隐瞒债权、虚设债务、虚构产权交易等方式故意隐匿公司、企业财产的，一般不应当认定为贪污；造成国有资产重大损失，依法构成刑法第一百六十八条或者第一百六十九条规定的犯罪的，依照该规定定罪处罚。

五、关于改制前后主体身份发生变化的犯罪的处理

国家工作人员在国家初期企业改制前利用职务上的便利实施犯罪，在其不再具有国家工作人员身份后又实施同种行为，依法构成不同犯罪的，应当分别定罪，实行数罪并罚。

国家工作人员利用职务上的便利，在国家出资企业改制过程中隐匿公司、企业财产，在其不再具有国家工作人员身份后将所隐匿财产据为己有的，依照刑法第三百八十二条、第三百八十三条的规定，以贪污罪定罪处罚。

国家工作人员在国家出资企业改制过程中利用职务上的便利为请托人谋取利益，事先约定在其不再具有国家工作人员身份后收受请托人财物，或者在身份变化前后连续收受请托人财物的，依照刑法第三百八十五条、第三百八十六条的规定，以受贿罪定罪处罚。

六、关于国家出资企业中国家工作人员的认定

经国家机关、国有公司、企业、事业单位提名、推荐、任命、批准等，在国有控股、参股公司及其他分支机构中从事公务的人员，应当认定为国家工作人员。具体的任命机构和程序，不影响国家工作人员的认定。

经国家出资企业中负有管理、监督国有资产职责的组织批准或者研究决定，代表其在国有控股、参股公司及其分支机构中从事组织、领导、监督、经营、管理工作的人员，应当认定为国家工作人员。

国家出资企业中的国家工作人员，在国家出资企业中持有个人股份或者同时接受非国有股东委托的，不影响其国家工作人员身份的认定。

八、关于宽严相济刑事政策的具体贯彻

办理国家出资企业中的职务犯罪案件时,要综合考虑历史条件、企业发展、职工就业、社会稳定等因素,注意具体情况具体分析,严格把握犯罪与一般违规行为的区分界限。对于主观恶意明显、社会危害严重、群众反映强烈的严重犯罪,要坚决依法从严惩处;对于特定历史条件下、为了顺利完成企业改制而实施的违反国家政策法律规定的行为,行为人无主观恶意或者主观恶意不明显,情节较轻,危害不大的,可以不作为犯罪处理。

对于国家出资企业中的职务犯罪,要加大经济上的惩罚力度,充分重视财产刑的适用和执行,最大限度地挽回国家和人民利益遭受的损失。不能退赃的,在决定刑罚时,应当作为重要情节予以考虑。

9. 最高人民法院、最高人民检察院、公安部、司法部关于依法惩治妨害新型冠状病毒感染肺炎疫情防控违法犯罪的意见(法发〔2020〕7号)(节录)

(七)依法严惩疫情防控失职渎职、贪污挪用犯罪。

国家工作人员,受委托管理国有财产的人员,公司、企业或者其他单位的人员,利用职务便利,侵吞、截留或者以其他手段非法占有用于防控新型冠状病毒感染肺炎的款物,或者挪用上述款物归个人使用,符合刑法第三百八十二条、第三百八十三条、第二百七十一条、第三百八十四条、第二百七十二条规定的,以贪污罪、职务侵占罪、挪用公款罪、挪用资金罪定罪处罚。挪用用于防控新型冠状病毒感染肺炎的救灾、优抚、救济等款物,符合刑法第二百七十三条规定的,对直接责任人员,以挪用特定款物罪定罪处罚。

(十)依法严惩妨害疫情防控的违法行为。实施上述(一)至(九)规定的行为,不构成犯罪的,由公安机关根据治安管理处罚法有关虚构事实扰乱公共秩序,扰乱单位秩序、公共场所秩序、寻衅滋事,拒不执行紧急状态下的决定、命令,阻碍执行职务,冲闯警戒带、警戒区,殴打他人,故意伤害,侮辱他人,诈骗,在铁路沿线非法挖掘坑穴、采石取沙,盗窃、损毁路面公共设施,损毁铁路设施设备,故意损毁财物、哄抢公私财物等规定,予以治安管理处罚,或者由有关部门予以其他行政处罚。

对于在疫情防控期间实施有关违法犯罪的,要作为从重情节予以考量，依法体现从严的政策要求，有力惩治震慑违法犯罪，维护法律权威，维护社会秩序，维护人民群众生命安全和身体健康。

10.最高人民检察院、公安部关于公安机关管辖的刑事案件立案追诉标准的规定（二）（公通字〔2022〕12号）（节录）

第七十六条 【职务侵占案（刑法第二百七十一条第一款）】公司、企业或者其他单位的人员，利用职务上的便利，将本单位财物非法占为己有，数额在三万元以上的，应予立案追诉。

第五章

挪用资金罪
办案指引

第一节 挪用资金罪概述

一、挪用资金罪的立法沿革

我国 1979 年刑法中并没有规定侵犯公私财物使用权的挪用性犯罪。对于国家工作人员、集体经济组织工作人员和其他经手、管理公共财物的人员，挪用公款归个人使用，超过 6 个月不归还的，或者挪用公款进行非法活动的，以贪污罪论处。1988 年 1 月 21 日全国人大常委会《关于惩治贪污罪贿赂罪的补充规定》第 3 条规定："国家工作人员、集体经济组织工作人员或者其他经手、管理公共财物的人员，利用职务上的便利，挪用公款归个人使用，进行非法活动的，或者挪用公款数额较大、进行营利活动的，或者挪用公款数额较大、超过三个月未还的，是挪用公款罪，处五年以下有期徒刑或者拘役；情节严重的，处五年以上有期徒刑。挪用公款数额较大不退还的，以贪污论处。挪用救灾、抢险、防汛、优抚、救济款物归个人使用的，从重处罚。挪用公款进行非法活动构成其他罪的，依照数罪并罚的规定处罚。"根据 1989 年 11 月 6 日最高人民法院、最高人民检察院《关于执行〈关于惩治贪污罪贿赂罪的补充规定〉若干问题解答》，集体经济组织工作人员是指在集体经济组织中从事公务的人员，其他经手、管理公共财物的人员包括《刑法》第 155 条中规定的"受国家机关、企业、事业单位、人民团体委托从事公务的人员"，基层群众性自治组织（如居民委员会、村民委员会）中经手、管理公共财物的人员，全民所有制企业、集体所有制企业的承包经营者，以全民所有制和集体所有制企业为基础的股份制企业中经手、管理财物的人员；中方是全民所有制或集体所有制企业性质的中外合资经营企业、中外合作经营企业中经手、管理财物的人员。个人投资、家庭投资、合伙人投资的私人经营的工商户不属于集体经济组织,其人员不能成为挪用公款罪主体。直接从事生产、运输劳动的工人、农民,机关勤杂人员,个体劳动者,军人,经手公共财物的,如果他们所从事的仅仅是劳务,不能成为挪用公款罪的主体。

1995年2月28日通过的《关于惩治违反公司法的犯罪的决定》第11条规定:"公司董事、监事或者职工利用职务上的便利,挪用本单位资金归个人使用或者借贷给他人,数额较大、超过三个月未还的,或者虽未超过三个月,但数额较大、进行营利活动的,或者进行非法活动的,处三年以下有期徒刑或者拘役。挪用本单位资金数额较大不退还的,依照本决定第十条规定的侵占罪论处。"同时第14条规定,有限责任公司、股份有限公司以外的企业职工也可以构成本罪。1997年《刑法》第272条第1款规定的挪用资金罪,是在前述有关刑事立法或者司法解释的基础上制定出来的。与《关于惩治违反公司法的犯罪的决定》中有关规定相比,主要修改在:本罪的主体不仅包括公司、企业,还包括其他单位的人员。同时,1997年《刑法》第272条第1款将原来的对挪用本单位资金数额较大不退还的,以职务侵占罪处罚的规定,修改为处3年以上10年以下有期徒刑。2020年12月26日《刑法修正案(十一)》第30条规定,将《刑法》第272条修改为:"公司、企业或者其他单位的工作人员,利用职务上的便利,挪用本单位资金归个人使用或者借贷给他人,数额较大、超过三个月未还的,或者虽未超过三个月,但数额较大、进行营利活动的,或者进行非法活动的,处三年以下有期徒刑或者拘役;挪用本单位资金数额巨大的,处三年以上七年以下有期徒刑;数额特别巨大的,处七年以上有期徒刑。国有公司、企业或者其他国有单位中从事公务的人员和国有公司、企业或者其他国有单位委派到非国有公司、企业以及其他单位从事公务的人员有前款行为的,依照本法第三百八十四条的规定定罪处罚。有第一款行为,在提起公诉前将挪用的资金退还的,可以从轻或者减轻处罚。其中,犯罪较轻的,可以减轻或者免除处罚。"此次修改重点在于:删除了第1款中"数额较大不退还"的规定,增设了"数额特别巨大的,处七年以上有期徒刑"的规定,对法定刑档次进行了调整,并增设了第3款从宽处罚的规定。

二、挪用资金罪的发案态势

从司法实践看,挪用资金罪主要表现为以下特点:(1)团伙作案增多。随着经济组织形式日益繁杂,挪用资金的主体从以往的单纯管理资金的人员向多人协同式作案转变,在人员构成上,上至中层管理人员和高管,下至单位的普通员工,团伙作案的趋势明显。(2)作案方法智能化。随着经济技术的发展,挪用资金案不再限于以往的现金转移方式,通过网络汇款、游戏代币转卖等新型方式实施犯罪不断出现。(3)行为方式隐蔽性。挪用资金行为往往发生在公司、企业内部,行为人熟悉本单位监管制度存在的漏洞,并利用该漏洞实施违法犯罪,如果不是内部人举报、揭发,或者给本单位已经造成重大损失,往往很难被发现。(4)追赃挽损难。犯罪分子初期为了防止作案被发现,往往采取积少成多的方式,初期不会给公司、企业正常生产经营活动造成重大影响,因此在公司、企业不及时核对账目的情况下,很难发现犯罪行为,等到行为人挪用资金行为给公司、企业生产经营造成重大损失时,行为人挪用的资金往往被转移或者挥霍,即使司法机关及时立案侦查,也难以有效挽回公司、企业损失。

三、挪用资金罪的概念和构成特征

挪用资金罪,是指公司、企业或者其他单位的工作人员,利用职务上的便利,挪用本单位资金归个人使用或者借贷给他人,数额较大、超过3个月未还的,或者虽未超过3个月,但数额较大、进行营利活动的,或者进行非法活动的行为。

(一)犯罪客体

挪用资金罪侵犯的客体为公司、企业或其他单位对财产的占有权、使用权和收益权。所有权包括占有权、使用权、收益权和处分权,由于挪用资金罪不以非法占有为目的,只是暂时对单位资金进行挪用,没有对资金进行事实上或法律上的处分,因而处分权不是本罪的客体。

挪用资金罪的对象是公司、企业或其他单位的资金。资金,是指以货币表现的单位财产,包括以货币表现的人民币、外币以及以有价证券形式存在的股票、债券、国库券等。同时,单位资金既包括单位所有的资金,还包括单位合法占有或者持有的资金。另外,根据2000年10月9日最高人民检察院《关于挪用尚未注册成立公司资金的行为适用法律问题的批复》,准备设立的公司在银行开设的临时账户上的资金也可以成为本罪的犯罪对象。

(二)客观方面

本罪的客观方面表现为,利用职务上的便利,挪用本单位资金归个人使用或者借贷给他人,数额较大、超过3个月未还的,或者虽未超过3个月,但数额较大、进行营利活动,或者进行非法活动。

1. 违反规定挪用资金。挪用就是违反有关法律法规和财经管理制度,未经合法批准或者许可,擅自动用本单位资金的行为。挪用就是改变资金的用途,将其挪作他用,暂时取得本单位资金的使用权,而准备日后归还,不改变资金所有权。对于改变单位资金所有权的,不构成挪用资金行为,可能涉嫌职务侵占罪或者贪污罪。行为人挪用资金的行为通过一定程序得到许可的,或者是经过单位集体决策的,一般不作为挪用行为处理,但是如果许可行为明显违法或者以集体决策之名行个人决策之实,并谋取个人利益的,也可能构成挪用资金罪。

2. 利用职务上的便利。利用职务上的便利,是指公司、企业或者其他单位的工作人员利用其在工作中所享有的主管、管理和经手本单位资金的便利条件。所谓主管,是指对本单位资金享有调拨、配置和使用的权力;管理,是指对本单位资金的保管和管理;经手,是指因工作需要而在一定时间内控制本单位的资金。因此,利用职务上的便利核心在于基于单位的信任而支配或者控制资金的便利条件,不包括因工作原因熟悉作案环境、容易接近单位资金等的方便条件。上级单位领导利用职务上的便利,指令下级单位工作人员将单位资金供自己或者他人使用的,也构成挪用资金罪。

3. 挪用资金的行为表现。

(1)挪用资金归个人使用或者借贷给他人,数额较大,超过3个月未还。挪用资金借贷给他人本质上属于挪用资金归个人使用的一种表现形式，只不过因为其在挪用资金犯罪中比较常见，故1997年刑法将"借贷给他人"与归个人使用并列。2004年9月8日，全国人大常委会法制工作委员会刑法室《关于挪用资金罪有关问题的答复》中指出："刑法第二百七十二条规定的挪用资金罪中的'归个人使用'与刑法第三百八十四条规定的挪用公款罪的'归个人使用'的含义基本相同。"具体而言，挪用资金归个人使用表现为：一是将资金供本人、亲友或者其他自然人使用的；二是以个人名义将资金供其他单位使用的；三是个人决定以单位名义将资金供其他单位使用，谋取个人利益的。至于使用单位的性质如何，均应认定为挪用资金归个人使用，构成犯罪的，依法处理。对于行为人挪用单位资金用于单位公共支出或者为了单位利益，例如购买办公用地、发展销售业务等行为，不属于挪用资金归个人使用。

对于单位集体研究将本单位资金给个人使用，或者单位负责人为了单位利益，决定将本单位资金给其他单位使用的，不以挪用资金罪处理，造成单位遭受重大损失的，构成其他犯罪，依照刑法规定定罪处理。如果单位集体决定以单位名义将资金借给其他单位使用，或者个人决定以单位名义将资金借给其他单位使用，但没有谋取个人利益的，属于单位之间资金拆借行为，不构成挪用资金罪，造成单位遭受重大损失的，构成其他犯罪，依照刑法规定定罪处理。最高人民法院在"顾雏军等虚报注册资本、违规披露、不披露重要信息、挪用资金再审案"中指出，在案证据证实，涉案6300万元从扬州机电转入扬州格林科尔账户，并由扬州亚星客车出具结算收据后，被分别转至江苏格林科尔1200万元、江西格林科尔5100万元，用于归还银行贷款和公司借款。根据本院再审查明的事实，扬州格林科尔是独立公司法人，涉案6300万元是以扬州亚星客车的名义转至扬州格林科尔使用，不是将资金从单位转至个人使用，也不是以个人名义将资金转至其他单位使用，不符合2002年4月28日全国人大常委会《关于〈中华人民共和国刑法〉第三百八十四条第一款的解释》规定的前两种情形。涉案6300万元虽然是以单位名义转至其他单位使用，但该资金始终在单位之间流转，证据证实原审被告人姜宝军在资金流转过程中谋取了个人利益，故也不符合该解释规定的第三种情形。

司法实践中，对于将资金供其他单位使用的，认定是否属于"以个人名义"，不能只看形式，更要从实质上把握。对于行为人逃避财务监管，或者与使用人约定以个人名义进行，或者借款、还款都以个人名义进行，将资金给其他单位使用的，应认定为"以个人名义"。"个人决定"既包括行为人在职权范围内决定，也包括超越职权范围决定。"谋取个人利益"，既包括行为人与使用人事先约定谋取个人利益实际尚未获取的情况，也包括虽未事先约定但实际已获取了个人利益的情况。其中的"个人利益"，既包括不正当利益，也包括正当利益；既包括财产性利益，也包括非财产性利益，但这种非财产性利益应当是具体的实际利益，如升学、就业等。

所谓超过3个月未还，是指挪用之日起3个月内仍没有归还，还是指时间不但超过了3个月，而且在案发前没有归还？有学者认为，是指在案发前（被司法机关、主管部门或者有关单位等发现前）未还，如果挪用本单位资金数额较大，超过3个月后在案发前已全部归还本息的，可不认为是犯罪，由其所在单位给与相应纪律处分。[①]也有学者认为，超过3个月未还，是指从挪用之日起经过了3个月还没有归还；挪用单位资金超过3个月之后，不问后来是否归还，都应以犯罪论处，事后归还，只是量刑情节；如果在3个月之内归还，则不成立本罪。[②]对此，笔者同意第二种观点，挪用资金用于盈利或者非法活动以外的用途，相对而言危害性较小，故法律规定除了要具备一定的数额外，还要求挪用行为必须经过一定的期限，如果3个月之内归还的，由于行为危害性较小，不构成犯罪；超过3个月，说明行为危害性较大，作为犯罪处理。事实上，只要行为人将单位资金挪作他用，就侵犯了单位资金的占有权、使用权和收益权，要求挪用行为必须在案发前未还显然不利于保护单位的资金安全。1998年最高人民法院《关于审理挪用公款案件具体应用法律若干问题的解释》第2条规定，挪用公款归个人使用，数额较大，超过3个月未还的，构成挪用公款罪。挪用正在生息或者需要支付利息的公款归个人使用，数额较大超过3个月但在案发前全部归还本金的，可以从轻处罚或者免除处罚。给国家、集体造成的利息损失应予追缴。挪用公款数额巨大，超过3个月，案发前全部归还的，可以酌情从轻处罚。上述司法解释对挪用公款罪中的"超过3个月未还"作出了合理解释，符合司法实践，可以用于挪用资金

---

① 参见周光权：《刑法各论》（第三版），中国人民大学出版社2016年版，第145页；黎宏：《刑法学》，法律出版社2012年版，第767页。

② 参见张明楷：《刑法学》（第五版），法律出版社2016年版，第1024页。

罪中关于"超过3个月未还"的理解。

（2）挪用资金数额较大，进行营利活动。挪用资金进行营利活动，只要求数额较大，不要求超过3个月未还。此处的营利活动，是指合法的营利活动，例如将挪用来的资金从事生产、申请办理营业执照、投资实业、买卖彩票、股票、入股分工、存入银行取息、借贷给他人收取利息、偿还经商债务、提供财产担保或者挪用本单位的有价证券、金融凭证用于质押等，至于行为人是否事实上获取了收益甚至亏损，不影响该营利活动的性质。对于行为人因从事营利活动所获取的利息、收益等违法所得，应当追缴，但不计入挪用资金的数额。判断行为人的行为是否属于营利活动，应以行为当时作为判断标准，即使该营利活动后来被认定为非法活动，仍应当认定该行为属于营利活动。值得注意的是，行为人挪用本单位资金用于合法的营利活动，并不能说明挪用行为本身的合法性，相反，只要行为达到数额较大的标准，就可以构成挪用资金罪。最高人民法院在顾雏军等虚报注册资本、违规披露、不披露重要信息，挪用资金再审案中指出，顾雏军指使张宏挪用2.9亿元资金归个人用于公司注册，是为进行生产经营活动做准备，属于挪用资金进行营利活动。挪用资金归个人使用，数额较大，进行营利活动的，即构成挪用资金罪，没有挪用时间长短的限制，也不以造成单位经济损失为前提。原审被告人顾雏军指使原审被告人张宏挪用2.9亿元资金归个人使用，用于注册成立扬州格林格尔，符合挪用资金罪的犯罪构成，应依法予以惩处。

（3）挪用资金进行非法活动。挪用资金进行非法活动，没有挪用时间和数额的限制，这主要是考虑到挪用资金用于非法活动，容易导致资金不易收回、损害单位对资金的所有权，也容易引发新的违法犯罪行为，其社会危害性大，故在认定上不考虑挪用数额和时间。在司法实践中，不能"一刀切"地认为只要挪用资金用于非法活动就作为犯罪处理，还应综合挪用数额、时间以及后果等进行认定。所谓非法活动，是指法律禁止的一切活动，包括违法和犯罪活动，例如走私、贩毒、赌博、嫖娼、倒卖车船票、生产销售伪劣产品以及资助恐怖、黑恶势力等违法犯罪活动。如果挪用资金后所实施的行为另外构成犯罪的，例如将挪用资金用于资助恐怖活动组织的，应当将该行为涉嫌的犯罪与挪用资金罪进行数罪并罚。

值得注意的是，根据《刑法修正案（十一）》规定，行为人实施挪用本单位资金的行为，在提起公诉前将挪用的资金退还的，可以从轻或者减轻处罚。其中，犯罪较轻的，可以减轻或者免除处罚。本条规定体现了宽严相济刑事政策，为犯罪嫌疑人在提起公诉前积极筹款归还资金提供了制度激励机制，有助于及时挽回经济损失，最大限度保护公司、企业和其他单位的合法权益。

（三）犯罪主体

本罪的主体是特殊主体，即公司、企业或者其他单位的非国家工作人员（与职务侵占罪的主体相同）。只要行为人在公司、企业或者其他单位主管、经手、管理资金，就可以成为本罪的主体。对于国有公司、企业或者其他国有单位中从事公务的人员和国有公司、企业或者其他单位委派到非国有公司、企业以及其他单位从事公务的人员，即使该人员尚未依照程序获取该单位职务，但其利用职务上的便利挪用本单位财物的，应当以挪用公款罪处理。但是，受国家机关、国有公司、企业、事业单位、人民团体委托，管理、经营国有资产的非国家工作人员，利用职务上的便利，挪用国有资金归个人使用构成犯罪的，应当以挪用资金罪处理。村民小组利用职务上的便利，擅自将村民小组的集体财产为他人担保贷款，并以集体财产承担担保责任的，属于挪用本单位资金归个人使用的行为，应以挪用资金罪处理。私营企业和一人公司的工作人员可以成为本罪主体，但股东个人与公司财产混同或者股东实际为公司、企业或其他单位的唯一控制人时，其挪用资金的行为不宜作为犯罪处理。对于与本单位处于平等民事关系以及存在承包关系的行为人，不能成为挪用资金罪的主体。

（四）主观方面

本罪的主观方面是故意，且为直接故意，即明知是本单位的资金而非法挪作他用，其目的是暂时取得本单位资金的占有权、使用权和收益权，而准备日后归还，否则可能构成职务侵占罪。在该犯罪中，行为人没有永久非法占有本单位资金的故意，至于其犯罪动机如何，不影响本罪的成立。但是，对于行为人挪用本单位资金后潜逃，因其具有非法占有的主观故意，应作为职务侵占罪处理。

四、挪用资金罪的追诉标准

根据2016年4月18日最高人民法院、最高人民检察院《关于办理贪污贿赂刑事案件适用法律若干问题的解释》第11条第2款规定,《刑法》第272条规定的挪用资金罪中的"数额较大""数额巨大"以及"进行非法活动"情形的数额起点,按照本解释关于挪用公款罪"数额较大""情节严重"以及"进行非法活动"的数额标准规定的2倍执行。具体而言,一般挪用行为,数额较大的标准为10万元,数额巨大的标准为400万元。挪用资金进行非法活动的,入罪标准为6万元,200万元以上为数额巨大。数额特别巨大的标准目前没有明确。

根据2022年4月6日最高人民检察院、公安部《关于公安机关管辖的刑事案件立案追诉标准的规定(二)》规定,挪用本单位资金数在5万元以上,超过3个月未还的;挪用本单位资金数额在5万元以上,进行营利活动的;挪用本单位资金数额在3万元以上,进行非法活动的,就可以立案追诉。

第二节 挪用资金罪的证据审查

一、犯罪客体证据

本罪侵害的客体是公司、企业或其他单位资金的使用权。在公司、企业或者其他单位管理、使用或运输中的私人资金,也视为上述单位资金。主要通过物证、书证和其他言词证据等,综合证明单位资金的性质和被挪用资金数量。

二、客观方面证据

1.犯罪嫌疑人、被告人的供述和辩解。证实其主观上明知违反有关本单位资金管理、使用的规章制度,而将本单位资金擅自挪用的事实。具体应当包括以下几个要素:(1)实施挪用行为的时间、地点;(2)实施挪用行为的参与人、经手人;(3)实施挪用行为的方法、手段;(4)实施挪用行为的次数、数额以及是否达到数额较大、数额巨大的标准;(5)被挪用的是现金,还是支票等有价证券,以及其特征,如现金面值、支票编号、数量等;(6)被挪用财物的来源,是本单位账内资金,还是小金库;(7)挪用资金借给他人使用的,证实其与使用人的关系,以及是否因出借被挪用资金而获得利益、好处,如财物、账外回扣、手续费等;(8)具体、详细的犯罪经过,特别是利用职务便利的具体过程;(9)共同犯罪的起意、策划、分工、实施等情况,查明每一个犯罪嫌疑人、被告人在共同犯罪中的地位和作用;(10)挪用行为是否被发现,何时、如何被发现,行为人如何排除单位领导、同事的怀疑;(11)挪用资金的去向、用途,注意区分是用于非法活动、营利活动,还是个人一般使用。特别是将被挪用资金借给他人使用的,是否明知使用人的真实用途,从而确认行为人挪用本单位资金的类型;(12)挪用款在案发前是否归还,何时、如何归还,是全部归还还是部分归还,是主动归还还是被迫缴。

2.证人证言。证实行为人挪用、使用资金等相关事实。(1)使用人证言,证实:①使用人与行为人的关系;②是否因使用被挪用资金而给行为人利益、好处,如财物、账外回扣、手续费等;③是否教唆、指使行为人挪用本单位资金;④使用被挪用资金的时间、数量、来源、具体用途;⑤行为人是否明知其使用本单位资金的用途,从而确认行为人挪用本单位资金的类型;⑥使用被挪用资金是否打算归还、是否归还及归还的时间、数额,证实其目的只是使用,而非占有。(2)财务人员、主管人员、经手人员等证人的证言,证实单位资金被挪用的情况。具体包括:①其与行为人的关系,与指控犯罪相关的经济往来等;②行为人的职责范围,以及在犯罪过程中履行职务和利用职务便利的情况;③资金被挪用的时间、数量;④资金被挪用的手段、理由、借口、名义及经过;⑤被挪用资金的来源;⑥单位对被挪用资金的财务记账、银行记录情况;⑦发现犯罪的经过;⑧行为人如何对其挪用行为进行隐瞒、欺骗、辩解;⑨是否归还及归还的时间、数量。

3.物证、书证。(1)查获的赃款及行为人以挪用的款项购买的物品;(2)书信、日记等,证实行为人实施挪用行为的时间、地点及经过等情况;(3)合同、收据、借条、欠条;(4)股票、债券、汇票、本票、支票等有价证券;(5)相关的账册、记账凭证、支票、本票、汇票存根等,证实行为人挪用资金的手法、数额、归还时间等;(6)本单位关于相应款物支出的财务记账、银行记录等;(7)证明被侵占的资金属于单位所有或管理、使用的书证材料,如合同书、付款方的支出凭单、银行票据等;(8)查获的银行存单、存折、股票资金账户、参股证等凭证,证实犯罪嫌疑人、被告人挪用资金是否用于营利活动;(9)有关部门出具的证明,证实被挪用资金是否用于非法活动;(10)相关的购物发票、偿还债务的借据等,证实挪用资金是否属于归个人使用的情形;(11)本单位出具的证明材料,证实行为人具有主管、管理、经手单位资金的职务便利的证明材料,包括职务范围、职责内容、操作规程等,包括:①委任书、聘任书、任命文件、会议记录;②劳动合同、聘任合同;③相关财物的支出、收入管理规定、操作流程；（12）使用人的营业执照或有关企业性质的证明，证实被挪用资金是否归个人使用；（13）行为人或使用人承诺还款的协议、欠条等，佐证犯罪嫌疑人、被告人承认其犯罪行为及后果。

4. 鉴定意见。（1）司法会计鉴定意见、审计鉴定意见，证实挪用资金次数、手段、价值等；（2）笔迹鉴定，证明犯罪嫌疑人、被告人挪用的签字笔迹、印鉴等。

5. 现场勘查笔录、照片，包括提取物证现场等。

6. 视听资料，包括录音带、录像带、电子数据资料等。

7. 其他证明材料。（1）目击证人辨认犯罪嫌疑人或物证的笔录；（2）犯罪嫌疑人、被告人和证人指认现场笔录；（3）搜查笔录、扣押物品清单及照片，证实查获的作案工具及调取的相关物证；（4）退赃笔录、起赃笔录、收缴笔录；（5）报案登记、立案决定书及破案经过等书证，证实案件来源、侦破经过以及犯罪嫌疑人是否有自首情节等。

通过上述证据，证实行为人实施了利用职务上管理本单位财物的便利条件，擅自挪用本单位资金归个人使用或者借贷给他人，数额较大、超过3个月未还的，或者虽未超过3个月，但数额较大、进行营利活动的，或者进行非法活动的。

在本罪中，应注意挪用资金"拒不退还"的含义，仅指客观上不能归还，而不是指主观上不想归还，若主观上不想归还可能涉嫌职务侵占罪。

三、犯罪主体证据

本罪主体是特殊主体，包括公司、企业、社会团体及其他单位（含国有独资及国有控股、参股公司企业，人民团体）中非国家工作人员，以及从事法定公务以外工作的村（居）委会、村民小组等基层组织人员。主要证据材料包括：（1）证明单位性质的证据，包括公司、企业或者其他单位的营业执照、工商登记资料、组织机构代码证，事业单位法人证书，社会团体法人登记证书等材料；（2）证明犯罪嫌疑人身份及职务的证据，包括职务任免、职责分工、职工登记表、干部履历表、干部任免审批表、聘书、聘用合同、职务证明、会议记录、劳动合同、岗位责任书等材料；（3）相关证人关于犯罪嫌疑人的身份及职务的证言；（4）犯罪嫌疑人关于其本人身份及职务的供述。

四、主观方面证据

1. 犯罪嫌疑人、被告人的供述和辩解。证实：（1）作案的动机、目的，对后果的认识程度、主动程度；（2）如何起意，有无策划、策划的具体内容；（3）共同犯罪的策划、分工的时间、地点、内容，以及在策划下各个人相对应的犯罪行为。

此外，为准确认定是不是共同犯罪以及共同犯罪中每一名犯罪嫌疑人、被告人是否具有共同挪用的故意，应查明：

（1）事先有无预谋策划，有无事先或事中达成默契，或者曾多次结伙作案的犯罪分子之间，每次作案前都通过他们之间特定语言、表情、手势等达成默契，形成内容明确的共同挪用故意；（2）有无持不同意见或反对意见者，以及未表示反对或同意意见者，要重点讯问其在案发前、案发时、案发后的语言、行为；（3）分赃情况和赃物去向，以此判明各犯罪嫌疑人、被告人的主观目的。

2. 证人证言。（1）行为人所在单位的财务人员、主管人员、经手人员证言，证实发现犯罪的经过、犯罪的手段，以及犯罪嫌疑人、被告人对挪用行为的隐瞒、欺骗情况，从而反映其主观故意；（2）被挪用资金使用人的证言，证实行为人利用职务便利为其提供行为人所在单位资金使用，并意图通过非法使用行为人所在单位资金而获得个人利益的事实；（3）知情人证言，证实犯罪嫌疑人、被告人主观上非法占有的目的。

3. 证明行为人挪用单位财物的主观目的其他证据。（1）行为人以自己的名义将赃物出借的书证，如借据等；（2）收集犯罪嫌疑人、被告人犯罪前科，尤其是同类犯罪前科的证据、社会生活经验、履历方面的证据，此类证据对证明其犯罪后果认知程度和控制能力起到一定的证明作用。

通过上述证据，证明行为人主观上明知是本单位资金而故意挪作私用，并通过对本单位资金的私自使用，而获得本单位资金的使用价值的主观心态。共同犯罪的，每一行为人（特别是被挪用资金的使用人）都明知自己的行为是共同犯意支配下犯罪行为的组成部分。

第三节 挪用资金罪的审查认定与疑难问题处理

一、挪用资金数额的计算

关于挪用资金数额的计算，可以参照 1998 年最高人民法院《关于审理挪用公款案件具体应用法律若干问题的解释》第 4 条的规定进行认定。行为人多次挪用资金不还，挪用资金数额累计计算；多次挪用资金，并以后次挪用的资金归还前次挪用的资金的，挪用资金数额以案发时未还的实际数额认定。具体分析如下：

1. 行为人多次挪用本单位资金，不管是归个人使用还是从事营利或者非法活动，只要案发前没有归还的，挪用资金的数额就应当累计计算。

2. 行为人多次挪用资金归个人使用（非从事营利或非法活动），如果以后一次挪用资金归还前次挪用资金的，数额以最后未归还的实际数额计算，时间从第一次挪用之日算起，连续累计挪用时间。

3. 行为人多次挪用资金归个人使用未还（非从事营利或非法活动），如果挪用时间超过 3 个月又挪用资金，并将资金用于归还前次挪用资金的，挪用资金数额应当累计计算；如果在第一次挪用未超过 3 个月内多次进行挪用，并将挪用资金用于归还前次挪用资金的，挪用资金可以不累计计算，以案发时未还数额作为挪用资金数额。

4. 行为人多次挪用资金进行营利活动或者非法活动的，由于上述两种行为构成犯罪不考虑资金是否归还，其社会危害性大小主要表现在挪用的数额上，应以多次挪用的数额相加来认定犯罪数额。

5. 行为人挪用本单位资金，并将挪用资金用于多种用途的，不同形式的挪用数额不能相加，如果几种形式均构成犯罪，应当按照同种数罪处罚原则认定构成一罪，其余数额作为量刑情节予以考虑；如果几种形式只有一种构成犯罪，则以构成犯罪的该次挪用数额作为犯罪数额，其余作为量刑情节考虑。

二、挪用本单位资金给他人使用中共犯的认定

挪用本单位资金给他人使用的情况下，使用人是否与挪用人构成挪用资金罪的共犯，关键在于两者之间是否具有挪用资金的共同犯罪故意和共同行为。如果使用人与挪用人存在共谋，使用人通过指使、教唆或者胁迫、要挟等方式促使挪用人产生故意进而实施挪用资金行为的，或者使用人参与策划、协助资金转移的，则使用人与挪用人构成挪用资金罪的共犯。如果使用人对挪用人只是单纯地表达借用资金要求，挪用人擅自挪用本单位资金给使用人使用的，不管使用人是否知道该笔资金来源于非法挪用的资金，因为使用人没有实施指使、策划参与挪用资金的行为，故使用人不能作为挪用资金罪的共犯论处。至于使用人事后知道该资金系挪用人挪用本单位资金，仍然没有拒绝而使用该笔资金的，也不能作为挪用资金罪的共犯处理。另外，在挪用资金给他人使用过程中，单纯提供账户或者协助将资金转移的行为人，如果其主观上不明知该资金系挪用人违反规定挪用资金给他人使用，或者即使明知该笔资金系挪用人挪用资金给他人使用，但没有从该提供账户等协助行为中获取明显高于市场收益的，不宜作为挪用资金罪的共犯论处。涉嫌洗钱或者其他犯罪的，依照刑法有关规定处理。

对于挪用资金给他人使用，挪用人与使用人对所挪用资金的具体用途存在认识不一致的场合，应当如何处理。对此，笔者认为，应根据主客观相统一原则来认定。使用人隐瞒自己将挪用资金用于营利或者违法活动的真实用途，指使或者参与策划取得挪用资金，并将资金用于营利或者非法活动，对于使用人应以挪用资金从事营利或者非法活动的条件认定是否构成挪用资金罪，而对于挪用人则应以挪用资金归个人使用的条件认定犯罪是否成立。但是，如果挪用人事后知道却予以同意、默许，没有采取有效措施予以阻止的，对于挪用人也应当以挪用资金从事营利或者非法活动的条件认定挪用资金罪是否成立。如果挪用人对使用人的资金用途具有概

括的认识,则挪用人与使用人按照实际挪用资金的使用用途认定是否构成挪用资金罪。如果使用人在指使、策划取得挪用资金时表示要将资金用于营利或者非法活动,但实际用于个人使用用途的,对于使用人应当以其挪用资金的实际使用用途认定犯罪是否成立,而对于挪用人则应当以挪用资金用于营利或者违法活动认定挪用资金罪是否成立。

三、挪用资金罪的犯罪对象

本罪的犯罪对象是单位的资金。所谓资金,是指财产的货币表现,例如人民币、外币以及以有价证券表现的股票、债券、国库券等。根据《刑法》第185条的规定,商业银行、证券交易所、期货交易所、证券公司、期货经纪公司、保险公司或者其他金融机构的工作人员利用职务上的便利,挪用本单位或者客户资金的,构成挪用资金罪。可见,单位资金既包括单位所有的资金,还包括单位合法占有或者持有的资金。

至于普通物品能否成为本罪对象,存在不同认识。笔者认为,挪用资金的目的在于使用,故凡是能够进入流通领域进行交易变现的物品,都可以成为挪用资金罪的对象。2003年5月14日最高人民法院、最高人民检察院《关于办理妨害预防、控制突发传染病疫等灾害的刑事案件具体应用法律若干问题的解释》第14条,以及2020年2月6日最高人民法院、最高人民检察院、公安部、司法部《关于依法惩治妨害新型冠状病毒感染肺炎疫情防控违法犯罪的意见》中都将"防控疫情款物"纳入挪用资金罪的惩治范围。另外,挪用普通物品予以变现、冲抵、支付费用的行为,虽然有一个从物到资金的转化过程,但都是归行为人使用,在本质上与挪用资金没有区别。

四、挪而不用行为的认定

所谓"挪而不用",是指行为人将本单位资金挪出后尚未实际使用的情形。一般而言,行为人挪用本单位资金就是为了供自己使用或者供他人使用,因此,"挪而未用"是挪用的特殊情形,仍然属于挪用资金的行为。"挪而不用"既有主观上的原因,也有客观上的原因,如有的是因为害怕受到法律追究或者挪用原因丧失等原因而主动归还，有的是尚未来得及使用便被人举报案发等。

对于"挪而不用"是否成立犯罪，存在不同意见。一种观点认为，挪用资金罪以"归个人使用"为客观构成要件，这不仅要求行为人有"挪"的行为，而且还要有实际使用的行为，否则不成立挪用资金罪。另一种意见认为，单位资金既然被挪出，就侵犯了本罪所保护的法益，即单位对资金的占有权、使用权、收益权，应当作为犯罪处理。对此，笔者认为，挪是前提，用是目的，行为人挪用本单位资金就是为了使用，只要行为人一旦将资金从单位挪出并置于自己的控制下，就侵犯了挪用资金罪的规范保护目的，即本单位资金的占有权、使用权和收益权。但是，至于是否构成犯罪，还需要结合挪用资金罪的三种不同挪用行为的具体构成条件进行认定。

在行为人挪用资金未使用的情况下，本罪的犯罪形态是既遂还是未遂？一种观点认为，成立挪用资金罪的未遂，理由是行为人已经实施了"挪"的实行行为，具备罪名成立的构成要件，但单位资金没有被实际使用，故不完全符合挪用资金罪的"挪用"要件。另一种观点认为，此种情形成立犯罪既遂。理由是行为人虽然未实际使用单位资金，但既然单位的资金被挪出，就侵犯了挪用资金罪所保护的法益。笔者认为，刑法设立挪用资金罪的目的在于保护单位资金的占有权、使用权和收益权，刑法规范着重保护的是单位资金是否被挪用，至于单位的资金是否被实际使用在所不问。因此，挪而未用的行为只要符合本罪规定的挪用时间和资金数额等构成要件的，就构成挪用资金罪。在判断其犯罪形态时，应以行为人是否已实际控制单位资金为标志，已实际控制的即构成既遂，否则为未遂。至于行为人是否实际使用，对犯罪既遂的成立则无影响。当然，挪用的资金是否最终使用和归还，或者造成单位资金损失，对于认定本罪是否属于犯罪情节轻微以及量刑轻重具有重要参考价值。

五、股东挪用单位资金行为的认定

司法实践中，民营企业股东尤其是控股股东挪用本单位资金的情形比较普遍，有的是经过集体决策程序，有的是擅自决定。对这种行为应当如何看待？一种观点认为，股权与企业的法人财产所有权不同，任何擅自挪用公司资金的行为都侵犯了企业的法人财产权，应当以挪用资金追究其刑事责任。另一种观点认为，出资者的出资所有权并没有因出资而被消灭，股东划拨或占用的资金没有超出自己出资额的，其行为不构成挪用资金罪。对此，笔者认为，要区分不同情形，分别进行判断处理。对于个人独资企业、一人公司或者其他股东属于挂名，行为人实际是公司实际投资人的场合，由于公司的全部资金来自行为人的出资，行为人挪用本单位资金的行为并没有侵犯他人的财产权利，不宜作挪用资金罪处理。对于公司由两人以上股东投资成立的场合，公司的非股东员工挪用公司资金，或者股东擅自挪用资金明显超出其出资额的，只要符合挪用资金罪的构成要件，作为挪用资金罪处理没有争议。考虑到企业所有制的实质仍然是企业资产按比例或约定归出资者所有，企业法人财产权实质是企业经营权，而不是企业对自己资产拥有所有权。因此，对于股东挪用自己出资额度资金的行为，尽管其违反了公司法的有关规定，但由于从根本上没有侵犯其他股东的合法权益，其他股东可以通过民事救济方式实现自己的权利，故不宜作为犯罪处理。另外，对于因股东之间发生纠纷，股东出于维护自己利益而转移公司资金，以便在谈判中处于有利地位的场合，如果该资金与自己出资的数额相当，则不构成犯罪。对于这种争抢公司资金不当的行为，可以由有关公司主管部门给与行政处罚，或者通过民事手段加以解决。

六、业主委员会成员挪用业主委员会银行账户资金行为的认定

随着中国城市化的推进，住宅小区日益成为人民生活的基本单元，业主委员会作为一种自发组织应运而生。关于业主委员会的法律地位，现有法律规范并没有予以明确。2005年最高人民法院在《关于春雨花园业主委员会是否具有民事诉讼主体资格的复函》中指出，业主委员会是业主大会的执行机构，根据业主大会的授权对外代表业主进行民事活动，所产生的法律后果由全体业主承担，业主委员会与他人发生民事争议的，可以作为被告参加诉讼。当业主委员会具备相应的财产，成为具有独立活动和自我发展能力的社会经济实体时，特别是作为被害主体情形，在其合法

权益遭到侵害时,应当受到刑法保护。[①]因此,业主委员会可以成为《刑法》第272条所规定的其他单位。以业主委员会名义开立的银行账户内的资金,应当属于全体业主的集体财产,可以视为业主委员会的"本单位资金"。对于业主委员会成员利用职务便利挪用业主委员会银行资金归个人使用或者借贷给他人的,可以构成挪用资金罪。

七、挪用资金罪与职务侵占罪的区分

两者的区分主要在于主观方面是否具有非法占有本单位资金的目的。挪用资金罪中,行为人只是将本单位的资金暂时挪用,并打算在使用后归还;职务侵占罪中行为人企图将本单位资金改变财产所有权的归属,进而将财物非法占为己有。挪用资金罪是否转化为职务侵占罪,应按照主客观相一致的原则,结合案件事实、情节综合认定行为人是否具有非法占有的目的。司法实践中,行为人具有下列情形之一的,可以认定行为人具有非法占有本单位资金的目的:(1)行为人携带挪用资金潜逃的;(2)行为人挪用资金后采取虚假发票平账、销毁有关账目等手段,使所挪用的资金已难以在单位财务账目上反映,且没有归还行为的;(3)行为人截取单位收入不入账,非法占有,使所占有的资金难以在单位账目上反映,且没有归还行为的;(4)有证据证明行为人有能力归还所挪用的资金而拒不归还,并隐瞒挪用资金去向的。

[①] 参见张冰、赵靓:《王江浩挪用资金案》,载《刑事审判参考》(总第122集),法律出版社2020年版,第68页。

第四节 相关案例评析

一、最高人民法院公报案例

刘国平挪用资金案（《最高人民法院公报》总第 94 期）

【要旨】在无法查明企业经济性质的情况下，公司企业财产与个人财产存在混同的情况下，企业负责人将企业资金转移到个人账户进行股票交易的行为，不应认定为挪用资金罪。

二、刑事审判参考案例

（一）沈某挪用资金案（《刑事审判参考》指导案例第 174 号）

【要旨】从旧兼从轻原则不仅体现在定罪量刑方面，而且应当在决定是否追究犯罪嫌疑人、被告人责任有无、罪行轻重的各个方面，如追诉时效、自首、立功、累犯、减轻、假释等。对于 1997 年刑法生效前犯罪的，根据 1997 年刑法已过追诉期限但按照行为时刑法未过追诉期限的，应当认定为追诉期限已过，不再予以追诉。

（二）丁钦宇挪用资金案（《刑事审判参考》指导案例第 333 号）

【要旨】村民委员会等自治组织成员未协助人民政府从事公务活动时，不具有国家工作人员身份。村民委员会成员在实施协助政府执行公务以外的其他公共业务的过程中，利用职务上的便利，挪用本单位资金归个人使用或者借贷给他人，或者进行营利活动，构成犯罪的，应以挪用资金罪论处。

（三）刘必仲挪用资金案（《刑事审判参考》指导案例第382号）

【要旨】福利彩票是国家为筹集社会福利事业发展资金，特许中国福利彩票发行中心垄断发行的有价凭证。受彩票发行机构委托，在彩票投注站代销福利彩票的非国家工作人员，不缴纳投注金而购买彩票，且事后无力偿付购买彩票款的，应以挪用资金罪论处。

（四）陈焕林等挪用资金、贪污案（《刑事审判参考》指导案例第454号）

【要旨】村民委员会等基层自治组织人员挪用的款项无法区分是公款还是集体资金的，从有利于被告人原则出发，应以挪用资金罪论处。

第五节 相关法律规定

一、刑法

第一百八十五条 商业银行、证券交易所、期货交易所、证券公司、期货经纪公司、保险公司或者其他金融机构的工作人员利用职务上的便利,挪用本单位或者客户资金的,依照本法第二百七十二条的规定定罪处罚。

国有商业银行、证券交易所、期货交易所、证券公司、期货经纪公司、保险公司或者其他国有金融机构的工作人员和国有商业银行、证券交易所、期货交易所、证券公司、期货经纪公司、保险公司或者其他国有金融机构委派到前款规定中的非国有机构从事公务的人员有前款行为的,依照本法第三百八十四条的规定定罪处罚。

第二百七十二条 公司、企业或者其他单位的工作人员,利用职务上的便利,挪用本单位资金归个人使用或者借贷给他人,数额较大、超过三个月未还的,或者虽未超过三个月,但数额较大、进行营利活动的,或者进行非法活动的,处三年以下有期徒刑或者拘役;挪用本单位资金数额巨大的,处三年以上七年以下有期徒刑;数额特别巨大的,处七年以上有期徒刑。

国有公司、企业或者其他国有单位中从事公务的人员和国有公司、企业或者其他国有单位委派到非国有公司、企业以及其他单位从事公务的人员有前款行为的,依照本法第三百八十四条的规定定罪处罚。

有第一款行为,在提起公诉前将挪用的资金退还的,可以从轻或者减轻处罚。其中,犯罪较轻的,可以减轻或者免除处罚。

二、司法解释及规范性文件

1. 最高人民法院关于对受委托管理、经营国有财产人员挪用国有资金行为如何定罪问题的批复（法释〔2000〕5号）

对于受国家机关、国有公司、企业、事业单位、人民团体委托，管理、经营国有财产的非国家工作人员，利用职务上的便利，挪用国有资金归个人使用构成犯罪的，应当依照刑法第二百七十二条第一款的规定定罪处罚。

2. 最高人民法院关于如何理解刑法第二百七十二条规定的"挪用本单位资金归个人使用或者借贷给他人"问题的批复（法释〔2000〕22号）

公司、企业或者其他单位的非国家工作人员，利用职务上的便利，挪用本单位资金归本人或者其他自然人使用，或者挪用人以个人名义将所挪用的资金借给其他自然人和单位，构成犯罪的，应当依照刑法第二百七十二条第一款的规定定罪处罚。

3. 最高人民法院、最高人民检察院关于办理妨害预防、控制突发传染病疫情等灾害的刑事案件具体应用法律若干问题的解释（法释〔2003〕8号）（节录）

第十四条 贪污、侵占用于预防、控制突发传染病疫情等灾害的款物或者挪用归个人使用，构成犯罪的，分别依照刑法第三百八十二条、第三百八十三条、第二百七十一条、第三百八十四条、第二百七十二条的规定，以贪污罪、侵占罪、挪用公款罪、挪用资金罪定罪，依法从重处罚。

第十七条 人民法院、人民检察院办理有关妨害预防、控制突发传染病疫情等灾害的刑事案件，对于有自首、立功等悔罪表现的，依法从轻、减轻、免除处罚或者依法作出不起诉决定。

4. 最高人民检察院关于挪用尚未注册成立公司资金的行为适用法律问题的批复（高检发研字〔2000〕19号）

筹建公司的工作人员在公司登记注册前，利用职务上的便利，挪用准备设立的公司在银行开设的临时账户上的资金，归个人使用或者借贷给他人，数额较大、超过三个月未还的，或者虽未超过三个月，但数额较大、进行营利活动的，或者进行非法活动的，应当根据刑法第二百七十二条的规定，追究刑事责任。

5. 最高人民检察院法律政策研究室关于国家机关、国有公司、企业委派到非国有公司、企业从事公务但尚未依照规定程序获取该单位职务的人员是否适用刑法第九十三条第二款问题的答复（〔2004〕高检研发第17号）

对于国家机关、国有公司、企业委派到非国有公司、企业从事公务但尚未依照规定程序获取该单位职务的人员，涉嫌职务犯罪的，可以依照刑法第九十三条第二款关于"国家机关、国有公司、企业委派到非国有公司、企业、事业单位、社会团体从事公务的人员"，"以国家工作人员论"的规定追究刑事责任。

6. 最高人民法院、最高人民检察院关于办理国家出资企业中职务犯罪案件具体应用法律若干问题的意见（法发〔2010〕49号）（节录）

三、关于国家出资企业工作人员使用改制公司、企业的资金担保个人贷款，用于购买改制公司、企业股份的行为的处理

国家出资企业的工作人员在公司、企业改制过程中为购买公司、企业股份，利用职务上的便利，将公司、企业的资金或者金融凭证、有价证券等用于个人贷款担保的，依照刑法第二百七十二条或者第三百八十四条的规定，以挪用资金罪或者挪用公款罪定罪处罚。

行为人在改制前的国家出资企业持有股份的，不影响挪用数额的认定，但量刑时应当酌情考虑。

经有关主管部门批准或者按照有关政策规定，国家出资企业的工作人员为购买改制公司、企业股份实施前款行为的，可以视具体情况不作为犯罪处理。

五、关于改制前后主体身份发生变化的犯罪的处理

国家工作人员在国家初期企业改制前利用职务上的便利实施犯罪，在其不再具有国家工作人员身份后又实施同种行为，依法构成不同犯罪的，应当分别定罪，实行数罪并罚。

国家工作人员利用职务上的便利，在国家出资企业改制过程中隐匿公司、企业财产，在其不再具有国家工作人员身份后将所隐匿财产据为己有的，依照刑法第三百八十二条、第三百八十三条的规定，以贪污罪定罪处罚。

国家工作人员在国家出资企业改制过程中利用职务上的便利为请托

人谋取利益，事先约定在其不再具有国家工作人员身份后收受请托人财物，或者在身份变化前后连续收受请托人财物的，依照刑法第三百八十五条、第三百八十六条的规定，以受贿罪定罪处罚。

六、关于国家出资企业中国家工作人员的认定

经国家机关、国有公司、企业、事业单位提名、推荐、任命、批准等，在国有控股、参股公司及其他分支机构中从事公务的人员，应当认定为国家工作人员。具体的任命机构和程序，不影响国家工作人员的认定。

经国家出资企业中负有管理、监督国有资产职责的组织批准或者研究决定，代表其在国有控股、参股公司及其分支机构中从事组织、领导、监督、经营、管理工作的人员，应当认定为国家工作人员。

国家出资企业中的国家工作人员，在国家出资企业中持有个人股份或者同时接受非国有股东委托的，不影响其国家工作人员身份的认定。

八、关于宽严相济刑事政策的具体贯彻

办理国家出资企业中的职务犯罪案件时，要综合考虑历史条件、企业发展、职工就业、社会稳定等因素，注意具体情况具体分析，严格把握犯罪与一般违规行为的区分界限。对于主观恶意明显、社会危害严重、群众反映强烈的严重犯罪，要坚决依法从严惩处；对于特定历史条件下、为了顺利完成企业改制而实施的违反国家政策法律规定的行为，行为人无主观恶意或者主观恶意不明显，情节较轻，危害不大的，可以不作为犯罪处理。

对于国家出资企业中的职务犯罪，要加大经济上的惩罚力度，充分重视财产刑的适用和执行，最大限度地挽回国家和人民利益遭受的损失。不能退赃的，在决定刑罚时，应当作为重要情节予以考虑。

7. 最高人民法院、最高人民检察院、公安部、司法部关于依法惩治妨害新型冠状病毒感染肺炎疫情防控违法犯罪的意见（法发〔2020〕7号）（节录）

二、准确适用法律，依法严惩妨害疫情防控的各类违法犯罪

（七）依法严惩疫情防控失职渎职、贪污挪用犯罪。

国家工作人员，受委托管理国有财产的人员，公司、企业或者其他单位的人员，利用职务便利，侵吞、截留或者以其他手段非法占有用于防

控新型冠状病毒感染肺炎的款物，或者挪用上述款物归个人使用，符合刑法第三百八十二条、第三百八十三条、第二百七十一条、第三百八十四条、第二百七十二条规定的，以贪污罪、职务侵占罪、挪用公款罪、挪用资金罪定罪处罚。挪用用于防控新型冠状病毒感染肺炎的救灾、优抚、救济等款物，符合刑法第二百七十三条规定的，对直接责任人员，以挪用特定款物罪定罪处罚。

（十）依法严惩妨害疫情防控的违法行为。实施上述（一）至（九）规定的行为，不构成犯罪的，由公安机关根据治安管理处罚法有关虚构事实扰乱公共秩序，扰乱单位秩序、公共场所秩序、寻衅滋事，拒不执行紧急状态下的决定、命令，阻碍执行职务，冲闯警戒带、警戒区，殴打他人，故意伤害，侮辱他人，诈骗，在铁路沿线非法挖掘坑穴、采石取沙，盗窃、损毁路面公共设施，损毁铁路设施设备，故意损毁财物、哄抢公私财物等规定，予以治安管理处罚，或者由有关部门予以其他行政处罚。

对于在疫情防控期间实施有关违法犯罪的，要作为从重情节予以考量，依法体现从严的政策要求，有力惩治震慑违法犯罪，维护法律权威，维护社会秩序，维护人民群众生命安全和身体健康。

8. 最高人民检察院关于充分发挥检察职能服务保障"六稳""六保"的意见（2020年7月22日实施）

3. 依法保护企业正常生产经营活动。深刻认识"六稳""六保"最重要的是稳就业、保就业，关键在于保企业，努力落实让企业"活下来""留得住""经营得好"的目标。一是加大力度惩治各类侵犯企业财产、损害企业利益的犯罪。依法严格追诉职务侵占、非国家工作人员受贿和挪用资金犯罪，根据犯罪数额和情节，综合考虑犯罪行为对民营企业经营发展、商业信誉、内部治理、外部环境的影响程度，精准提出量刑建议。对提起公诉前退还挪用资金或者具有其他情节轻微情形的，可以依法不起诉；对数额特别巨大拒不退还或者具有其他情节特别严重情形的，依法从严追诉。

9. 最高人民检察院、公安部关于公安机关管辖的刑事案件立案追诉标准的规定（二）（公通字〔2022〕12号）（节录）

第七十七条 【挪用资金案（刑法第二百七十二条第一款）】公司、企业或者其他单位的工作人员，利用职务上的便利，挪用本单位资金归个人使用或者借贷给他人，涉嫌下列情形之一的，应予立案追诉：

（一）挪用本单位资金数额在五万元以上，超过三个月未还的；

（二）挪用本单位资金数额在五万元以上，进行营利活动的；

（三）挪用本单位资金数额在三万元以上，进行非法活动的。

具有下列情形之一的，属于本条规定的"归个人使用"：

（一）将本单位资金供本人、亲友或者其他自然人使用的；

（二）以个人名义将本单位资金供其他单位使用的；

（三）个人决定以单位名义将本单位资金供其他单位使用，谋取个人利益的。

10. 公安部关于村民小组组长以本组资金为他人担保贷款如何定性处理问题的批复（公法〔2001〕83号）

村民小组组长利用职务上的便利，擅自将村民小组的集体财产为他人担保贷款，并以集体财产承担担保责任的，属于挪用本单位资金归个人使用的行为。构成犯罪的，应当依照刑法第二百七十二条第一款的规定，以挪用资金罪追究行为人的刑事责任。

第六章

敲诈勒索罪办案指引

第一节 敲诈勒索罪概述

一、敲诈勒索罪的立法沿革

我国古代刑法自西周开始就将敲诈勒索行为规定为犯罪,一般称为恐吓取财罪或者恐吓罪。1950年《中华人民共和国刑法大纲(草案)》第144条规定:"以威胁方法使人恐惧而取得他人财物者,为恐吓罪,处四年以下监禁。"当时受刑事立法传统的影响,将敲诈勒索罪定名为恐吓罪。1954年《中华人民共和国刑法指导原则草案(初稿)》第68条改罪名为敲诈勒索罪,规定:"敲诈勒索他人财物的,判处三年以下有期徒刑、劳役或者予以行政处罚;情节严重的,判处流放或者五年以下有期徒刑。"在随后的刑法草案修改过程中,逐步将敲诈勒索罪的犯罪对象由私有财产扩大至公共财物。1963年《中华人民共和国刑法草案(修正稿)》第162条规定:"敲诈勒索公私财物的,处三年以下有期徒刑或者拘役;情节严重的,处三年以上七年以下有期徒刑。"

1979年刑法制定时,立法机关在广泛听取司法实务部门、刑法理论界等各方意见的基础上,基本上吸收了刑法草案关于敲诈勒索罪的规定,第154条规定:"敲诈勒索公私财物的,处三年以下有期徒刑或者拘役;情节严重的,处三年以上七年以下有期徒刑。"1997年对刑法进行修改时,立法机关针对敲诈勒索罪因社会生活的发展变化而出现的一些新情况、新特点,对敲诈勒索罪的罪状、量刑幅度等作了一定的修订,一是将"数额较大"作为敲诈勒索罪的必备要件;二是增设了管制刑,对情节较轻的敲诈勒索行为区别对待;三是将原规定的最高刑七年有期徒刑提高到十年有期徒刑,以打击情节严重的敲诈勒索行为。故1997年《刑法》第274条规定:"敲诈勒索公私财物,数额较大的,处三年以下有期徒刑、拘役或者管制；数额巨大或者有其他严重情节的，处三年以上十年以下有期徒刑。"

2011年《刑法修正案（八）》对敲诈勒索罪进一步调整了入罪门槛，完善了法定刑，将《刑法》第274条修改为："敲诈勒索公私财物，数额较大或者多次敲诈勒索的，处三年以下有期徒刑、拘役或者管制，并处或者单处罚金；数额巨大或者有其他严重情节的，处三年以上十年以下有期徒刑，并处罚金；数额特别巨大或者有其他特别严重情节的，处十年以上有期徒刑，并处罚金。"一是修改敲诈勒索罪的构成标准，将敲诈勒索罪的构成要件由"数额较大"标准进一步扩大为"数额较大或者多次敲诈勒索"，完善了敲诈勒索罪的犯罪构成；二是新增"数额特别巨大或者有其他特别严重情节的，处十年以上有期徒刑，并处罚金"的法定刑，体现了对情节恶劣、后果严重的敲诈勒索犯罪行为的从严打击；三是增设了罚金刑，有利于充分发挥财产刑对于贪利性犯罪的惩罚和预防功能。[①]

二、敲诈勒索罪的发案态势

在侵犯财产类犯罪中，敲诈勒索罪并不像盗窃罪、诈骗罪一样高发，但是如果考虑到敲诈勒索罪采取的威胁或者要挟方法带有一定的暴力取财性质，则在强制占有类侵财犯罪中，敲诈勒索罪是发案最多的罪名。司法实践中，敲诈勒索罪的难点集中在消费者、劳动者等维权行为与敲诈勒索罪的关系，相关案件容易成为舆论关注焦点，如黄静天价笔记本索赔案、"结石宝宝"家长郭利索赔案、华为公司离职员工李洪元索要补偿案等。同时，敲诈勒索罪以勒索为手段、以索财为目的，与绑架等侵权型犯罪，抢劫、诈骗等侵财型犯罪，容易混淆。此外，近年来，网络敲诈勒索、"碰瓷"型敲诈勒索有蔓延趋势；以威胁方式索要分手费、青春损失费等案件也时有发生，引发网络舆情；敲诈勒索也是黑恶势力犯罪的主要手段，应予重视。

---

① 参见张军主编：《〈刑法修正案（八）〉条文及配套司法解释理解与适用》，人民法院出版社2011年版，第276~277页。

三、敲诈勒索罪的概念和构成特征

《刑法》第 274 条对敲诈勒索罪的表述是一种简单罪状，理论上对敲诈勒索罪进一步明确为：以非法占有为目的，对财物所有人、占有人使用威胁或者要挟的方法，强行索取公私财物，数额较大或者多次敲诈勒索的行为。

（一）犯罪客体

敲诈勒索罪侵犯的客体是复杂客体，不仅侵犯了公私财产所有权，还侵犯了他人的人身权利等其他权利。侵犯的对象既包括动产、不动产，也包括财产性利益。① 因为敲诈勒索罪的财产处分本身是被害人作出的，财物占有的转移得到了被害人的同意（尽管存在瑕疵），行为人因而能够获得轻易不能夺取的不动产或者财产性利益。②

（二）客观方面

本罪客观方面表现为对他人使用威胁或者要挟的方法，强行索取公私财物，数额较大或者多次敲诈勒索的行为。敲诈勒索行为（既遂）的基本结构是：行为人对他人实施威胁（恐吓）→对方产生恐惧心理→对方基于恐惧心理处分财物→行为人或第三者取得财产→被害人遭受财产损失。③上述要素之间具有原因上的关联，存在先后顺序关系：敲诈勒索行为在前，被害人产生恐惧心理在后，因为恐惧心理作出财产处分，行为人取得财产和被害人遭受财产损失是财产处分的自然结果。

1.行为人实施敲诈勒索行为。敲诈勒索是复行为犯，包括对被害人实施威胁或者要挟的手段行为，以及向被害人索要财物的目的行为。

（1）实施威胁或者要挟行为。威胁或者要挟的手段行为分为两种方式：一是使用暴力或者以暴力相威胁。行为人对被害人使用一定暴力后，就会对被害人形成若不交付财产就可能继续实施暴力的恐吓。这种暴力是

---

① 高铭暄、马克昌主编：《刑法学》（第七版），北京大学出版社、高等教育出版社 2016 年版，第 516 页。

② 陈兴良主编：《刑法各论精释》，人民法院出版社 2015 年版，第 577 页。

③ 张明楷：《刑法学》（第五版），法律出版社 2016 年版，第 1015~1016 页。

一种相对轻微的暴力,使被害人产生恐惧的效果,但又没有达到足以压制其意思自由的程度。如果被害人完全丧失意思自由,毫无选择而不得不交付财物,则超出了敲诈勒索罪暴力的范围,应当成立抢劫罪。二是对被害人施加心理压力,通常是抓住被害人的心理弱点,以曝光被害人不愿公布于众的隐私或者制造被害人不愿意发生的事端为要挟。

司法实践中,关于威胁或者要挟的种类和内容没有限制,可以是他人的生命、身体、自由等人身权利,也可是财物或者其他财产性权利;可以是他人的隐私或者弱点,如犯罪违法行为、非法两性关系、历史污点等,也可以是他人的名誉、人格、商品信誉等。关于威胁或者要挟的方法没有限制,可以明示,也可以暗示;可以通过语言、书面文字或者图像,也可以通过动作或者举动。行为人既可以扬言在以后某个时候实现威胁,也可以扬言当场实现威胁,甚至可以当场实施暴力胁迫。关于威胁或者要挟的途径,可以直接告知被害人,也可以通过第三人转达。关于威胁或者要挟的对象,可以是财物所有人、保管人,也可以是他人的亲属,亦可以是其他有某种利害关系的人。只要行为人实施的威胁或者要挟,足以让财产所有人、保管人产生恐惧。

使用暴力、以暴力相威胁和制造心理压力都需要证据予以证明。如果威胁或者要挟是以口头方式当面进行的,一般客观性证据较少,必须认真审查言词证据,包括犯罪嫌疑人、被告人的供述和辩解、被害人的陈述及证人证言,审查时要注意核实细节,排除虚假表述。如果是通过某种媒介进行的,则要通过审查电话、短信记录和聊天记录、电子邮件等电子证据和书证,证明被害人受到威胁或者要挟,造成了心理压力。

(2)实施索要财物行为。向被害人索要财物可以是当面口头提出,也可以是通过某种媒介向被害人提出,如行为人通过电话、信件、邮件、短信息、聊天软件等向被害人索要财物。关于方式,既可以要求被害人向行为人本人提供,也可以要求被害人向第三人提供;既可以迫使被害人提供本人财物,也可以迫使被害人提供由其保管的他人财物。关于威胁或者要挟的手段行为和索要财物的目的行为,既可以是同时进行,也可以先发出威胁或者要挟,在一定时间之后提出索要财物的要求;也可以先提出索要财物要求,在一定时间之后实施威胁或者要挟。

当面索要财物的,审查时,除了审查言词证据是否能够印证外,还必须严格审查辨认笔录，确保辨认笔录的合法、客观、真实。若犯罪嫌疑人、被告人和被害人双方关于勒索金额表述不一致的，不能简单就低认定，需要与证人证言、实际交付数额等相互印证，确定犯罪数额。经审查确实无法查清的，可以就低认定。通过媒介索要财物的，审查信件、字条等书证时，结合笔迹鉴定；审查短信息、聊天记录、电话清单等电子证据时，结合电信公司出具的电话号码登记信息及电话使用情况；审查电子邮件、信件时，结合IP地址、发件地址、邮箱内其他邮件内容；审查电话录音、视频聊天录像等视听资料时，结合被害人陈述、证人证言以及辨认笔录，通过上述方式确定犯罪嫌疑人、被告人和具体行为。

2. 被害人因被敲诈勒索产生恐惧心理。恐惧心理，是指被害人因受到行为人实施的威胁或者要挟，精神上受到了强制，产生了畏惧。被害人是否产生恐惧心理，主要看行为人实施威胁或者要挟的内容、方式是否会威胁被害人的重大利益，例如生命、身体、自由、名誉及财产等。因敲诈勒索产生恐惧需要与生活中谈条件区别开来。谈条件只是单纯的讨价还价，不会以恶害为筹码，对方也不会产生恐惧心理。例如，捡到他人身份证后，打电话索要200元，并称若不付钱就不还证件，这种行为不会让人产生恐惧心理，行为不构成敲诈勒索。对于恐惧感是否产生的评价，必须考虑被害人的具体情况，从一般社会观念出发进行分析。某些恐吓可能不会使一些人产生恐惧感，但是对特定人（未成年人、老年人、残疾人、女性等）会产生威胁效果，应当认定为足以对上述人员产生恐惧心理。

恐惧心理虽然是对被害人主观心态的证明，但却是相对客观的一种判断。最直接的证据是被害人陈述和家人、同事、朋友等证人证言，同时也要有客观性证据予以印证。对于被害人担心某种事实发生而产生恐惧心理的，犯罪嫌疑人、被告人供述，被害人陈述，证人证言等言词证据，要与信件、电子邮件、通信聊天记录或者录音录像等客观性证据相互印证。对于被害人因身体遭受侵害而产生恐惧心理的，应当通过病历、身体检查记录、鉴定意见等证据判断被害人受到暴力侵害的程度，判断这种暴力是否足以使被害人感到恐惧。

3. 被害人因恐惧而处分财物。被害人基于恐惧心理而交付财物包括两个层次：一是被害人有处分财物的行为。处分财物既可以是被害人主动交付财物，也可以是被迫容忍、默许行为人取得财物。二是因行为人敲诈勒索行为产生的恐惧心理与被害人处分财物之间具有因果关系。被害人是基于行为人的威胁或者要挟而使其产生恐惧心理，并基于此作出了财物处分行为，恐惧心理与财物处分行为之间存在引起和被引起的关系。如果被害人并非是基于恐惧心理处分财物，而是出于怜悯等其他原因向行为人处分财物，则不能认定行为人敲诈勒索行为既遂。

（三）犯罪主体

本罪的主体是一般主体，凡是达到法定刑事责任年龄且具有刑事责任能力的自然人均能构成本罪。

（四）主观方面

本罪的主观方面由直接故意构成，并且具有非法占有公私财物的目的。敲诈勒索罪属于故意犯罪，行为人必须具有勒索取财的故意，并积极追求该结果。除故意外，行为人主观上要具有非法占有目的。如果行为人不具有这一目的，或者索取财物的目的有法律的依据，如债权人为讨还债务而使用带有一定威胁成分的语言，要求债务人尽快偿还欠款的，不构成敲诈勒索罪。

主观目的会通过客观行为予以表现，在判断行为人是否具有非法占有目的时，应当结合全案证据情况和事实情况综合判断。在犯罪嫌疑人、被告人与被害人没有任何交集的情况下，非法占有的目的比较容易判断，但司法实践中犯罪嫌疑人、被告人往往辩解与被害人之间存在债权债务纠纷或者婚恋、家庭、邻里纠纷等，可能影响对非法占有目的的认定，需要特别重视，仔细审查，谨慎把握。

四、敲诈勒索罪的追诉标准

（一）入罪标准

根据《刑法》第274条的规定，敲诈勒索公私财物必须满足数额较大或者多次敲诈勒索时才构成犯罪。

1. 数额标准。2013年4月，最高人民法院、最高人民检察院《关于办理敲诈勒索刑事案件适用法律若干问题的解释》（以下简称《敲诈勒索解释》）第1条对敲诈勒索犯罪"数额较大""数额巨大""数额特别巨大"的认定标准作出了新的规定。此外，《敲诈勒索解释》第2条规定，对于具有"曾因敲诈勒索受过刑事处罚""以黑恶势力名义敲诈勒索"等七种情形之一的，"数额较大"的标准可以按照第1条规定标准的50%确定。本条是敲诈勒索"数额较大"标准的特别规定，旨在避免"唯数额论"的不足，对社会危害性严重的敲诈勒索行为降低入罪门槛，有利于更好贯彻宽严相济刑事政策和罪责刑相适应原则。需要注意的是，本条规定的是"可以"而非"应当"，如综合考虑全案情节，降低入罪门槛显失妥当的，则不宜适用本条规定。

2. 次数标准。"多次敲诈勒索"是《刑法修正案（八）》增加规定的构成犯罪的条件，《敲诈勒索解释》第3条规定："二年内敲诈勒索三次以上的，应当认定为刑法第二百七十四条规定的'多次敲诈勒索'。""多次敲诈勒索"，没有数额限制，只要实施了三次以上的敲诈勒索行为，不论敲诈勒索数额多少，依法都可以定罪处罚。但是，对于情节显著轻微、危害不大的，可以依照《刑法》第13条的规定，不作为犯罪处理。"多次敲诈勒索"不要求每次敲诈勒索行为都是"未经处理"，如敲诈勒索行为已受到刑事处罚，显然不能再将其作为犯罪处理，否则有违一事不二罚原则，但如果之前的行为已受到行政处罚，则可计入"多次敲诈勒索"。同时，"多次敲诈勒索"中的"多次"可以包含未遂。

3. 出罪规定。为贯彻宽严相济刑事政策，根据《敲诈勒索解释》第5条规定，敲诈勒索数额较大，行为人认罪、悔罪、退赃、退赔，并具有法定从宽处罚情节、没有参与分赃或者获赃较少且不是主犯、被害人谅解等情形的，可以认定为犯罪情节轻微、不起诉或者免予刑事处罚。《敲诈勒索解释》第6条还对敲诈勒索近亲属财物和被害人过错中不认为是犯罪、酌情从宽处理的情形予以了规定。

（二）既遂与未遂

敲诈勒索罪作为一种侵犯财产的犯罪，应当以行为人是否实际取得财产作为既遂与未遂的判断标准。行为人使用了威胁或者要挟手段，使被害人心理上产生了恐惧,从而非法取得他人财物的,属于犯罪既遂。如果被害人没有因为行为人使用威胁或者要挟手段而造成心理上的恐惧,也没有交出财物,或者虽然产生了恐惧但没有交出财物,则属于犯罪未遂。当然,若敲诈勒索实际所得财物未达到数额较大标准的,也应认定为未遂,而非无罪,如行为人伙同他人敲诈勒索5000元,最终得款1500元,应认定构成敲诈勒索罪未遂。

(三)量刑标准

关于敲诈勒索罪的具体量刑,《量刑指导意见》作了相应规定,既根据"数额较大""数额巨大""数额特别巨大",在相应的幅度内确定量刑起点,又明确在量刑起点的基础上,可以根据敲诈勒索数额、手段等其他影响犯罪构成的犯罪事实增加刑罚量,确定基准刑。《刑法》第274条在将数额和次数规定为敲诈勒索罪的定罪处罚情节的同时,还将"其他严重情节""其他特别严重情节"作为加重处罚情节予以规定。《敲诈勒索解释》第4条对"其他严重情节""其他特别严重情节"作出了进一步规定。司法实践中,需要全面、综合考虑行为的时间、空间、对象、方式、次数、行为人的身份、动机等因素。此外,关于如何判处罚金的问题,《敲诈勒索解释》第8条作了明确规定,以敲诈勒索入罪数额标准的2000元为罚金起点,若敲诈勒索取得财物,在实际取得财物数额的2倍以下判处罚金;若未取得财物,应当在2000元以上10万元以下判处罚金。

第二节 敲诈勒索罪的证据审查

一、敲诈勒索罪的证据要件

（一）犯罪客体证据

本罪侵犯的客体为复杂客体，既侵犯了公私财产的所有权，又侵犯了被害人的人身权利或者其他权益。犯罪对象是各种公私财产，包括动产和不动产，有形物和无形物。应注意收集犯罪嫌疑人、被告人供述与辩解、被害人陈述、证人证言、书证、物证等，综合加以证明。

（二）客观方面证据

1.犯罪嫌疑人、被告人的供述与辩解。证实内容：实施敲诈行为的时间、地点、参与人；在具体实施犯罪过程中采用的手段是威胁还是要挟，以及威胁、要挟的具体内容；同案犯各自使用何种作案工具，作案工具的来源、数量、特征、下落；被害人是否反抗、能否反抗，如何排除被害人反抗；具体、详细的犯罪经过；共同犯罪的起意、策划、分工、实施等情况，查明每一个犯罪嫌疑人、被告人在共同犯罪中的地位和作用；参与犯罪的行为人和被害人的身体特征，包括面部特征、身高、体态以及当时的衣着情况等详细特征；被敲诈财物的特征，包括外部形态、种类（品种）、颜色、数量等；犯罪现场是否有围观群众或者其他见证人；是否获得财物及赃款赃物的处理情况，是自用、出借，还是出售、典当等；犯罪后的表现情况，如是否积极返赃、退赃，是否赔偿了被害人的经济损失。

2.被害人陈述（证实内容同上）。

3.证人证言。

（1）现场目击证人证言。证实内容：与犯罪嫌疑人、被告人和被害人的关系；案发时间、地点、原因；敲诈的经过、被敲诈财物的种类、数量等情况；发生冲突双方的情况；在案发现场所看见、听到的一切与案件事实相关的情况。

（2）收购、销售被敲诈物品的证人证言。证实内容：收购、销售赃物的时间、地点；出售赃物的人的详细特征，包括面部特征、身高、体态以及当时的衣着情况等；被收购、销售的赃物的特征，包括外部形态、种类（品种）、颜色、重量等；收购、销售赃物的价格，以及是否明显低于正常市场价格；被收购、销售的赃物的去向。

（3）抓获人、扭送人证言。证实内容：如何获知犯罪和犯罪嫌疑人、被告人情况，以及犯罪嫌疑人、被告人被抓获时的身体特征、衣着情况的描述；抓获犯罪嫌疑人、被告人的时间、地点、过程，以证实犯罪嫌疑人、被告人是否有投案、坦白、立功等情节。

（4）现场发现人证言。证实其何时、何地、如何发现犯罪现场以及犯罪现场的有关情况。

（5）其他知情人的证言。

4. 物证、书证。包括作案工具，如刀枪、绳索等；现场遗留痕迹，如指纹、脚印等；现场遗留的血衣、血迹、毛发、烟头等；赃款赃物，包括现金、物品及股票、债券、存折等有价证券；书信、日记等，证实行为人实施敲诈行为的时间、地点及经过等情况；行为人用以敲诈被害人的合同、收据、借条、欠条等；电信部门提供的电话通话记录、短信息记录；民事赔偿调解协议（笔录）等，佐证犯罪嫌疑人、被告人承认其犯罪行为及后果；价格认定结论。

5. 鉴定意见。包括指纹、脚印等痕迹鉴定意见，证实是不是犯罪嫌疑人、被告人或被害人遗留的；文检鉴定意见，证实是不是犯罪嫌疑人、被告人或被害人的笔迹、印鉴等；血型、DNA鉴定意见，证实现场遗留的血衣、血迹、毛发等是否是犯罪嫌疑人、被告人或被害人的。

6. 现场勘查笔录、照片，包括敲诈现场、犯罪工具准备、丢弃的现场、提取物证现场等。

7. 视听资料，包括电话录音、录像等，证实敲诈的内容、被强索财物的数量等情况。

8. 其他证明材料，包括被害人、目击证人辨认犯罪嫌疑人或物证的笔录；犯罪嫌疑人、被告人和被害人、证人指认现场笔录；搜查笔录、扣押物品清单及照片，证实查获的作案工具及调取的相关物证；退赃笔录、起赃笔录、收缴笔录；报案登记、立案决定书及破案经过等书证，证实案件来源、侦破经过以及犯罪嫌疑人是否有自首情节等。

9.对被害人身体造成损害的证据，包括病历、诊断书、抢救记录、住院治疗记录；精神病鉴定意见；被害人（试图）自杀、自残的证据，如被害人陈述、证人证言、医院抢救记录等；被害人亲友对被害人被敲诈前后的身体健康状况，如智力状况、后遗症、精神状态等的证言。

通过上述证据证明，行为人实施了对被害人采用威胁或要挟的手段，强行索取他人数额较大财物的行为。威胁或要挟的方式，主要是通过精神强制，对被害人心理上造成恐惧，产生压力，然后向被害人强行索取财物。威胁、要挟是手段，强索财物是目的。

（三）犯罪主体证据

证明自然人犯罪主体的证据包括个人身份证据和前科证据。通过居民身份证、户口簿、个人履历表、医院出生证明等以及犯罪嫌疑人、被告人供述，有关人员（亲属、邻居等）关于犯罪嫌疑人、被告人情况的证言，证明自然人的姓名（曾用名）、性别、出生年月日、居民身份证号码、民族、籍贯、出生地、职业、住所地等。通过刑事判决书、裁定书，释放证明书、假释证明书，不起诉决定书，行政处罚决定书等证明自然人的前科劣迹。

（四）主观方面证据

1.犯罪嫌疑人、被告人的供述和辩解。证实作案的动机、目的；犯罪起意的过程，有无策划、策划的具体内容；共同犯罪的策划、分工的时间、地点、内容以及在策划下各行为人相对应的犯罪行为。共同犯罪应查明：事先有无预谋策划，有无事先或事中达成默契，或者曾多次结伙作案的犯罪集团、犯罪团伙成员之间，每次作案前都通过他们之间特定语言、表情、手势等达成默契，形成内容明确的共同敲诈故意；有无持不同意见或反对意见者，以及对未表示反对或同意意见者，要重点讯问其在案发前、案发时、案发后的语言、行为，以此考察其主观态度；分赃情况和赃物去向，以此判明各犯罪嫌疑人、被告人的主观目的。

2. 被害人陈述。证实其与行为人是否认识、平时关系，是否与各行为人有过节、纠纷等；行为人在实施敲诈行为前后和过程中的言行及其所产生的后果，反映其主观故意。

3. 证人证言。现场目击证人证言，证实在案发现场所看见、听到的一切与案件事实相关的情况；其他知情人的证言。

4. 证明行为人非法占有他人财物的主观目的的其他证据。包括：行为人以自己的名义将赃物出让、出借、出卖、典当的书证，如借据、当票等；相应的受让人、借入人、买受人、典当行营业人员的证人证言；从上述证人处提取的赃物；收集犯罪嫌疑人、被告人犯罪前科，尤其是同类犯罪前科的证据、社会生活经验、履历方面的证据，此类证据对证明其犯罪后果认知程度和控制能力起到一定的证明作用。

通过上述证据，证明行为人具有非法强索公私财物，予以非法占有的目的。共同犯罪的，各行为人都明知自己的行为是共同犯意支配下犯罪行为的组成部分。

在认定本罪的主观故意时，要注意排除行为人为追回自己的合法债权而对债务人采用带有一定威胁成分的语言或者其他威胁手段，由于不具有非法强索、占有他人财物的目的，故不能构成本罪。

二、敲诈勒索罪常见证据审查

（一）对书证、电子证据等客观性证据的审查

敲诈勒索有的发生在陌生人之间，有的即使是熟人作案但是与被害人并不正面接触，作案隐蔽性较强，物证较少而书证、电子证据较多，且被害人难以辨认犯罪嫌疑人。因此，敲诈勒索案件要重视客观证据的审查，锁定犯罪嫌疑人、被告人和犯罪行为。实践中，犯罪嫌疑人往往会通过电话、信件、短信、微信等联系被害人，这些书证和电子证据的证明力较强，要注意对相关电子数据的恢复、调取，对书信进行笔迹鉴定。需要注意的是，犯罪嫌疑人为了隐蔽，可能会采取语言或形体伪装、笔迹变化、异地邮寄等方式来躲避侦查，审查证据时需要引起重视。

（二）对使用暴力取得财物案件的证据审查

敲诈勒索犯罪和其他犯罪行为在犯罪构成和作案手法上有所交叉，使用暴力取得财物，涉及案件性质是敲诈勒索还是抢劫的认定，也关系到罪与非罪的认定，证据审查中重点把握以下两点：

1. 关于暴力程度的证据。敲诈勒索罪的客观行为要件并不排斥以暴力或者暴力相威胁，但抢劫罪的暴力需要足以达到抑制被害人反抗的程度，而敲诈勒索罪则无此要求。对于暴力程度可以通过以下方式判断：一是通过对病历、检查笔录和鉴定意见的审查，查明被害人伤痕的位置、形态、伤情；通过提取笔录及相关物证，查明犯罪嫌疑人是否使用了工具，该工具的大小、形态、杀伤力等；二是可以通过现场勘验笔录、监控录像等证据查实案发现场情况，结合案发当时的时空、被害人性别和年龄等综合判断在该环境中，犯罪嫌疑人的暴力行为是否足以压制被害人反抗，或者仅仅是轻微暴力迫使产生恐惧心理，若是后者，则应认定敲诈勒索罪。

2. 关于取财地点的证据。虽然使用严重暴力，但是劫取财物的时间是在暴力或暴力威胁结束之后，应当认定为敲诈勒索罪。实践中，暴力胁迫行为持续多个地点，应当注意此处"当场"并不同于现实生活中的"当场"，不能理解为某一个现场，办案中需要结合犯罪嫌疑人实施暴力的时间、空间跨度、行进路线、所处环境、双方力量对比变化等，综合判断被害人是否一直处于犯罪嫌疑人的暴力威胁控制之下。

（三）对"被害人产生恐惧心理"的证据审查

被害人基于"恐惧心理"而交付财物是敲诈勒索罪的应有之义，是敲诈勒索罪与其他侵财犯罪的主要区别，由于不同罪名入罪标准不同，也可能关系到罪与非罪，需要细致分析相关证据，准确把握。如对于既有欺骗行为又有勒索行为的，应当着重审查被害人主要是基于被骗还是内心受到胁迫而交付财产，从而区分诈骗罪和敲诈勒索罪。

对于冒用国家机关工作人员身份勒索财物的，除了查明行为人是否有假冒国家工作人员的身份外，还需要结合被害人的陈述或现场证人证言，判断上述假冒行为是否为被害人察觉，从而判断被害人是"自愿"交出财物，还是因行为人的假冒行为给被害人造成了精神上的恐惧，导致被害人出于无奈，被迫交出财物。

对于利用职务便利勒索财物的，除了需要着重审查有关犯罪嫌人身份、职责的证据外，还要善于从被害人的陈述中判断被害人交付财物的原因，如果被害人交付财物是因为害怕自身或者其重要关系人的生命、健康、财产、名誉等权利受到行为人的损害、破坏，则可能涉嫌敲诈勒索罪。如果被害人只是想利用犯罪嫌疑人的职务为自身谋利或者害怕被犯罪嫌疑人利用职务"穿小鞋"，则不属于敲诈勒索罪。

对于以"绑架被害人的亲友"相要挟的，要着重审查被"绑架"的第三人的证言及相关的物证，查明犯罪嫌疑人是否有绑架人质的行为，如果只是编造的绑架事实，或者通过欺骗手段限制人质的人身自由，则不能认定为绑架罪。

（四）对"非法占有目的"的证据审查

敲诈勒索案件中，是否以非法占有为目的直接关系到罪与非罪。司法实践中犯罪嫌疑人辩解空间较大，常以"事出有因"作为辩解理由。审查时要看原因是否正当，有些原因看似有因，但是人为制造出来的，如自带苍蝇去饭店吃饭索赔，可以考虑定敲诈勒索罪，但如果仅仅是发现苍蝇后敲竹杠，因为事出有因，主观上无法证明其非法占有的故意。此类案件犯罪嫌疑人主观认定不容易把握，需要仔细辨别。

对于以索要正当债务为抗辩理由的，要审查犯罪嫌疑人和被害人之间是否存在正当债务的书证、电子证据、证人证言等证据，如果的确存在合法债务，需要进一步查明，该债务与索要金额是否有明显差距。对于以索要自己的财物为抗辩理由的，要审查财物的书证等权属证明、被害人陈述与证人证言等证据，对确有证据证明是以索要自己的财物为目的，或者财物归属确有争议，不宜认定具有非法占有的目的。对于以存在其他纠纷为抗辩理由的，司法实践中犯罪嫌疑人、被告人会以与被害人有感情纠葛、民事侵权或者维护正当权利作为抗辩理由。对此，需要审查犯罪嫌疑人、被告人索要财物是否有法律依据的书证、被害人陈述、证人证言等证据，如果诉求有正当理由、合法依据，只是数额双方未能达成一致，一般不宜认定具有非法占有之目的。如被动迁人对于动迁款项的权利要求有法律依据，即使要求过高，也属于民事双方谈判的余地，不能认定敲诈勒索；以威胁方式索要分手费、青春损失费等则缺少法律支撑，可以认定为具有非法占有之目的，但是双方曾经达成合意的除外。

敲诈勒索共同犯罪中，部分犯罪嫌疑人、被告人辩解不知道案件的来龙去脉，以为在索取合法债务，没有非法占有目的。审查时，首先，核实该犯罪嫌疑人、被告人的具体行为和参与程度，查明是仅仅参与了一部分威胁、要挟行为或者索要财物行为，还是全部过程；其次，审查与同案犯尤其是主犯，以及与被害人关系的言词证据，查明是否知道完整案情；最后，审查同案犯以及被害人有无明确指证，综合判断其主观明知。如果无法认定非法占有的目的，则不成立敲诈勒索罪，但若在索要财物的过程中，涉嫌非法拘禁、故意伤害等侵犯公民人身权利的犯罪，要综合全案认定。

第三节　敲诈勒索罪的审查认定与疑难问题处理

一、"权利行使型"敲诈勒索案件的处理

"权利行使型"敲诈勒索案件认定难是当前的一个突出问题，实践中认定分歧较大，"同案不同判"现象也屡有发生。既有主张维权过度无罪，也有主张维权不能违法；既有主张以索赔金额作为判断依据，也有主张以权利是否有据、手段是否合法作为标准。办理此类案件，应当秉持客观公正立场，贯彻理念引领，体现政治效果、社会效果和法律效果的统一。"权利行使型"敲诈勒索案件一边是消费者、劳动者，有正当的消费索赔权、经济补偿权；另一边是经营者，也有相应的权利义务，双方的合法权益均要保障。相关案件涉及民刑交叉，一方面要从民事行为本身合法性、适当性、比例性来判断，另一方面要审查行为是否符合敲诈勒索的入罪标准，协同把握才能体现三个效果有机统一。因此，案件办理要摒弃孤立办案、就案办案、机械办案，不能简单地套用犯罪构成要件，要甄别行为背后人的动机目的、行为的社会和法律性质，把司法应该支持什么、约束什么、制裁什么体现出来，实现法理情的有机统一。

（一）权利基础是否存在

权利行使应当以权利存在为前提。权利基础不存在，自然无"权"可"维"。权利基础是否存在是判断行权手段是否合法、行权目的是否正当的客观基础。认定是否存在权利基础，或者权利是否受到侵害，一是确认行为人具有某项权利；二是确认该权利受到侵害；三是该侵害可以归责或者归因于另外一方。在认定中必须特别强调并排除的就是虚构权利基础

或者故意制造侵害事实。例如到饭店吃饭自带苍蝇放进菜中，以此为由向饭店索要赔偿，这种情况下，虽然看似有受"侵害"事实，但这个事实是人为制造出来的，不能视为存在权利基础。

在确认权利基础存在的条件下，行为人据此既获得了有权要求赔偿损失、赔礼道歉等实体性权利，也获得了有权提出权利保护、救济的程序性权利。实体性权利决定行为人可以借助民法典、消费者权益保护法等实体性法律规定获得相应的物质性赔偿、精神性赔偿、经济性补偿等。程序性权利决定行为人获得了程序上的救济权，既可以通过诉讼等司法途径，也可以通过投诉、举报等行政途径，还可以自行协商进行私力救济。因此，对于具有权利基础的维权行为，认定敲诈勒索罪要慎重，不能仅仅从构成要件的形式上予以判断。但是具有权利基础，并非完全阻却敲诈勒索罪的成立，仍要结合其他条件进行判断。

（二）行权手段是否合法

维权手段有合法与不合法之分，即使具有权利基础，但是采用不正当的手段去实现，手段行为符合犯罪构成的，应当以相应的犯罪论处。比如以非法拘禁或者故意伤害的手段行使权利，无论是否有正当的权利基础，上述不正当的手段都可能单独构成非法拘禁罪或者故意伤害罪。

就敲诈勒索罪的手段来看，与一般侵犯人身权利的手段有所区别。由于敲诈勒索罪关于威胁或者要挟的种类、内容、手段、途径没有限制，简单地把带有威胁性、要挟性的表示作为入罪依据，欠缺合理性，应当根据是否具有权利基础予以区分。对于没有权利基础的，体现以威胁或者要挟为手段，索要财物的，可以构成敲诈勒索罪；对于具有权利基础的，要避免把合法争取权利和权利救济的后续性手段，或者在主张权利过程中一些过激言行，错误地当作"威胁"或者"要挟"。例如仅仅是向新闻媒体曝光、向法院起诉、投诉、举报、留置质押物等，本身就是法律赋予权利人的合法救济途径，是具有权利基础的行为人行使程序性权利的体现，不能等同于实施敲诈勒索。这里的"威胁"或者"要挟"应当具有明显的非法性，例如捏造、虚构事实向新闻媒体曝光，或者具有强烈的攻击性，如对被害人及其亲属实施暴力等，进而具有对被害人造成精神强制、恐惧心理的强制性。

（三）行权目的是否正当

刑法中包括敲诈勒索罪在内的交付型财产犯罪均要求以非法占有为目的，而且刑法认定的刑事可罚性依据是实质的非法性，所以"权利行使型"敲诈勒索案件也要注重行使目的的审查，防止以合法手段掩盖非法目的。例如职业打假人利用企业生产经营活动中以及生产销售商品本身存在的瑕疵，以举报或者媒体曝光为手段索要"顾问费"，记者在掌握特定主体的违法行为后索要"封口费"，存在获取利益的非法性和目的的非正当性，不排除构成敲诈勒索罪的可能。法律不赞成利用别人的违法来故意制造损失，也不赞成利用违法纠正违法，更不赞成利用别人的违法来谋取非法利益。

非法占有目的的审查，不仅要看是否具有权利基础，还要判断行使权利时是否不当附加了条件，同时要排除行为人发生认识错误的情形。行为人并不存在某项权利或者虽然享有某项权利，但并未受到他人侵害，不过行为人依据某些事实认为对方侵害了自己的权益。例如病患与医院发生医患纠纷甚至死亡，而病患家属主张的权利受侵害事实不存在，只是行为人认为其权利受到他人侵害。要把这种情形与可能构成敲诈勒索罪的虚构、故意制造权利受侵害事实的情形予以区分，前者存在造成误认的客观事实基础，是认识错误，即使伴有"不赔就报警"等威胁性语言，也不具有非法占有目的，不属于敲诈勒索性质；后者不存在产生错误认识的客观事实基础，是故意，可以构成敲诈勒索罪。

（四）关于索要数额问题

不能仅根据金额多少来判断行为人是否属于恶意，进而判断行为是否属于敲诈勒索。不能以实体法上的不予支持，就简单否定行为人提出主张的程序性权利。在财产数额确定的债权债务纠纷中，如果索要财物没有超出债权债务金额的，当然不构成犯罪；如果索要财物有超出的，也不能一律认定具有非法占有目的，应综合考虑利息损失、维权成本等因素以及行为人部分合理辩解的基础上，进行适度放宽。在财产数额本就不确定的侵权领域，范围就应该放得更宽。如人身损害赔偿，除了考虑医药费、误工费等直接经济损失之外，还要考虑间接损失、惩罚性因素、公众认同、社会经济环境等,并从司法者内心确信的公平正义标准出发进行价值衡量。再如精神损害赔偿,名誉、荣誉的损失,对个人家庭、婚姻、工作等方面的影响本就难以用金钱量化,要综合考虑全案判断数额大小的合理性,慎重作犯罪处理。还有消费者维权领域,消费者与经营者协商赔偿数额,属于双方意思自治,如果消费者索赔金额与社会通常观念不符,法律可以不予保护,但不能给予责难。

二、索要"分手费"行为的认定

关于索要"分手费"问题,属于"权利行使型"敲诈勒索案件的一种情形。"分手费"并非法律上的概念,是民间用于指男女双方同居、恋爱结束或者离婚分手时,一方给予另一方一定数额的财产或精神损失补偿。《民法典》第8条规定:"民事主体从事民事活动,不得违反法律,不得违背公序良俗。"如果男女双方同居、恋爱,但一方或者双方有配偶的,一般认为"分手费"的约定有违公序良俗,不具有法律效力。但是自愿给付"分手费"的,只是民事法律关系,并不涉嫌刑事犯罪。如果双方并未达成一致,一方强行索要"分手费"的,是否涉嫌敲诈勒索犯罪,也要从权利基础、行权手段、行权目的逐步判断。如果双方系正常恋爱关系,具有正当性,具备权利基础,一般的索要行为,如以向媒体公布、到法院起诉等名义索要,甚至有过激言行的,不是敲诈勒索行为。如果双方系婚外情等非法关系,则不具备合法权利基础,实施暴力殴打、破坏名誉、邮寄不雅照片等威胁或者要挟手段索要财物的,目的在于获得高额"分手费"的,可以构成敲诈勒索行为。

三、利用信访活动向政府索要财物行为的认定

关于敲诈勒索政府所涉及的规范性文件主要有公安部《关于公安机关处置信访活动中违法犯罪行为适用法律的指导意见》规定:"以制造社会影响、采取极端闹访行为、持续缠访闹访等威胁、要挟手段,敲诈勒索,符合《治安管理处罚法》第四十九条规定的,以敲诈勒索依法予以治安管理处罚;符合《刑法》第二百七十四条规定的,以敲诈勒索罪追究刑

事责任。"敲诈勒索政府主要是指在信访纠纷的处理过程中，信访群众以信访行为"要挟"政府索取财物。敲诈勒索政府首先是对政府能不能成为敲诈勒索对象的认识；其次作为一种特殊的"权利行使型"敲诈勒索，也要遵循权利行使的一般判断标准。

第一，政府一般情况下不能成为敲诈勒索的对象。威胁和要挟的本质是能够引起他人心理恐惧的精神强制方法，但政府作为公权力机关，相较于普通公民，被陷入精神强制的可能性很低。一方面，政府依法享有国家赋予的行政权，依法行使管理社会公共事务、维护公民合法权益和社会秩序的职权，同时也享有国家法律赋予的强制执行力，足以排除、压制行为人的威胁或者要挟。另一方面，政府行使职权的行为应当以法律法规为依据，必须在法律法规规定的职权范围内活动，不得超过法律授权范围，政府不应该受制于信访人员的威胁或者要挟。实践中，由于各级政府对信访工作高度重视，是政府工作的重要考核指标，甚至是"一票否决"的硬指标。也正因此，不少信访人员利用政府对信访工作的考核机制，通过"非正常上访"索取钱财或者提出其他不合理诉求。但是，信访考核压力的存在并不是逼迫政府无原则地满足信访人的不当要求，而是强化有关部门及其工作人员处理信访事项的责任感和改进工作方法。信访工作考核压力与刑法意义上的精神强制有实质区别。

第二，认定敲诈勒索政府类案件，也要从权利基础、行权手段、行权目的逐步判断。在权利基础上，《宪法》第41条规定："中华人民共和国公民对于任何国家机关和国家工作人员，有提出批评和建议的权利；对于任何国家机关和国家工作人员的违法失职行为，有向有关国家机关提出申诉、控告或者检举的权利，但是不得捏造或者歪曲事实进行诬告陷害。对于公民的申诉、控告或者检举，有关国家机关必须查清事实，负责处理。任何人不得压制和打击报复。"为保护人民民主权利，倾听人民的意见，接受人民的监督，国务院制定了《信访条例》。因此，信访是公民行使权利的一种方式，行使的是宪法和法律已经确立的各种权利，如批评建议权以及申诉、控告与检举权等，具有权利基础。除捏造歪曲事实、诬告陷害他人等特殊情形外，不能对信访群众的行权行为动辄以敲诈勒索论处。在行权手段上，一般正常的申诉、控告方式不会成为敲诈勒索的手段行为，即使是因为不信任当地政府而采取越级上访的方式，也不能因为仅仅违反或者扬言违反程序性规定，就对信访群众行使宪法权利以犯罪论处。只有在不当行使权利对法益侵害非法严重时，比如在国家机关办公场所周围、公共场所非法聚集，围堵、冲击国家机关，拦截公务车辆，或者堵塞、阻断交通；侮辱、殴打、威胁国家机关工作人员，或者非法限制他人人身自由；煽动、串联、胁迫、以财物诱使、幕后操纵他人信访等，才宜以犯罪论处。上述不当手段本身也触犯了聚众扰乱社会秩序罪、聚众冲击国家机关罪、妨害公务罪等罪名，因此，在信访群众的诉求有合法的依据，或者虽然部分诉求有合法依据而自认为都能够成立的情况下，即使其语言、行动有所过激，也没有非法占有目的，不构成敲诈勒索罪。只有以信访为名借机敛财，通过极端闹访等行为索要财物的，才可以认定具有非法占有目的。

四、利用信息网络敲诈勒索行为的认定

与传统的敲诈勒索犯罪主要是对被害人的生命、身体等进行威胁相比，利用信息网络实施的敲诈勒索，通常是在掌握有损被害人名誉、隐私等权益和利益的负面信息基础上，以在信息网络上发布、删除等方式处理信息为由，告知使对方产生恐惧的不利后果，迫使对方按照要求支付财物。最高人民法院、最高人民检察院《关于办理利用信息网络实施诽谤等刑事案件适用法律若干问题的解释》（以下简称《信息网络解释》）第6条明确规定了利用信息网络实施敲诈勒索犯罪的行为方式。

利用信息网络敲诈勒索主要表现为"发帖型"敲诈勒索和"删帖型"敲诈勒索两种方式。"发帖型"敲诈勒索，是指行为人通过各种途径收集到有关被害人的负面信息，然后主动联系被害人，以在信息网络上发布相关负面信息为由，威胁、要挟被害人，进而索取财物。"删帖型"敲诈勒索，是指行为人通过各种途径收集到有关被害人的负面信息后，先在信息网络上发布，然后主动联系被害人，以删除上述负面信息为条件威胁、要挟被害人，进而索取财物。与"发帖型"敲诈勒索相比，"删帖型"敲诈勒索通常要借助一定的网络平台。例如行为人自己建立或者经营所谓的"维权网站"，收集不利于被害人的负面信息后，发布在该网站，然后与被害人联系并告知该网站上有不利于被害人的负面信息，要求对方将特定数

额的钱款存入指定的账户，否则就要继续在网络上发布或者炒作相关的负面信息，由此达到索取财物的非法目的。

实践中，要注意把握利用信息网络敲诈勒索的犯罪手段，严格区分罪与非罪的界限。具体而言，行为人必须有主动向被害人实施威胁、要挟，并索取财物的行为。尤其是对于"删帖型"敲诈勒索而言，如果行为人不主动与被害人联系删帖事宜，未实施威胁、要挟，而是在被害人主动上门联系请求删帖的情况下，以"广告费""赞助费""服务费"等其他名义收取被害人费用的，不认定为敲诈勒索罪。不过，如果被害人主动上门联系请求删帖，但并不同意支付费用，而行为人以不支付费用就不删帖甚至对负面信息进一步炒作为由威胁、要挟被害人，进而索取费用的，可以认定为敲诈勒索罪。此外，行为人威胁将要在信息网络上发布、删除的涉及被害人的负面信息即使是真实的，但只要其出于非法占有的目的，以发布、删除该负面信息为由索取公私财物，仍然构成敲诈勒索罪。

五、以黑恶势力名义敲诈勒索行为的认定

近年来，敲诈勒索犯罪出现了一些新情况新问题。一些地方的黑社会性质组织和恶势力团伙，凭借臭名昭著、人多势众实施敲诈勒索行为，把敲诈勒索作为称霸一方、欺压群众的经常性手段；有的犯罪分子频繁实施敲诈勒索行为，被害群众敢怒不敢言；有的犯罪分子扬言要在机场、商店等公共场所投放炸弹、危险物质，编造虚假恐怖信息实施敲诈勒索，造成公众恐慌，社会影响极坏；有的犯罪分子盯住企业家、名人、富人，以对其本人或者家人进行人身伤害等相威胁，迫使其在所谓欠他人巨额债务的文件上签字或者写下巨款借据，并借此勒索财物；还有的犯罪分子以亲戚、朋友等关系为纽带，纠集形成较为固定的犯罪团伙，结伙实施敲诈勒索犯罪，带有明显的团伙性和职业性特点。为严厉打击敲诈勒索犯罪，《刑法修正案（八）》对敲诈勒索罪降低了入罪门槛，增加了罚金刑，提高了法定最高刑。《敲诈勒索解释》对"以黑恶势力名义敲诈勒索的"情形，设置了较低的入罪门槛和升档量刑标准。

为贯彻落实中共中央、国务院《关于开展扫黑除恶专项斗争的通知》要求，最高人民法院、最高人民检察院、公安部、司法部联合出台了《关

于办理黑恶势力犯罪案件若干问题的指导意见》(以下简称《指导意见》)、《关于办理实施"软暴力"的刑事案件若干问题的意见》(以下简称《"软暴力"意见》)、《关于办理利用信息网络实施黑恶势力犯罪刑事案件若干问题的意见》(以下简称《网络黑恶势力意见》)等9个文件,进一步明确政策法律界限,依法严厉打击黑恶势力敲诈勒索等行为。《指导意见》第17条以及《"软暴力"意见》第1条对"软暴力"进行了界定。"软暴力",是指行为人为谋取不法利益或形成非法影响,对他人或者在有关场所进行滋扰、纠缠、哄闹、聚众造势等,足以使他人产生恐惧、恐慌进而形成心理强制,或者足以影响、限制人身自由、危及人身财产安全,影响正常生活、工作、生产、经营的违法犯罪手段。《"软暴力"意见》第2条列明了"软暴力"四种表现形式,第3条明确了"软暴力"作为违法犯罪手段评价的程度标准。"软暴力"作为一种违法犯罪手段,符合足以使他人产生恐惧、恐慌进而形成心理强制的具体标准时,可以作为敲诈勒索罪中的威胁或者要挟行为。上述文件扩充和明确了黑恶势力敲诈勒索的特征和手段,在认定时必须与黑恶势力性质认定进行关联评价、综合判断。

《网络黑恶势力意见》将利用信息网络实施的黑恶势力犯罪定位于传统黑恶势力犯罪向信息网络领域的延伸,对利用信息网络实施的黑恶势力犯罪表现形式作出了界定。《网络黑恶势力意见》对通过线上方式实施黑恶势力犯罪的主要手段作了总结概括,明确规定"对通过发布、删除负面或虚假信息,发送侮辱性信息、图片,以及利用信息、电话骚扰等方式,威胁、要挟、恐吓、滋扰他人,实施黑恶势力违法犯罪的,应当准确认定,依法严惩"。上述手段与《信息网络解释》界定的网络敲诈勒索手段基本相同,但是完全通过线上方式实施的违法犯罪,或者主要环节通过线上方式实施的违法犯罪与传统黑恶势力违法犯罪在行为方式、危害后果等方面存在较明显区别,仅有线上违法犯罪活动、危害仅及于网络空间,无法满足黑恶势力"欺压残害群众"等特征。所以认定利用信息网络实施敲诈勒索等违法犯罪的黑恶势力,应当限定在"通过线上线下相结合的方式""有组织地""多次"利用信息网络实施违法犯罪的范围内。

六、"碰瓷型"敲诈勒索案件的处理

所谓"碰瓷",是指行为人通过故意制造或者编造其被害假象,采取诈骗、敲诈勒索等方式非法索取财物的行为。司法实践中,"碰瓷"类案件较容易出现诈骗罪、敲诈勒索罪的定性争议问题。2020年9月,最高人民法院、最高人民检察院、公安部联合印发了《关于依法办理"碰瓷"违法犯罪案件的指导意见》(以下简称《"碰瓷"意见》),依法严厉惩治"碰瓷"违法犯罪活动,也进一步明确了案件的定性和处罚。

《"碰瓷"意见》对实施"碰瓷"构成的犯罪进行了梳理,分类予以明确。常见情形主要分为两类:一类是诈骗类。即制造假象,采取欺骗、蒙蔽手段诱使被害人上当,从而获取财物的情形,其突出特点是"骗",主要涉及诈骗罪、保险诈骗罪、虚假诉讼罪。另一类是敲诈勒索类。即不仅制造假象,而且对被害人或其近亲属实施轻微暴力、软暴力或者以揭露其违法违规行为、隐私、扬言侵害相要挟,从而获取财物,其突出特点是"敲诈",主要涉及敲诈勒索罪。《"碰瓷"意见》还明确了实施"碰瓷"所衍生的犯罪行为的定性处理。包括在实施"碰瓷"行为时,实施的抢劫、抢夺、盗窃、故意毁坏财物、非法拘禁、非法搜查等行为的定性处罚。

因此,在一些"碰瓷"案件中,行为人以非法占有为目的,故意制造交通事故,并造成事故系被害人过错导致的假象,继而以此威胁、要挟,如不赔偿就扣留车辆、揭发其醉酒驾车等,迫使被害人赔偿。表面上看,行为人具有欺骗成分,但所谓的骗局只不过是行为人为顺利实施勒索钱财行为所制造的由头,仍应以敲诈勒索罪论处。如果行为人故意制造交通事故,隐瞒事故真相,使被害人基于事故是由自己产生的错误认识而自愿赔偿的,就应以诈骗罪论处。当然,在此类案件中,基于"碰瓷"本身的手段行为触犯故意毁坏财物罪、故意伤害罪、故意杀人罪或者以危险方法危害公共安全罪等的,需要按照牵连犯的处断原则处理。

七、知假买假维权索赔案件的处理

随着市场监管领域违法行为投诉举报与惩罚性赔偿机制的建立,社会公众对产品质量监管的参与度不断提升。但多年实践中也异化出一类打

着"依法维权、打击违法"的幌子,为个人谋取利益的"知假买假""职业打假"群体。部分商家因为高额赔偿选择了刑事报案,部分知假买假者被公安机关立案处理,该问题进入刑法视野。无论是理论界还是实务界,对知假买假后索要财物的行为能否予以刑法打击均有分歧,社会公众作为潜在的消费者、维权者对相关案件的办理也高度关注,案件处理稍有不慎就会引发舆情。

稳妥办理该类案件,应从以下两方面综合考量:一要综合考量行为的社会危害性。知假买假行为本身具有两面性:从商家角度看,或许是一种损失,而从社会角度看,知假买假者积极发现产品质量问题并索要赔偿,客观上打击了假冒伪劣产品,提高了商家违法成本,对制假售假行为具有惩戒、威慑意义,有助于净化市场环境。因此,法律不应该一概否定,不能笼统予以刑事处罚。处理相关案件时应当重视对具体案件中行为社会危害性的评价,避免简单套用犯罪构成要件,防止"机械司法"。对于索赔维权过程中确实提供制假售假线索,曝光违法经营行为,发挥了打击假冒伪劣产品作用的知假买假行为,可以考虑出罪。二要注重刑事司法的目的、手段、效果的统一。对知假买假敲诈勒索案件的刑事规制应当置于维护正常市场秩序、加强产品质量监管、保障人民权益的多重维度下审示。将知假买假行为定罪,不仅是对一批职业打假人予以刑事处罚的问题,也意味着刑法对公民维权范围作出限定。就具体案件来看,知假买假一律入刑,实质上间接保护了不良商家的非法获利,与刑事处罚的目的相悖,也违背公民朴素的正义观。而对知假买假行为一律出罪,放纵过度维权,知假买假成为一件纯粹无风险、低成本、高收益的事情,在利益刺激下,天价索赔,过度维权,滥用举报、诉讼恐将层出不穷,不仅严重危害营商环境,还侵害市场经济整体效益和经营者合法权益。因此,刑事司法应当在保护消费者索赔权与保护经营者合法权益之间寻求平衡,谨慎对待索赔与敲诈勒索的界限,避免简单地以动机、数额等因素认定犯罪,要着重考虑手段的违法性质、对企业经营及市场秩序的影响等,既要鼓励打假、支持维权,也要惩治"假打",防止滥诉,从而服务经济社会高质量发展。

考虑行为社会危害性、办案综合效果等因素,对知假买假敲诈勒索的认定应当更加审慎,较为可行的是:对具有权利基础的消费者维权索赔行为不应认定为犯罪；对绝大多数知假买假行为作出罪处理，通过民法、行政法规等其他部门法调整、规范相应行为；对极少数故意构陷、采用非法手段等行为勒索的，运用刑法制裁，遏制恶意维权、随意举报、滥用诉讼现象的发生，从而以最小的司法资源，获取最大的社会效益。具体而言，首先，对知假买假行为入罪，需要全面审查索赔基础事实的真实性、正当性、维权手段的合法性等因素，判断行为是否造成刑法意义上的危害后果，是否达到成立犯罪的社会危害性程度。其次，对知假买假行为应当区分情况，分类处理。对于商品或服务本身确实存在质量问题，知假买假后以举报、起诉、向媒体爆料等方式索赔，索赔数额具有一定合理性的，一般不认定为敲诈勒索罪。对于捏造事实、栽赃陷害后勒索财物的，应以诈骗罪或者敲诈勒索罪处罚。对于以伤害他人、毁坏财物、揭发隐私等超出正常索赔手段、正常维权范畴的事由相威胁，索要财物的行为，应当认定为敲诈勒索罪。对于虽不构成敲诈勒索，但若其中索财手段严重侵害他人合法权益，构成寻衅滋事、破坏生产经营、损害商业信誉等犯罪的，应以手段行为触犯的相应罪名定罪处罚。最后，不宜简单将索赔数额、索赔次数等因素作为入罪依据。消费者确因商品质量等问题遭受人身伤害、严重财产损失的，索赔数额即使得不到法律支持，也不构成敲诈勒索罪。

对知假买假行为的治理还应坚持民事、行政手段优先。对于民法或其他部门法上合法的索赔行为，一般不应认定为犯罪。对于民法或其他部门法有争议、权利基础不明确的知假买假行为，认定敲诈勒索罪应当慎重，避免不当扩大犯罪圈。

八、敲诈勒索罪与易混淆罪名的区分

（一）与绑架罪的区分

绑架罪，是指利用被绑架人近亲属或者其他人对被绑架人安危的忧虑，以勒索财物或满足其他不法要求为目的，使用暴力、胁迫或者麻醉方法劫持或以实力控制他人的行为。故勒索型绑架罪与敲诈勒索罪存在诸多相似之处，二者在主观上都是以非法占有为目的，客观上都实施了勒索财物的威胁行为，都同时侵犯了公私财产所有权和公民的人身权利。二者的区别主要在于，敲诈勒索罪侵犯的主要是财产权，其次才是人身权；而勒索型绑架罪侵犯的主要客体是人身权，要求被害人处于行为人或第三人的实力支配之下，其人身处于随时可能被侵犯的危险状态，故本罪归为侵犯公民人身权利、民主权利罪的范畴。因此，以人质被绑架为名向第三人提出勒索财物要求的，关键在于行为人是否控制了人质的人身自由。敲诈勒索罪不以绑架行为为前提，其威胁、要挟以及勒索的对象多是同一人。若仅仅是利用被害人年幼将其哄骗至外地，继而敲诈其家属钱财的，且证据证实行为人主要采取的是欺骗被害人的手段，未对其人身实施任何实质性限制，则应认定为敲诈勒索罪。

（二）与抢劫罪的区分

抢劫罪与敲诈勒索罪的主观方面都要求具有非法占有他人财产的故意，侵犯的客体都是复杂客体，行为人客观行为都包含了暴力或者威胁，故二者在实践中容易混淆。区分两罪的关键，在于暴力或者威胁是否达到了足以压制被害人反抗的程度。如果行为人所使用的暴力或者威胁达到足以压制被害人反抗的程度，则表明被害人交出财物并非是自身意思的结果，不存在对财物的处分行为，成立抢劫罪。如果行为人所实施的暴力只是使被害人产生恐惧心理，但尚未达到足以压制被害人反抗程度，被害人交付财物是基于自身有瑕疵的交付意思，则成立敲诈勒索罪。在具体办案过程中，判断"犯罪嫌疑人的暴力行为是否足以压制被害人反抗，或者仅仅是轻微暴力迫使产生恐惧心理"，可以一般人在当时情形下是否具有意志自由为参考，结合具体案件中的暴力手段、暴力程度、发生场所、发生时间、行为人与被害人的年龄、性别、人数对比等因素进行综合判断。

（三）与诈骗罪的区分

敲诈勒索罪与诈骗罪都属于交付型财产犯罪，有的敲诈勒索案件也包含"诈"的成分，区分敲诈勒索罪与诈骗罪的本质，在于被害人是受欺诈而基于错误认识"自愿"交付财物，还是受胁迫而基于恐惧心理"被迫"交付财物。敲诈勒索罪中威胁或者要挟的内容并不要求是真实的，因此，若被害人是因为恐惧而交付财物，即使行为人在威胁或要挟时采取了一些虚构事实或隐瞒真相的手段，仍应以敲诈勒索定罪，行为人所使用的欺诈手段只是使得敲诈行为更具震慑性和隐蔽性；如果行为人使用的虚构事实或隐瞒真相的手段让被害人产生了应该将财物交付给行为人的错误认识并"自愿"交付的，则应以诈骗定罪。行为同时具有欺骗和胁迫属性，被害人既陷入错误认识又产生恐惧心理进而处分财产的，应择一重罪定罪处罚。

第四节 敲诈勒索罪的量刑

一、量刑起点及基准刑

（一）量刑起点

量刑起点是根据基本犯罪构成事实确定的。由于敲诈勒索对应的是三个法定刑幅度和不同的基本犯罪构成事实，因此，在不同的基本犯罪构成事实对应的不同法定刑幅度内也各自有量刑起点。目前《量刑指导意见》将三个法定刑幅度的量刑起点均规定为幅度，具体到个案，对量刑起点的选择，主要有两种方式：一是以数额成立基本犯罪构成事实时，根据数额确定量刑起点；二是数额和加重情节综合成立基本犯罪构成事实时，综合考虑数额与情节确定量刑起点。①

1.敲诈勒索数额较大和两年内三次敲诈勒索的量刑起点。

（1）数额较大的量刑起点。行为人实施敲诈勒索犯罪，数额达到规定的"数额较大"标准的，是成立敲诈勒索罪的入罪标准之一。根据最高人民法院、最高人民检察院《关于办理敲诈勒索刑事案件适用法律若干问题的解释》（以下简称《敲诈勒索解释》）第1条规定，敲诈勒索公私财物价值2000元至5000元以上的，应当认定为敲诈勒索罪的"数额较大"，"数额较大"的具体数额标准，由各省、自治区、直辖市高级人民法院、人民检察院根据本地区经济发展状况，并考虑社会治安状况，在上述数额幅度内确定。

敲诈勒索罪除了前述以"达到数额较大起点"作为入罪的基本犯罪构成外，《敲诈勒索解释》第2条又通过"数额+情节"的方式，适度降

---

① 参见南英主编：《量刑规范化实务手册》，法律出版社2014年版，第231~235页。

低了敲诈勒索罪的数额标准。《敲诈勒索解释》第2条规定："敲诈勒索公私财物，具有下列情形之一的，'数额较大'的标准可以按照本解释第一条规定标准的百分之五十确定：（一）曾因敲诈勒索受过刑事处罚的；（二）一年内曾因敲诈勒索受过行政处罚的；（三）对未成年人、残疾人、老年人或者丧失劳动能力人敲诈勒索的；（四）以将要实施放火、爆炸等危害公共安全犯罪或者故意杀人、绑架等严重侵犯公民人身权利犯罪相威胁敲诈勒索的；（五）以黑恶势力名义敲诈勒索的；（六）利用或者冒充国家机关工作人员、军人、新闻工作者等特殊身份敲诈勒索的；（七）造成其他严重后果的。"根据上述规定，敲诈勒索数额达到"数额较大"标准50%，上述七种情形与敲诈勒索数额相结合成为入罪的基本犯罪构成要件，在确定量刑起点时予以评价。当然，如敲诈勒索数额已达到《敲诈勒索解释》规定的"数额较大"标准，则上述七种情形作为调节基准刑的量刑情节。

《量刑指导意见》规定，达到数额较大起点的，可以在一年以下有期徒刑、拘役幅度内确定量刑起点。当然，起点的选择并非随意而为，而是要考虑案件的各种因素。在确定量刑起点时，既要考虑敲诈勒索数额，又要考虑行为人在实施敲诈勒索过程中对被害人施加的精神强制程度，以基本犯罪构成事实的社会危害性为根据，确定适当的量刑起点。强制程度高，对被害人造成的伤害大的，量刑起点可相对高一些；反之，可选择较低的量刑起点。例如，同样是使用威胁手段，以暴力为内容的威胁一般比非暴力内容的威胁对被害人造成的心理强制更大；以发布恐怖信息进行威胁通常较以毁损财物进行威胁对被害人造成的精神强制程度高，那么，前者可以选择较高的量刑起点，后者可选择相对较低的量刑起点。此外，在确定量刑起点时，还应当结合案件的性质及造成的社会影响等进行综合判断。对于案件性质及社会影响恶劣的，可适当选择较高的量刑起点。

（2）两年内三次敲诈勒索的量刑起点。《敲诈勒索解释》第3条对"多次敲诈勒索"作了限定，即"二年内敲诈勒索三次以上"。据此，《量刑指导意见》规定，两年内三次敲诈勒索的，可以在一年以下有期徒刑、拘役幅度内确定量刑起点。在确定个案量刑起点时，要综合敲诈勒索手段、情节、数额等情况，以基本犯罪构成事实的社会危害性为根据，结合当地司法实际，确定适当的量刑起点。

首先，对于"多次敲诈勒索的"，一方面要符合《敲诈勒索解释》有关"二年内敲诈勒索三次以上"的规定,另一方面要排除《刑法》第13条规定的"但书"的情形。即使是二年内敲诈勒索三次以上,但如果情节显著轻微危害不大的,不构成敲诈勒索罪。只有在认定敲诈勒索罪的基础上,才能依法量刑。

其次,对于"多次敲诈勒索",敲诈勒索数额没有达到较大起点的,以敲诈勒索次数确定量刑起点,超过三次的次数作为增加刑罚量的事实。敲诈勒索数额在确定量刑起点时考虑,敲诈勒索数额相对较高的,量刑起点也应相对提高。

最后,对于"多次敲诈勒索",敲诈勒索数额达到较大以上的,以敲诈勒索数额较大作为基本犯罪构成事实,超出的部分作为增加刑罚量的事实,在量刑起点的基础上增加刑罚量,确定基准刑。敲诈勒索次数则不再作为增加刑罚量的事实,但可作为调节基准刑的量刑情节。《量刑指导意见》对此作了明确规定。因为在这种情况下,如果同时以敲诈勒索数额和敲诈勒索次数作为增加刑罚量的事实,难免存在重复评价。

2. 敲诈勒索数额巨大或者有其他严重情节的量刑起点。《量刑指导意见》规定:"达到数额巨大起点或者有其他严重情节的,可以在三年至五年有期徒刑幅度内确定量刑起点。"根据《敲诈勒索解释》第1条的规定,敲诈勒索公私财物价值3万元至10万元以上的,应当认定为敲诈勒索罪的"数额巨大"。关于"其他严重情节"的具体认定,根据《敲诈勒索解释》第4条规定,敲诈勒索公私财物,具有该解释第2条第3项至第7项规定的情形之一,敲诈勒索数额达到"数额巨大"标准80%的,可以认定为敲诈勒索罪的"其他严重情节"。也就是说,《敲诈勒索解释》第2条第3项至第7项规定的五种情形,在特定条件下可以作为敲诈勒索罪第二个法定刑幅度内的犯罪构成要件。

首先,《敲诈勒索解释》第2条第3项至第7项规定的五种情形,作为确定敲诈勒索罪第二个法定刑幅度内的犯罪构成要件,系以敲诈勒索数额未达到"数额巨大"标准,但达到"数额巨大"标准80%为前提,敲诈勒索数额低于"数额巨大"标准80%的,应当在第一个法定刑幅度内量刑,上述五种情形均作为量刑情节适用。敲诈勒索数额达到"数额巨大"标准的,以敲诈勒索数额作为确定量刑起点的基本犯罪构成事实,上述五种情形作为量刑情节适用。

其次，敲诈勒索数额达到"数额巨大"标准80%，且同时具有《敲诈勒索解释》第2条第3项至第7项规定两种以上情形时，以其中一种情形作为敲诈勒索罪第二个法定刑幅度内的基本犯罪构成事实，其他情形作为量刑情节适用。例如，被告人冒充记者敲诈勒索被害人（系老年人）2.5万元。假设当地相关实施细则规定的敲诈勒索数额巨大的标准为3万元，则被告人敲诈勒索数额已达到"数额巨大"标准的80%，且具有《敲诈勒索解释》规定的"对未成年人、残疾人、老年人或者丧失劳动能力人敲诈勒索"和"利用或者冒充国家机关工作人员、军人、新闻工作者等特殊身份敲诈勒索"两种情形，对此，以其中一种情形作为基本犯罪构成事实，确定量刑起点，另外一种情形作为量刑情节适用。对于超出"数额巨大"标准80%的部分，用来增加刑罚量确定基准刑。

最后，在确定"其他严重情节"的量刑起点时，要综合考虑个案犯罪事实的社会危害性、敲诈勒索情节的恶劣程度等情况，以基本犯罪构成事实的社会危害性为根据，结合司法实践，确定适当的量刑起点。例如，行为人以将要实施放火、爆炸等危害公共安全犯罪或者故意杀人、绑架等严重侵犯公民人身权利犯罪相威胁，实施敲诈勒索犯罪的，容易引发社会恐慌，社会危害性大，量刑起点可相对高一些。在适用《敲诈勒索解释》第4条量刑时，要充分发挥定性分析的优势，区别上述五种情形的情节轻重，对于情节相对较轻的，量刑起点可以相对低一点。

3.敲诈勒索数额特别巨大或者有其他特别严重情节的量刑起点。根据刑法规定，"敲诈勒索公私财物，数额特别巨大或者有其他特别严重情节的"是本罪在"十年以上有期徒刑，并处罚金"法定刑幅度内量刑的犯罪构成要件。据此，《量刑指导意见》规定："达到数额特别巨大起点或者有其他特别严重情节的，在十年至十二年有期徒刑幅度内确定量刑起点。"根据《敲诈勒索解释》第1条规定，敲诈勒索公私财物价值30万元至50万元以上的，应当认定为敲诈勒索"数额特别巨大"。关于"其他特别严重情节"的具体认定，根据《敲诈勒索解释》第4条的规定，敲诈勒索公私财物，具有该解释第2条第3项至第7项规定的情形之一，敲诈勒索数额达到"数额特别巨大"标准80%的，可以认定为敲诈勒索罪的"其他特别严重情节"。这就意味着，《敲诈勒索解释》第2条第3项至第7项规定的五种情形，在特定条件下可以作为敲诈勒索罪第三个法定刑幅度内的犯罪构成要件。其量刑起点的选择原则与敲诈勒索数额巨大或者有其他严重情节的量刑起点选择方法相同,不再赘述。

(二)基准刑

《量刑指导意见》规定:"在量刑起点的基础上,根据敲诈勒索数额、次数、犯罪情节严重程度等其他影响犯罪构成的犯罪事实增加刑罚量,确定基准刑。"《量刑指导意见》对敲诈勒索罪可增加刑罚量的根据作了原则性规定,一些地方结合本地区司法实际,对此进行了细化。一般需要考虑以下因素:[①]

1. 犯罪数额。敲诈勒索罪的犯罪数额是定罪量刑的主要标准,其既是基本犯罪构成事实,同时超出的部分又是影响基本犯罪构成的其他犯罪事实。当敲诈勒索达到"数额较大""数额巨大""数额特别巨大"的标准,在不同的法定刑幅度内,根据案件具体情况选择了量刑起点之后,可以根据超出"数额较大""数额巨大""数额特别巨大"的具体数额在量刑起点的基础上增加相应的刑罚量,确定基准刑。例如有的地方实施细则规定,敲诈勒索达到数额较大起点的,犯罪数额每增加1000元,可以增加1个月刑期;敲诈勒索达到数额巨大起点的,犯罪数额每增加3500元,可以增加1个月刑期;敲诈勒索达到数额特别巨大起点的,犯罪数额每增加3万元,增加1个月刑期。

2. 犯罪次数。《量刑指导意见》规定:"多次敲诈勒索,数额达到较大以上的,以敲诈勒索数额确定量刑起点,敲诈勒索次数可以作为调节基准刑的量刑情节;数额未达到较大的,以敲诈勒索次数确定量刑起点,超过三次的次数作为增加刑罚量的事实。"根据上述规定,对于行为人两年内实施三次以上敲诈勒索的情形,应区分不同情形予以适用。首先,数额达到"数额较大"以上的,以犯罪数额作为基本犯罪构成事实,用来确定量刑起点和基准刑,敲诈勒索次数作为酌情从重量刑情节。其次,数额未达到"数额较大"标准的,以"两年内三次敲诈勒索"作为基本犯罪构成事实,超出三次的次数,可根据各地区具体规定,增加相应的刑期。例如

[①] 参见熊选国主编:《〈人民法院量刑指导意见〉与"两高三部"〈关于规范量刑程序若干问题的意见〉理解与适用》,法律出版社2010年版,第329~331页。

有的地方实施细则规定:"两年内敲诈勒索三次(犯罪数额未达到较大以上),每再增加一次,增加一个月至三个月刑期。"

3. 犯罪情节严重程度。确定基准刑除了敲诈勒索数额和敲诈勒索次数,还有犯罪情节严重程度等其他影响犯罪构成事实。

一是《敲诈勒索解释》规定的"其他严重情节"和"其他特别严重情节"。出现《敲诈勒索解释》第2条第3项至第7项规定两种以上的情形时,以其中一种情形作为敲诈勒索罪第二个法定刑幅度内的基本犯罪构成事实,其他情形量刑情节来确定基准刑。例如有的地方实施细则规定,具有可以认定为"其他严重情节"的情形,每增加一种情形,增加6个月至1年刑期;具有可以认定为"其他特别严重情节"的情形,每增加一种情形,增加1年至2年刑期。

二是致人伤害后果。敲诈勒索案件中,致人伤害的后果并非基本犯罪构成事实,它对犯罪成立与否没有决定作用。但是由于敲诈勒索侵犯的是双重客体,对人身权利的侵害除了造成被害人心理恐惧、精神受到强制之外,还可能会导致被害人的身体受到伤害。因此,当以敲诈勒索罪追究行为人的刑事责任时,致人伤害的后果,是衡量行为性质是否恶劣、情节是否严重、危害后果程度的重要因素,是影响基本犯罪构成事实的其他犯罪事实,应作为增加的刑罚量确定基准刑。当然,在敲诈勒索罪中,因轻微暴力致人伤害的后果应有程度的限制,一般在轻伤以下的范围。例如,有的地方实施细则规定,每增加轻微伤一人,增加1个月至3个月刑期;每增加一人轻伤一级,增加6个月至1年刑期;每增加一人轻伤二级,增加3个月至6个月刑期。

二、量刑情节的适用

刑法中的"情节",是指作为犯罪构成要件的基本事实以外的,其他能够影响行为的社会危害程度或人身危险程度,因而对量刑发生影响和作用的各种事实情况,它表现为客观存在的事实。《量刑指导意见》中规定了18种常见的法定及酌定量刑情节,这些情节对一般案件来说具有共通性,也适合其他罪名案件的适用。由于实践中的犯罪案件具体表现形形色色,千差万别,上述情节不可能涵盖个案中的所有情节,在具体量刑时,必须查清与量刑有关的事实情节,包括这些事实情节对量刑的影响力的大小,将其纳入量刑的考量范围,灵活把握。对敲诈勒索罪而言,常见从重、从轻量刑情节如下:[①]

(一) 从重量刑情节

敲诈勒索罪常见从重量刑情节主要有:《敲诈勒索解释》第2条列举的七种情形;敲诈勒索手段恶劣的;多次敲诈勒索的;为吸毒、赌博等违法活动而敲诈勒索的;敲诈勒索严重影响生产经营或造成恶劣社会影响的;等等。在确定量刑情节增加基准刑的比例时,应结合该量刑情节的恶劣程度及造成的社会危害、社会恶劣影响等因素,在各地实施细则规定的幅度内确定。比如有的地方实施细则明确,同时具有两种以上情形的,累计不得超过基准刑的100%。

一是敲诈勒索手段恶劣的。敲诈勒索手段既可以表现为以暴力相威胁,也可以表现为以揭发被害人的隐私相要挟,不同的犯罪手段,行为人的主观恶性不同,对被害人造成的危害也不相同。对于手段恶劣的敲诈勒索犯罪,酌情从重处罚,符合罪责刑相适应原则。司法实践中,手段恶劣主要表现为:行为人在敲诈勒索过程中,使用暴力,或者非法拘禁,或者以危险方法制造事端,或者以非法手段获取他人隐私进而勒索他人财物等情形。有的实施细则明确,敲诈勒索手段恶劣的,可以增加基准刑的20%以下。

二是多次敲诈勒索的。前文已经述及,"两年内三次敲诈勒索"可以作为基本犯罪构成事实用来确定量刑起点。因此,多次敲诈勒索作为量刑情节适用,系以其不作为基本犯罪构成事实为前提。当然,作为量刑情节的"多次敲诈勒索",亦不必限定在"两年内敲诈勒索三次以上"。例如,有的实施细则规定,敲诈勒索数额分别达到"数额较大""数额巨大""数额特别巨大"的标准,并具有多次敲诈勒索情形的,增加基准刑的20%以下。

[①] 参见南英主编:《量刑规范化实务手册》,法律出版社2014年版,第237~238页。

（二）从轻量刑情节

敲诈勒索罪常见从轻量刑情节主要有：

一是没有参与分赃或者获赃较少的。如有的地方实施细则明确，具有该情节的，可以减少基准刑的20%以下。有的实施细则明确，敲诈勒索数额较大，行为人认罪、悔罪、退赃、退赔，同时具有该情节的，可以认定为犯罪情节轻微，免予刑事处罚。在适用时需要注意的是，行为人没有参与分赃或者获赃较少的，通常也是认定行为人系从犯的事实依据之一，为体现罪责刑相一致，如在认定从犯时已考虑或者部分考虑该情节的，则在适用"没有参与分赃或者获赃较少"情节减少基准刑时，减少的比例可以小一些。

二是敲诈勒索近亲属财物的（不作犯罪处理的除外）。如有的地方实施细则规定，敲诈勒索近亲属财物，认定为犯罪的，可以减少基准刑的10%~50%。

三是被害人对敲诈勒索的发生存在过错的。被害人存在过错的，可适当减轻被告人的罪责。有的地方实施细则规定，被害人对敲诈勒索的发生存在过错的，除情节显著轻微危害不大，不认为是犯罪的以外，可以根据被害人的过错程度和案件其他情况，减少基准刑的20%以下。

四是因生活所迫、学习、治病急需而敲诈勒索的。有的地方实施细则明确，具有该情节的，可以减少基准刑的20%以下。

五是案发前主动将赃物归还被害人的。考虑到敲诈勒索罪系财产型犯罪，被告人案发前主动将赃物归还被害人的，对于弥补被害人损失，最大限度减轻犯罪行为的社会危害，具有重要意义，减少一定比例的基准刑，能够体现罪责刑相一致原则。需要说明的是，与被告人案发后退赃相比，被告人在案发前主动将赃物归还被害人，其主观恶性更小，减少基准刑的比例可以大一些。有的地方实施细则规定，案发前主动将赃物归还被害人的，可减少基准刑的40%。

三、禁止重复评价

在具体处理案件中，选择量刑起点、增加刑罚量确定基准刑以及适用情节对基准刑进行调节时，特别是一些定罪事实与量刑事实相互交叉时，要注意防止对情节的重复评价。比如，敲诈勒索"有其他严重情节"的，在确定量刑起点和基准刑的时候，除了考虑数额因素外，还要考虑该情节因素。在此类情况下，就要避免量刑起点和基准刑的确定与量刑情节调节基准刑出现重复评价的情况。如果这些情节在认定"有其他严重情节"选择量刑起点时已经考虑，那么在增加刑罚量确定基准刑时就不能再予以评价，包括与定罪情节有交叉的量刑情节在调节基准刑时，就不能再进行考虑，否则就属于重复评价。当然，如果属于多出的部分，则不在此列。

第五节 相关案例评析及文书选编

一、最高人民法院公报案例

海南省临高县人民检察院诉谢家海等敲诈勒索案（《最高人民法院公报》2009年第10期）

【要旨】行为人以被害人预谋犯罪为由，对被害人加以控制，并以报警将被害人送交公安机关处理为要挟，向被害人及其亲属强索财物。在实施上述犯罪过程中，行为人虽然在一定程度上限制了被害人的人身自由，并且为控制被害人而采取了轻微暴力，但并未使用暴力、胁迫、麻醉或者其他方法劫持被害人，亦未将被害人藏匿，其行为不构成绑架罪，应当以敲诈勒索罪定罪处罚。

二、刑事审判参考案例

（一）**陈宗发故意杀人、敲诈勒索案**（《刑事审判参考》指导案例第259号）

【要旨】将被害人杀死后，以被害人被绑架为名，向被害人亲属勒索数额较大的财物，足以对被害人亲属产生精神强制力，应当以敲诈勒索罪追究刑事责任。敲诈勒索罪是主要侵犯财产的犯罪，首先应当考虑以财物的交付或取得作为认定敲诈勒索罪的既遂与未遂的标准，以被害人是否受到精神强制作为判断本罪既未遂的标准不可取。

（二）林华明敲诈勒索案（《刑事审判参考》指导案例第349号）

【要旨】区分抢劫罪与敲诈勒索罪主要看被害人交出财物的心理状态。抢劫是被害人迫于暴力或者将要实施的暴力而造成精神上的恐惧，被迫当场交出财物；敲诈勒索则是被害人迫于将要实施的暴力或者毁坏财物、名誉等造成精神上的恐惧，出于无奈，被迫于当场或者事后交出财物或者出让其他财产权利。被害人并非因为被行为人殴打被迫交出财物，而是因为行为人掌握了其在单位盗窃皮带的事实，害怕告发才被迫交出财物的，属于以要挟手段非法占有被害人财物，符合敲诈勒索罪特征。

（三）张舒娟敲诈勒索案（《刑事审判参考》指导案例第443号）

【要旨】区分勒索型绑架罪还是诱拐型的敲诈勒索罪，关键就是要确定被告人是否真正绑架了被害人，也即其行为对被害人人身自由的剥夺是否达到严重的程度、是否严重危及了被害人的人身安全。行为人将年幼的被害人哄骗至外地，但并未限制人身自由，继而电话其家属，谎称已绑架被害人，要求对方支付数额较大财物。由于行为人并未真正实施绑架行为，对其应按敲诈勒索罪追究刑事责任。

（四）夏某理等人敲诈勒索案（《刑事审判参考》指导案例第509号）

【要旨】拆迁户因补偿款存在争议，以举报开发商违法行为索取争议金额内的补偿款的行为，不具有敲诈勒索罪中的"以非法占有为目的"的主观特征，不符合敲诈勒索罪中"以威胁、要挟手段，强索公私财物"的客观要件，不构成敲诈勒索罪。对信访人的不当行为，不宜轻易地作犯罪处理，只有对确实严重危害信访秩序、侵犯他人人身权利、民主权利的行为，不以犯罪处理不足以维护信访秩序的，才予以犯罪处理。

（五）李跃等以危险方法危害公共安全案（《刑事审判参考》指导案例第587号）

【要旨】行为人驾车在城市主干道及部分高速公路上故意撞击他人车辆，制造交通事故，并采取要挟甚至威胁的方法，向被害人索要钱财，符合敲诈勒索罪的构成特征。行为人在实施以敲诈勒索为目的的犯罪行为过程中，其驾车冲撞其他车辆制造交通事故的手段行为又触犯了以危险方法危害公共安全罪，按照牵连犯从一重罪处断的原则，应以危险方法危害公共安全罪定罪处罚。

（六）雷政富受贿案（《刑事审判参考》指导案例第885号）

【要旨】以不雅视频相要挟，使他人陷入心理恐惧，向他人提出借款要求且还款期满后有能力归还而不归还的，属于敲诈勒索。

（七）刘康等人敲诈勒索案（《刑事审判参考》指导案例第1304号）

【要旨】"黑中介"与承租人签订房屋租赁合同后，采用威胁、滋扰等软暴力手段强行收取不合理费用，或者编造各种理由，强行终止合同并迫使承租人搬出房屋，拒不退还应退钱款的行为，可以敲诈勒索罪定罪处罚。敲诈勒索罪的被害人处分财产的方式既可以通过现实交付的方式，也可以通过放弃对债权请求权的方式；被害人遭受财产损失既可以表现为狭义的财物损失，也可以表现为财产性利益的损失。

（八）周禄宝敲诈勒索案（《刑事审判参考》指导案例第1344号）

【要旨】行为人是否具有非法占有目的，是区分利用信息网络实施敲诈勒索罪与利用信息网络维权的关键。在具体认定时，需要综合考虑以下因素：一是是否有正当的权利，即行为人索取财物是否具有法律上的依据。二是是否在正当权利的范围内行使。如涉及的权利是内容确定的债权，但主张对方给付的财物远超出债权的数额范围之外，则不属于正当权利的范围；如涉及的权利是内容不确定的债权，或者行使损害赔偿请求权的场合，行为人所提出的财产性要求与债权或者损害赔偿请求权直接相关，即使所要求数额较大，也应当视为正当权利。三是行使权利的手段是否具有必要性和相当性，债权本身的重大性、手段行为侵害相对方权益的程度、手段行为本身是否合法，行为人是否存在实施其他行为的可能性等，均是需要考虑的因素。

三、其他案例

（一）李某某等人敲诈勒索案①

【基本案情】

2019年3月至4月，犯罪嫌疑人李某某、张某、徐某某伙同王某某经事先合谋，由张某、王某某多次至上海永安百货、置地广场等商场购买服装，再将服装送至质量检验公司进行成分检测，经检测为质量不合格（均为服装标示成分数据与实测数据不符）后，由李某某、张某、徐某某携购买的服装及质检报告至商家，以商品不合格涉嫌欺诈消费者为由，要求商家进行赔偿，并称不愿赔偿将通过工商、法院等途径解决，最终两户商家经协商分别赔偿人民币9000元、7650元。2019年5月16日，上海市公安局黄浦分局以敲诈勒索罪向上海市黄浦区人民检察院提请批准逮捕，5月23日上海市黄浦区人民检察院对李某某、张某、徐某某等5人作出不批准逮捕决定。

【案件评析】

本案争议的焦点在于"职业打假人"以维权为名索要的赔偿费用，可否认定为具有非法占有目的；商家支付的赔偿费是否在被言语威胁、暴力胁迫的情况下交付以及索赔的金额是否具有违法性。

本案中，犯罪嫌疑人李某某等人结伙购买商品后，依据检测报告以商品质量不合格为由要求商家赔偿，经双方协商后获取了商品价款一至二倍的赔偿金。检察机关认为，上述行为不能构成敲诈勒索罪，主要理由如下：

---

① 参见上海市黄浦区人民检察院沪黄检一部不批捕〔2019〕519~522号不批准逮捕决定书。

第一，犯罪嫌疑人李某某等人的行为具有权利基础。消费者权益保护法赋予了消费者可以要求向商家索赔的权利。李某某等人因购买商品行为，与商家之间存在民事法律关系。商家应当依法经营，经营存在合法性瑕疵，造成消费者损失的，应当依法予以赔偿。购买商品后，李某某等人通过质检发现产品质量不合格，基于由此产生的侵权债务民事法律关系，向商家进行索赔，主观上不足以认定具有非法占有他人财物的故意。对于李某某等人以产品质量不合格而进行索赔的依据——北京冠标商品质量检验有限公司出具的检验报告符合形式及程序要件，李某某等人将商品送至该公司进行质量检测并无不当，也没有恶意伪造报告的主观故意和客观行为。即使李某某等人在动机上可能不纯，在客观上也通过该"维权"方式牟取了利益，但是作为消费者进行维权索赔，并没有违反法律的规定。

第二，被害人并非在被言语威胁、暴力胁迫的情况下交付财物。李某某等人系基于质检公司出具的质检报告，以产品不合格欺诈消费者为由进行索赔，而商家对于产品质量有问题也予以认可的情况下，双方就赔偿金额进行协商。被害单位称在协商赔偿的过程中，犯罪嫌疑人言语上有"不赔偿就曝光，影响正常营业"的威胁，首先，这是被害人的单方陈述，4名犯罪嫌疑人均称系以产品不合格向商家进行索赔，索赔不成即通过法律途径解决，此外并无其他威胁言语。其次，即使有这样的言语，由于犯罪嫌疑人具备权利基础，这种方式属于进行索赔的民事范围内的协商之词，举报人或索赔人提出的诉求合法合理，即使有些出格，也难以认定为刑法意义上的"威胁"。

第三，索赔金额不具有违法性。基于产品质量问题产生的赔偿数额，法律规定可以由双方协商，只要商家同意，即属于民事主体的意思表示一致，属于民事活动的范畴。本案涉及的两起案件，犯罪嫌疑人基于产品质量不合格进行索赔，分别购买了价值4470元、7350元的商品，最终索赔的金额分别为9000元、7650元，系商品价款的一至二倍之间，符合消费者权益保护法规定的三倍索赔额度，故犯罪嫌疑人对该赔偿金的索赔及占有的行为不具有非法性。

本案可与前述王某某敲诈勒索案进行对比，同为"职业打假人"，如果"职业打假人"存在恶意毁坏商家名誉，无事生非，以"顾问费"或"咨询费"的名义，无端向商家索要钱款的行为，应当认定为敲诈勒索罪；

如果"职业打假人"针对的是确实存在商品质量问题的商家，仅是为了牟取利益而索要赔偿费，赔偿费在合理范围之内的，行为则难以认定为敲诈勒索罪。

（二）朱某某敲诈勒索案 ①

【基本案情】

2018年9月10日，犯罪嫌疑人朱某某与被害人陈某达成口头协议，双方约定由犯罪嫌疑人朱某某为被害人陈某加工320件服装里布。同年9月12日，被害人陈某向犯罪嫌疑人朱某某索取加工后的衣料时，双方就加工费产生分歧，犯罪嫌疑人朱某某因而拒绝交付衣料，被害人陈某为索回衣料，支付给犯罪嫌疑人朱某某高于市场价格的加工费人民币5000元（市场价1000元左右）。上海市公安局青浦分局于2018年9月14日对该案立案侦查。2018年10月17日，将犯罪嫌疑人朱某某以敲诈勒索罪向上海市青浦区人民检察院提请批准逮捕。2018年10月24日，青浦区人民检察院作出不批准逮捕决定。

【案件评析】

本案争议的焦点在于，商业交往中以扣留他人急需货物的方式，迫使他人履行合同义务的，可否认定为"敲诈勒索"的手段行为；向合同相对方索取未明确约定但远高于市场价格的对价，可否认定为具有"非法占有目的"。

本案中，有几个影响行为性质认定的基础事实需要说明：一是双方达成的是口头协议，合同对价、加工项目、加工时限均不明确，且双方系第一次合作，无前例可供因循；二是被害人陈某急于取回货物系担心违约，但其并未将该情况告知犯罪嫌疑人。综合上述情况，检察机关认为犯罪嫌疑人朱某某的行为不构成敲诈勒索罪，理由如下：

第一，犯罪嫌疑人朱某某具有向被害人陈某索取财物的权利基础。双方虽对口头协议中，合同价款、加工项目、加工时限等存有争议，但对双方系货物加工承揽合同关系的事实并无异议。在朱某某已经按照约定，

---

① 参见上海市青浦区人民检察院沪青检一部不批捕〔2018〕132号不批准逮捕决定书。

部分履行了合同内容，而陈某未支付相应加工费的情况下，朱某某可以行使留置权，并可据此向陈某索取加工费。也即，本案中犯罪嫌疑人不交付货物的行为并非要挟，而是合法行使权利。

第二，本案中，被害人陈某并非基于恐惧而交付财物。本案中，陈某自述因害怕赔付大额违约金而决定支付朱某某财物，这种恐惧心理虽与朱某某不交付货物有关，但并非朱某某行为直接导致，更多的是陈某对商业规则及自己商业行为判断的失准，两者之间并无刑法意义上的因果关系。同时，也无证据显示朱某某知悉并利用了被害人的这一弱点威胁陈某。

第三，虚高的加工费不能成为认定具有"非法占有"目的的依据。意思自治作为民法的基本原则，其允许民事主体自主选择，双方可以在不违反法律、法规的强制性规定和公序良俗的条件下，自主决定合同的订立，同时承担合同履行的后果。本案中，双方对加工费、加工内容、加工时限等的约定并不明确，虽然朱某某索取的加工费数额高于市场价格，但考虑到加工内容、加工时限对加工费的影响，以及民事法律关系中允许的情势变更原则，难以从朱某某索取高于市场价格加工费的行为中，推断其具有非法占有的目的。

本案的启示在于，在刑民交织案件中，对敲诈勒索罪的认定应秉持刑法谦抑精神，在民法能够独立调整的领域，应优先发挥民法调整的优势，从而激发市场活力，避免刑法不当介入所可能引起的市场主体紧张情绪。

（三）车某某敲诈勒索案[①]

【基本案情】

2016年2月23日21时许，被害人邓某某在其位于上海市某小区3号301室暂住地，趁同住该处的被告人车某某回老家之际，窃取其放于房间抽屉内价值人民币15269元的黄金饰品。2016年2月26日，被告人车某某回到暂住地后发现饰品被盗并报案。后被告人车某某得知盗窃系邓某某所为，在邓某某归还赃物时，威胁其额外支付人民币10万元，否则交

---

① 参见上海市青浦区人民法院〔2016〕沪0118刑初671号刑事判决书。

由公安机关处理。后因邓某某无力支付报警而未得逞。2016年6月16日，青浦区人民检察院以敲诈勒索罪（未遂）对被告人车某某提起公诉，同年7月12日，上海市青浦区人民法院以敲诈勒索罪（未遂）判处车某某有期徒刑1年，缓刑1年6个月，并处罚金人民币6000元。

【案件评析】

本案争议的焦点在于，报警等合法行为，能否成为敲诈勒索的手段；刑事案件被害人以要求公安机关撤案为条件索取高额补偿，能否认定为具有非法占有目的。

检察机关认为，被告人车某某的行为构成敲诈勒索罪，理由如下：

第一，被告人车某某具有非法占有的目的。对非法占有目的的判断不仅要看是否具有权利基础，同时也要看被告人在行使权利时是否不当附加了条件，不当附加的条件，可能成为认定非法占有目的的依据。本案中，被告人车某某虽然具有获取补偿并谅解被害人邓某某的权利，但因盗窃系公诉案件，其无权与邓某某"私了"，而且在公安机关尚未确定邓某某作案的情况下，以进一步揭发邓某某为要挟，索取巨额财物，其获取财物方式、补偿数额的失常，已经显示其主观恶性，故能够据此认定车某某非法占有的目的。

第二，本案中，虽然被敲诈者存在犯罪行为而被行为人以此为要挟，但不能否认其作为敲诈勒索罪被害人的地位。被告人车某某正是利用了被害人系犯罪嫌疑人，不愿承担刑事责任的心理，而向其索取财物。以他人的犯罪行为相要挟，不仅不影响敲诈勒索的认定，而且因其对被害人的心理强制更大，故更有规制的必要。

第三，被害人邓某某主动找被告人车某某要求"私了"，并提出给其5万元，是为了让车某某到公安机关撤销报案，这与刑事案件侦破后双方对补偿价款的洽谈有本质不同。在该案尚未侦破，公安机关尚未确定犯罪嫌疑人的情况下，车某某如果要求公安机关撤销案件，能够提供的理由只能是自己误报案，而这一理由不仅与事实不符，而且可能涉嫌包庇，法律并不允许、更不会保护这种以非法对抗非法、以非法掩盖犯罪的行为。与此不同，刑事案件侦破后，被害人与犯罪嫌疑人（被告人）就补（赔）偿价款的洽谈，即使数额畸高，因系双方意思自治、无法决定刑事诉讼进程、无心理强制存在的空间、有利于社会关系的修复，故受法律保护。

四、法律文书选编

王某某敲诈勒索案公诉意见书

被告人王某某涉嫌敲诈勒索罪一案,今天公开开庭审理。根据《中华人民共和国刑事诉讼法》第一百八十九条、第二百零九条,《中华人民共和国人民检察院组织法》第二十条的规定,我们以国家公诉人的身份出席法庭支持公诉,并对庭审活动是否合法依法履行法律监督职能。在今天的庭审过程中,公诉人依法讯问了被告人,宣读了证人证言,出示了与本案有关的书证、鉴定意见,当庭播放了视听资料,控辩双方对证据进行了充分的质证,庭审程序符合法律规定。为对本案准确定罪量刑,现公诉人发表以下公诉意见,请合议庭在评议本案中予以充分考虑。

第一,本案并不是一起民事索赔案件,而是一起敲诈勒索案件。构成敲诈勒索罪的核心要素有两点:一是主观上具有非法占有目的;二是客观行为上对他人实施威胁,使他人基于恐惧心理交付财产。敲诈勒索罪中的威胁,是指以恶害相通告,使对方产生恐惧心理。需注意,利用被害人的违法犯罪行为相威胁,迫使他人交付财物,无论该违法犯罪事实是否确实存在,恶害的实现自身是否具有违法性,都不影响敲诈勒索罪的构成。

合法行使权利和敲诈勒索,客观行为上都可能表现为迫使他人交付财产,因此区分关键在于:一是行为人是否具有行使权利的事实和法律基础;二是行为人行使权利的手段与目的是否在合法的范围内。如果行为人自身权益并未直接受到损害,尽管对方存在一定的违法行为,行为人以此胁迫要求索赔的,因为行为人不具有行使权利的基础,索赔没有任何事实和法律依据,应构成敲诈勒索罪。

通过庭审,公诉人当庭举证、质证,出示了证人证言、举报投诉记录、转账记录、视频资料等,可以充分证实,被告人王某某的行为可谓处心积虑,并非合法地行使权利。首先,以本市各知名生鲜超市等为目标,就消防隐患或产品包装等问题不断实名向消防、市场监督管理部门举报、投诉;其次,利用其所谓在"业界"的名气以及市场监督管理机制中允许双方调解的机制,等待商家与其磋商解决;再次,在磋商中,利用商家为维护经营希望减少投诉或者撤诉的心理,以向商家提出合理化建议为名,向商家提出聘请其作为顾问,并明确提出所谓的"顾问费"要求,商家为花钱买太平不得已同意支付;最后,如果商家中断或者拒绝支付所谓的"顾问费",则恢复举报和投诉。

由此可见,被告人王某某主观上谋取的并非是基于产品质量问题的合理索赔款,而是商家被迫长期、固定支付的所谓"顾问费",其主观非法占有目的显而易见;客观行为上,被告人利用商家这种为保全声誉、花钱买太平的心理,屡屡向被害单位以投诉举报为要挟,对被害单位形成心理强制;被害单位对其提出的顾问费虽"不愿付",但"不得不付""不敢不付"。被告人的举报不是目的,而是手段,其实质就是为了对被害单位产生心理强制、影响正常工作生产,使用这种"软暴力"到达索要财物的真实目的。因此根据《中华人民共和国刑法》第二百七十四条,被告人王某某的行为符合敲诈勒索罪的构成要件,应以敲诈勒索罪定罪处罚。

第二,本案的背景和我们的态度。本案是发生在当前激发市场活力,着力优化营商环境的大背景之下。我们认为,法治才是最好的营商环境,以法治为引领才能最大限度优化营商环境。职业索赔人行使权利的基础是我国对消费者权益的保护,从法律上赋予公民作为消费者的人身或者财产权利不受侵犯的权利。根据《中华人民共和国消费者权益保护法》《中华人民共和国广告法》,法律赋予消费者在购买、使用产品以及接受服务中享有人身和财产不受损害的权利;侵害消费者权益的,消费者都有权利索要赔偿,向市场监督管理部门提出投诉、接受调解;涉嫌虚假宣传的,依法可以向市场管理部门举报,行政部门依法履行监督管理职责。换言之,法律已经充分保障了消费者、公民的举报、投诉以及获得赔偿的权利。

作为检察机关,我们在审查这类案件中,坚决杜绝两个极端:既不能一味强调保护营商环境而忽视法律赋予消费者的合法权益,包括索赔权,不能把商家一些不合法、不合理的权益都予以保护;也不能对于贴上职业打假或者职业举报人标签的行为,就预设立场,不管其行为的具体性质一概予以肯定。

如何保护经营者和消费者的合法权益,我们认为,两者需要平衡。商家应当依法经营,经营存在合法性瑕疵,造成消费者损失的,应当依法予以赔偿。举报人或索赔人提出的诉求合法合理,应当鼓励,即使有些出格,也没有必要入罪。但是法律没有赋予举报人财产请求权的,如消防违法的举报，举报人利用商家经营的瑕疵，以反复举报为要挟牟利，已经超出了举报人合法行为的范围。且通过举证已经证实，商家并没有接受被告人王某某的顾问服务，甚至被告人在收取"顾问费"时都不愿意去店内领取，其接受的"顾问费"并非付出了相应的劳动；这更加说明所谓的"顾问费"，实质就是保护费，应当予以追究。必须指出的是，被告人王某某的行为并非建立在法律赋予的索赔权基础上，而是以不追究、撤诉、减少投诉为条件，向行政部门施加压力、向商户施加压力，以反复投诉、反复举报为手段，迫使经营者满足其提出的各种无理要求，如聘请其作为顾问、支付"顾问费"，使法律公器沦为谋取私利的工具，这种以"依法举报投诉为名，牟取不法私利为实"的行为应当受到法律的严惩。

需要进一步指出的是，商家存在经营问题、产品问题，应当及时整改，合法经营，行政监督管理部门应当坚持严管就是厚爱，督促整改，避免简单要求双方调解，以给恶意举报人留下犯罪空间。但无论如何，商家存在的经营问题，并不是被告人王某某行为正当化的理由。

第三，对被告人王某某的几点忠告。翻看被告人的人生轨迹，他曾经也是一名富有正义感、为社会做出贡献的好市民。20岁的时候面对歹徒钱财利诱不为所动，冒着生命危险与歹徒搏斗，维护社会治安，被黄浦区社会综合治理委员会颁奖并表彰；进入21世纪，针对社会上假货泛滥现象，被告人王某某不断学习相关领域的知识，积极依法举报假冒伪劣产品，得到政府的肯定和支持，2006年被评为"上海市食品药品安全社会监督信息员"。同时，被告人也是个热心市民，目睹马路上井盖受损立即向相关部门反映，督促修复。然而，随着社会的发展和在转型期复杂经济形势，那个曾经战斗在打假第一线、维护消费者合法权益，让阿姨妈妈们视为英雄的被告人王某某，却被私利熏了心，将初心抛之脑后，转变成打着维权、举报名义，胁迫商家支付保护费的恶意举报人。两者的差距令人唏嘘不已。

对此，公诉人感到十分遗憾和惋惜。市场需要被告人王某某这样有专门知识的人作为"啄木鸟"来净化、监督市场环境；老百姓也欢迎这些为消费者提供专业意见的民间打假人。但是这所有的一切，必须建立在依法、正当的前提下。被告人应当遵守法律、敬畏法律，不以私心和非法牟利作为举报和投诉的出发点。希望被告人把这次沉痛的教训和刻骨铭心的经历作为今后人生道路上的里程碑，洗心革面，接受法律的惩罚，重新出发,做一名对社会有益的公民。

　　第四,公诉人发表本案的量刑建议。被告人王某某到案后如实供述自己的罪行,且在家属的帮助下退赔了所有的赃款,得到了被害单位的谅解,依法可以从轻处罚。但是必须指出,被告人的行为性质是恶劣的,影响是广泛的,其行为不仅损害了营商环境,也给社会传播了所谓以"把打假为职业""以举报为威胁逼迫商家给保护费"的不良风气,造成了行业乱象,必须予以严惩。因此,结合上述情况,根据《中华人民共和国刑法》有关规定,建议对被告人王某某判处有期徒刑三年至三年六个月,并处罚金之刑罚。

【文书评析】

　　公诉意见书是人民检察院指派的公诉人在法庭上就检察机关起诉指控事实、证据、案件法律适用、犯罪行为社会危害性、量刑建议、法治宣传等方面进行综合阐述的总结性法律文书。公诉意见书应当包括以下内容:一是对证据进行总结归纳;二是对法律适用进行论证;三是进行法治宣传和教育;四是对量刑情节进行阐述并发表量刑建议。本篇公诉意见书,首先,对法庭调查活动进行归纳总结,将经过举证、质证的零散、孤立的证据组合成一个完整的证据锁链,将被告人王某某的行为归纳为四个阶段,帮助法官及听庭人员形成对案件事实的内心确信。其次,对指控的敲诈勒索罪犯罪构成要件进行立论,区分了合法行使权利与敲诈勒索罪的区别,从客观上以投诉举报为要挟、索要"顾问费"的行为,以及主观上具有非法占有目的论证构成敲诈勒索罪,并深入浅出地阐述相关刑法理论予以支持。再次,进行法治教育,将事理、情理与法理有机结合,一方面,通过揭示被告人"假索赔、真敲诈"的社会危害性,并分析被告人的犯罪原因,教育包括被告人在内的广大社会公众以此为戒;另一方面,结合保护消费者和经营者合法权益,优化营商环境,向社会传递司法机关对案件所做的价值判断和秉持的法治观。最后,对案件中全部法定量刑情节、酌定量刑情节进行归纳、阐述,对被告人的行为进行精准评价。一篇优秀的公诉意见书,应当构建好控方与审判方的关系,说服法官接受指控主张;应当构建好控方与辩方的关系,求同争异;应当构建好司法机关与当事人的关系,彰显司法的权威和公信力;应当构建好司法机关与社会的关系,向社会表达检察机关正义观和客观公众立场,该公诉意见书较好地体现了上述要求。

第六节 相关法律规定

一、刑法

第二百七十四条 敲诈勒索公私财物，数额较大或者多次敲诈勒索的，处三年以下有期徒刑、拘役或者管制，并处或者单处罚金；数额巨大或者有其他严重情节的，处三年以上十年以下有期徒刑，并处罚金；数额特别巨大或者有其他特别严重情节的，处十年以上有期徒刑，并处罚金。

二、立法解释、司法解释及规范性文件

1. 全国人大常委会关于维护互联网安全的决定（2000年12月28日）

为了保护个人、法人和其他组织的人身、财产等合法权利，对有下列行为之一，构成犯罪的，依照刑法有关规定追究刑事责任：

（一）利用互联网侮辱他人或者捏造事实诽谤他人；

（二）非法截获、篡改、删除他人电子邮件或者其他数据资料，侵犯公民通信自由和通信秘密；

（三）利用互联网进行盗窃、诈骗、敲诈勒索。

2. 最高人民法院、最高人民检察院关于办理敲诈勒索刑事案件适用法律若干问题的解释（法释〔2013〕10号）

为依法惩治敲诈勒索犯罪，保护公私财产权利，根据《中华人民共和国刑法》《中华人民共和国刑事诉讼法》的有关规定，现就办理敲诈勒索刑事案件适用法律的若干问题解释如下：

第一条 敲诈勒索公私财物价值二千元至五千元以上、三万元至十万元以上、三十万元至五十万元以上的，应当分别认定为刑法第

二百七十四条规定的"数额较大"、"数额巨大"、"数额特别巨大"。

各省、自治区、直辖市高级人民法院、人民检察院可以根据本地区经济发展状况和社会治安状况，在前款规定的数额幅度内，共同研究确定本地区执行的具体数额标准，报最高人民法院、最高人民检察院批准。

第二条　敲诈勒索公私财物，具有下列情形之一的，"数额较大"的标准可以按照本解释第一条规定标准的百分之五十确定：

（一）曾因敲诈勒索受过刑事处罚的；

（二）一年内曾因敲诈勒索受过行政处罚的；

（三）对未成年人、残疾人、老年人或者丧失劳动能力人敲诈勒索的；

（四）以将要实施放火、爆炸等危害公共安全犯罪或者故意杀人、绑架等严重侵犯公民人身权利犯罪相威胁敲诈勒索的；

（五）以黑恶势力名义敲诈勒索的；

（六）利用或者冒充国家机关工作人员、军人、新闻工作者等特殊身份敲诈勒索的；

（七）造成其他严重后果的。

第三条　二年内敲诈勒索三次以上的，应当认定为刑法第二百七十四条规定的"多次敲诈勒索"。

第四条　敲诈勒索公私财物，具有本解释第二条第三项至第七项规定的情形之一，数额达到本解释第一条规定的"数额巨大"、"数额特别巨大"百分之八十的，可以分别认定为刑法第二百七十四条规定的"其他严重情节"、"其他特别严重情节"。

第五条　敲诈勒索数额较大，行为人认罪、悔罪，退赃、退赔，并具有下列情形之一的，可以认定为犯罪情节轻微，不起诉或者免予刑事处罚，由有关部门依法予以行政处罚：

（一）具有法定从宽处罚情节的；

（二）没有参与分赃或者获赃较少且不是主犯的；

（三）被害人谅解的；

（四）其他情节轻微、危害不大的。

第六条　敲诈勒索近亲属的财物，获得谅解的，一般不认为是犯罪；认定为犯罪的，应当酌情从宽处理。

被害人对敲诈勒索的发生存在过错的，根据被害人过错程度和案件其他情况，可以对行为人酌情从宽处理；情节显著轻微危害不大的，不认为是犯罪。

第七条 明知他人实施敲诈勒索犯罪，为其提供信用卡、手机卡、通讯工具、通讯传输通道、网络技术支持等帮助的，以共同犯罪论处。

第八条 对犯敲诈勒索罪的被告人，应当在二千元以上、敲诈勒索数额的二倍以下判处罚金；被告人没有获得财物的，应当在二千元以上十万元以下判处罚金。

第九条 本解释公布施行后，《最高人民法院关于敲诈勒索罪数额认定标准问题的规定》（法释〔2000〕11号）同时废止；此前发布的司法解释与本解释不一致的，以本解释为准。

3. 最高人民法院、最高人民检察院关于办理寻衅滋事刑事案件适用法律若干问题的解释（法释〔2013〕18号）（节录）

第七条 实施寻衅滋事行为，同时符合寻衅滋事罪和故意杀人罪、故意伤害罪、故意毁坏财物罪、敲诈勒索罪、抢夺罪、抢劫罪等罪的构成要件的，依照处罚较重的犯罪定罪处罚。

4. 最高人民法院、最高人民检察院关于办理利用信息网络实施诽谤等刑事案件适用法律若干问题的解释（法释〔2013〕21号）（节录）

第六条 以在信息网络上发布、删除等方式处理网络信息为由，威胁、要挟他人，索取公私财物，数额较大，或者多次实施上述行为的，依照刑法第二百七十四条的规定，以敲诈勒索罪定罪处罚。

5. 最高人民检察院关于强迫借贷行为适用法律问题的批复（高检发释字〔2014〕1号）

以暴力、胁迫手段强迫他人借贷，属于刑法第二百二十六条第二项规定的"强迫他人提供或者接受服务"，情节严重的，以强迫交易罪追究刑事责任；同时构成故意伤害罪等其他犯罪的，依照处罚较重的规定定罪处罚。以非法占有为目的，以借贷为名采用暴力、胁迫手段获取他人财物，符合刑法第二百六十三条或者第二百七十四条规定的，以抢劫罪或者敲诈勒索罪追究刑事责任。

6. 最高人民法院关于审理抢劫、抢夺刑事案件适用法律若干问题的意见（法发〔2005〕8号）（节录）

行为人冒充正在执行公务的人民警察"抓赌"、"抓嫖"，没收赌资或者罚款的行为，构成犯罪的，以招摇撞骗罪从重处罚；在实施上述行为中使用暴力或者暴力威胁的，以抢劫罪定罪处罚。行为人冒充治安联防队员"抓赌"、"抓嫖"、没收赌资或者罚款的行为，构成犯罪的，以敲诈勒索罪定罪处罚；在实施上述行为中使用暴力或者暴力威胁的，以抢劫罪定罪处罚。

7. 最高人民法院、最高人民检察院、公安部、司法、国家卫生和计划生育委员会关于依法惩处涉医违法犯罪维护正常医疗秩序的意见（法发〔2014〕5号）（节录）

二、严格依法惩处涉医违法犯罪

（六）对于故意扩大事态，教唆他人实施针对医疗机构或者医务人员的违法犯罪行为，或者以受他人委托处理医疗纠纷为名实施敲诈勒索、寻衅滋事等行为的，依照治安管理处罚法和刑法的有关规定从严惩处。

8. 最高人民法院、最高人民检察院、公安部、司法部关于办理黑恶势力犯罪案件若干问题的指导意见（法发〔2018〕1号）（节录）

四、依法惩处利用"软暴力"实施的犯罪

17. 黑恶势力为谋取不法利益或形成非法影响，有组织地采用滋扰、纠缠、哄闹、聚众造势等手段侵犯人身权利、财产权利，破坏经济秩序、社会秩序，构成犯罪的，应当分别依照《刑法》相关规定处理：

（2）以非法占有为目的强行索取公私财物，有组织地采用滋扰、纠缠、哄闹、聚众造势等手段扰乱正常的工作、生活秩序，同时符合《刑法》第二百七十四条规定的其他犯罪构成条件的，应当以敲诈勒索罪定罪处罚。同时由多人实施或者以统一着装、显露纹身、特殊标识以及其他明示或者暗示方式，足以使对方感知相关行为的有组织性的，应当认定为《关于办理敲诈勒索刑事案件适用法律若干问题的解释》第二条第（五）项规定的"以黑恶势力名义敲诈勒索"。

采用上述手段，同时又构成其他犯罪的，应当依法按照处罚较重的规定定罪处罚。

雇佣、指使他人有组织地采用上述手段强迫交易、敲诈勒索，构成强迫交易罪、敲诈勒索罪的，对雇佣者、指使者，一般应当以共同犯罪中的主犯论处。为强索不受法律保护的债务或者因其他非法目的，雇佣、指使他人有组织地采用上述手段寻衅滋事，构成寻衅滋事罪的，对雇佣者、指使者，一般应当以共同犯罪中的主犯论处；为追讨合法债务或者因婚恋、家庭、邻里纠纷等民间矛盾而雇佣、指使，没有造成严重后果的，一般不作为犯罪处理，但经有关部门批评制止或者处理处罚后仍继续实施的除外。

9. 最高人民法院、最高人民检察院、公安部、司法部关于办理实施"软暴力"的刑事案件若干问题的意见（2019年4月9日）（节录）

八、以非法占有为目的，采用"软暴力"手段强行索取公私财物，同时符合《刑法》第二百七十四条规定的其他犯罪构成要件的，应当以敲诈勒索罪定罪处罚。

《关于办理敲诈勒索刑事案件适用法律若干问题的解释》第三条中"二年内敲诈勒索三次以上"，包括已受行政处罚的行为。

10. 最高人民法院、最高人民检察院、公安部、司法部关于办理"套路贷"刑事案件若干问题的意见（法发〔2019〕11号）（节录）

二、依法严惩"套路贷"犯罪

4. 实施"套路贷"过程中，未采用明显的暴力或者威胁手段，其行为特征从整体上表现为以非法占有为目的，通过虚构事实、隐瞒真相骗取被害人财物的，一般以诈骗罪定罪处罚；对于在实施"套路贷"过程中多种手段并用，构成诈骗、敲诈勒索、非法拘禁、虚假诉讼、寻衅滋事、强迫交易、抢劫、绑架等多种犯罪的，应当根据具体案件事实，区分不同情况，依照刑法及有关司法解释的规定数罪并罚或者择一重处。

11. 最高人民法院、最高人民检察院、公安部、司法部关于办理利用信息网络实施黑恶势力犯罪刑事案件若干问题的意见（公通字〔2019〕28号）（节录）

二、依法严惩利用信息网络实施的黑恶势力犯罪

6. 利用信息网络威胁、要挟他人，索取公私财物，数额较大，或者多次实施上述行为的，依照刑法第二百七十四条的规定，以敲诈勒索罪定罪处罚。

8. 侦办利用信息网络实施的强迫交易、敲诈勒索等非法敛财类案件，

确因被害人人数众多等客观条件的限制，无法逐一收集被害人陈述的，可以结合已收集的被害人陈述，以及经查证属实的银行账户交易记录、第三方支付结算账户交易记录、通话记录、电子数据等证据，综合认定被害人人数以及涉案资金数额等。

12.最高人民法院、最高人民检察院关于常见犯罪的量刑指导意见（试行）（法发〔2021〕号）（节录）

构成敲诈勒索罪的，根据下列情形在相应的幅度内确定量刑起点：

（1）达到数额较大起点的，或者二年内三次敲诈勒索的，在一年以下有期徒刑、拘役幅度内确定量刑起点。

（2）达到数额巨大起点或者有其他严重情节的，在三年至五年有期徒刑幅度内确定量刑起点。

（3）达到数额特别巨大起点或者有其他特别严重情节的，在十年至十二年有期徒刑幅度内确定量刑起点。

2.在量刑起点的基础上，根据敲诈勒索数额、次数、犯罪情节严重程度等其他影响犯罪构成的犯罪事实增加刑罚量，确定基准刑。

多次敲诈勒索，数额达到较大以上的，以敲诈勒索数额确定量刑起点，敲诈勒索次数可以作为调节基准刑的量刑情节；数额未达到较大的，以敲诈勒索次数确定量刑起点，超过三次的次数作为增加刑罚量的事实。

3.构成敲诈勒索罪的，根据敲诈勒索的数额、手段、次数、危害后果等犯罪情节，综合考虑被告人缴纳罚金的能力，在二千元以上敲诈勒索数额的二倍以下决定罚金数额；被告人没有获得财物的，在二千元以上十万元以下判处罚金。

4.构成敲诈勒索罪的，综合考虑敲诈勒索的手段、数额、次数、危害后果、退赃退赔等犯罪事实、量刑情节，以及被告人的主观恶性、人身危险性、认罪悔罪表现等因素，决定缓刑的适用。

13.最高人民法院、最高人民检察院、公安部关于依法办理"碰瓷"违法犯罪案件的指导意见（公通字〔2020〕12号）（节录）

二、实施"碰瓷"，具有下列行为之一，敲诈勒索他人财物，符合刑法第二百七十四条规定的，以敲诈勒索罪定罪处罚：

1.实施撕扯、推搡等轻微暴力或者围困、阻拦、跟踪、贴靠、滋扰、纠缠、哄闹、聚众造势、扣留财物等软暴力行为的；

2.故意制造交通事故,进而利用被害人违反道路通行规定或者其他违法违规行为相要挟的;

3.以揭露现场掌握的当事人隐私相要挟的;

4.扬言对被害人及其近亲属人身、财产实施侵害的。

14.公安部关于公安机关处置信访活动中违法犯罪行为适用法律的指导意见(公通字〔2013〕25号)(节录)

三、对侵犯人身权利、财产权利违法犯罪行为的处理

8.以制造社会影响、采取极端闹访行为、持续缠访闹访等威胁、要挟手段,敲诈勒索,符合《治安管理处罚法》第四十九条规定的,以敲诈勒索依法予以治安管理处罚;符合《刑法》第二百七十四条规定的,以敲诈勒索罪追究刑事责任。

第七章

拒不支付劳动报酬罪办案指引

第一节 拒不支付劳动报酬罪概述

一、拒不支付劳动报酬罪的立法沿革

1979年刑法没有拒不支付劳动报酬罪名的相关规定。随着我国经济转型与升级，劳动关系主体之间利益诉讼越来越多元化，部分地方用工单位拒不支付劳动者的劳动报酬的现象比较突出，拖欠劳动者报酬成为劳动争议最突出的问题。广大劳动者，特别是农民工成为拒不支付劳动报酬行为的主要受害者。拒不支付劳动者的劳动报酬，不仅严重侵害了劳动者的合法权益，破坏了社会主义市场经济秩序，而且导致大量社会矛盾，甚至引发群体性事件和诸多社会矛盾，成为影响社会和谐稳定的重要隐患。各级政府通过专项活动，开展清理拖欠工资工作，虽然取得了一定效果，但仍未从根本上解决问题。受执法权的限制，劳动行政主管部门在处理欠薪纠纷中手段不足、力度不够，对清欠工资问题难以有效遏制。立法机关经过深入调查研究，反复论证，于2011年2月25日第十一届全国人大常委会第十九次会议审议通过的《刑法修正案（八）》第41条规定，在《刑法》第276条后增加一条，作为第276条之一，即"以转移财产、逃匿等方法逃避支付劳动者的劳动报酬或者有能力支付而不支付劳动者的劳动报酬，数额较大，经政府有关部门责令支付仍不支付的，处三年以下有期徒刑或者拘役，并处或者单处罚金；造成严重后果的，处三年以上七年以下有期徒刑，并处罚金。单位犯前款罪的，对单位判处罚金，并对其直接负责的主管人员和其他直接责任人员，依照前款的规定处罚。有前两款行为，尚未造成严重后果，在提起公诉前支付劳动者的劳动报酬，并依法承担相应赔偿责任的，可以减轻或者免除处罚"。此后，根据最高人民法院、最高人民检察院《关于执行〈中华人民共和国刑法〉确定罪名的补充规定

（五）》，该条款被确定为拒不支付劳动报酬罪。

然而，在办理拒不支付劳动报酬犯罪案件过程中，适用刑法相关规定需要进一步明确以下问题：（1）有关用语的含义有待进一步界定，如《刑法》第276条之一规定的"劳动者的劳动报酬""经政府有关部门责令支付仍不支付"等用语。（2）定罪量刑标准有待进一步明确，《刑法》第276条之一规定的"数额较大""造成严重后果"缺乏明确标准，可操作性较弱。（3）其他法律适用疑难问题有待进一步统一认识，如拒不支付劳动报酬罪的从宽处理、违法用工且拒不支付劳动者的劳动报酬的定性、实际控制人拒不支付劳动报酬的定性等问题。为更好地贯彻执行拒不支付劳动报酬罪的有关规定，切实维护广大劳动者的合法权益，最高人民法院于2013年1月出台了《关于审理拒不支付劳动报酬刑事案件适用法律若干问题的解释》（以下简称《拒不支付劳动报酬解释》），最高人民检察院对2019年、2020年拒不支付劳动报酬案件办理情况连续两年召开新闻发布会进行通报，并发布了两批共12个典型案例。

二、拒不支付劳动报酬罪的发案态势

拒不支付劳动报酬犯罪主要发生在建筑施工领域，但在房地产、汽车销售、餐饮业、制造业等劳动密集型行业领域也时有发生，随着网络购物的发展，拒不支付劳动报酬罪也开始向物流行业蔓延。近年来，拒不支付劳动报酬犯罪发案数量总体呈增长趋势，2018年至2020年，全国检察机关共受理审查逮捕拒不支付劳动报酬犯罪6336件6633人，批准逮捕3710件3805人；受理审查起诉9268件10497人，提起公诉6077件6644人；不起诉2630件3105人。2019年至2020年，检察机关办理拒不支付劳动报酬犯罪案件共为农民工追讨欠薪3.4亿余元，办理支持农民工起诉民事案件25635件。2019年，全国检察机关办理拒不支付劳动报酬案件数量与2018年相比呈上升态势，共批准逮捕拒不支付劳动报酬犯罪案件1599人，同比上升10.6%；受理审查起诉3555件4012人，同比分别上升10.9%、11.6%；依法起诉2396件2609人，追诉漏罪、漏犯80人；监督公安机关立案 203 件（已立案 136 件）；检察环节为农民工追缴工资 2.5 亿元。①

2020 年因新冠肺炎疫情，各行各业均受到不同程度波及，部分企业受疫情影响上半年停工停产，案件总数降幅较大。2020 年 1 月至 11 月，全国检察机关共受理审查逮捕拒不支付劳动报酬犯罪 1295 件 1375 人，同比分别下降 46.3% 和 45.4%；受理审查起诉 2504 件 2887 人，同比分别下降 26.9%、27.5%。面对疫情对经济社会发展带来的冲击，检察机关办理拒不支付劳动报酬案件时，把服务"六稳""六保"作为依法履职最重要的使命，落实疫情防控常态化下加快恢复生产生活秩序的要求，通过适用认罪认罚从宽制度，贯彻少捕慎诉理念，在保护劳动者合法权益的同时，侧重帮助困难企业渡过难关，服务和保障非公经济健康发展。2020 年 1 月至 11 月，全国检察机关办理拒不支付劳动报酬案件不批准逮捕 630 人，不捕率为 45.8%，不起诉 1178 人，不起诉率 40.8%，均远高于其他犯罪案件的不捕率、不诉率。随着认罪认罚从宽制度的深入推进，认罪认罚对于拒不支付劳动报酬案件的作用更为凸显，通过鼓励、引导犯罪嫌疑人、被告人认罪悔罪、积极筹措资金支付劳动报酬，既有助于劳动者及时追欠挽损，也为从宽处理涉案民营企业提供了制度支撑，为企业发展提供了途径。2020 年，检察机关办理拒不支付劳动报酬犯罪案件适用认罪认罚从宽制度 2146 件 2377 人，占该类案件总数 85.74%，相比去年上升了 45.43 个百分点。②

三、拒不支付劳动报酬罪的概念和构成特征

拒不支付劳动报酬罪，是指以转移财产、逃匿等方法逃避支付劳动者的劳动报酬或者有能力支付而不支付劳动者的劳动报酬，数额较大，经政府有关部门责令支付仍不支付的行为。

---

① 数据来源：2020 年 12 月 23 日，最高人民检察院"依法惩治恶意欠薪 让劳动者劳有所得"新闻发布会；2020 年 1 月 16 日，最高人民检察院"依法惩治恶意欠薪 切实维护农民工合法权益"新闻发布会。

② 数据来源：2020 年 12 月 23 日，最高人民检察院"依法惩治恶意欠薪 让劳动者劳有所得"新闻发布会。

（一）犯罪客体

拒不支付劳动报酬罪打击的是侵害劳动者获得劳动报酬合法权益的行为，重在调整社会主义市场经济秩序有序运行，保护劳动者作为弱势群体在经济活动中的自由行为和获得报酬的权利。根据《劳动合同法》第30条"用人单位应当按照劳动合同约定和国家规定，向劳动者及时足额支付劳动报酬"之规定，拒不支付劳动报酬侵害的是劳动者获得报酬的权利，实质是侵害了劳动者的财产权和市场经济秩序，其中，劳动者获取劳动报酬权即劳动者的财产权是本罪保护的主要法益。

根据《刑法》第276条之一规定，拒不支付劳动报酬罪的行为对象为"劳动者的劳动报酬"。通俗地讲，劳动报酬就是劳动者付出体力或者脑力劳动所获得的对价。1995年8月4日，劳动部《关于贯彻执行〈中华人民共和国劳动法〉若干问题的意见》对劳动法中的"工资"作了界定，即"劳动法中的'工资'是指用人单位依据国家有关规定或劳动合同的约定，以货币形式直接支付给本单位劳动者的劳动报酬，一般包括计时工资、计件工资、奖金、津贴和补贴、延长工作时间的工资报酬以及特殊情况下支付的工资等"。在参考这一界定的基础上，《拒不支付劳动报酬解释》第1条规定："劳动者依照《中华人民共和国劳动法》和《中华人民共和国劳动合同法》等法律的规定应得的劳动报酬，包括工资、奖金、津贴、补贴、延长工作时间的工资报酬及特殊情况下支付的工资等，应当认定为刑法第二百七十六条之一第一款规定的'劳动者的劳动报酬'"。可见，劳动报酬包括工资、奖金、津贴、补贴、延长工作时间的工资报酬及特殊情况下支付的工资等，特殊情况下的工资包括患职业病或者因工负伤住院期间的工资，劳动者在法定休假日和婚丧期间以及依法参加社会活动期间等特殊情况下，用人单位应当依法支付的工资。

（二）客观方面

本罪的客观方面包括两部分内容：一是有以转移财产、逃匿等方法逃避支付劳动者的劳动报酬或者有能力支付而不支付劳动者的劳动报酬的行为；二是经政府有关部门责令支付仍不支付的行为。

1. 以转移财产、逃匿等方法逃避支付劳动者的劳动报酬。根据《刑法》第276条之一第1款的规定，以转移财产、逃匿等方法逃避支付劳动者的劳动报酬，系拒不支付劳动报酬罪的行为方式之一。转移财产，是指行为人为逃避支付劳动者报酬，将财产或者经营收益转移到他处，以使行政机关、司法机关或者被欠薪者无法查找到。逃匿，是指行为人为逃避支付劳动报酬或者为躲避行政机关或者司法机关的追究，而逃离当地或者躲藏起来。《拒不支付劳动报酬解释》第2条对"以转移财产、逃匿等方法逃避支付劳动者的劳动报酬"的认定标准作了进一步明确，规定："以逃避支付劳动者的劳动报酬为目的，具有下列情形之一的，应当认定为刑法第二百七十六条之一第一款规定的'以转移财产、逃匿等方法逃避支付劳动者的劳动报酬'：（一）隐匿财产、恶意清偿、虚构债务、虚假破产、虚假倒闭或者以其他方法转移、处分财产的；（二）逃跑、藏匿的；（三）隐匿、销毁或者篡改账目、职工名册、工资支付记录、考勤记录等与劳动报酬相关的材料的；（四）以其他方法逃避支付劳动报酬的"。要注意的是，拒不支付劳动报酬罪逃匿的应当是以逃避支付劳动报酬为主观目的，如果是因为其他因素导致行为人下落不明，则不能认定为逃匿。具体需结合实际认定，看行为人一贯的表现，逃匿前是否有过拖欠工资的行为，如果行为人之前没有拖欠工资的表现，因其他因素下落不明，即使其本身无能力支付，也不宜认定为逃匿。最高人民法院、最高人民检察院、人力资源和社会保障部、公安部《关于加强涉嫌拒不支付劳动报酬犯罪案件查处衔接工作的通知》规定："行为人有证据证明因自然灾害、突发重大疾病等非人力所能抗拒的原因造成其无法在指定的时间内到指定的地点配合解决问题的除外。"

以其他方法逃避支付劳动报酬的，是指行为人通过欺哄、威胁、恐吓劳动者，无限期向后拖延等逃避支付的行为，逃避支付的手段可以很多，达到拒不支付的目的即可认定。

2. 有能力支付而不支付劳动者的劳动报酬。该规定是指用人单位或者雇主具有可供支付的、并非法律所禁止或不适宜支付的财物，如银行存款、不动产、到期债权、有价证券等财物或者其他有效的渠道支付劳动者报酬而不作为，导致劳动者未能获得按劳动合同或法定应获得劳动报酬。实践中可以根据行为人银行账户资金、资产状况、是否拥有债权以及发包方是否支付足额施工费用等情况综合判断。

3. 经政府有关部门责令支付仍不支付。这样规定主要出于以下考虑：不支付劳动报酬在很多国家是通过民事诉讼程序解决的，我国刑法虽然将其增加规定为犯罪，但追究行为人的刑事责任不是目的，促使行为人支付劳动报酬才是最终目的。因此，首先应当让现有的劳动争议解决机制充分发挥行政程序简便、快捷的优势和作用，使劳动者尽早拿到劳动报酬。我国劳动法、劳动合同法以及《劳动保障监察条例》等法律、法规中都明确规定，对不支付劳动者报酬的行为，由政府有关部门责令支付。故刑法规定"经政府有关部门责令支付仍不支付的"，才追究刑事责任，有助于督促行为人尽快履行支付义务，同时也为劳动监察等部门责令行为人支付劳动报酬提供了坚强有力的法律后盾。① 根据《拒不支付劳动报酬解释》第4条规定，"经人力资源社会保障部门或者政府其他有关部门依法以限期整改指令书、行政处理决定书等文书责令支付劳动者的劳动报酬后，在指定的期限内仍不支付的，应当认定为刑法第二百七十六条之一第一款规定的'经政府有关部门责令支付仍不支付'，但有证据证明行为人有正当理由未知悉责令支付或者未及时支付劳动报酬的除外。""政府有关部门责令支付而不支付"这一规定被认为是立法者对刑法谦抑性精神的展示，表明立法者明确劳动报酬与劳动义务的保障主要是靠其他劳动法律法规的规制进行，刑法不应该是主要手段。政府有关部门责令行为人支付劳动报酬的方式，一般指具有劳动行政监管职责的部门直接召集相关责任人员，向其送达"责令支付劳动报酬通知书"，并让他们在送达回证上签字。遇行为人拒绝签收情形的，可在相关人员的见证下适用留置送达，在特殊情况下可以口头形式责令行为人向劳动者支付劳动报酬，并在事后将相关情况记录在案。②

行为人逃匿，无法将责令支付文书送交其本人、同住成年家属或者所在单位负责收件的人的，如果有关部门已通过在行为人的住所地、生产经营场所等地张贴责令支付文书等方式责令支付，并采用拍照、录像等方式记录的，应当视为"经政府有关部门责令支付"。2014年最高人民法

---

① 黄太云：《中华人民共和国刑法修正案（八）内容解读（节录）》，载《中国刑事审判指导案例（04）》，法律出版社2017年版，第508页。
② 章建军：《拒不支付劳动报酬罪初探》，载《中国刑事法杂志》2012年第4期。

院、最高人民检察院、人力资源和社会保障部、公安部《关于加强涉嫌拒不支付劳动报酬犯罪案件查处衔接工作的通知》也明确，"对于行为人逃匿，无法将责令支付文书送交其同住成年家属或所在单位负责收件人的，人力资源社会保障部门可以在行为人住所地、办公地、生产经营场所、建筑施工项目所在地等地张贴责令支付文书，并采用拍照、录像等方式予以记录，相关影像资料应当纳入案卷"。

（三）犯罪主体

行为主体是有义务向他人支付劳动报酬的自然人和单位，既包括用人单位的实际控制人，也包括不具备用工主体资格的个人与单位。所谓的单位，是指劳动合同法中规定的用人单位，单位拒不支付劳动报酬，构成犯罪的，依照《拒不支付劳动报酬解释》规定的相应个人犯罪的定罪量刑标准，对直接负责的主管人员和其他直接责任人员定罪处罚，并对单位判处罚金。要注意的是，不具备用工主体资格的单位或者个人，违法用工且拒不支付劳动者的劳动报酬，数额较大，经政府有关部门责令支付仍不支付的，也可以成为该罪的主体。

（四）主观方面

本罪在主观方面表现为故意，包括直接故意和间接故意。即主观上明知自己的"不支付劳动者劳动报酬"的这种不作为行为会产生劳动者不能及时得到劳动报酬的社会危害后果，却希望或放任这种后果发生。应当认定为故意的几种情况包括：

一是明确表示拒不作为的，即明确拒绝支付劳动者劳动报酬的，应当然地认定为故意，包括无正当理由拖欠，不论是否以非法占有为目的。

二是虽表示应支付，但未主动实施作为，为不支付找借口的，应认定故意。如无正当理由转移财产，造成无支付能力假象的；用人单位主要负责人或指使发放劳动者劳动报酬的工作人员逃匿，造成无法支付假象的；或非法克扣工资或罚款的。

四、拒不支付劳动报酬罪的追诉标准

根据《刑法》第276条之一规定，拒不支付劳动报酬罪需要数额较大才能达到追诉标准，同时规定造成严重后果的，要加重一档处罚。

（一）"数额较大"的认定

《拒不支付劳动报酬解释》第3条对《刑法》第276条之一第1款规定的"数额较大"的标准作了明确。关于拒不支付劳动报酬罪入罪标准的设置基于以下三方面因素：（1）考虑到我国幅员辽阔，各地经济社会发展不平衡，特别设置了幅度标准，以便于各地在幅度范围内设置地方标准。（2）由于不同领域、不同行业的劳动者的劳动报酬差距悬殊，单纯以数额作为入罪标准，则意味着一些案件中，仅拖欠单个劳动者一个月、半个月甚至更短时间的劳动报酬就有可能构成犯罪，势必存在打击面过宽、刑法介入过度的问题。因此，对于拒不支付单个劳动者的劳动报酬"数额较大"的情形，采用"期限＋数额"的模式。从实践来看，一些地区职工最低工资标准为1000多元，而职工月平均工资一般要高于最低工资标准。经调研，5000元至2万元以上的标准大致相当于一般地区3个月的职工月工资标准。基于上述考虑，《拒不支付劳动报酬解释》第3条第1款第（1）项关于拒不支付单个劳动者的劳动报酬入罪，不仅要求数额在5000元至2万元以上，且要求拒不支付的是3个月以上的劳动报酬。（3）基于刑法谦抑性的考虑，对于拒不支付多个劳动者的劳动报酬构成犯罪的标准，采用"人数＋数额"的模式。3万元至10万元以上的标准，大致相当于一般地区10个以上劳动者的劳动报酬，因此，《拒不支付劳动报酬解释》第3条第1款第（2）项规定拒不支付多个劳动者的劳动报酬入罪，不仅要求被拖欠的劳动者人数在10人以上，而且要求数额累计在3万元至10万元以上。

（二）"造成严重后果"的情形

《拒不支付劳动报酬解释》第5条明确了《刑法》第276条之一第1款规定的"造成严重后果"的具体情形。需要说明的是，结果加重犯的成立以符合基本犯罪构成为前提，故该条特别规定，拒不支付劳动者的劳动报酬,符合《拒不支付劳动报酬解释》第3条的规定,并具有所列情形之一的,应当认定为拒不支付劳动报酬"造成严重后果",应当在3年以上7年以下的法定刑幅度内量刑。

根据《拒不支付劳动报酬解释》第5条规定,"造成严重后果"具体包括如下情形:(1)造成劳动者或者其被赡养人、被扶养人、被抚养人的基本生活受到严重影响、重大疾病无法及时医治或者失学的;(2)对要求支付劳动报酬的劳动者使用暴力或者进行暴力威胁的;(3)造成其他严重后果的。从司法实践来看,根据案件具体情况,造成劳动者或者其近亲属自杀、自残、精神严重失常等严重后果;引发劳动者实施犯罪或者严重扰乱社会秩序的违法行为;引发集体上访等群体性事件,严重影响社会秩序等情形,可以纳入兜底条款的范围。

第二节 拒不支付劳动报酬罪的证据审查

一、拒不支付劳动报酬罪的证据要件

（一）犯罪客体证据

拒不支付劳动报酬罪侵犯的客体主要是劳动者获得劳动报酬的权利，即劳动者的财产权。因此，在认定该罪侵犯的客体时，主要看劳动者是否提供了劳动服务，是否应当获得报酬以及用工主体是否有拒不支付劳动报酬的行为，证据主要有以下两方面：

1. 施工合同、劳动合同、工人身份证明、工人花名册、工人签到表、考勤记录、被拖欠工人工资明细表、工人工资支付情况表、结算单据等证明被害人提供了劳动服务，应当获得劳动报酬的证据。

2. 案件移送表，案件来源，抓捕经过证明，犯罪嫌疑人、被告人供述，证人证言，被害人陈述，工资支付记录，审计报告，犯罪嫌疑人、被告人签认的欠条，被害人上访材料等证明犯罪嫌疑人或者被告人拒不支付劳动报酬，劳动者提供劳动后无法获取劳动报酬，侵犯劳动者财产权的证据。

（二）客观方面证据

拒不支付劳动报酬的客观行为主要表现为行为人以转移财产、逃匿等方法逃避支付劳动者的劳动报酬或者有能力支付而不支付劳动者的劳动报酬，并且达到数额较大的程度，经政府有关部门责令支付仍不支付。因此，在认定拒不支付劳动报酬的行为时紧紧围绕逃避、拒绝支付，拒不支付的数额以及经政府责令支付仍不支付三个方面审查判断证据。

1. 证明逃避、拒绝支付的证据。

（1）以转移财产、逃匿等方法逃避支付劳动者的劳动报酬方面的证据。一是犯罪嫌疑人、被告人及关联人员，涉案公司及关联公司银行账户交易记录、第三方支付账户交易记录、债权债务转让协议、房产、汽车等资产转让情况、公司资产负债表、利润表等反映公司经营状况、个人资产状况的资料、审计报告、鉴定意见等，结合犯罪嫌疑人、被告人供述和辩解，证人证言，被害人陈述等证据证明犯罪嫌疑人、被告人是否有隐匿财产、恶意清偿、虚构债务、虚假破产、虚假倒闭或者以其他方法转移、处分财产的行为。二是公司财务账册、劳动合同、工人身份证明、工人花名册、工人签到表、考勤记录、被拖欠工人工资明细表、工人工资结算单据等，结合犯罪嫌疑人、被告人供述和辩解，证人证言，被害人陈述等证据证明犯罪嫌疑人、被告人是否有隐匿、销毁或者篡改账目、职工名册、工资支付记录、考勤记录等与劳动报酬相关的材料等逃避支付劳动报酬的行为。三是传唤证、到案经过，犯罪嫌疑人、被告人案发前后的行踪轨迹，结合犯罪嫌疑人、被告人供述和辩解，证人证言，被害人陈述等证明犯罪嫌疑人、被告人是否有逃跑、藏匿的行为。

（2）有能力支付而不支付劳动者的劳动报酬的证据。犯罪嫌疑人、被告人及其近亲属、利益关系人等关联人员、涉案公司及关联公司以及有关员工的银行账户资金状况，犯罪嫌疑人、被告人转让财产、债权或者放弃债权的书面材料，涉案公司资产状况，犯罪嫌疑人、被告人资产状况，工程款清算情况，拨款单，审计报告，鉴定意见等证据，并结合嫌疑人、被告人供述和辩解，证人证言，被害人陈述等证明犯罪嫌疑人、被告人是否有能力支付而拒不支付。

2. 拒不支付的数额方面的证据。劳动合同、工人花名册、工人参加工作的时间表、考勤表、工人工资发放表、工人领取工资签名表、收条、工人工资结算单据及发放工资的银行账户交易明细、犯罪嫌疑人、被告人签名确认的欠条、承诺书、劳动保障监察部门出具的情况说明等证据，结合嫌疑人、被告人供述和辩解，证人证言，被害人陈述等证明犯罪嫌疑人、被告人拒不支付劳动报酬的数额。对于建筑施工领域发生的欠薪案件，还要注意审查各班组提供的工人人数统计表、工程完成情况测算材料、各工人工作情况及应发工资情况表。另外，还要注意审查证明被害人的家庭状况、被赡养人、被抚养人、被扶养人以及近亲属因被害人未及时领取工资报酬基本生活受到的影响情况，劳动者上访的情况以及犯罪嫌疑人是否有言语威胁或者实施相关暴力行为等证据，判断犯罪嫌疑人、被告人是否属于造成严重后果的情形。

3. 经政府责令支付仍不支付的证据。劳动保障监察限期改正指令书或行政处理决定书等执法文书、拒不支付劳动报酬犯罪案件调查报告、情况说明、短信通知信息、电话记录、劳动保障监察限期改正指令书等执法文书送达回执、人力资源和社会保障部门案件移送表、案件来源等证据，结合犯罪嫌疑人、被告人供述和辩解，证人证言，被害人陈述等证明犯罪嫌疑人、被告人经政府责令支付仍不支付。

（三）犯罪主体证据

犯罪嫌疑人、被告人户籍证明，公司营业执照，工商登记资料，工程确认单证，工程施工合同，劳动合同的签名情况等证据，结合嫌疑人、被告人供述和辩解，证人证言，被害人陈述等证据，证明犯罪嫌疑人、被告人有刑事责任能力，且是应当支付劳动报酬的责任人员。

（四）主观方面证据

主要为劳动监察部门察限期改正指令书或行政处理决定书等执法文书送达回执、公告等证据，以及犯罪嫌疑人、被告人供述和辩解、证人证言、被害人陈述等，证明犯罪嫌疑人、被告人主观上明知自己的"不支付劳动者劳动报酬"的不作为行为会产生劳动者不能及时实际得到劳动报酬的社会危害后果，却希望或放任这种后果发生。

二、拒不支付劳动报酬罪常见证据审查

（一）对言词证据的审查

一般而言，拒不支付劳动报酬案件先有被害人向人力资源和社会保障部门举报投诉，人力资源和社会保障部门会先行对用人单位进行调查，对涉嫌犯罪的案件，会按照《行政执法机关移送涉嫌犯罪案件的规定》的

要求，将案件移送同级公安机关。根据《刑事诉讼法》第54条规定，行政机关在行政执法和查办案件过程中收集的物证、书证、视听资料、电子数据等证据材料，在刑事诉讼中可以作为证据使用，但并不包括言词证据。故在审查言词证据时要注意审查公安机关对行政执法机关移送的言词证据有无重新取证予以转化，如果言词证据的取证主体不是公安机关，而是行政执法机关，则相关言词证据不能作为证据使用，同时要引导公安机关重新补充取证。例如在罗某峰拒不支付劳动报酬案中，检察机关发现公安机关只对3人被害人制作了询问笔录，而公安机关及行政机关认定拖欠工资的被害人共34名，另有9人在行政机关制作了劳动保障监察调查询问笔录，因此检察机关要求公安机关除3人已做询问笔录的被害人外，对其余被害人的陈述需要重新制作询问笔录，以确保证据的合法性。

（二）对书证的审查

在证明犯罪嫌疑人或者被告人拒不支付劳动报酬的书证中，最为重要的证据之一，就是劳动监察部门或者公安机关收集或者制作的证明犯罪嫌疑人或者被告人拒不支付工资数额的欠薪表，但检察机关审查欠薪数额时不能仅仅依据欠薪表，还要结合犯罪嫌疑人或者被告人发放工资的情况、打款记录，并结合犯罪嫌疑人、被告人供述和辩解，证人证言以及被害人陈述综合判断，准确认定拒不支付劳动报酬的数额。例如在杨某龙拒不支付劳动报酬案中，杨某龙挂靠珠海达唐建筑劳务有限公司（以下简称达唐）的资质，与珠海市大唐建筑安装有限公司的子公司斗门区斗门镇东泰建筑装修工程部（以下简称东泰）签订《劳务承包施工合同》，并通过东泰向工人发放工资。施工过程中，多名工人到斗门区人力资源和社会保障局投诉杨某龙拖欠工资，该局调查认定杨某龙拖欠工人工资68万余元，并向杨某龙下达《劳动保障监察限期改正指令》。后东泰和杨某龙支付工人工资41万余元，尚欠工资15万元至19万元。公安机关将该案移送起诉，检察机关在自行补充侦查过程中，发现杨某龙制作的欠薪表与负责发放工人工资的东泰制作的工资发放情况表数额差异加大，按照东泰的表格及打款记录，工人工资均每月足额发放，即使有欠薪情况也完全根据合同约定，工程验收后及时补足工薪，不存在恶意欠薪情况，后公安机关主动将案件撤回移送起诉。办案中不能因畏惧工人集群闹事，就简单依据欠薪表及部分工人签名确认就认定犯罪数额，而未对工资发放情况与相关单位复核，也未结合打款记录就做出判断。

另外在审查施工领域欠薪案件时，由于有的班组在提供劳动的同时，还负责提供工地的材料，即日常所谓的"包工包料"，在实践中，部分施工班组往往将施工材料款与欠薪款打包向劳动监察部门提出申诉。故在审查欠薪的数额时，要全面系统地审查在案的客观证据，要结合注意审查劳动合同中约定的薪酬，工人实际工作的天数、工人完成的工程量以及工资发放的情况，注意甄别欠薪的款项是否包含材料款、工程款，准确认定犯罪数额。

第三节 拒不支付劳动报酬罪的审查认定与疑难问题处理

一、对有关认定要点的理解和把握

(一) 对"劳动报酬"的理解

劳动报酬是劳动关系存在的重要表现形式,一般是指雇佣方因使用他人劳动力而支付的对价,是劳动者生活的主要来源,也是劳动者职业性的体现。作为多数劳动争议的焦点,划定劳动报酬的范围对于理解本罪具有重要意义。

劳动报酬作为劳动者劳动价值的货币表现,在形式上有不同的表示方式,反映到不同的部门法中也有所差异。比如,民法、经济法调整的劳动报酬形式很多,如稿酬、劳务费等,实行自愿、公平、等价有偿等原则;劳动法调整的劳动报酬形式,主要有工资、奖金、津贴等,以按劳分配、同工同酬为原则。就本罪而言,劳动报酬的认定应当以劳动法所调整的范围为准,从狭义的层面加以理解。即根据《拒不支付劳动报酬解释》规定,劳动者依照劳动法和劳动合同法等法律的规定应得的劳动报酬,包括工资、奖金、津贴、补贴、延长工作时间的工资报酬及特殊情况下支付的工资等,应当认定为《刑法》第276条之一第1款规定的"劳动者的劳动报酬"。

劳动报酬与劳动所得不同。劳动报酬是建立在劳动关系基础上,因受雇方的劳动而由雇佣方支付的对价;劳动所得则是相对广义的范畴,突出表现为因劳动而获得的收益,劳务报酬是其主要的表现形式。劳动报酬与劳务报酬也不同,后者是建立在个人独立提供劳动的基础上,劳务提供者并非处于从属性地位，双方主体处于相对独立的、平等的契约关系之中。较为典型的就是在主要工作之外从事的零工性质的兼职活动。此外，劳动报酬和劳务报酬的区别也体现在我国的个人所得税法中，其第2条在规定了工资、薪金等劳动报酬之外，把劳务报酬所得作为单独的个人收入列出。前者正是拒不支付劳动报酬罪中"劳动报酬"的主要组成部分。①需要注意的是，社会保险类费用并不在劳动报酬范围内。如果用人单位拒不支付劳动者应由企业承担的社会保险，无法适用此条款。毕竟，社会保险是对劳动者未来利益的一种保护，虽然企业有违反规定未交保险的行为，但已经超出了劳动报酬的范畴，不宜做扩大解释。

需要特别说明的是，《拒不支付劳动报酬解释》第1条将"劳动者的劳动报酬"限定为劳动报酬，未包括劳务报酬以及社会保险福利、劳动保护等方面的费用。主要考虑：（1）根据劳动法、劳动合同法等法律的规定，劳动报酬是基于用人单位和劳动者之间建立劳动关系所产生的工资收入；而劳务报酬并非基于劳动关系产生的，属于普通民事法律关系调整的范畴。立法规定拒不支付劳动报酬罪，是为了强化对处于相对弱势地位的劳动者的保护，对平等民事主体之间的劳务报酬纠纷，应通过民事程序解决。（2）构成拒不支付劳动报酬罪的前提条件是经政府有关部门责令支付仍不支付。根据《劳动保障监察条例》规定，通常情况下，只有形成劳动关系，劳动监察部门才有权责令支付。对于一般的劳务报酬，劳动监察部门无法责令支付，相应也不能纳入拒不支付劳动报酬罪之"劳动报酬"的范畴。（3）从增设拒不支付劳动报酬罪的背景来看，本罪主要打击危及劳动者基本生活保障的行为，拒不支付社会保险福利、劳动保护等方面的费用尚不会危及劳动者的基本生活，故未将此部分费用纳入拒不支付劳动报酬罪的行为对象。②

实践中区分劳务报酬和劳动报酬主要从以下几个方面出发：一是看用工单位与提供劳动或者劳务的人员之间的关系。劳动合同关系下，劳动者作为用人单位的一名成员，受内部劳动规则约束；根据用人单位需要进

---

① 赵秉志、张伟珂：《拒不支付劳动报酬罪立法研究》，载《南开学报（哲学社会科学版）》2012年第2期。

② 喻海松：《〈关于审理拒不支付劳动报酬刑事案件适用法律若干问题的解释〉的理解与适用》，载《人民司法》2013年第7期。

行劳动，并根据劳动者的职级、能力获得相应的劳动报酬，同时用人单位要根据劳动法律、法规及合同约定提供相应的劳动条件、社会保障和福利待遇。劳动者服从于用人单位，因与用人者之间存在劳动关系而取得的劳动报酬就是工资薪金所得。劳务合同约定的是一方提供劳务另一方给付报酬，劳动者在意思自治的原则下，根据合同约定事项自主安排劳动内容，劳动者不受支付报酬一方的管理，劳动者服从于合同约定的劳务事。个人因与用人者之间存在这种劳动关系而取得的劳动报酬就是劳务报酬所得。二是看提供劳动或者劳务的性质。劳动合同关系下劳动者提供的劳动一般具有稳定性、长期性，而劳务合同管辖下劳动者提供的劳务一般具有不稳定性、短期性和暂时性。例如彭某申诉被拖欠工资案中，彭某个人与某艺术幼儿园签订合同，给该幼儿园墙壁进行涂料刷墙。彭某完工后，该幼儿园也已经完成招生，但仍未支付彭某相关费用，彭某向当地劳动监察部门提出申诉，由于彭某与该幼儿园不存在管理与被管理关系，其提供的劳务具有短期性，故其与该幼儿园系属于劳务关系，幼儿园所欠其的费用不属于拒不支付劳动报酬罪之"劳动报酬"的范畴，故劳动监察部门通知彭某以向法院提起民事诉讼的方式维护自身合法权益。

（二）对"以转移财产、逃匿等方法逃避支付劳动者的劳动报酬"的理解

通俗地理解，本罪针对的确实是欠薪的行为，但不是"所有"的欠薪行为都属于刑法的规范范畴。生活中的欠薪情形可以分为三大类：一是困难型欠薪，即企业或雇主因为资金不足或经营困难而导致的欠薪行为；二是纠纷型欠薪，劳资双方在履行劳动合同的过程中，因为权利义务的分配出现了分歧，用人单位以一定的理由不支付或少支付报酬的情形；三是背信型欠薪，即企业或雇主在发放劳动者工资上不讲诚信，故意不按时按量发放报酬，并且无任何理由或编造理由。对于以上三种类型，刑法要打击的是第三种，即违背诚信有能力支付报酬而不支付的情形。对于客观上因经济困难而无力付薪的，如果不存在恶意逃匿的，刑法不会干预。对于纠纷型欠薪的，刑法的干预是在劳动者诉诸了私法救济之后，通过劳动仲裁、诉讼，司法机关裁决用人单位支付劳动者报酬，有能力而拒绝支付，情节严重的，可能会涉嫌拒不执行判决裁定罪。对于实质上劳资双方无任

何纠纷,劳动者无任何过错,而用人单位或雇主恶意赖账,经政府有关部门责令,有能力而拒不支付劳动报酬的,才会触犯本罪。①

目前司法实践也说明,大部分进入刑事诉讼程序的拒不支付劳动报酬案件,属于行为人采取逃匿方式拒不支付劳动报酬类型。转移财产,是指雇主将财产转移、变卖;逃匿,是指雇主躲藏起来不见劳动者,甚至抛弃工厂、企业逃离,使劳动者无法向其追讨数额较大的劳动报酬。需要注意的是,《拒不支付劳动报酬解释》第2条规定的"以逃避支付劳动者的劳动报酬为目的",意味着构成本罪不仅需要行为人有"转移财产"和"逃匿"行为,还要求实施该行为时主观上具有以逃避支付劳动者报酬为目的的主观恶意,否则就有客观归罪之嫌。结合法条原文和《拒不支付劳动报酬解释》我们可以得出,拒不支付劳动报酬罪既是不作为犯,也是目的犯,在认定本罪时必须坚持主客观相一致的原则。尤其是在认定行为人以转移财产、逃匿等方法逃避支付劳动者报酬时,除了需要认定行为人在客观方面具有转移财产、逃匿的行为,还需要调查核实并证实其转移财产、逃匿是以逃避支付工人工资为目的。收集行为人主观上存在逃避支付劳动报酬的主观恶意的证据有一定难度,可以从以下两个方面入手:一是反证,即针对行为人的辩解,收集其辩解不成立的证据。二是引入司法推定的方法。在合理性标准的基础上展开事实推定,通过推定认定行为人具有拒不支付劳动报酬的目的。②另外,关于"恶意"的认定也可以"不支付劳动报酬"行为的表现来判断。具体而言:第一,明确表述拒绝支付的,当然认定为故意。包括无正当理由拖欠,不论是否以非法占有为目的。第二,虽表示支付但实施躲避作为的。如故意转移财产造成无支付能力的假象;资方主要责任人员逃匿。第三,歪曲事实,捏造证据,造成劳动者"劳动报酬权"丧失。第四,与有关部门串通,伪造不具有支付能力的证据,进而不履行义务。③

---

① 王海军:《拒不支付劳动报酬罪的规范性解读》,载《法学评论》2013年第5期。

② 张宏杰、陈俊涛:《拒不支付劳动报酬罪案的认定难点及研判》,载《中国检察官》2014年第1期。

③ 赵秉志、张伟珂:《拒不支付劳动报酬罪立法研究》,载《南开学报(哲学社会科学版)》2012年第2期。

(三) 对"政府有关部门"的理解

对于"政府有关部门"的理解有三种观点：第一种观点主张狭义的理解，认为政府有关部门仅指各级劳动行政部门，包括县级以上劳动保障行政部门设立的劳动保障监察行政机构和劳动保障行政部门依法委托实施劳动保障监察职责的组织；① 第二种观点主张限制的理解，认为政府有关部门包括劳动监察部门、劳动仲裁部门，也包括政府的其他相关职能部门；② 第三种观点主张广义的理解，认为政府有关部门也包括了劳动争议仲裁部门和法院等。③ 从法律的角度来说，应该从行政机关的角度来理解这里的"政府"概念。这就排除了工会、工商联、企联、妇联、劳动争议仲裁委、调解组织、共青团、各级人大及其常委会、法院、检察院等作为责令主体，也就是只有行政机关才具有"责令"的主体资格。从我国的实际国情看，共青团可能关注未成年人的就业问题，妇联可能关注女职工的劳动权益问题，军方可能关注转业军官和退伍军人的劳动权益问题等。但这些都只能说明和反映了社会各种非政府主体对劳动者权益的关切，具有一定的现实合理性。从依法行政的角度则应当将责令主体限定为行政机关，其他主体对劳动者权益的关注，可以转请人力资源和社会保障部门作出相关行政行为。④

(四) 对"法定从宽情节"的理解

拒不支付劳动报酬罪的一个突出特点，就是在条文中明确规定了法定从宽的量刑情节，即"有前两款行为，尚未造成严重后果，在提起公诉前支付劳动者的劳动报酬，并依法承担相应赔偿责任的，可以减轻或者免除处罚"。刑法之所以作出这样的规定，其出发点在于：一方面保障劳动

---

① 杜邈、商浩文:《拒不支付劳动报酬罪的司法认定》，载《法学杂志》2011年第10期。

② 张军主编:《〈刑法修正案（八）〉条文及配套司法解释理解与适用》，人民法院出版社2011年版，第286页。

③ 付其运、王其生:《拒不支付劳动报酬罪的理解和适用》，载《人民法院报》2011年8月17日。

④ 谢天长:《拒不支付劳动报酬罪的法律适用问题探讨》，载《中国刑事法杂志》2011年第11期。

者依法取得劳动报酬的权利，保护民生；另一方面，可以更好地调处劳动关系，促进社会和谐，从而真正实现保障的劳动者合法权益[①]。因此，从立法精神来看，实现劳动者权益根本保护和劳动关系的健康、持续存在和发展，进而为劳动者的工作、生活提供强有力的经济支撑是立法的初衷。

从该条款的规定来看，法定从宽情节的适用，需要具备两个基本条件：一是在提起公诉前支付劳动者的劳动报酬，并依法承担相应赔偿责任的；二是拒不支付劳动报酬的行为，尚未造成严重后果。对该法定从宽情节的理解，需要注意以下几个方面：

1. 本条款中的"尚未造成严重后果"，一般是指虽然没有支付或没有及时支付劳动者报酬，但没有严重影响到劳动者家庭的生活或生存；没有造成劳动者自伤、精神失常或者实施犯罪行为；没有引发群体性事件等严重后果的情形。[②]在提起公诉前支付劳动者报酬，是指在人民检察院提起公诉前，欠薪的单位或个人全额支付了劳动者的劳动报酬。依法承担相应赔偿责任，主要是指行为人按照劳动合同法要求向劳动者全额支付了赔偿金和经济补偿责任。[③]

2. 从刑事责任来看，如果满足上述两个基本条件，就可以减轻或者免除对行为人所判处的刑罚。虽然这里规定是"可以"而非"应当"，但是作为一种"倾向性"表述，仍应当将减轻或者免除处罚作为满足两个条件时的一般后果。检察机关可以结合犯罪嫌疑人的犯罪情节、认罪认罚等情况综合考虑其是否有社会危险性应当逮捕或者是否可以作出相对不诉处理。对于情节轻微，没有造成严重后果的，在刑事立案前支付劳动者的劳动报酬，并依法承担相应赔偿责任的，可以认定为情节显著轻微危害不大，不认为是犯罪。在审查逮捕阶段，在未造成严重后果的情形下，犯罪嫌疑人认罪悔罪，愿意积极筹集资金支付劳动报酬的，无社会危险性的，可以依法作出不批准逮捕决定。审查起诉阶段，在犯罪嫌疑人情节轻微且

---

① 参见全国人大常委会法制工作委员会刑法室编：《〈中华人民共和国刑法修正案（八）〉条文说明、立法理由及相关规定》，北京大学出版社2011年版，第157页。

② 参见黄太云：《〈刑法修正案（八）〉解读（二）》，载《人民检察》2011年第7期。

③ 参见黄太云：《〈刑法修正案（八）〉解读（二）》，载《人民检察》2011年第7期。

未造成严重后果的情况下，其认罪认罚，在提起公诉前支付劳动报酬，并依法承担相应赔偿责任的，可以依法不起诉。只有在特别的犯罪情节之下，犯罪人拒不支付劳动报酬没有造成严重后果，才可以不予减轻或者免除处罚。当然，如果犯罪人的行为造成严重的危害结果，比如引发大规模群体性事件，造成劳动者自残、精神失常等，则不能援引本条款对其作出从宽处理。①

二、本罪是否必须以行为人具备支付能力为前提

需要注意的是，以转移财产方法逃避支付劳动者的劳动报酬的，行为人无疑具有支付能力。但是，对于以逃匿等方法逃避支付劳动者的劳动报酬，构成犯罪的，是否需要以行为人有支付能力为前提，存在不同意见：第一种意见认为，以逃匿等方法逃避支付劳动者的劳动报酬的，要求行为人具有支付能力，因为根据主客观相一致的刑法原理，如行为人确实无支付能力，属于客观不能支付，其逃匿是无奈之举，则尽管其有逃匿等行为，仍不宜归罪，否则存在客观归罪的问题。第二种意见认为，对以逃匿方法逃避支付劳动报酬的，不论行为人有无支付能力，均应以拒不支付劳动报酬罪追究刑事责任。主要理由是：（1）《刑法》第276条之一第1款将"以转移财产、逃匿等方法逃避支付劳动者的劳动报酬"和"有能力支付而不支付劳动者的劳动报酬"并列规定为拒不支付劳动报酬罪的两种行为方式，从体系解释角度看，对前者不应要求行为人有支付能力。这是立法的特别规定。（2）行为人欠薪后不是设法与劳动者进行协商，通过各种方法筹集资金支付劳动报酬，反而逃匿，充分反映其有拒不支付劳动报酬的故意，且往往会引发劳动者群体上访等极端事件，故即使其客观上无支付能力，仍应依法追究刑事责任。②笔者认为，与所并列的"有能力支付而不支付劳动者的劳动报酬"的表述不同，对于"以转移财产、逃匿等方法逃避支付劳动者的劳动报酬"，《刑法》第276条之一第1款并未

---

① 赵秉志、张伟珂：《拒不支付劳动报酬罪立法研究》，载《南开学报（哲学社会科学版）》2012年第2期。

② 喻海松：《〈拒不支付劳动报酬刑事案件解释〉的理解与适用》，载《人民司法》2013年第7期。

将行为人需要有实际支付能力作为构成犯罪的条件。刑法增设拒不支付劳动报酬罪，重在打击恶意欠薪的行为，条文中规定了逃匿作为逃避支付的一种表现形式，重在规制用人单位逃避责任的行为，哪怕用人单位确实是因为经营环境的变化或者不可抗力，导致无力发放劳动报酬，也应该积极应对，采取相应措施。不论是将工程转手，还是拍卖，抑或是启动破产程序，都能对工人起到一定的稳定作用。但是用工主体的逃匿，只会激化矛盾，引发不满，不利于社会的稳定，所以无论用工主体有无能力发放劳动报酬，如果逃避责任，未积极有效应对，出现逃匿的行为，应认定为逃避支付劳动报酬行为。当然，如果确实因为患病、自然灾害导致失去联系的，则可以不以逃匿追究其责任。对于支付能力，既包括现金、银行存款等资金，也包括债权、房产和车辆、财物等资产，但是供家庭生活必需的房产和财物除外。对于支付能力的理解，既可能是仅有部分支付能力的情形，也可能是完全无支付能力的情形，实践中有无支付能力只是相对的。因此，对以逃匿方法逃避支付劳动者的劳动报酬的行为，构成犯罪的，不要求行为人具有支付能力。

例如，在王某拒不支付劳动报酬一案中，被告人王某系某个人独资公司负责人，其经营期间，先后拖欠10余名雇员工资款共24万余元。2013年6月，因缺乏经营资金等原因，被告人王某关闭公司后外逃，所欠员工工资一直未有给付。众雇员因索要未果，遂向江苏省淮安市淮安区人力资源和社会保障局举报。淮安区人社局接报后以在其住处张贴行政处罚决定书的方式限定被告人王某于2014年2月11日前履行支付雇员工资义务。但被告人王某逾期未有履行，淮安区人社局遂将该案移送公安机关。公安机关于2014年7月4日将被告人王某抓获。本案虽然王某因缺乏资金逃跑，属于无支付能力的情形，但法院认定其构成拒不支付劳动报酬罪，理由为：被告人王某客观上没有支付工资款，也未为支付工资款采取积极的措施。雇员在完成一定的工作量后，雇主应及时足额给付报酬，但本案被告人王某却数月未付，虽系无经济能力所致，但其并未与雇员共同协商还款事宜，也没有向工程发包方追索工程款，更没有向他人筹款以支付劳动报酬，特别是经所在政府人社部门限期责令整改后，在指定的期限内仍未支付。其行为完全符合《刑法》第276条之一第1款规定的拒不支付劳动报酬的客观条件。①

在实践中不宜简单根据行为人有无经济能力支付劳动报酬，简单认定是否构成犯罪。现实生活中，企业主不支付雇员工资现象虽然原因多种多样，但并非所有的无经济能力支付者都构成本罪，绝大多数情况下此类事件是通过民事法律关系进行调整，正确界定民事债务与拒不支付劳动报酬犯罪，除从行为人主客观方面进行界定外，还需从行为的社会危害性角度进行区分，分析行为人实施不支付报酬行为的原因、是否尽自己的最大力量采取了积极的措施以达到最短时间、最好效果地解决了雇员工资。

三、行为人没有逃避支付劳动报酬，但出现未能支付劳动者报酬的结果时如何认定

实践中，经常出现企业主或者个人拖欠工人工资后经人力资源和社会保障部门等有关政府部门责令支付仍不支付的情形，但不能据此就简单认为其构成拒不支付劳动报酬罪，而是应当严格按照该罪的犯罪构成要件综合判断，要认定构成犯罪还必须满足行为人是否以转移财产、逃匿等方法逃避支付劳动者的劳动报酬，或者有能力支付而不支付劳动者的劳动报酬。故在审查时，一是看行为人是否有能力支付，如果其有支付能力却不支付，情节严重，达到追诉标准的可以认定构成犯罪；二是看行为人有无转移财产逃避支付的行为；三是看行为人有无逃匿，如果行为人虽然无支付能力，但其没有逃匿，而是一直积极与工人沟通支付工资事宜，在人力资源和社会保障部门等有关政府部门通知接受调查时其也积极配合，在责令其支付后其也积极想办法，即使最后其未能有效支付，也不宜认定构成犯罪。例如在易某平拒不支付劳动报酬案中，易某平拖欠84名工人的工资246.9万元，经人社部门责令支付后仍未支付，但期间一直和工人保持联系，并承认其欠工资的事实，也在不断筹集资金。易某平也陆陆续续支付了部分工人工资，并且在人社部门介入后也接受人社部门的调解，在相关部门协调下，易某平已经支付结清所有建筑工人的劳动报酬。最终检察

---

① 贺同新：《无能力支付者逃匿仍构成拒不支付劳动报酬罪——江苏淮安市淮安区法院判决王某拒不支付劳动报酬案》，载《人民法院报》2015年5月11日。

机关认定现有证据无法认定易某平有逃避支付劳动报酬的行为，作出不起诉决定。

四、拒不支付劳动报酬罪与其他犯罪的关系

（一）拒不支付劳动报酬罪与强迫劳动罪的竞合

如果在一个单位中，既存在拒不支付劳动报酬构成犯罪的行为，同时又存在强迫劳动构成犯罪的行为，在此种情形下，应当认定为两个独立的犯罪行为，构成数罪，依法予以数罪并罚。但要注意的一点是，对于同一劳动者，既强迫劳动，又拒不支付相应的劳动报酬，之所以强迫劳动，是由于劳动者不愿意劳动，劳动者不愿意劳动，是由于不支付劳动报酬，这种情形下的强迫劳动行为与恶意欠薪行为分别侵害的是不同法益，是行为人基于不同的主观故意实施的两个独立行为，对其进行数罪并罚并不会重复评价，因此，应当实行数罪并罚。

（二）对讨薪的劳动者使用暴力构成犯罪的罪数问题

《拒不支付劳动报酬解释》第5条规定，"拒不支付劳动者的劳动报酬，符合本解释第三条的规定，并具有下列情形之一的，应当认定为刑法第二百七十六条之一第一款规定的'造成严重后果'……（二）对要求支付劳动报酬的劳动者使用暴力或者进行暴力威胁的"。如果暴力行为同时构成其他犯罪，则存在罪数问题需要分析解决。如果仅以暴力相威胁，或暴力没有构成轻伤以上伤害的，则仅构成本罪，即拒不支付劳动报酬罪。如果使用暴力，造成轻伤以上后果的，则同时构成故意伤害罪，存在罪数问题。行为人以故意伤害的手段，拒不支付劳动报酬，属于手段行为与目的行为的牵连犯，按照司法实践中处理牵连犯的原则，即择一重罪处罚，一般来说，如果造成重伤以上伤害后果，依照故意伤害罪处罚，在有期徒刑3年以上10年以下的幅度量刑；如果造成轻伤的，按照拒不支付劳动报酬罪在3年至7年之间量刑。

(三) 拒不支付劳动报酬罪与拒不执行法院判决裁定罪的竞合

政府有关部门责令支付劳动报酬的行政决定作出后，如果相对人拒不履行，行政机关有可能会向法院申请强制执行，如果法院予以受理，并作出了强制执行的裁定，而被执行人拒不执行时，被执行人有可能同时触犯拒不支付劳动报酬罪和拒不执行法院判决裁定罪，属于一个行为触犯两个罪名，系想象竞合犯，根据处理想象竞合犯的方式，择一重罪处罚。①

(四) 拒不支付劳动报酬罪与职务侵占罪、挪用资金罪的关系

在某些场合，行为人在产生拒不支付劳动报酬的主观故意后，又有占有公司财务或者将公司财务挪作他用的主观故意，从而通过占有公司财务或者将公司财务挪作他用实现自己的私利，同时又可以逃避支付劳动报酬。此时是一个行为触犯两个罪名，属于想象竞合，择一重罪处罚。如果行为人系在占有公司财务或者将公司财务挪作他用的主观目的产生后，又通过其他行为逃避支付劳动报酬的，则属于两个行为，应当数罪并罚。

五、刑事责任主体的认定

(一) 建筑工程领域多层分包、转包、挂靠、劳务派遣中责任人员的主体认定

实践中建设工程领域纷繁复杂，在实际建设过程中往往存在多层分包，转包、挂靠以及劳务派遣等复杂关系，因此认定支付劳动报酬的主体应当是与劳动者存在直接劳动关系的用人单位、个人还是最终给付者，理论界和实务界存在不同意见。有观点认为，本罪的主体应当是与劳动者直接发生劳动关系的用人主体。也有观点认为，只有最终导致拖欠劳动报酬的单位或者个人，才应当认定为本罪的主体。还有观点认为，认定本罪的主体时应当全面考虑，不能简单地认定本罪的主体是具有劳动关系的用人单位或者个人还是薪资的真正拖欠者。应借用因果关系条件说来认定本罪

---

① 蔡胜平、黄宁：《拒不支付劳动报酬罪若干问题探究》，载《中国检察官》2014年第4期。

的主体。要认定真正的责任主体,需结合该罪的犯罪构成要件,准确分析导致拖欠劳动报酬的最终主体,才能从根本上解决问题。因为在建设工程领域,由于存在多层分包、层层转包、多头挂靠等关系,承包人或者用人单位与实际用工人之间关于工程款的支付情况往往难以厘清。要注意审查各层级建设主体的工程款给付情况,找到最终导致拖欠劳动者劳动报酬的主体,如果该拖欠行为是导致劳动者无法获得劳动报酬的根本原因,结合行为人的主观故意和客观行为,分析该主体是否存在逃避支付或者有能力支付而不支付的情形,进而认定其行为是否构罪。

(二) 单位内部责任主体的认定

拒不支付劳动报酬罪的犯罪主体既可以是单位也可以是自然人,实践中,绝大多数被定罪处罚的都是直接负责的责任人。在追究责任人过程中,存在下列问题:一是某些用人单位运营不规范造成犯罪主体不明。由于存在虚假注册等现象,导致一部分用人单位登记注册的法定代表人并非真正的责任人。不仅如此,一些用人单位与其他经营体之间存在承包、分包、挂靠、合作经营等关系,导致责任主体更加复杂化。二是一些"家庭式"企业,夫妻、兄弟姐妹等共同投资经营,在决策上未采用较为民主的协商方式,直接负责的人员难以确定。在追究拒不支付劳动报酬的刑事责任上,如果以共犯形式全部追责,难免打击面过大。三是合伙企业涉嫌本罪后需要合理划定打击范围。按照民商事法律规定,合伙人对债务要承担连带责任。但在刑事司法领域,如果出现拒不支付劳动报酬行为,追究所有合伙人的刑事责任则过于严厉。如在实践中,部分合伙人所占的股权份额较小,或者部分合伙人只承担出资义务,但不参与具体经营管理,又或者造成工资无法及时发放是部分合伙人违规经营甚至私自转移公司资产造成的。①

一般来说,拒不支付劳动报酬案件应当收集涉案企业、个体户工商登记资料,如果行为人对自己的身份提出异议的,则必须通过调取公司章程、当事人协议、证人证言等证据予以核实。关键看行为人是不是企业的

---

① 张宏杰、陈俊涛:《拒不支付劳动报酬罪案的认定难点及研判》,载《中国检察官》2014 年第 1 期。

实际负责人员,是否实质参与企业管理。同时,在公司中仅仅是出资股东,未参与公司经营管理或者是挂名法定代表人,或者在合伙企业中所占股权比例较小,或者不参与企业经营管理的合伙人,不宜追究刑事责任。

(三) 建筑领域项目经理拒不支付劳动报酬行为的认定[①]

《刑法修正案(八)》增设了拒不支付劳动报酬罪,对项目经理拖欠、拒不支付农民工工资等行为具有较大的威慑作用。但在司法实践中,对于项目经理拒不支付劳动报酬案件,仍存在主体身份难确定、入罪标准不明确等问题。对此,一般可按以下几个原则进行把握:(1)根据《拒不支付劳动报酬解释》第2条、第7条的规定,拒不支付劳动报酬罪的犯罪主体为一般主体,既包括用工单位,也包括用工个人。(2)当建筑施工企业为用人单位时,应由建筑施工企业对外承担支付劳动报酬的法律责任,项目经理以逃匿、去向不明等方式转移资产拒不支付劳动报酬的行为,可按职务侵占等犯罪处理,一般不宜以拒不支付劳动报酬罪定性处罚。(3)当项目经理作为用工主体时,其以逃避支付劳动者的劳动报酬为目的转移财产、逃匿、去向不明的,应以拒不支付劳动报酬罪追究刑事责任。

六、注重做好行政执法与刑事司法的衔接

"政府有关部门责令支付而不支付"这一规定被认为是立法者对刑法谦抑性精神的展示,表明劳动报酬与劳动义务的保障主要依靠其他劳动法律法规的规制进行,刑法不应该是主要手段。因此,在这类案件中,如何做好行政执法与刑事司法之间的衔接就显得尤为重要。

1. 人力资源和社会保障部门向公安机关移送涉嫌拒不支付劳动报酬犯罪案件应按照《行政执法机关移送涉嫌犯罪案件的规定》的要求,履行相关手续,并制作《涉嫌犯罪案件移送书》,在规定的期限内将案件移送公安机关。移送的案件卷宗中应当附有以下材料:(1)涉嫌犯罪案件移送书;(2)涉嫌拒不支付劳动报酬犯罪案件调查报告;(3)涉嫌犯罪案件移

[①] 参见浙江省高级人民法院刑事审判第二庭《关于审理建筑领域职务犯罪和经济犯罪案件若干问题的解答》(2015年12月29日)。

送审批表；（4）限期整改指令书或行政处理决定书等执法文书及送达证明材料；（5）劳动者本人或劳动者委托代理人调查询问笔录；（6）拖欠劳动者劳动报酬的单位或个人的基本信息；（7）涉案的书证、物证等有关涉嫌拒不支付劳动报酬的证据材料。

人力资源和社会保障部门向公安机关移送涉嫌犯罪案件应当移送与案件相关的全部材料，同时应将案件移送书及有关材料目录抄送同级人民检察院。在移送涉嫌犯罪案件时已经作出行政处罚决定的，应当将行政处罚决定书一并抄送公安机关、人民检察院。

2. 公安机关收到人力资源和社会保障部门移送的涉嫌犯罪案件，应当在涉嫌犯罪案件移送书回执上签字，对移送材料不全的，可要求人力资源和社会保障部门按上述规定补充移送。受理后认为不属于本机关管辖的，应当及时转送有管辖权的机关，并书面告知移送案件的人力资源和社会保障部门。对受理的案件，公安机关应当及时审查，依法作出立案或者不予立案的决定，并书面通知人力资源和社会保障部门，同时抄送人民检察院。公安机关立案后决定撤销案件的，应当书面通知人力资源和社会保障部门，同时抄送人民检察院。公安机关作出不立案决定或者撤销案件的，应当同时将案卷材料退回人力资源和社会保障部门，并书面说明理由。

3. 人力资源和社会保障部门对于公安机关不接受移送的涉嫌犯罪案件或者已受理的案件未依法及时作出立案或不立案决定的，可以建议人民检察院依法进行立案监督。对公安机关受理后作出不予立案决定的，可在接到不予立案通知书后3日内向作出决定的公安机关提请复议，也可以建议人民检察院依法进行立案监督。

4. 人民检察院发现人力资源和社会保障部门对应当移送公安机关的涉嫌拒不支付劳动报酬犯罪案件不移送或者逾期不移送的，应当督促移送。人力资源和社会保障部门接到人民检察院提出移送涉嫌犯罪案件的书面意见后，应当及时移送案件。人民检察院发现相关部门拒不移送案件和拒不立案行为中存在职务犯罪线索的，应当认真审查，依法处理。

5. 人力资源和社会保障部门在依法查处涉嫌拒不支付劳动报酬犯罪案件过程中，对案情复杂、性质难以认定的案件可就犯罪标准、证据固定等问题向公安机关或人民检察院咨询；对跨区域犯罪、涉及人员众多、社会影响较大的案件，人力资源和社会保障部门通报公安机关的，公安机关应依法及时处置。

6. 对于涉嫌拒不支付劳动报酬犯罪案件，公安机关、人民检察院、人民法院在侦查、审查起诉和审判期间提请人力资源和社会保障部门协助的，人力资源和社会保障部门应当予以配合。

7. 在办理拒不支付劳动报酬犯罪案件过程中，各级人民法院、人民检察院、人力资源和社会保障部门、公安机关要加强联动配合，建立拒不支付劳动报酬犯罪案件移送的联席会议制度，定期互相通报案件办理情况，及时了解案件信息，研究解决查处拒不支付劳动报酬犯罪案件衔接工作中存在的问题，进一步完善监察行政执法与刑事司法衔接工作机制，切实发挥刑法打击拒不支付劳动报酬犯罪行为的有效作用。

第四节　拒不支付劳动报酬罪的量刑

拒不支付劳动报酬罪的一个突出特点，就是在条文中明确规定了法定从宽的量刑情节，即"有前两款行为，尚未造成严重后果，在提起公诉前支付劳动者的劳动报酬，并依法承担相应赔偿责任的，可以减轻或者免除处罚"；《拒不支付劳动报酬解释》也明确"拒不支付劳动者的劳动报酬，尚未造成严重后果，在刑事立案前支付劳动者的劳动报酬，并依法承担相应赔偿责任的，可以认定为情节显著轻微危害不大，不认为是犯罪；在提起公诉前支付劳动者的劳动报酬，并依法承担相应赔偿责任的，可以减轻或者免除刑事处罚；在一审宣判前支付劳动者的劳动报酬，并依法承担相应赔偿责任的，可以从轻处罚"。法律如此规定的出发点在于，一方面保障劳动者依法取得劳动报酬的权利，保护民生；另一方面可以更好地调处劳动关系，促进社会和谐，从而真正实现劳动者合法权益的保障。[①] 因此，从立法精神来看，实现劳动者权益根本保护和劳动关系的健康、持续存在和发展，进而为劳动者的工作、生活提供强有力的经济支撑是法律的初衷。

一、对行为人从宽处理的把握

根据法条规定，法定从宽情节需要满足"尚未造成严重后果"和"在提起公诉前支付劳动者的劳动报酬，并依法承担相应的赔偿责任"两个条件。如果同时满足这两个基本条件，在量刑时就可以减轻或者免除对行为人所判处的刑罚。

[①] 参见全国人大常委会法制工作委员会刑法室编:《〈中华人民共和国刑法修正案（八）〉条文说明、立法理由及相关规定》，北京大学出版社2011年版，第157页。

"尚未造成严重后果"一般是指：(1)虽然没有支付或没有及时支付劳动者报酬，但没有严重影响到劳动者家庭的生活或生存；(2)没有造成劳动者自伤、精神失常或者实施犯罪行为；(3)没有引发群体性事件等严重后果的情形。① 如果行为人的行为造成严重的危害结果，比如引发大规模群体性事件，造成劳动者自残、精神失常等，则不能援引本条款对其减轻或者免除处罚。

"在提起公诉前支付劳动者报酬"是指在人民检察院提起公诉前，欠薪的单位或个人全额支付了劳动者的劳动报酬。"依法承担相应赔偿责任"，主要是指行为人按照劳动合同法要求向劳动者全额支付了赔偿金和经济补偿责任。②

检察机关在办理拒不支付劳动报酬案件时，应当依法审慎，注意法律效果与社会效果的统一。对于没有造成严重后果的，在刑事立案前支付了劳动者的劳动报酬，并依法承担相应赔偿责任的，可以认定为情节显著轻微危害不大，不认为是犯罪。在公安机关立案后，在对犯罪嫌疑人是否使用逮捕强制措施，是否提起公诉时应当全面审查，根据犯罪嫌疑人的情节、主观恶性，结合其认罪认罚态度综合分析。最高人民检察院《关于充分发挥检察职能服务保障"六稳""六保"的意见》明确，"依法慎重处理拒不支付劳动报酬犯罪案件。充分考虑企业生产经营实际，注意把握企业因资金周转困难拖欠劳动报酬与恶意欠薪的界限，灵活采取检察建议、督促履行、协调追欠追赃垫付等形式，既有效维护劳动者权益，又保障企业生产经营。对恶意欠薪涉嫌犯罪，但在提起公诉前支付劳动报酬，并依法承担相应赔偿责任的，可以依法不起诉"。最高人民法院、最高人民检察院、公安部、国家安全部、司法部《关于适用认罪认罚从宽制度的指导意见》规定，"人民法院、人民检察院、公安机关应当将犯罪嫌疑人、被告人认罪认罚作为其是否具有社会危险性的重要考虑因素"，"对认罪认罚后没有争议，不需要判处刑罚的轻微刑事案件，人民检察院可以依法作出不起诉决定。人民检察院应当加强对案件量刑的预判，对其中可能判处免刑

---

① 参见黄太云：《〈刑法修正案（八）〉解读（二）》，载《人民检察》2011年第7期。

② 参见黄太云：《〈刑法修正案（八）〉解读（二）》，载《人民检察》2011年第7期。

的轻微刑事案件，可以依法作出不起诉决定"。审查逮捕阶段，在未造成严重后果的情形下，犯罪嫌疑人认罪悔罪态度好，愿意积极筹集资金支付劳动报酬的，无社会危险性的，可以依法作出不批准逮捕决定。审查起诉阶段，在犯罪嫌疑人未造成严重后果的情况下，认罪认罚，在提起公诉前支付劳动报酬，并依法承担相应赔并依法承担相应赔偿责任的，可以依法不起诉。

二、合理掌握打击范围

对于拒不支付劳动报酬的行为要合理掌握打击范围：一是正确区分刑事犯罪与民事纠纷的界限。既不能都以犯罪处理，也不能都以民事纠纷处理，使已经构成犯罪的达不到应有的惩罚。二是严格把握以下三个界限：第一，正确区分本条规定的犯罪行为和一般欠薪行为。对于确因经营中遇到困难，资金周转不开或经营不善等原因暂时无法支付劳动者劳动报酬的，不宜简单将其纳入刑法调整的范围。应当要求经营者主动与劳动者签订清偿协议，明确清欠时间和数额，解释仍未清欠承担的法律责任等，力求将这类案件在劳动争议调解仲裁的法律框架下予以解决。第二，有能力支付而不支付受多方面复杂因素的制约，应当根据行为人多方面情况综合判断和把握。第三，对法律规定的"可以减轻或者免除刑罚"两个条件应严格适用，当严则严，该宽则宽。三是虽然刑法将拒不支付劳动报酬规定为犯罪，但不影响劳动者按照劳动法、劳动合同法等法律，通过行政民事等途径追讨劳动报酬，维护自己合法权益。①

---

① 黄太云：《中华人民共和国刑法修正案（八）内容解读（节录）》，载《中国刑事审判指导案例》，法律出版社2017年版，第510页。

第五节 相关案例评析及文书选编

一、指导案例

胡克金拒不支付劳动报酬案（最高人民法院指导案例 28 号）

【关键词】

刑事 拒不支付劳动报酬罪 不具备用工主体资格的单位或者个人

【裁判要点】

1. 不具备用工主体资格的单位或者个人（包工头），违法用工且拒不支付劳动者报酬，数额较大，经政府有关部门责令支付仍不支付的，应当以拒不支付劳动报酬罪追究刑事责任。

2. 不具备用工主体资格的单位或者个人（包工头）拒不支付劳动报酬，即使其他单位或者个人在刑事立案前为其垫付了劳动报酬的，也不影响追究该用工单位或者个人（包工头）拒不支付劳动报酬罪的刑事责任。

【相关法条】

《中华人民共和国刑法》第二百七十六条之一第一款

【基本案情】

被告人胡克金于 2010 年 12 月分包了位于四川省双流县黄水镇的三盛翡俪山一期景观工程的部分施工工程，之后聘用多名民工入场施工。施工期间，胡克金累计收到发包人支付的工程款 51 万余元，已超过结算时确认的实际工程款。2011 年 6 月 5 日工程完工后，胡克金以工程亏损为由拖欠李朝文等 20 余名民工工资 12 万余元。6 月 9 日，双流县人力资源和社会保障局责令胡克金支付拖欠的民工工资，胡却于当晚订购机票并在次日早上乘飞机逃匿。6 月 30 日，四川锦天下园林工程有限公司作为工程总承包商代胡克金垫付民工工资 12 万余元。7 月 4 日，公安机关对胡克金拒不支付劳动报酬案立案侦查。7月12日，胡克金在浙江省慈溪市被抓获。

【裁判结果】

四川省双流县人民法院于2011年12月29日作出（2011）双流刑初字第544号刑事判决，认定被告人胡克金犯拒不支付劳动报酬罪，判处有期徒刑一年，并处罚金人民币二万元。宣判后被告人未上诉，判决已发生法律效力。

【裁判理由】

法院生效裁判认为：被告人胡克金拒不支付20余名民工的劳动报酬达12万余元，数额较大，且在政府有关部门责令其支付后逃匿，其行为构成拒不支付劳动报酬罪。被告人胡克金虽然不具有合法的用工资格，又属没有相应建筑工程施工资质而承包建筑工程施工项目，且违法招用民工进行施工，上述情况不影响以拒不支付劳动报酬罪追究其刑事责任。本案中，胡克金逃匿后，工程总承包企业按照有关规定清偿了胡克金拖欠的民工工资，其清偿拖欠民工工资的行为属于为胡克金垫付，这一行为虽然消减了拖欠行为的社会危害性，但并不能免除胡克金应当支付劳动报酬的责任，因此，对胡克金仍应当以拒不支付劳动报酬罪追究刑事责任。鉴于胡克金系初犯、认罪态度好，依法作出如上判决。

二、其他案例

（一）上海A国际贸易有限公司、刘某拒不支付劳动报酬案①

【基本案情】

涉案单位上海A国际贸易有限公司（以下简称A公司），刘某系A公司股东和实际控制人，因涉嫌拒不支付劳动报酬罪，于2018年3月12日被上海市公安局杨浦分局刑事拘留，同年3月14日被变更强制措施取保候审。

A公司是一家经营跨境零售业务的民营企业。2016年12月至2017

---

① 案例来源：2019年1月17日最高人民检察院发布首批涉民营企业司法保护典型案例之一。

年 3 月间，A 公司拖欠员工工资。经公司注册地上海市宝山区劳动人事争议仲裁委员会仲裁，A 公司应当支付 12 名员工劳动报酬共计人民币 20 余万元，刘某拒不执行仲裁决定。公司实际经营地杨浦区人力资源和社会保障局发布"行政执法公告"责令支付，刘某在指定期限内仍不支付。刘某被公安机关刑事拘留后，其委托代理律师将拖欠的劳动报酬全额支付给 12 名员工。

2018 年 5 月 29 日和 8 月 7 日，上海市公安局杨浦分局分别将刘某和 A 公司以涉嫌拒不支付劳动报酬罪移送上海市杨浦区人民检察院审查起诉。其间，两案并案处理。杨浦区人民检察院审查发现，A 公司另有经劳动仲裁仍拒不向员工支付 30 万元欠薪的事实。检察机关对刘某严肃批评教育，使其认识到按时足额支付员工工资的法定义务，以及拒不支付劳动报酬的法律后果，并向其阐明了对主动缴付欠薪可以减轻或者免除刑事处罚的法律规定。刘某于 11 月 23 日将 30 万元欠薪交到检察院账户，杨浦区人民检察院于 11 月 26 日发还给被欠薪员工。

杨浦区人民检察院审查认为，A 公司、刘某在提起公诉前支付劳动者的劳动报酬，根据《刑法》第 276 条之一第 3 款的规定，可以免除刑事处罚。2018 年 11 月 29 日，杨浦区人民检察院依据《刑事诉讼法》第 177 条第 2 款的规定，决定对 A 公司、刘某不起诉。

【案件评析】

1. 检察机关办理涉民营企业拒不支付劳动报酬案件，要积极作为，配合人力资源和社会保障部门追讨欠薪，依法保护劳动者的合法权益。杨浦区人民检察院与劳动人事争议仲裁委员会、人力资源和社会保障部门积极配合，保障了仲裁裁决和行政执法决定落实到位，为劳动者全额追讨欠薪，取得了良好的社会效果。

2. 要准确把握宽严相济刑事政策的要求，切实考虑被欠薪劳动者的切身利益。对于多次欠薪、被行政处罚后仍然欠薪，影响恶劣的企业及其负责人，应当依法追究刑事责任。对于真诚认罪悔罪、知错改正，在提起公诉前支付劳动报酬，危害后果减轻或者消除，被损坏的法律关系修复的，依法从宽处理。在办案中，既要努力维护劳动者的合法权益，又要尽可能维护民营企业正常生产经营活动。

3. 民营企业经营者要依法承担企业责任，履行按时足额支付劳动报酬的法定义务。员工是企业的财富,法律是经营的底线,唯有守法经营、关心关爱企业员工,才能保证企业的长远健康发展。

(二)陈某某拒不支付劳动报酬案①

【基本案情】

2016年底,被告人陈某某承建安徽省芜湖县湾沚镇某工程。其间,被告人陈某某以专用农民工工资名义申领工程款1900万余元,但擅自挤兑部分农民工工资,导致拖欠200多名工人工资共计446万余元。2019年1月31日,芜湖县人力资源和社会保障局向陈某某送达《劳动保障监察责令改正决定书》,要求其在2019年2月2日支付拖欠的工人工资。被告人陈某某在规定时间内仍未支付,芜湖县人力资源和社会保障局将该案移送芜湖县公安局予以立案。经芜湖县公安局提请批准逮捕,同年2月15日,芜湖县人民检察院作出批准逮捕决定。芜湖县公安局于2019年3月28日移送芜湖县人民检察院审查起诉。审查起诉期间,陈某某如实供述犯罪事实,芜湖县人民检察院依法对陈某某适用了认罪认罚从宽制度,并督促其在提起公诉前将拖欠的工人工资全部还清。在其付清拖欠工人工资后,检察机关积极开展羁押必要性审查变更逮捕措施。经提起公诉,芜湖县人民法院于2019年5月7日判决被告人陈某某犯拒不支付劳动报酬罪,判处有期徒刑1年6个月,缓刑2年,并处罚金人民币2万元。

【案件评析】

1.引导侦查,及时锁定证据。芜湖县人民检察院提前介入侦查,引导侦查取证,及时锁定证据,为督促被告人及时履行支付劳动报酬义务打下证据基础,做到严惩与宽待相结合。

2.释法说理,适用认罪认罚从宽制度。芜湖县人民检察院在办理陈某某案时,发现陈某某对办案部门有一定抵触情绪,并表达了不满和疑问。检察官在办理案件过程中,注重释法说理,阐释相关法律制度,有针对性地做好有关工作。一是从法律认识角度对其进行释法说理。向其阐释其行为已构成犯罪,告知其还清农民工工资在量刑时可以酌情从轻处罚。二是以真诚态度取得被告人的信任。承办检察官以平和、坦诚的态度与其

---

① 案例来源:2020年1月16日最高人民检察院拒不支付劳动报酬典型案例之一。

交流，详细告知了认罪认罚可以从宽的相关制度等，在其表示自愿认罪认罚后，决定启动认罪认罚从宽制度。

3. 护航民营经济，努力实现"三个效果"有机统一。芜湖县人民检察院不仅促使陈某某认罪认罚配合司法机关工作，还注重保护民营企业和民营企业家，积极促成其履行支付义务，在陈某某还清农民工工资后，积极启动羁押必要性审查，变更了逮捕措施，并主动联系发包方，使其继续承建原工程，最大限度地减少民营企业经济损失，保护民营企业的合法权益。

4. 促进"两法衔接"机制构建。芜湖县人民检察院在本案办结后继续加强与县人力资源和社会保障局的沟通配合，要求及时通报，定期了解相关投诉处理情况，并就"两法衔接"工作机制达成共识。芜湖县人社局拟向公安局移送的涉嫌拒不支付劳动报酬犯罪的案件，应提前将《劳动保障涉嫌犯罪案件移送书》及相关材料抄送芜湖县人民检察院，经审查同意后向行政机关发出《建议移送涉嫌犯罪案件函》，保证行政执法与刑事司法工作的有序、顺利衔接。

（三）吴某拒不支付劳动报酬案

【基本案情】

被不起诉人吴某注册并实际经营管理上海某房地产投资顾问有限公司。2017年起，吴某因经营不善开始拖欠郁某某、冯某某等部分员工的劳动报酬91.9万元。2019年5月9日、16日，上海市嘉定区劳动监察部门两次通知吴某前往该部门配合调查，吴某均未配合。2019年7月4日，嘉定区人力资源和社会保障局向该公司制发责令改正通知书，责令该公司4日内支付拖欠的劳动者劳动报酬，吴某在期限内仍未支付。上海市公安局嘉定分局于同年8月15日将吴某抓获，吴某到案后如实供述了上述事实。同年9月19日，上海市公安局嘉定分局立案侦查并移送审查逮捕，在审查逮捕阶段，嘉定区人民检察院通过多次沟通、说理，说服吴某支付了一半欠薪45万元，发现其经营中还有大量应收账款未收回，考虑其需亲自联系收取账款，检察机关对吴某作出不予逮捕决定。10月14日，上海市公安局嘉定分局以吴某涉嫌拒不支付劳动报酬罪移送嘉定区人民检察院审查起诉。检察机关经审查发现，吴某以逃匿等方法逃避支付劳动者的劳动报酬，数额较大，经政府有关部门责令仍不支付，但尚未造成严重后果，在提起公诉前已全部支付拖欠的劳动报酬，并依法承担相应赔偿责任，取得谅解。11月29日，检察机关根据相关规定，决定对吴某不起诉。

【案件评析】

1. 及时提前介入，加强工作配合。嘉定区人民检察院提前介入，并与嘉定区公安分局、人力资源和社会保障部门召开联席会议，分析研判该案查办中的争议和难点，同时引导公安机关对证据予以补强，明确取证重点。

2. 用好不捕措施，助力追讨欠薪挽回损失。检察机关主动联系吴某家属，阐明主动缴付欠薪可以减轻或者免予刑事处罚的法律规定，积极促成吴某履行支付欠薪的义务。在审查逮捕阶段，吴某通过亲属向员工支付了45万元即一半欠薪，并向员工承诺支付剩余报酬的期限。为了便于吴某收回应收的欠款，检察机关没有"一捕了之"，而是未予羁押让其能够追回欠款，同时督促吴某落实还款计划，同步告知被害人追讨工作进展。审查起诉阶段，吴某如约支付剩余欠薪并取得了被害人谅解，取得了良好的社会效果。

3. 落实宽严相济刑事政策，积极适用认罪认罚从宽制度。审查逮捕阶段检察机关告知犯罪嫌疑人认罪认罚、积极履行支付欠薪义务可获从宽处理的政策，促使吴某积极还款。在吴某全部履行支付义务，自愿认罪认罚，得到被害人谅解的情况下，结合案件社会危害程度不大等情形，依法从宽对其作出不起诉决定。

（四）王某、陈某拒不支付劳动报酬案

【基本案情】

2018年3月，王某、陈某商议共同接手经营甘肃某汽车销售服务有限公司4S店，王某任法定代表人，陈某系公司股东。同年6月21日，因无力支付房租、员工工资等费用歇业，共拖欠任某某等42名员工3个月工资27万余元。同年8月3日，42名员工向甘肃省兰州市西固区劳动保障监察大队投诉。监察大队受理后，多次向王、陈二人电话、短信告知，始终无法取得联系，遂向公司送达《劳动保障监察限期整改指令书》要求限期整改。指令书到期后，王某、陈某仍未支付拖欠工资，也未到劳动监

察大队说明情况。该案于2019年9月3日被甘肃省人民检察院挂牌督办后，兰州市西固区人民检察院及时派员了解情况，建议区人社局以涉嫌拒不支付劳动报酬罪移送公安机关立案侦查。公安机关立案侦查后，对王某采取刑事拘留措施，经兰州市西固区人民检察院与公安机关通力协作，追回拖欠工资27万余元，并全部发放到位。案件移送审查起诉后，因王、陈二人认罪态度好，拖欠工资发放及时，未造成严重后果，劳资双方达成谅解，检察机关依据认罪认罚从宽制度，于2019年12月13日对王某、陈某作出不起诉决定。

【案件评析】

1.督促案件线索移交，积极服务脱贫攻坚。检察机关发挥法律监督职能，与劳动监察部门、公安机关加强沟通协调，及时派员核实案件材料，经审查认为公司负责人涉嫌拒不支付劳动报酬犯罪后，立即启动两法衔接工作机制，督促劳动监察部门向企业发出限期支付薪酬令，同时监督公安机关立案侦查，并派员提前介入，围绕欠薪追缴工作引导侦查。最终，王、陈二人及时到案，主动全额退还所欠工资，避免了多个家庭因欠薪问题返贫致贫。

2.慎用逮捕措施，保障民营企业发展。王某、陈某作为公司法定代表人和股东，两人名下还有其他公司，为最大限度减少办案对民营企业正常生产经营活动造成的影响，西固区人民检察院在督促企业及时支付欠薪的同时，对涉案企业负责人审慎采取逮捕措施，及时建议公安机关将王某强制措施由拘留变更为取保候审，避免了因办案导致企业"关门"现象的发生，既维护了务工人员合法权益，又保证了民营企业正常经营，实现了双赢多赢。

3.综合评估"三个效果"，促进社会和谐稳定。该案涉及的42名员工系农村进城务工人员，处理不及时有可能导致劳企矛盾上升。检察机关没有简单地将涉案人员"一捕了之"或"一诉了之"，而是充分发挥监督职能，督促行政执法机关及时移交线索、立案侦查，加大力度追缴欠薪。在王某、陈某及时支付欠薪，取得42名员工书面谅解后，综合考量本案政治效果、社会效果、法律效果，启动认罪认罚从宽程序，作出不起诉决定。

（五）黄某、谭某拒不支付劳动报酬案

【基本案情】

2015年1月，谭某以四川某建筑工程公司的名义签订了一城中村改造项目合同，并任命黄某为该城中村改造项目负责人。2015年，该公司拖欠陈某某、何某某两个施工队工人全年工资134万余元，经河南省新蔡县人力资源和社会保障局责令支付仍拒不支付。该案报新蔡县公安局立案侦查后，两人于2018年10月将拖欠的工人工资全部结清。2019年2月22日，公安机关提请批准逮捕。新蔡县人民检察院经审查发现，黄某、谭某已将拖欠的工人工资全部结清，于是以犯罪情节轻微。无社会危险性对其作出不批准逮捕决定。新蔡县公安局于2019年4月8日向新蔡县人民检察院移送审查起诉。2019年8月，新蔡县人民检察院对犯罪嫌疑人黄某、谭某作出不起诉决定。

【案件评析】

1. 依法审慎适用刑事强制措施。检察机关依法对涉嫌犯罪的民营企业负责人谭某作出不批准逮捕决定。做到既严把事实关、证据关、程序关和法律适用关，又充分考虑保护民营企业发展的需要，认真落实对逮捕必要性的审查，防止"构罪即捕""一捕了之"。

2. 准确把握法律政策界限，审慎处理企业经营不规范问题。鉴于犯罪嫌疑人谭某、黄某犯罪情节轻微，在提起公诉前已付清拖欠工人的工资，拒不支付劳动报酬的行为并未造成严重后果，新蔡县人民检察院贯彻宽严相济的刑事政策，对民营企业涉罪案件根据具体情况区别对待，依法不起诉，不轻易动用刑罚手段，为民营经济发展保驾护航。

（六）蒲某、唐某拒不支付劳动报酬案

【基本案情】

蒲某、唐某通过工程转包方式承揽了辽宁省大连经济技术开发区某工业园工程。到2018年11月，二人未能及时支付工人工资，导致拖欠125人工资共314万余元。大连金普新区人力资源和社会保障局于2018年11月7日下达限期整改指令书，责令犯罪嫌疑人蒲某、唐某10日之内支付工人工资。犯罪嫌疑人蒲某、唐某仍未在规定时间内支付工人工资。

2018年12月19日，大连金普新区人力资源和社会保障局将唐某、蒲某拒不支付劳动报酬犯罪案件移送公安机关。公安机关于同年12月21日对此案立案侦查，于2019年9月3日移送大连经济技术开发区人民检察院审查起诉。检察机关在审查起诉过程中主动对二人释法说理，讲清认罪认罚可以从宽处理，打开了二人心结。后检察机关对唐某、蒲某适用了认罪认罚从宽制度，2019年9月9日，蒲某、唐某将拖欠的农民工工资结清，取得农民工谅解。检察机关向法院提起公诉时，提出了单处罚金的量刑建议，法院采纳了检察机关的量刑建议，分别单处二人罚金人民币2万元。

【案件评析】

1. 善用释法说理，防范化解社会风险。案件移送审查起诉后，被拖欠工资的农民工来到检察机关，情绪非常激动。办案人耐心接待被害人并稳定被害人情绪，没有对该案"一诉了之"。随后找到两名犯罪嫌疑人了解原由，当得知是因为上线发包方拖欠工程款后，办案人对二人进行释法说理，告知上线拖欠其工程款和其拖欠农民工工资是两个问题，以此为由拒不支付农民工工资，会被追究刑事责任。由此，打开蒲某、唐某心结，促成问题解决。

2. 宽严相济，准确适用认罪认罚从宽制度。在审查起诉过程中，检察机关充分解释认罪认罚从宽制度，促使犯罪嫌疑人自愿认罪悔罪，并积极筹措资金，及时、足额支付了农民工工资。检察机关从追缴欠薪和保障民营经济发展的角度，提出了单处罚金的量刑建议，法院采纳了该量刑建议，二人感受到了司法关怀，表示以后要诚信经营。

（七）孙某某拒不支付劳动报酬案

【基本案情】

2017年1月，被告人孙某某、刘某某（另案处理）以重庆某建筑工程咨询有限公司等三家公司名义分别中标某工程劳务分包、材料供应、设备租赁项目。2017年至2018年，孙某某先后将部分工程发包、转包给他人。截至2018年6月底，孙某某、刘某某未及时支付工人工资，共拖欠102人工资共计291万余元，该工程全面停工。2018年8月至9月，四川省马边县人社局分别向上述三家公司送达劳动保障监察限期改正指令书，责令孙某某、刘某某限期支付工人工资，但孙、刘二人仍未按时支付拖欠的工人工资。2018年11月，马边县公安局以拒不支付劳动报酬罪立案侦查，侦查终结后于2019年2月移送检察机关审查起诉。检察机关受理该案后，在退回补充侦查和审查起诉期间，充分做好释法说理工作，积极与被告人孙某某沟通，正确适用认罪认罚从宽制度，促使孙某某及刘某某于2019年2月至3月陆续支付拖欠的工人工资共计291万余元，稳定了农民工情绪，中标工程得以恢复施工。检察机关于2019年9月8日依法提起公诉，建议判处缓刑。法院采纳检察机关量刑建议，依法判决被告人孙某某有期徒刑1年，缓刑2年，并处罚金2万元。

【案件评析】

该案曾在马边县造成较大影响，影响社会稳定和脱贫攻坚工作。检察机关提前介入，积极引导侦查取证，主动发挥职能作用，助力矛盾化解。一是与公安局、人力资源和社会保障局等部门多次召开联席会议分析案情，为受害群众提供法律政策支持。二是积极做好释法说理工作。检察机关与被告人孙某某、刘某某积极沟通，充分告知认罪认罚从宽制度的相关规定，提出缓刑的量刑建议，促使二人充分认识到自身行为危害性及后果，在一个月内将拖欠的工人工资结清。

（八）程某某拒不支付劳动报酬案[①]

【基本案情】

2015年10月，程某某与湖北某建筑工程有限责任公司签订工程施工合同。按合同约定，程某某组织人员对工程进行施工建设，某建筑公司支付工程款。截至2019年11月，建筑公司按合同约定支付程某某11885万元工程款，但程某某未按约定支付施工人员工资，拖欠213名农民工工资，共计人民币688万余元。同年12月24日，黄石市人力资源和社会保障局向程某某下达限期改正指令书，责令程某某足额支付拖欠的工资。程某某在期限届满后仍拒不支付，并将手机关机致使无法联系。2020年1月14日，黄石市公安局黄石港分局以程某某涉嫌拒不支付劳动报酬罪立案侦查。1月16日，程某某被抓获。1月23日，黄石市黄石港区人民检

---

① 案例来源：2020年12月23日最高人民检察院发布拒不支付劳动报酬典型案例之一。

察院依法对程某某批准逮捕。审查起诉期间，检察机关对程某某释法说理，程某某及其家属支付了欠薪476万余元，并以两套房屋作为抵押，保证还款140万余元，另余70万余元未支付且无抵押保证。黄石港区人民检察院依法对程某某适用认罪认罚从宽制度，于4月20日对其提起公诉。案件起诉至法院后，黄石港区人民检察院继续开展追缴欠款工作，联系律师反复做程某某及其家属的思想工作。案件开庭前，程某某筹款将剩余的70万元欠薪支付完毕。检察机关根据程某某认罪认罚和退赃退赔情况，提出判处有期徒刑1年，适用缓刑，并处罚金人民币1万元的量刑建议。一审法院采纳检察机关量刑建议。程某某认罪服判。

【案件评析】

1. 依法批准逮捕，切实维护劳动者合法权益。本案提请批准逮捕时，正值春节前夕，被欠薪的数额大、人数多，农民工要求追回欠薪的诉求强烈。检察机关对拒不支付劳动报酬案件优先审查、从快办理，仅用一天时间就依法作出了批准逮捕程某某的决定，及时回应了被欠薪农民工的关切，切实维护了农民工合法权益。

2. 落实宽严相济刑事政策，积极适用认罪认罚从宽制度。审查起诉阶段，检察机关迅速联系程某某的律师、亲属，耐心进行释法说理，充分说明主动缴付欠薪对程某某量刑的影响，动员他们做好对程某某的说服工作。同时，在提讯程某某时，告知其行为已构成犯罪，如在提起公诉前支付劳动者的劳动报酬，并依法承担相应赔偿责任，可以减轻或免除处罚。经多次耐心释法，程某某自愿认罪认罚，主动与其家属配合，偿还了所拖欠的大部分工资。

3. 持续追缴欠薪，保障农民工合法权益得到全面保护。程某某认罪认罚后，检察机关继续与其家属、律师进行沟通。案件起诉后，又向程某某阐明，全部支付拖欠工资可以获得从宽量刑，促成程某某继续筹款支付剩余欠薪，最终在案件开庭审理前，帮助213名农民工追回全部欠薪人民币688万余元。

（九）黄某洪拒不支付劳动报酬案[①]

【基本案情】

2015年至2019年，黄某洪承包了广东省大埔县湖寮镇某建筑工程，在发包方已支付其工程款9065万余元的情况下，仍拖欠70余名工人工资共计人民币651万余元。2019年8月9日，大埔县人力资源和社会保障局向黄某洪送达了限期改正指令书。黄某洪在规定期限内仍未支付工人工资，大埔县人力资源和社会保障局将该案移送大埔县公安局立案。经大埔县公安局提请批准逮捕，同年9月25日，大埔县人民检察院依法作出批准逮捕决定。在审查起诉期间，检察机关先后两次退回补充侦查，引导公安机关进一步查清拖欠工资的人数及薪资数额，并督促黄某洪在起诉前将拖欠工资全部还清。在黄某洪付清拖欠工资后，检察机关根据疫情以来民营经济复工复产的实际需要，积极开展羁押必要性审查，变更了强制措施。案件提起公诉后，大埔县人民法院于2020年8月3日以黄某洪犯拒不支付劳动报酬罪，判处有期徒刑2年，缓刑2年，并处罚金人民币3万元。黄某洪提出上诉，梅州市中级人民法院于10月13日裁定驳回上诉，维持原判。

【案件评析】

1. 引导侦查取证，查明事实，固定证据。检察机关提前介入侦查本案，经分析研判，在新冠肺炎疫情期间，案件存在证人取证难、薪酬和材料款区分难、拖欠人数及欠薪总金额确定难等问题。检察机关两次退回公安机关补充侦查，详细列出补查提纲，引导公安机关有针对性地进一步取证，完善证据，为依法认定犯罪事实打下了扎实的基础。

2. 及时变更强制措施，服务"六稳""六保"。该案办理时，正值新冠肺炎疫情期间，为助力民营企业复工复产，检察机关在督促黄某洪及时足额支付欠薪后，及时启动羁押必要性审查，将强制措施由逮捕变更为取保候审，避免出现"办一个案件，倒一个企业，失业一片"的结果，既维护了工人的合法权益，防范化解社会风险，又保证了民营企业的正常经营，最大限度保障就业，实现了"三个效果"的有机统一。

[①] 案例来源：2020年12月23日最高人民检察院发布拒不支付劳动报酬典型案例之一。

（十）顾某某拒不支付劳动报酬案

【基本案情】

顾某某系江苏省常熟市某商业设备厂法定代表人。2019年2月至2020年1月，顾某某聘请张某某等多名工人从事电焊、喷塑等工作，其间采用预发部分工资、拖延时间支付工人工资等方式逃避工资支付义务，拖欠张某某等24名工人工资共计人民币42万余元。后顾某某以逃离常熟、切断联系等方式逃避支付劳动报酬，经政府相关部门责令支付仍不支付。2020年1月18日，常熟市公安局对顾某某拒不支付劳动报酬案立案侦查，并于4月26日移送审查起诉。办案过程中检察机关积极督促顾某某履行支付义务，5月25日，在顾某某认罪认罚并支付全部劳动报酬后，及时开展羁押必要性审查，对其变更强制措施。经依法起诉，法院采纳了检察机关的全部指控和量刑建议，判处顾某某有期徒刑1年，缓刑1年，并处罚金人民币8000元。

【案件评析】

1. 注重追赃挽损，运用多种途径切实保护劳动者权益。该案24名被害人多数来自贵州、安徽等省的偏远地区，经济收入较低，疫情期间薪资报酬对被害人及其家庭生活至关重要。检察机关在办案过程中，注重促使双方达成和解。起初，顾某某及其家属表示无支付能力，检察机关通过调取、核查顾某某的家庭房产、车辆及存款情况，对其支付能力进行研判。走访过程中，了解到顾某某经营的厂房可能会被征收，并会获得一定数额的征收款，检察机关及时与村委会沟通协调，努力促成将征收收益优先支付拖欠工资，保障工人权益。在检察机关的积极协调下，村委会代为接收50万余元征收款，并在乡镇司法所、检察机关共同见证下，将拖欠的工人工资足额发放到位。

2. 将风险防控贯彻办案始终，多部门联动化解矛盾。检察机关刑检部门加强与控申部门的沟通，并与乡镇司法所、市信访局等部门联动，共同组建信访矛盾化解小组。第一时间告知被害人办案进展，认真听取意见了解诉求，做好工人的情绪安抚工作，引导劳动者理性维权。同时，检察机关积极向属地政府有关部门通报案件进展，了解掌握拆迁征收动态，督促征收部门加快审核办理力度，及时发放征收款项。

3. 坚持打击与保护并重,多维度保障企业正常生产经营秩序。针对顾某某到案后对自己行为构成刑事犯罪认识不到位,不主动积极配合的情况,检察机关加强释法说理工作,向其阐明认罪认罚从宽制度的意义,督促其转变想法,诚意履行支付义务,真心认罪认罚。顾某某表示愿意将征收款支付工人工资,并在值班律师的见证下,自愿签署了认罪认罚具结书。检察机关同步启动羁押必要性审查,变更强制措施为取保候审,保障了企业正常生产经营。

(十一)陈某拒不支付劳动报酬案

【基本案情】

陈某系河南省商城县某工贸有限公司法定代表人,2018年11月至2019年3月,未支付该公司周某某等100余名工人的劳动报酬共计人民币100万余元。2019年3月20日,商城县人力资源和社会保障局依法对陈某下达了限期整改指令书,陈某在整改期限内仍未支付劳动报酬。后陈某分批支付了部分劳动报酬,截至立案时仍拖欠30万余元。经查,在拖欠劳动报酬期间,陈某的工贸有限公司账户上仍有大额资金交易往来,陈某系有支付能力而拒不支付劳动报酬。

案发后,陈某主动投案,自愿认罪认罚,将拖欠的劳动报酬全部付清,取得了被害人的谅解。2019年7月9日,商城县公安局将案件提请商城县人民检察院批准逮捕。同年7月26日,商城县人民检察院以犯罪情节轻微依法对陈某作出不批准逮捕决定。案件移送审查起诉后,检察机关经审查认为,陈某有能力支付而不支付劳动者的劳动报酬,数额较大,经政府有关部门责令支付仍不支付,其行为已经构成拒不支付劳动报酬罪,但鉴于其认罪悔罪情况,可以依法从宽处理。2020年3月16日,商城县人民检察院依法对陈某作出不起诉决定,并通过远程视频方式对其公开宣告。

【案件评析】

1. 释法说理,落实认罪认罚从宽制度。在办案过程中,检察机关耐心宣讲刑事司法政策,积极促使陈某认罪认罚。案发后,陈某全部支付了劳动报酬,承担了相应的赔偿责任,有自首情节,并自愿认罪认罚,结合当前疫情防控形势和服务保障民营经济的要求,检察机关认为可不对其判处刑罚。陈某被宣告不起诉后，依规向相关部门申报，现该企业转产生产口罩等防疫物资，积极服务疫情防控工作。

2. 少捕慎诉，护航脱贫攻坚工作。检察机关在审查案件时发现，陈某的企业为该县带贫企业项目，近年来一直带动当地的贫困户脱贫致富，为当地脱贫攻坚事业的发展提供了积极支持。检察机关依法对带贫企业的负责人作出不批捕、不起诉决定，护航民营企业健康发展，为当地扶贫产业项目提供了司法保障。

3. 延伸检察职能，助力企业复工复产。检察机关依法作出不起诉决定后，多措并举帮助企业尽快复工复产。一是做好陈某的思想工作，既使其充分认识到错误，又帮助其放下思想包袱，重塑办好企业的信心。二是加大宣传力度，依托抖音等 App 为企业员工送去法治宣讲课，向企业提出合法合规经营的法律意见，并帮助企业稳定人心。三是联合当地工商联、防疫中心等职能部门，对企业开展防疫培训，并为企业送去口罩、消毒液等防疫物质，全力支持企业做好复工复产工作。

（十二）李某某拒不支付劳动报酬案

【基本案情】

李某某系上海某服装有限公司法定代表人。2019 年 5 月 18 日，因经营不善等原因，李某某在未结清工人工资且未告知工人的情况下，清空公司设备，逃离上海，拖欠 18 名员工工资共计人民币 10 万余元。上海市松江区劳动保障局要求李某某配合调查处理欠薪事宜未果，于 6 月 11 日发出责令整改通知书。李某某仍未在规定的时间内支付。同年 6 月 24 日，松江区人民检察院根据"两法衔接"机制收到松江区劳动保障局案件信息通报后，会同劳动保障部门、公安机关研判，针对犯罪金额认定存在的证据问题提出取证意见。6 月 26 日，松江区劳动保障局将该案移送公安机关立案侦查，松江区人民检察院提前介入，与公安机关会商抓捕和追回欠薪的方案。12 月 25 日，案件移送松江区人民检察院审查起诉。在审查起诉期间，松江区人民检察院对李某某释法说理，李某某将拖欠的工人工资结清，取得工人们的谅解。松江区人民检察院经审查认为，李某某以逃匿等方法逃避支付劳动报酬，数额较大，经劳动保障部门责令仍不支付，已构成拒不支付劳动报酬罪。李某某在提起公诉前全部支付了拖欠的劳动报酬，取得被害人谅解，松江区人民检察院依法对李某某适用认罪认罚从宽制度，于2020年3月31日依法对其作出不起诉决定。

【案件评析】

1."两法衔接"及时有效，提前介入引导取证。当地检察机关积极主动与劳动保障部门、公安机关建立信息通报、线索移送、会商研判等工作机制，及时介入欠薪案件，将检察监督工作前移，加大治理恶意欠薪力度。在结算劳动报酬、犯罪数额认定存在争议，是否构罪存疑的情况下，检察机关同步介入调查，及时引导取证，确保案件证据充分、犯罪数额认定准确。

2. 追讨薪酬与解决就业兼顾，充分保障劳动者合法权益。本案被害人均系进城务工人员，且案件移送审查起诉时正值春节前夕，农民工的血汗钱没有着落，处理不当极易引发社会矛盾，影响社会稳定。案发后检察机关及时介入，积极与公安机关会商，运用认罪认罚从宽制度，引导犯罪嫌疑人支付欠薪。李某某到案后，检察机关通过释法说理，敦促其筹措资金，最终李某某结清所欠工资，得到员工谅解，及时防范化解了一起重要节点的群体访风险。在办案过程中，检察机关联合劳动监察、公安机关耐心接待农民工代表，安抚被害人情绪，同时联系人力资源和社会保障部门提供招聘信息，帮助农民工解决再就业难题，用检察服务传递司法温度。

3. 惩治犯罪与护航企业并重，宽严相济依法妥善处理涉企案件。本案审查起诉前期，李某某对犯罪数额有异议，检察机关耐心说明认定的依据，加强法律政策宣讲，促使其如实供述犯罪事实、自愿认罪认罚，并结清了工人工资。检察机关综合考量，李某某犯罪情节轻微，提起公诉前付清拖欠的工资并取得谅解，未造成严重后果，且案件办理过程中正值新冠疫情期间，民营经济面临重大压力，涉案公司经营困难，检察机关经逐一联系被害人听取意见后，依法对李某某适用认罪认罚从宽制度作出不起诉决定，保障其尽快带领企业复工复产。

（十三）黄某拒不支付劳动报酬案

【基本案情】

2018年3月，黄某承包了重庆某建筑工程有限公司位于重庆市渝北区的某房地产项目。2018年8月底项目完工，在转包人向黄某足额支付工程款的情况下，黄某仅支付了农民工每月生活费，拖欠杨某等18名农民工的劳动报酬共计人民币25万余元，并将手机关机后逃跑、藏匿。2019年1月24日，重庆市渝北区人民检察院依托"两法衔接"信息共享平台发现线索后，督促人力资源和社会保障部门及时移送线索，并监督公安机关立案侦查。2019年7月，黄某到案并被取保候审。经检察机关等相关部门协调，由转包人先行垫付部分农民工工资。2020年7月13日，重庆市公安局渝北区局将案件移送审查起诉。审查起诉期间，检察机关督促黄某支付了部分拖欠工资，并与农民工达成分期支付剩余款项的还款计划。鉴于大部分欠薪系转包人垫付，渝北区人民检察院于10月21日对本案依法提起公诉。11月13日，渝北区人民法院以拒不支付劳动报酬罪，对黄某判处有期徒刑1年，并处罚金人民币2000元。

【案件评析】

1. 依托"两法衔接"，发现案件线索监督立案。检察机关依托与行政执法部门建立的"两法衔接"工作机制，通过查询信息共享平台，发现平台录入的黄某拒不支付劳动报酬行为可能涉嫌犯罪，遂督促人力资源和社会保障部门及时向公安机关移送犯罪线索。人力资源和社会保障部门回复处理情况后，检察机关加强后续跟踪，监督公安机关及时立案侦查，促进了行政执法与刑事司法的有效衔接。

2. 多渠道追讨欠薪，帮助农民工及时获得劳动报酬。检察机关建议人力资源和社会保障部门移送犯罪线索后，多方协调人力资源和社会保障部门、建筑公司、转包人及农民工代表，共同商议支付农民工工资的解决方案。因黄某一直未到案，最终确定由转包人先行垫付部分农民工工资，以维系农民工正常生活。检察机关受理案件后，充分听取农民工意见，积极对黄某释法说理，督促黄某在审查起诉阶段支付了部分拖欠的工资，并促进黄某与农民工达成分期支付剩余款项的还款计划。

3. 坚持依法惩治犯罪，促进实现办案"三个效果"。审查逮捕阶段，鉴于黄某自愿认罪认罚，愿意积极筹措资金赔付农民工工资，检察机关依法对其不批准逮捕。审查起诉阶段，因黄某仍然拖欠部分工资未支付，且该案被追回的欠薪大部分系转包人垫付，检察机关综合全案犯罪事实和情节，依法对黄某提起公诉，提出判处有期徒刑一年，并处罚金人民币

2000元的量刑建议。法院全部采纳了起诉指控的犯罪事实、罪名及量刑建议。

（十四）宋某拒不支付劳动报酬案

【基本案情】

2014年3月，宋某在中山市古镇经营天创餐饮娱乐服务中心、渔民码头饭店期间，分别拖欠唐某等78名工人工资共计人民币527806元、邓某德等55名工人工资279213元后逃匿。当地人力资源和社会保障局接举报后，介入调查并先后发出公告、劳动保障监察指令书责令宋某支付所欠工资，但宋某一直拒不支付。当地有关部门协调场地出租方垫付了部分工人工资后，及时缓解了矛盾。2015年5月4日，宋某被公安机关抓获归案。中山市第二人民法院以拒不支付劳动报酬罪判处被告人宋某有期徒刑2年，并处罚金5万元。

【案件评析】

餐饮业是城市一大用工主体，渐成欠薪高发区，本案涉及被欠薪人数多达133人，欠薪数额80万余元，社会危害性较大。被告人采取逃匿方式逃避支付工人工资，数额较大，且到案后未能积极筹款或采取其他方式偿还并赔偿工人工资，根据其犯罪情节和社会危害程度，宋某不符合适用缓刑的法律规定，故对其作出上述判决。

（十五）许某某拒不支付劳动报酬案

【基本案情】

2013年8月15日，许某某承建某市新风市场建筑项目，2014年11月8日工程整体竣工验收，至当月底，拖欠49名工人工资共338775元人民币，之后逃匿到贵州。2015年春节临近，工人张某某等人向河源市人力资源和社会保障局报案，该局送达《劳动保障监察限期整改指令书》未果，致使工人们无法拿到工资回家过年。2015年5月14日，公安人员在湖南省贞丰县抓获许某某。

2015年12月17日，河源市源城区人民法院作出一审判决，以拒不支付劳动报酬罪判处被告人许某某有期徒刑2年，并处罚金5000元。

【案件评析】

根据《刑法》第276条之一的规定，拒不支付劳动报酬罪的构成要件，包括以转移财产、逃匿等方法逃避支付劳动者的劳动报酬和数额较大。被告人许某某作为有法定义务支付工人工资的包工头，明知未支付完毕工人工资而离开河源，且将手机关机无法联系，属逃匿行为。其行为直接导致49名工人春节期间被拖欠工资33万余元，属数额较大，经责令支付仍不支付，明知故犯，主观恶性大，且没有法定从轻、减轻情节，依法从严惩处。

（十六）梁某某拒不支付劳动报酬案

【基本案情】

2011年5月12日，被告人梁某某承接了位于佛山市金本工业园佛山市合竣物流有限公司办公楼及仓库建设工程，之后雇请多名工人入场施工。其间，梁某某在收到合同约定的95%的工程款后，以工人工资上涨导致工程亏损为由，拖欠李某某等22人工资合计人民币331706元。2013年1月28日，佛山市三水区人力资源和社会保障局责令梁某某支付，被告人梁某某拒不支付并逃匿，2015年4月11日在广西北海火车站被抓获。

2016年4月7日，佛山市三水区人民法院作出一审判决，以拒不支付劳动报酬罪判处被告人梁某某有期徒刑1年1个月，并处罚金人民币10000元。

【案件评析】

获得劳动报酬是劳动者的基本权利，用人单位或个人依法支付劳动者报酬是其必须履行的法律义务和责任，必须将向劳动者支付报酬作为重要的工作任务予以完成。用人单位或雇主应当靠自身业已具备的偿付能力，而不是依靠使用劳动者后获取的收益来支付劳动者的工资，否则无异于用人单位或雇主把本应由自己承担的经营风险转移给劳动者承担，以对劳动力的无成本、无风险的使用来获取经营利润。被告人梁某某在收到合同约定的95%的工程款后，以工人工资上涨导致工程亏损为由，拒不支付工人工资，其理由不能成立；在收到劳动监察部门的通知后，以逃匿方式拒绝支付工人工资，数额较大，且属于有支付能力支付而不支付的情形，主观恶性大，无悔罪表现，应依法严惩。

（十七）李某某、赵某、董某某拒不支付劳动报酬案

【基本案情】

2014年4月17日，被告人李某某、赵某、董某某以安阳市文臣建筑劳务有限公司的名义承建珠海横琴总部大厦（一期）裙楼工程，合同约定工程总造价暂估为9967468元。后因工程量增加，至2015年2月10日，工程进度结算总额为10423124元，3名被告人在收到工程进度款990万元后，仍然拖欠217.4万元工人工资。2月11日，当地有关部门发出责令支付劳动报酬通知书。支付期限届满时，20多名工人因找不到李某某、赵某、董某某等人而无法领取工资。2月13日，案件移送公安机关立案侦查，3名被告人分别于2月13日、4月8日、7月31日主动到公安机关投案自首。2月15日，珠海横琴总部大厦发展有限公司垫付工人工资1598627元。3月30日，赵某返还了该部分垫付款项。此后，董某某积极筹款清欠工资，陆续将拖欠的工资支付完毕。

2016年1月12日，珠海市横琴新区人民法院作出一审判决：被告人李某某、赵某、董某某犯拒不支付劳动报酬罪，分别判处有期徒刑1年6个月，缓刑2年；有期徒刑1年5个月，缓刑2年；有期徒刑1年4个月，缓刑2年。同时均并处罚金人民币8000元。

【案件评析】

惩治拒不支付劳动报酬罪以打击恶意欠薪，是人民法院刑事审判工作的重要任务之一。被告人如果能够在提起公诉前支付劳动者报酬，并依法承担相应的赔偿责任，在尚未造成严重后果的情况下，人民法院可以对其减轻或者免除处罚。本案中欠薪人数多，涉案金额大，本应从严惩处，但是3名被告人案发后主动投案自首，依法可以从轻处罚。赵某、董某某在一审宣判前积极筹款还清工人工资，是具体的认罪悔罪表现，依法均可从轻处罚。法院对3名被告人判处有期徒刑1年6个月至1年4个月不等刑，并适用缓刑是适当的。

三、法律文书选编

黄某洪拒不支付劳动报酬案公诉意见书

审判长,根据《中华人民共和国刑事诉讼法》第189条之规定,我受本院检察长指派,以国家公诉人身份依法出席法庭支持公诉,并履行法律监督职能,结合今天庭审情况,公诉人现就本案的证据和案件情况发表如下公诉意见:

一、被告人黄某洪的行为构成拒不支付劳动报酬罪的事实清楚、证据确实充分,足以认定

在刚才的法庭调查中,公诉人宣读了起诉书、讯问了被告人,并出示了相关证据,经过法庭质证,上述证据之间相互印证,形成链条,足以认定被告人黄某洪的行为已构成拒不支付劳动报酬罪。

根据我国刑法第二百七十六条之一第一款之规定,拒不支付劳动报酬罪是指以转移财产、逃匿等方法逃避支付劳动者的劳动报酬或者有能力支付而不支付劳动者的劳动报酬,数额较大,经政府有关部门责令支付仍不支付的行为。被告人黄某洪在承建工程过程中,有能力支付而不支付劳动报酬者的劳动报酬,数额较大,经政府有关部门责令支付仍不支付,其行为已经符合拒不支付劳动报酬罪的犯罪构成。

首先,被告人黄某洪符合拒不支付劳动报酬罪的主体身份要件。户籍证明材料证实被告人黄某洪达到刑事责任年龄,具备刑事责任能力。

其次,被告人黄某洪有能力支付而不支付劳动者的劳动报酬,数额较大,经政府有关部门责令支付仍不支付,符合拒不支付劳动报酬罪的客观要件。证人黄某兵、张某兰、刘某娜的证言,被害人刘某林、马某生、白某刚等工人的陈述及提供的被欠薪情况说明、结算单据等,书证被告人黄某洪提供的翰林华府工程工人工资表、证人黄某兵提供的关于翰林华府黄某洪欠薪的单据、张某兰提供的翰林华府未付工人工资结算清单,互相印证,证实被告人黄某洪拖欠被害人刘某林、马某生、白某刚等71名工人劳动报酬合计人民币651.03916万元。书证大埔县建筑工程有限公司、黄某兵提供的翰林华府二期工程数量计算书等互相印证证实已完成的翰林华府二期工程量总价为9400万余元,书证《大埔翰林华府二期工程第

18—23幢施工劳务分包合同》《大埔翰林华府二期工程第25、28、29幢施工劳务分包合同》《大埔翰林华府二期工程第31、32、33幢施工劳务分包合同》《大埔县翰林华府二期工程黄某洪施工班组劳务分包合同补充协议》证实，截至2019年4月9日，大埔县建筑工程有限公司已支付被告人黄某洪工程款合计9065.6429万元，且根据上述合同约定"在施工期间乙方（即黄某洪）必须保证不拖欠农民工（或工人）工资"，书证大埔县建筑工程有限公司提供的黄某洪施工班组工资款支付情况报告、车位收据、工程款支付收据、银行交易回单等。上述书证证实：大埔县建筑工程有限公司已支付工程款占已完成的工程总量款的96%以上。书证劳动保障监察限期改正指令书、送达公告、手机彩信截图证实大埔县人力资源和社会保障局于2019年8月9日责令黄某洪在8月19日前足额支付工人工资，而黄某洪所在项目部大门紧闭，该指令书采用了张贴送达及彩信送达；与被告人黄某洪称其于2019年7月10日将手机号码1385956×××× 关机，8月其同乡人张某松将指令书的公告照片转发给黄某洪，黄某洪说不要管它，也没去看的供述相互印证，证实被告人黄某洪对政府有关部门责令支付工人劳动报酬的指令书不予理睬，在限期内仍不支付。

最后，被告人具有拒不支付劳动报酬的主观故意，符合拒不支付劳动报酬罪的主观要件。被告人黄某洪供述其大埔县建筑工程有限公司还欠其工程款约400万元，没有履行补充协议，其为了讨要工程款因而拖欠工人工资；且2019年安华公司打给其账户的700万元用于支付工人工资的款项，黄某洪部分用于支付了材料费。与上述证据相互印证，证实被告人黄某洪具有拒不支付劳动报酬的主观故意。

综上，本案犯罪事实清楚，证据确实、充分，足以证实被告人黄某洪构成拒不支付劳动报酬罪。

二、被告人黄某洪应承担的法律责任

被告人黄某洪涉嫌拒不支付劳动报酬罪一案，经本院审查认为，被告人黄某洪的行为已触犯《中华人民共和国刑法》第二百七十六条之一第一款之规定，数额较大，犯罪事实清楚，证据确实、充分，应当以拒不支付劳动报酬罪追究其刑事责任，其法定刑为三年以下有期徒刑或者拘役，并处或者单处罚金。鉴于被告人黄某洪在提起公诉前支付劳动者的劳动报酬，可以减轻处罚。

三、本案的警示

现实中,农民工被拖欠工资的事件时有发生,有的是因为企业经营不善,陷入困境,确实发不起员工的工资,而有些则纯属恶意欠薪,明明有能力给农民工发工资,却故意不发、长时间拖欠,导致一些农民工被迫走上堵路、跳楼等极端讨薪之路,而农民工讨薪被打的新闻也不时见诸报端。本案中,被告人黄某洪在施工总承包单位已支付工程款占已完成的工程总量款的96%以上的情况下,仍拖欠农民工工资共计650万余元。这种行为不仅严重损害农民工的合法权益,还严重破坏了诚实信用的市场原则,还可能成为影响社会安定的重大隐患、引发群体性事件。在此,希望被告人黄某洪通过今天的开庭审理,深刻认识自己行为的社会危害性,真诚悔改,担负起自己应有的社会责任。

请合议庭对公诉人刚才发表的公诉意见予以充分考虑,根据被告人实施的犯罪事实、情节、性质,对社会的危害程度,以及被告人的认罪态度,依照有关的法律规定作出公正的判决。

【文书评析】

本公诉意见书通过总结法庭调查过程中举证、质证的情况,从言词证据、物证、书证等方面充分分析论证,证明本案被告人构成拒不支付劳动报酬罪事实清楚、证据充分,并分析被告人的主体特征和主观特征,论证被告人应当承担刑事责任,同时也客观地指出被告人在在提起公诉前支付劳动者的劳动报酬,可以减轻处罚,展现了检察机关客观、公正的立场。在法庭教育部分,结合被告人的行为分析拒不支付劳动报酬的危害,教育感化被告人认识自己行为的社会危害性,真诚悔改,担负起自己应有的社会责任。一篇优秀的公诉意见书,应当有力指控犯罪,以充分的证据和精准的法律适用说服法官接受指控主张,同时通过深刻的法庭教育,引导被告人能真正认罪悔罪,更好地回归社会。该公诉意见书较好地体现了上述要求。

第六节 相关法律规定

一、刑法

第二百七十六条之一 以转移财产、逃匿等方法逃避支付劳动者的劳动报酬或者有能力支付而不支付劳动者的劳动报酬，数额较大，经政府有关部门责令支付仍不支付的，处三年以下有期徒刑或者拘役，并处或者单处罚金；造成严重后果的，处三年以上七年以下有期徒刑，并处罚金。

单位犯前款罪的，对单位判处罚金，并对其直接负责的主管人员和其他直接责任人员，依照前款的规定处罚。

有前两款行为，尚未造成严重后果，在提起公诉前支付劳动者的劳动报酬，并依法承担相应赔偿责任的，可以减轻或者免除处罚。

二、司法解释及规范性文件

1.最高人民法院关于审理拒不支付劳动报酬刑事案件适用法律若干问题的解释（法释〔2013〕3号）

第一条 劳动者依照《中华人民共和国劳动法》和《中华人民共和国劳动合同法》等法律的规定应得的劳动报酬，包括工资、奖金、津贴、补贴、延长工作时间的工资报酬及特殊情况下支付的工资等，应当认定为刑法第二百七十六条之一第一款规定的"劳动者的劳动报酬"。

第二条 以逃避支付劳动者的劳动报酬为目的，具有下列情形之一的，应当认定为刑法第二百七十六条之一第一款规定的"以转移财产、逃匿等方法逃避支付劳动者的劳动报酬"：

（一）隐匿财产、恶意清偿、虚构债务、虚假破产、虚假倒闭或者以其他方法转移、处分财产的；

（二）逃跑、藏匿的；

（三）隐匿、销毁或者篡改账目、职工名册、工资支付记录、考勤记录等与劳动报酬相关的材料的；

（四）以其他方法逃避支付劳动报酬的。

第三条 具有下列情形之一的，应当认定为刑法第二百七十六条之一第一款规定的"数额较大"：

（一）拒不支付一名劳动者三个月以上的劳动报酬且数额在五千元至二万元以上的；

（二）拒不支付十名以上劳动者的劳动报酬且数额累计在三万元至十万元以上的。

各省、自治区、直辖市高级人民法院可以根据本地区经济社会发展状况，在前款规定的数额幅度内，研究确定本地区执行的具体数额标准，报最高人民法院备案。

第四条 经人力资源社会保障部门或者政府其他有关部门依法以限期整改指令书、行政处理决定书等文书责令支付劳动者的劳动报酬后，在指定的期限内仍不支付的，应当认定为刑法第二百七十六条之一第一款规定的"经政府有关部门责令支付仍不支付"，但有证据证明行为人有正当理由未知悉责令支付或者未及时支付劳动报酬的除外。

行为人逃匿，无法将责令支付文书送交其本人、同住成年家属或者所在单位负责收件的人的，如果有关部门已通过在行为人的住所地、生产经营场所等地张贴责令支付文书等方式责令支付，并采用拍照、录像等方式记录的，应当视为"经政府有关部门责令支付"。

第五条 拒不支付劳动者的劳动报酬，符合本解释第三条的规定，并具有下列情形之一的，应当认定为刑法第二百七十六条之一第一款规定的"造成严重后果"：

（一）造成劳动者或者其被赡养人、被扶养人、被抚养人的基本生活受到严重影响、重大疾病无法及时医治或者失学的；

（二）对要求支付劳动报酬的劳动者使用暴力或者进行暴力威胁的；

（三）造成其他严重后果的。

第六条 拒不支付劳动者的劳动报酬,尚未造成严重后果,在刑事立案前支付劳动者的劳动报酬,并依法承担相应赔偿责任的,可以认定为情节显著轻微危害不大,不认为是犯罪;在提起公诉前支付劳动者的劳动报酬,并依法承担相应赔偿责任的,可以减轻或者免除刑事处罚;在一审宣判前支付劳动者的劳动报酬,并依法承担相应赔偿责任的,可以从轻处罚。

对于免除刑事处罚的,可以根据案件的不同情况,予以训诫、责令具结悔过或者赔礼道歉。

拒不支付劳动者的劳动报酬,造成严重后果,但在宣判前支付劳动者的劳动报酬,并依法承担相应赔偿责任的,可以酌情从宽处罚。

第七条 不具备用工主体资格的单位或者个人,违法用工且拒不支付劳动者的劳动报酬,数额较大,经政府有关部门责令支付仍不支付的,应当依照刑法第二百七十六条之一的规定,以拒不支付劳动报酬罪追究刑事责任。

第八条 用人单位的实际控制人实施拒不支付劳动报酬行为,构成犯罪的,应当依照刑法第二百七十六条之一的规定追究刑事责任。

第九条 单位拒不支付劳动报酬,构成犯罪的,依照本解释规定的相应个人犯罪的定罪量刑标准,对直接负责的主管人员和其他直接责任人员定罪处罚,并对单位判处罚金。

2.最高人民检察院关于充分发挥检察职能服务保障"六稳""六保"的意见(2020年7月22日)(节录)

3.依法保护企业正常生产经营活动。……三是依法慎重处理拒不支付劳动报酬犯罪案件。充分考虑企业生产经营实际,注意把握企业因资金周转困难拖欠劳动报酬与恶意欠薪的界限,灵活采取检察建议、督促履行、协调追欠追赃垫付等形式,既有效维护劳动者权益,又保障企业生产经营。对恶意欠薪涉嫌犯罪,但在提起公诉前支付劳动报酬,并依法承担相应赔偿责任的,可以依法不起诉。……

3.最高人民法院、最高人民检察院、人力资源和社会保障部、公安部关于加强涉嫌拒不支付劳动报酬犯罪案件查处衔接工作的通知(人社部发〔2014〕100号)(节录)

一、切实加强涉嫌拒不支付劳动报酬违法犯罪案件查处工作

（二）行为人拖欠劳动者劳动报酬后，人力资源社会保障部门通过书面、电话、短信等能够确认其收悉的方式，通知其在指定的时间内到指定的地点配合解决问题，但其在指定的时间内未到指定的地点配合解决问题或明确表示拒不支付劳动报酬的，视为刑法第二百七十六条之一第一款规定的"以逃匿方法逃避支付劳动者的劳动报酬"。但是，行为人有证据证明因自然灾害、突发重大疾病等非人力所能抗拒的原因造成其无法在指定的时间内到指定的地点配合解决问题的除外。

　　（三）企业将工程或业务分包、转包给不具备用工主体资格的单位或个人，该单位或个人违法招用劳动者不支付劳动报酬的，人力资源社会保障部门应向具备用工主体资格的企业下达限期整改指令书或行政处罚决定书，责令该企业限期支付劳动者劳动报酬。对于该企业有充足证据证明已向不具备用工主体资格的单位或个人支付了劳动者全部的劳动报酬，该单位或个人仍未向劳动者支付的，应向不具备用工主体资格的单位或个人下达限期整改指令书或行政处理决定书，并要求企业监督该单位或个人向劳动者发放到位。

　　（四）经人力资源社会保障部门调查核实，行为人拖欠劳动者劳动报酬事实清楚、证据确凿、数额较大的，应及时下达责令支付文书。对于行为人逃匿，无法将责令支付文书送交其同住成年家属或所在单位负责收件人的，人力资源社会保障部门可以在行为人住所地、办公地、生产经营场所、建筑施工项目所在地等地张贴责令支付文书，并采用拍照、录像等方式予以记录，相关影像资料应当纳入案卷。

4.最高人民法院、最高人民检察院、人力资源和社会保障部、公安部关于加强对拒不支付劳动报酬案件查处工作的通知（人社部发〔2012〕3号）（节录）

　　二、切实履行职责，依法查处拒不支付劳动报酬违法犯罪案件

　　人力资源社会保障部门要依法对用人单位遵守劳动保障法律、法规和规章的情况进行监督检查，通过各种检查方式监督用人单位劳动报酬支付情况，依法受理拖欠劳动报酬的举报、投诉。经调查，对违法事实清楚、证据确凿的，应当依法及时责令用人单位向劳动者支付劳动报酬。行为人逃匿的，人力资源社会保障部门可以在行为人住所地、办公地点、生产经营场所或者建筑施工项目所在地张贴责令支付的文书，或者采取将责

令支付的文书送交其单位管理人员及近亲属等适当方式。对涉嫌犯罪的案件，应按照《行政执法机关移送涉嫌犯罪案件的规定》的要求，核实案情向本部门负责人报告并经同意后制作《涉嫌犯罪案件移送书》，在规定期限内将案件向同级公安机关移送，并抄送同级人民检察院备案。

图书在版编目（CIP）数据

侵犯财产犯罪办案指引 / 刘辰主编 . —北京：中国检察出版社，2022.5
ISBN 978-7-5102-2687-8

Ⅰ.①侵⋯ Ⅱ.①刘⋯ Ⅲ.①侵犯财产罪—案件—处理—中国 Ⅳ.① D924.355

中国版本图书馆 CIP 数据核字（2021）第 268511 号

侵犯财产犯罪办案指引
刘 辰 主编

责任编辑：王伟雪
技术编辑：王英英
封面设计：曹 晓

出版发行	中国检察出版社
社　　址	北京市石景山区香山南路 109 号（100144）
网　　址	中国检察出版社（www.zgjccbs.com）
编辑电话	（010）86423707
发行电话	（010）86423726　86423727　86423728
	（010）86423730　86423732
经　　销	新华书店
印　　刷	河北宝昌佳彩印刷有限公司
开　　本	710mm×960mm　16 开
印　　张	26.25
字　　数	413 千字
版　　次	2022 年 5 月第一版　2023 年 4 月第三次印刷
书　　号	ISBN 978-7-5102-2687-8
定　　价	88.00 元

检察版图书，版权所有，侵权必究
如遇图书印装质量问题本社负责调换